Digital ProLine

Das Profi-Handbuch zur Sony α100

Frank Exner

DATA BECKER

Copyright	© DATA BECKER GmbH & Co. KG Merowingerstr. 30 40223 Düsseldorf
E-Mail	buch@databecker.de
Produktmanagement	Lothar Schlömer
Umschlaggestaltung	Inhouse-Agentur DATA BECKER
Textbearbeitung und Gestaltung	Astrid Stähr
Produktionsleitung	Claudia Lötschert
Druck	Media-Print, Paderborn

Alle Rechte vorbehalten. Kein Teil dieses Buches darf in irgendeiner Form (Druck, Fotokopie oder einem anderen Verfahren) ohne schriftliche Genehmigung der DATA BECKER GmbH & Co. KG reproduziert oder unter Verwendung elektronischer Systeme verarbeitet, vervielfältigt oder verbreitet werden.

ISBN 10: 3-8158-2623-3

ISBN 13: 978-3-8158-2623-2

Wichtige Hinweise

Die in diesem Buch wiedergegebenen Verfahren und Programme werden ohne Rücksicht auf die Patentlage mitgeteilt. Sie sind für Amateur- und Lehrzwecke bestimmt.

Alle technischen Angaben und Programme in diesem Buch wurden vom Autor mit größter Sorgfalt erarbeitet bzw. zusammengestellt und unter Einschaltung wirksamer Kontrollmaßnahmen reproduziert. Trotzdem sind Fehler nicht ganz auszuschließen. DATA BECKER sieht sich deshalb gezwungen, darauf hinzuweisen, dass weder eine Garantie noch die juristische Verantwortung oder irgendeine Haftung für Folgen, die auf fehlerhafte Angaben zurückgehen, übernommen werden kann. Für die Mitteilung eventueller Fehler ist der Autor jederzeit dankbar.

Wir weisen darauf hin, dass die im Buch verwendeten Soft- und Hardwarebezeichnungen und Markennamen der jeweiligen Firmen im Allgemeinen warenzeichen-, marken- oder patentrechtlichem Schutz unterliegen.

Alle Fotos und Abbildungen in diesem Buch sind urheberrechtlich geschützt und dürfen ohne schriftliche Zustimmung des Verlags in keiner Weise gewerblich genutzt werden.

Vorwort

Da ist sie: Sonys erste digitale Spiegelreflexkamera. Sony hat den Vorteil, das Rad nicht neu erfinden zu müssen, sondern kann auf die Technik und das Design der Konica Minolta Dynax 5 aufsetzen. Interessante Verfeinerungen wurden dabei aber umgesetzt, wie z. B. der besser auflösende Sensor mit seinen 10 Mio Pixeln oder der weiterentwickelte interne Bildstabilisator, der mit so gut wie allen angesetzten Objektiven genutzt werden kann.

Ebenfalls von Minolta bzw. Konica Minolta wurde das A-Bajonett übernommen. Somit steht ein umfangreicher Gebrauchtmarkt an Objektiven zur Verfügung. Aber auch die derzeitig aktuelle Objektivpalette von Sony bietet viel Potenzial. Besonders erfreulich ist in diesem Zusammenhang, dass auch von Zeiss derzeit einige sehr interessante Objektive mit im Angebot sind, was sicher die Profis aufhören lässt.

Lassen Sie sich verzaubern von den Möglichkeiten, die Ihnen die Fotografie bietet. Die α100 ist auf diesem Weg ein zuverlässiger Begleiter mit vielen interessanten Funktionen. Diese wollen entdeckt und in der richtigen Situation eingesetzt werden. Mit technischem Hintergrundwissen und zahlreichen Praxistipps bzw. -workshops soll dieses Buch Sie dabei unterstützen. Denn nichts ist schlimmer, als in dem Moment, auf den es ankommt, unvorbereitet zu sein oder mit einer falschen Einstellung zu fotografieren. Nicht selten kommt dann später am Computermonitor die Ernüchterung und man stellt fest, dass die Arbeit umsonst war.

Nutzen Sie also dieses Buch ergänzend zu Sonys Bedienungsanleitung und lassen Sie sich für eigene Projekte inspirieren.

Ich wünsche Ihnen viel Spaß mit Ihrer Kamera und würde mich über Ihr Feedback freuen. Sie erreichen mich per E-Mail unter *info@frank-exner.com*.

Mit besten Grüßen

Frank Exner

INHALTSVERZEICHNIS

1. Technische Details der α100 13

1.1 Von null auf α100 14
1.2 Ideal für Einsteiger und Könner 15
1.3 Die Aufsteiger 15
1.4 Die Umsteiger 15
1.5 Die α100 im Detail 16
1.6 Sucher und Verschluss 25
1.7 Kitobjektive oder lieber nicht? 28
1.8 Wichtige Bedienelemente kurz erklärt 33
1.9 Tipps und Tricks zu optimalen Einstellungen 35
1.10 Dateinamen und Ordner 39

2. Automatisches Scharfstellen: das Autofokussystem 41

2.1 Wie funktioniert die Scharfstellung der α100? 42
2.2 AF-A-Modus, der Allrounder 46
2.3 AF-C-Modus für schnelle Bewegungen 46
2.4 AF-S-Modus für unbewegte Motive 47

3. Fokussieren in der Praxis 53

3.1 Autofokus in der Praxis 54
3.2 Schärfeprobleme verhindern 54
3.3 Falsch gelagerter Sensor 56
3.4 Objektiveigenschaften und Zubehör für mehr Schärfe 61
3.5 Makrofotografie 64
3.6 Sinnvolles Makrozubehör 74
3.7 Kameraeinstellungen für den Makrobereich 78
3.8 Blitzen im Makrobereich 78
3.9 Scharfstellen unter schwierigen Bedingungen 80
3.10 Bewegte Motive optimal aufnehmen 84

4. Objektive 87

4.1	Die Blende	88
4.2	Bildgestaltung durch Schärfentiefe..	88
4.3	Parfokale Objektive nutzen	91
4.4	Schärfe mit dem Notebook überprüfen.......................................	92
4.5	Die Spiegelvorauslösung: Wann ist sie sinnvoll?...........................	92
4.6	Das Bokeh	95
4.7	Innenfokussierung..	97
4.8	Elitetruppe, die G-Objektive	97
4.9	Hyperfokale Einstellungen für Nachtaufnahmen und Landschaftsfotografie..	98
4.10	Diffraktion: Beugung der Lichtstrahlen bei kleinen Blenden........	99
4.11	Im Telebereich sollte es ein APO-Objektiv sein	99
4.12	Asphärische Korrektur..	100
4.13	Telekonverter: die preiswerte Brennweitenverlängerung............	100
4.14	Kostenloses Tool zur Behebung von Randab-schattung und Verzeichnung...	102
4.15	Überblick über die für die α100 geeigneten Objektive von Sony..	103
4.16	Fremdhersteller	107
4.17	Objektivqualität überprüfen	110

5. Professionelle Belichtung 115

5.1	Messmodi im Detail	116
5.2	Die Dynamik im Bild..	116
5.3	Überblick über die Messmethoden der α100	119
5.4	Belichtungsdaten speichern...	123
5.5	Mit Programmverschiebung zu besseren Schnappschüssen (Programmshift)	123
5.6	Geringe Kontraste mit Dynamic Rang Increase (DRI) verbessern...	126
5.7	HDR mittels Full Dynamic Range Tools (FDRTools)......................	127
5.8	Was bringt Dynamic Range Optimiser (DRO) der α100?	131
5.9	Szenenwahlprogramme	132

5.10	Der Kreativität freien Lauf lassen	138
5.11	Langzeitbelichtungen	144
5.12	Der Weißabgleich	148
5.13	Für besondere Situationen: Grau- und Farbkarten	153
5.14	Fehlersuche im Histogramm	156
5.15	Gradationskurven	158
5.16	ISO-Einstellungen	162
5.17	Geschickt auf wenig Licht einstellen	171
5.18	Farbmodi im Praxiseinsatz (DEC)	176
5.19	Bildrauschen	179
5.20	Belichtungskorrektur der α100 im Detail	181
5.21	Tonwertkorrektur für mehr Kontrast	182
5.22	Farbtonkorrektur gegen Farbstich	183

6. Benutzerdefinierte Einstellungen ... 187

6.1	Tipps zu ausgewählten Individualfunktionen der α100	188
6.2	Benutzermenü (1)	188
6.3	Benutzermenü (2)	188
6.4	Einstellungsmenü (1)	189
6.5	Einstellungsmenü (2)	190
6.6	Aufnahmemenü (1)	190

7. Kamerasoftware im Einsatz ... 193

7.1	Mitgelieferte Software	194
7.2	Picture Motion Browser	194
7.3	Image Data Converter SR	199
7.4	Katalogisierung von Fotos mit Picasa	201
7.5	Firmwareupdate leicht gemacht	202

8. Speichertechnologien ... 207

8.1	Was bringen High-End-Extreme IV CompactFlash-Karten wirklich	208

8.2	Billiger Stromfresser: Microdrives im Vergleich zu Solid State ..	209
8.3	Mobile Speichergeräte zum Sichern Ihrer Karten – wichtige Kriterien der Imagetanks..	212
8.4	Wichtige Tipps zur Auswahl eines Massenspeichers	214

9. Bildformate 217

9.1	Beste Ergebnisse mit dem RAW-Format in der Praxis	218
9.2	Das JPEG-Format einsetzen	219
9.3	DNG-Format	220
9.4	PNG-Format	220

10. Menschliches Sehen: Farbräume und Farbprofile.................... 223

10.1	Farbraumeinstellungen	224
10.2	Farbtiefe	224
10.3	sRGB und Adobe RGB: Wo ist der Unterschied?	224
10.4	Der CMYK-Farbraum	227
10.5	Farbmanagement und Profile	227

11. Perfektes Blitzen 231

11.1	Grundlagen der Blitzfotografie..	232
11.2	Die Unterschiede der Blitzgeräte	233
11.3	Blitzmodi	237

12. Typische und spezielle Einsatzfälle 253

12.1	Hallen- und Konzert-aufnahmen optimieren	254
12.2	Astrofotografie...	260
12.3	Reisefotografie: mit der α100 unterwegs	274

13. Kamerapflege und -schutz 287

13.1 Den Sensor reinigen 288
13.2 Feuchtreinigung 291
13.3 Schutz und Reinigung von Gehäuse und Objektiven 292

Stichwortverzeichnis 296

1

Technische Details der α100

Sony tritt mit ihrer ersten digitalen Spiegelreflexkamera gebührend in diesen hart umkämpften Markt ein. Zu ihrer Zielgruppe gehören ambitionierte Amateure ebenso wie professionelle Fotografen. Ein Rundblick soll Eindrücke zu vielen Funktionen und Besonderheiten geben. Entdecken Sie die faszinierende Technik dieser kleinen, handlichen Kamera.

1.1 Von null auf α100

Sie ist Sonys erste digitale Spiegelreflexkamera und schon ein ziemlicher Erfolg. Aufbauend auf der Konica Minolta Dynax 5D bietet sie Eigenschaften, die in dieser Preisklasse durchaus nicht alltäglich sind. 10 Megapixel Auflösung, der Verwacklungsschutz Super SteadyShot (CCD-Shift-Technologie) und der neu entwickelte Image-Prozessor BIONZ – mit erstklassiger Bildqualität – sind nur einige der Eigenschaften der α100.

Da sie abwärts kompatibel zum Minolta- bzw. Konica Minolta-System ist, eröffnet sich ihr ein großes Potenzial an guten und sehr hochwertigen Objektiven und entsprechendem Zubehör.

Mit ihren kompakten Maßen und einem Gewicht von nur 545 Gramm ist sie kein schwerer „Brummer", sondern extrem flexibel zu handhaben. Eine Eigenschaft, die vor allem den Anwendern entgegenkommt, die die Kamera ständig dabei habenwollen.

▲ Die α100 in der Frontdarstellung.

▼ Das derzeit von Sony lieferbare Zubehörangebot ist schon beeindruckend. Wer hier nicht fündig wird, hat immer noch die Möglichkeit, bei Fremdherstellern nach gewünschten Objektiven Ausschau zu halten.

1.2 Ideal für Einsteiger und Könner

Die α100 besitzt Merkmale, die an die Profiliga anknüpfen. So bietet sie volle RAW-Unterstützung, eine recht hohe Serienbildgeschwindigkeit, Eye-Start-System, ein sehr klares LCD-Display mit 230.000 Pixeln und ein helles Sucherbild.

Die ohnehin schon hohe Autofokusgeschwindigkeit der Vorgängermodelle Dynax 5D bzw. Dynax 7D konnte nochmals gesteigert werden. Zudem ist der Autofokus nun noch treffsicherer als zuvor.

Weltklasse: Zeiss-Objektive

Die Profiambitionen von Sony für die α100 werden auch darin deutlich, dass zunächst drei erstklassige Zeiss-Objektive die High-End-Objektivpalette komplettieren. Dabei handelt es sich um das 1,4/85 ZA Planar T*, das 1,8/135 ZA Sonnar T* und das 3,5-4,5/16-80 DT Vario Sonnar T*. Die überragende Bildqualität von Zeiss-Objektiven ist weltbekannt und lässt sicher einige Fotografen anderer Kamerasysteme neidvoll zur α100 blicken.

1.3 Die Aufsteiger

Besaßen Sie vorher eine Dynax 5D, werden Sie sich sofort wieder „zu Hause" fühlen. Neben den vielen neuen Eigenschaften bleibt die Bedienung und Menüführung weitestgehend gleich.

Sie profitieren aber von einer höheren Sensorauflösung, von einem wesentlich verbesserten LCD-Display und einem noch leistungsfähigeren Bildstabilisator, der nun bis zu 3,5 Blenden Verwacklungsschutz bringt. Action- und Sportfotografie mit schnell bewegten Objekten werden Ihnen aufgrund des verbesserten Autofokus nun noch mehr Vergnügen bereiten.

1.4 Die Umsteiger

▲ Sony α100, die gelungene Rückansicht.

Für alle, die von einer kompakten Digitalkamera zur α100 umgestiegen sind, wird sich vieles zum Guten wenden. Sie werden sich allerdings umgewöhnen müssen. Vorbei sind die Zeiten der merklichen Auslöseverzögerungen.

Besaß Ihre Kamera einen elektronischen Sucher oder gar nur ein LCD-Display als Sucher? Dann werden Sie begeistert sein vom glasklaren Blick durch den Sucher der α100. Die Schärfe im manuellen Modus und die Schärfentiefe können Sie nun visuell bestens kontrollieren.

Umsteiger von der Dimage-Serie

Sollte Ihre vorherige Kamera der Dimage-Serie entstammen, werden Sie sich leicht an die neue gewöhnen, da vieles ähnlich ist. Das Gleiche gilt für analoge Umsteiger von der Dynax 7. Auch hier sind Menüstruktur und Bedienung ähnlich der α100.

Für Umsteiger bedeutet die Umstellung auf „digital" ansonsten schon einiges mehr, wie z. B. den Wegfall des analogen Films und die Bildbearbeitung mit dem Computer. Sie werden aber nach kurzer Eingewöhnung begeistert sein von den vielen Möglichkeiten der Digitalfotografie.

▲ Dynax 5D, der Vorgänger der α100.

▲ Das Einstellrad ist mit dem Zeigefinger leicht zu bedienen.

Bevor Sie dieses Profihandbuch studieren, sollten Sie vorab je nach Wissensstand die mitgelieferte Bedienungsanleitung zumindest überflogen haben, da Grundlegendes nicht nochmals wiederholt wird.

1.5 Die α100 im Detail

Das Gehäuse

Das Gehäuse der α100 besteht größtenteils aus Kunststoff, der sich aber haptisch sehr solide anfühlt.

Das Objektivbajonett ist aus Metall, wie man es von höherwertigen Kameras gewohnt ist, da in der Regel mit mehreren Objektiven und den entsprechenden Objektivwechseln gearbeitet wird, was bei einem Kunststoffbajonett zu erhöhtem Verschleiß führen kann.

Die Rückansicht des Gehäuses wurde, wie man es von Minolta bzw. Konica Minolta gewohnt war, sehr ergonomisch aufgebaut. Alle Bedienelemente liegen dort, wo man sie vermuten würde, und lassen sich intuitiv bedienen. Doppelbelegungen von Tasten oder viele Untermenüs wurden weitgehend vermieden. Das Gehäuse liegt trotz der kompakten Bauform gut in der Hand.

Vor dem Auslöser befindet sich ein mit dem Zeigefinger leicht zu bedienendes Einstellrad, womit z. B. im Blendenprioritätsmodus (A) die Blende bzw. im Verschlusszeitenprioritätsmodus (S) die Zeiten einzustellen sind.

Der Blendenprioritätsmodus ist wohl das meistgenutzte Programm ambitionierter Fotografen. Hiermit lässt sich die Blende vorwählen, die passenden Verschlusszeiten werden dann von der Kamera ausgewählt. So hat der Fotograf die Kontrolle über die Schärfentiefe, die eine wesentliche Rolle bei der Bildgestaltung spielt.

Der LCD-Monitor ist nun mit einer verdoppelten Auflösung gegenüber der Dynax 5D noch schärfer und brillanter geworden.

Besaß die Dynax 5D noch 115.000 Pixel, sind es nun 230.000 Pixel. Hiermit ist die Überprüfung der Aufnahmen weit besser möglich, zumal Sony dem Display noch eine Antireflexschicht mitgegeben hat.

So kann man das Display z. B. auch bei stärkerem Sonnenlicht gut ablesen, was bei den Modellen Dynax 5D und 7D schon etwas erschwert war.

▲ *Sehr gut ablesbares Display der α100.*

Der α100-Sensor

Die α100 hat als Herzstück einen Hochleistungs-CCD-Bildsensor im APS-C-Format (23,6 x 15,8 mm) aus dem Hause Sony eingebaut bekommen. Das APS-Format (**A**dvanced **P**hoto **S**ystem) wurde 1996 von Kodak für den analogen Markt entwickelt, konnte sich dort aber nie richtig durchsetzen.

Da die Größe der heutzutage oft in DSLR-Kameras eingesetzten Bildsensoren in etwa dem APS-C-Format entspricht, spricht man häufig vom APS-C-Format-Sensor. Das Seitenverhältnis des Sensors beträgt 3:2 und ist damit bestens für den Druck geeignet. Eine DIN-A4-Seite z. B. entspricht ebenfalls dem Seitenverhältnis von 3:2 (297 mm x 210 mm). So ist ein randloser Druck ohne Beschnitt des Bildes möglich.

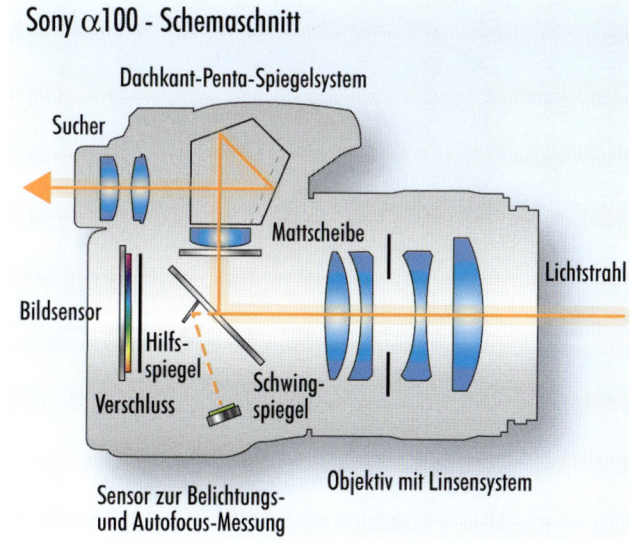

Effektiv sind auf der Sensorfläche 3.872 x 2.592 Pixel untergebracht. Damit spielt die α100 in der 10-Millionen-Pixel-Klasse. Der exakte Brennweitenumrechnungsfaktor (Cropfaktor) beträgt 1,52. Die einzelnen Pixel haben eine Größe von 6,05 x 6,05 µm (µm = 0,0001 mm). Wenn man sich darüber klar wird, dass 10 Millionen Pixel auf einer Fläche von 3,7 cm² unterzubringen sind, erahnt man schon den technologischen Aufwand, der dahintersteckt. Im Gegensatz zu Kompaktdigitalkameras ist die Packungsdichte aber noch relativ großzügig gewählt, was besonders dem Rauschverhalten zugute kommt. Teilweise besitzen Kompaktkameras Packungsdichten, die dem Siebenfachen der Packungsdichte der α100 entspricht. Starkes Rauschen bei höheren ISO-Werten ist damit vorprogrammiert.

Lebensdauer des Sensors

Da der Sensor keine bewegten Teile besitzt, ist er zunächst mal (mechanisch) verschleißfrei, solange er im angegebenen Betriebsbereich eingesetzt wird. Alterungserscheinungen können aber z. B. bei zu starker Wärmezufuhr, zu starkem Lichteinfall (Fotografieren in die Sonne) oder unzulässigen Spannungswerten

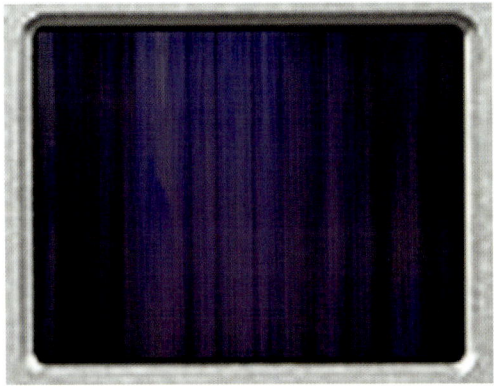 

▲ *Bildvorschau eines defekten Sensors.*

auftreten. Dabei summieren sich diese Einflüsse, je länger und stärker sie einwirken. Man sollte also seine α100 nicht unnötiger Wärmestrahlung aussetzen. Im Auto können z. B. bei extremer Sonneneinstrahlung schnell sehr hohe Temperaturen entstehen. Lässt man dann seine Kamera ungeschützt liegen, riskiert man unnötige Dauerschäden. Ebenfalls sollte man nicht direkt in die Mittagssonne oder in sehr starken Lampen fotografieren, was übrigens auch sehr schädlich für die Augen sein kann.

Prinzipiell ist die Lebensdauer der α100 von den mechanischen Komponenten wie dem Verschluss abhängig und nicht vom Sensor.

Leider kam es in der Vergangenheit zu Problemen mit Sony-CCD-Bildsensoren bei einigen Minolta-Kompaktkameras der Dimage-Serie. In diesen Fällen erschienen das Bild auf dem Monitor in der Livevorschau und auch die gespeicherten Bilder verzerrt, und die Farben waren unnatürlich. Andere Hersteller hatten ähnliche Probleme und mussten die Chips austauschen. Diese Ausfälle scheinen aber komplett behoben zu sein.

Defekte einzelner Pixel, Hotpixel und Deadpixel können in diesem Zusammenhang ebenfalls erwähnt werden.

> **CCD-Sensor-Herstellung**
> CCD steht für **C**harge-**c**oupled **D**evice (ladungsgekoppelter Halbleiter). Grundlage für Sensoren sind wie auch für Mikroprozessoren runde Silizium-Wafer. Den Wafern werden Strukturen eingeätzt, Ionen werden eingebracht, und es werden dünne Filme aufgebracht. Dann werden sie entsprechend ihren späteren Funktionen metallisiert und passiviert. Die einzelnen Chips werden durch Kunststoffgehäuse geschützt, wobei die Vorderseite mit einer Glasscheibe verschlossen wird, um Licht zu den Fotodioden gelangen zu lassen.

CCD gegen CMOS

Die α100 besitzt einen CCD-Bildsensor. Andere Hersteller verwenden CMOS-Bildsensoren. Wo liegen nun die Vor- bzw. Nachteile beider Sensortypen? Im Gegensatz zum CCD-Bildsensor hat ein CMOS-Bildsensor mit jedem Pixel auch einen Verstärker integriert, der die Ladungen direkt in Spannungen umwandelt.

Der Analog-Digital-Wandler kann von jedem Pixel direkt angesprochen werden. Das heißt, es findet eine parallele Auslesung der Daten statt, was im Gegensatz zum seriellen Auslesen eines CCD-Sensors Geschwindigkeitsvorteile bietet. Außerdem tritt der

Blooming-Effekt deutlich weniger auf, da keine Ladungen verschoben werden müssen. Auf der anderen Seite muss auf dem Chip wesentlich mehr Elektronik untergebracht werden.

Das Rauschen (siehe Seite 179) fällt im Allgemeinen höher aus als bei CCD-Bildsensoren. Die Lichtausbeute ist auf CCD-Bildsensoren höher, da nur wenige lichtempfindliche Bauteile auf der Chipoberfläche vorhanden sind, was auch zu einer besseren Dynamik beiträgt. Prinzipiell kann aber nicht gesagt werden, welches System nun grundsätzlich besser oder schlechter ist.

Brennweitenfaktor bzw. Cropfaktor

Die Abmessungen des CCD-Bildsensors der α100 von 23,6 x 15,8 mm sind deutlich kleiner als die des üblichen Kleinbildformats. Die Größe des Kleinbildformats beträgt 36 x 24 mm und ist um den Faktor 1,5 größer als das Format des CCD-Bildsensors. Dieser Faktor wird auch Cropfaktor bzw. Brennweitenfaktor genannt. Ein Objektiv mit der Brennweite von 100 mm besitzt an der α100 die gleiche Bildwirkung wie ein 150-mm-Objektiv an einer Kleinbildkamera.

Man erhält quasi einen Bildausschnitt des Kleinbildformats. Was sich hier als Vorteil für die Naturfotografen darstellt, die sich nach längeren Brennweiten sehnen, ist im Weitwinkelbereich wiederum ein Nachteil. Hier müssen extreme Weitwinkelobjektive für Ausgleich sorgen. Sony bietet extra für die Bildsensorgröße der α100 entwickelte Objektive an. Diese Objektive können aufgrund des kleinen Aufnahmeformats extrem kompakt und kostengünstig hergestellt werden. An einer Kamera mit Kleinbildformat sind sie allerdings nicht einsetzbar. Erkennbar sind diese Objektive an der Zusatzbezeichnung „DT".

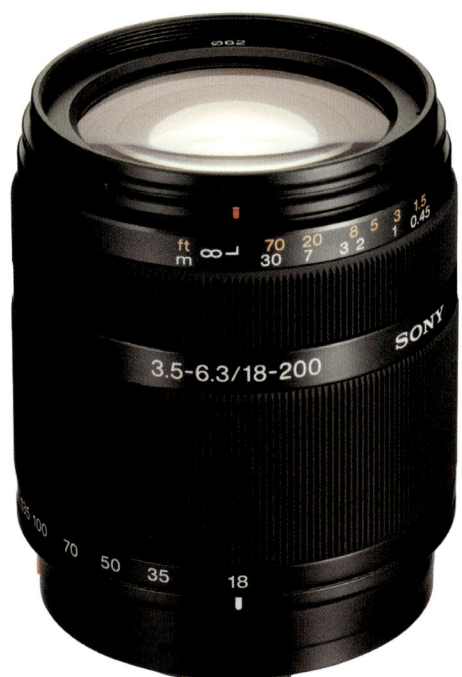

▲ Sony 1:3,5-6,3/18-200 mm DT.

▲ Sony 1:3,5-5,6/18-70 DT.

Die Bayer-Matrix (Bayer Pattern)

Die meisten eingesetzten Bildsensoren arbeiten nach dem Prinzip der „Bayer-Matrix" (eine Ausnahme sind die FOVEON X3 Direkt-Bildsensoren), so auch der Sensor der α100. Das Patent stammt aus dem Jahr 1975 von Bryck E. Bayer (Kodak).

Wie entsteht nun das Bild? Die einzelnen Sensorpixel können nur Helligkeitswerte registrieren und geben dabei mehr oder weniger viel Strom ab. Um aber aus diesen Werten Farbinformationen zu erhalten, erhält jeder Pixelsensor einen Farbfilter. Er registriert dann nicht mehr das gesamte Farbspektrum, sondern nur noch das Licht, das durch den Filter zu ihm gelangt. Der gesamte Sensor erhält also eine Farbfiltermatrix mit den Filtergrundfarben Rot, Grün und Blau.

Durch Interpolation der einzelnen Lichtpixelwerte benachbarter Pixel wird nun die tatsächliche Farbe berechnet (geschätzt). Diese Aufgabe übernimmt

▲ Sony 1:4,5-5,6/11-18 DT.

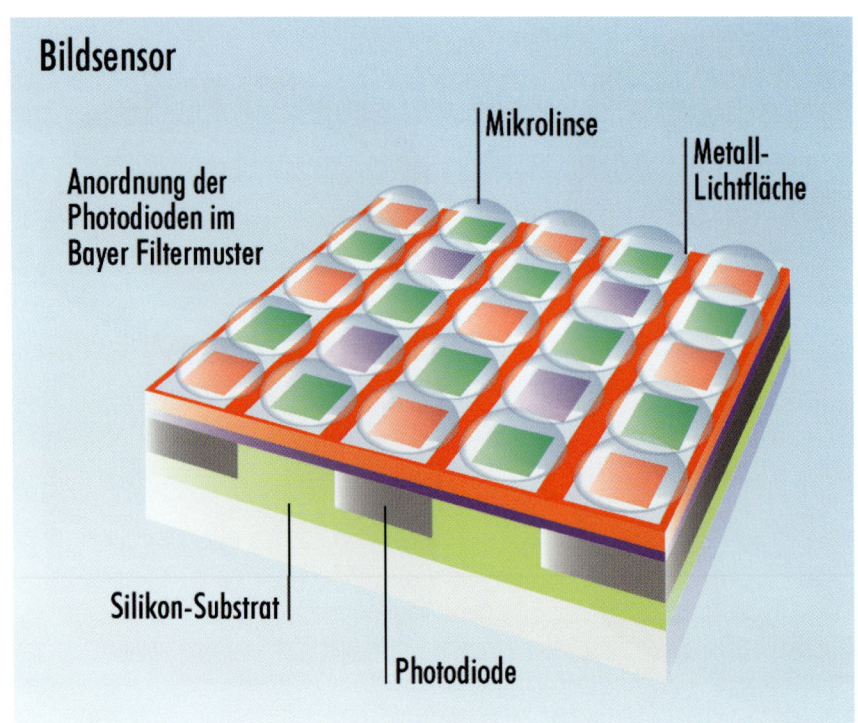

◀ Bayer-Matrix.

Technische Details der α100

der neue Image-Prozessor BIONZ. Er ist verantwortlich für die Bildqualität, für natürliche Farben, feine Tonwertabstufungen und sorgt für ein geringes Rauschen.

Mit dem Wissen darum, dass das menschliche Auge besonders auf die Farbe Grün sensibilisiert ist, besitzt die Matrix ca. 50 % Grün-, 25 % Rot- und 25 % Blaufilter, also bedeutend mehr Grünfilter.

Unsere Netzhaut ist weit besser mit grün- als mit rot- oder blausensitiven Rezeptoren ausgestattet. Das macht unsere Netzhaut besonders sensibel für den grünen Spektralanteil des sichtbaren Lichts, Fehler würden sofort sichtbar.

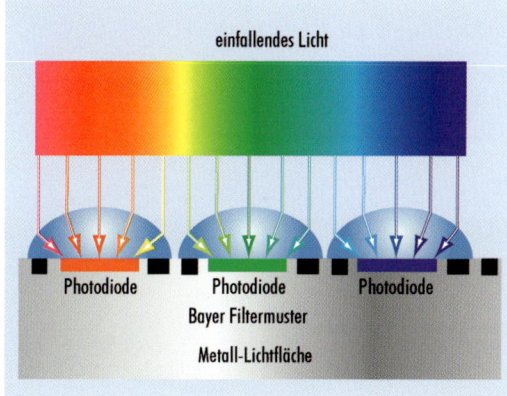

Blooming
Der Blooming-Effekt (ausblühen, überblenden) tritt immer dann auf, wenn die Ladungskapazität einzelner Pixelsensoren durch zu viel Ladung bzw. zu viel Licht überschritten wird. Die überschüssige Ladung wird dabei an die Nachbarzelle weitergegeben, wodurch bei entsprechender Beleuchtungsstärke ein „Ausblühen" ganzer Bildteile entsteht, was sich in überstrahlten Flächen ohne Zeichnung widerspiegelt.

RAW-Aufnahmen am Stück

Die α100 bewältigt nun mindestens sechs RAW-Aufnahmen am Stück. Danach benötigt die Kamera einen Augenblick, bis die Daten teilweise auf der Speicherkarte gespeichert sind, da der Pufferspeicher komplett gefüllt wurde.

Ist im Pufferspeicher wieder Platz für zumindest ein RAW-Bild, steht sie erneut für weitere Aufnahmen zur Verfügung. Speichert man das JPEG-Format zusätzlich zum RAW-Format, sind es nur drei Aufnahmen bis zur Zwischenpause.

Fast unbegrenzt ist hingegen die Anzahl von Aufnahmen im *Fein*-Modus. Hier schafft es die Kamera die Daten so schnell zu komprimieren, dass die Menge der Bilder hintereinander nur durch die Speicherkartengröße begrenzt ist.

Mikrorechner übernimmt die Steuerung

Wie der Firmware zu entnehmen ist, arbeitet, ähnlich wie bei der Dynax 5D und 7D, in der α100 ein 32-Bit-Risc-Prozessor unter dem MiSPO-Betriebssystem NORTi. Er sorgt für die gesamte Steuerung der ablaufenden Prozesse. Für die **D**ynamic **R**ange **O**ptimization (DRO) wird die Bibliothek von Apicals Iridix eingesetzt.

Das Highlight: Super SteadyShot, der gehäuseinterne Bildstabilisator

Der gehäuseeigene Verwacklungsschutz (Super SteadyShot), früher auch bekannt als AntiShake-System, entwickelt durch die Firma Minolta, grenzt die α100 scharf von der Konkurrenz ab. Lediglich Pentax hat zurzeit ein ähnliches System auf dem Markt. Hierzu wurde der Sensor schwingend aufgehängt. Zwei Sensoren erkennen die Bewegungsrichtung und Beschleunigung beim Verwackeln. Der Mikrocomputer der α100 errechnet die notwendige Gegenbewegung und verschiebt den Bildsensor entsprechend.

Auf diese Weise werden Verwacklungen ausgeglichen, die beim üblichen Fotografieren mit freier Hand auftreten. Der große Vorteil dieses Systems ist, dass so gut wie alle zu verwendenden Objektive an der α100 nun praktisch über einen Verwacklungsschutz verfügen.

▲ Der Super SteadyShot kann in den meisten Situationen angeschaltet bleiben und unterstützt den Fotografen darin, verwacklungsfreie Aufnahmen zu erhalten.

Man kommt dadurch selbst mit älteren Objektiven in den Genuss des Verwacklungssystems. Systeme anderer Hersteller besitzen einzelne Objektive mit Bildstabilisator. Das heißt, jedes einzelne Objektiv muss mit einem separaten Bildstabilisator ausgerüstet werden. Dieser Aufwand macht diese Objektive nicht gerade billig und muss jedes Mal erneut mitbezahlt werden. Üblicherweise gilt unter Fotografen diese Faustformel für Freihandaufnahmen, ohne zu verwackeln:

Das heißt, arbeitet man z. B. mit einer Brennweite von 200 mm, darf die Belichtungszeit für eine verwacklungsfreie Aufnahme maximal 1/200 Sekunde betragen. Längere Belichtungszeiten führen zum Verwackeln, was sich in unscharfen Bildern niederschlägt. Der Super SteadyShot der α100 bringt nun bis zu 3,5 Blenden an „Verwacklungsvorteil" gegenüber Systemen ohne Super SteadyShot. Somit könnte man die Formel wie folgt umschreiben:

▼ Aufnahmen wie diese werden dank Super SteadyShot leichter möglich, hier mit 180-mm-Makroobjektiv aufgenommen.

▲ Diese Aufnahme entstand ebenfalls aus der Hand bei 1/30 Sekunde Belichtungszeit mit einem 180-mm-Makroobjektiv.

$$Belichtungszeit = \frac{1mm}{Brennweite} * s \div \frac{1}{8}$$

$$Belichtungszeit = \frac{1mm}{Brennweite} * s$$

Das bedeutet, mit obigem 200-mm-Objektiv wären nun Belichtungszeiten mit 1/25 Sekunde möglich, ohne zu verwackeln. Voraussetzung ist dabei aber schon, dass man die Kamera wie üblich recht ruhig hält und den Auslöser nicht durchreißt, sondern langsam und gleichmäßig durchdrückt.

Welche Möglichkeiten sich da auftun, ist auf den ersten Blick vielleicht noch nicht richtig zu erkennen. Hat man aber erst einmal mit dem Antiverwacklungssystem Bekanntschaft gemacht, möchte man es nicht mehr missen. Man denke nur an Aufnahmen in Gebäuden, in denen Blitzlicht verboten ist. Wo Kollegen anderer Kamerasysteme schon dabei sind, die ISO-Zahl hochzudrehen, und damit stärkeres Rauschen in Kauf nehmen müssen, kann man problemlos noch ohne Veränderung des ISO-Wertes freihändig arbeiten. Es sind nun auch Makroaufnahmen ohne störendes Stativ möglich. Die ständig den Platz wechselnde Libelle kann man nun viel besser verfolgen, und auch ohne Stativ gelingen scharfe Aufnahmen, sollte sie sich doch einmal für einen Augenblick setzen.

Wie stark der Super SteadyShot arbeitet, kann man in der Sucheranzeige erkennen. Hierzu wird ein Diagramm mit bis zu fünf Balken angezeigt. Je mehr dieser Balken leuchtet, umso unruhiger ist das Bild. Entsprechend stark muss der Bildstabilisator arbeiten. Nach Möglichkeit sollte man einen Augenblick warten, bis möglichst wenige Balken aufleuchten, um ein optimales Ergebnis zu erhalten. Es kann nützlich sein, des Öfteren auf dieses Diagramm zu achten. Man kann mit dieser Art Feedback gut trainieren, die Kamera besonders ruhig zu halten.

Wann sollte man den Stabilisator abschalten?

Grundsätzlich sollte man den Super SteadyShot-Schalter auf der Stellung ON belassen, um optimale Bildergebnisse zu erzielen.

▲ Beim Arbeiten mit Stativ kann der Super SteadyShot abgeschaltet werden.

Benutzt man allerdings ein Dreibeinstativ, um zum Beispiel mit starken Teleobjektiven arbeiten zu können oder auch um eine ideale Bildgestaltung oder Ähnliches durchführen zu können, sollte man den Super SteadyShot abschalten (Stellung OFF).

Hier kann es unter Umständen sogar zu Verschlechterungen der Abbildungen kommen, da die Elektronik auf Freihandaufnahmen optimiert wurde. Eventuelle Erschütterungen oder Bewegungen am Stativ wertet die Kamera daher nicht im richtigen Maße aus, was zu Überreaktionen des Systems führen kann. Abhängig vom verwendeten Stativ, des eingesetzten Objektivs, der Verschlusszeiten etc. kann es dann sogar zu recht verwackelten Aufnahmen kommen.

Ist man auf extrem Strom sparende Arbeitsweise der Kamera angewiesen, sollte man ebenfalls den Super SteadyShot abschalten, um eine Verlängerung der Akkulaufzeit zu erreichen.

Wo sind die Grenzen des Antiverwacklungssystems?

Wie zuvor beschrieben, ist der Super SteadyShot für typische Verwacklungen bei Freihandaufnahmen optimiert worden. Hier liegen dann auch die Grenzen. Kommt man zudem mit den Belichtungszeiten in Richtung 1/4 Sekunde und länger, wird die Wirkung des Bildstabilisators geringer.

> **Einschränkungen im Makrobereich**
> Eine weitere Einschränkung ergibt sich im Nah- und Makrobereich. Aufgrund der minimalen Schärfentiefe in diesem Bereich machen sich schon geringste Bewegungen nach vorn oder nach hinten bemerkbar. Dies kann der Super SteadyShot nicht ausgleichen, da er nur in horizontaler und vertikaler Richtung wirkt.

Erzielt man hier nicht die gewünschte Bildschärfe, muss ein Stativ benutzt werden.

Scharfe Fotos dank Spiegelvorauslösung

Beim Arbeiten mit Stativ und Teleobjektiven ist es möglich, dass selbst der Spiegelschlag, also das Hochklappen des Spiegels während der Aufnahme in der Kamera, Schwingungen verursacht. Diese können sich besonders mit langen Brennweiten ab ca. 200 mm und kürzeren Verschlusszeiten in unscharfen Bildern niederschlagen.

Die α100 besitzt hierfür eine sogenannte Spiegelvorauslösung, die den Spiegel 2 Sekunden vor der eigentlichen Aufnahme hochklappt. In dieser Zeit haben sich eventuelle Schwingungen durch den Spiegel abgebaut.

▲ Menü zur Einstellung der Bildfolge. Neben der Funktion Selbstausl. 2s, die der Spiegelvorauslösung entspricht, steht über die gleiche Option der 10-Sekunden-Selbstauslöser zur Verfügung. Wählbar ist dieser mit der Hoch- bzw. Heruntertaste des Navigationsrings.

1.6 Sucher und Verschluss

Im Gegensatz zu Kompaktkameras sieht man bei DSLR-Kameras direkt durch das Objektiv. Das hat entscheidende Vorteile.

▲ Nach dem Betätigen der Taste Bildfolge kann die Spiegelvorauslösung eingestellt werden.

Um die Spiegelvorauslösung zu aktivieren, drückt man die Taste für die Bildfolge, wählt im Menü mit den Navigationstasten die Funktion *Selbstausl. 2s* und bestätigt dies mit dem halben Durchdrücken des Auslösers bzw. durch Betätigen der Bildfolge-Taste. Weitere Hinweise zur Spiegelvorauslösung finden Sie auf Seite 92.

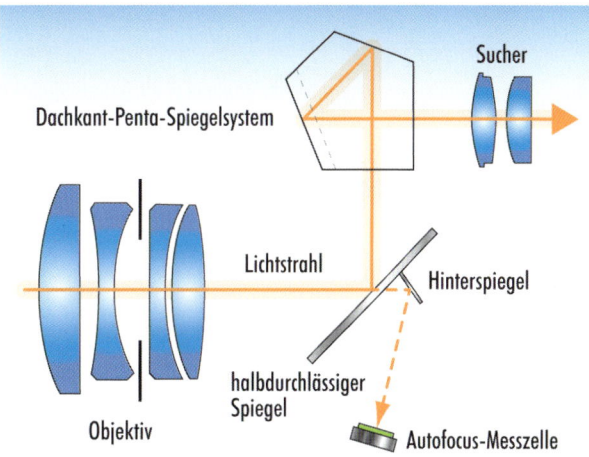

Während Sucher- bzw. Kompaktkameras das Sucherbild nicht so darstellen, wie es letztendlich auf den Film bzw. den Bildsensor fällt, sieht man bei einer Spiegelreflexkamera genau die spätere Abbildung (parallaxenfreie Abbildung). Außerdem erhält man die Möglichkeit, die Schärfe und die Schärfentiefe unmittelbar zu kontrollieren. Das Licht gelangt hierbei durch das Objektiv über einen klappbaren Spiegel zum Sucher und nach dem Auslösen auf den Bildsensor. Digitale Kompaktkameras besitzen keinen Spiegel.

Hier gelangt das Licht permanent zum Bildsensor. So ist es möglich, dass man auf dem LCD-Monitor eine Vorschau erhält und schon vor dem Auslösen das Bildergebnis beurteilen kann.

Vorteile optischer Sucher

Der Nachteil dabei ist, dass der Sucher ebenfalls auf elektronischer Basis funktionieren muss, da er die Daten vom Bildsensor erhält. Die heutigen elektronischen Sucher sind leider in Auflösung und Helligkeit nicht vergleichbar mit den optischen Suchern, wie sie die α100 besitzt.

Eine Beurteilung der Schärfe und der Schärfentiefe ist mit elektronischen Suchern nur sehr eingeschränkt möglich.

Zudem muss das darzustellende Bild erst berechnet werden, was eine gewisse Zeit in Anspruch nimmt und meist zu Verzögerungen führt. Anders das Konzept z. B. der Olympus D-SLR E330:

Hier wird über einen halbdurchlässigen Spiegel das Sucherbild auf einen zusätzlichen CCD-Sensor übertragen und ist sofort auf dem Display sichtbar. Der Nachteil dieses Systems ist die Sucherhelligkeit.

Diese ist bedeutend geringer als bei der α100. Außerdem ist keine Belichtungsvorschau auf den Weißabgleich und eine eventuelle Falschbelichtung möglich. Die Kamera bietet dafür einen zweiten Modus an. Hier wird auf dem Display eine echte Belich-

▼ Der Sucher der α100 gibt 95 % des Bildfelds wieder.

tungsvorschau, ähnlich der von Kompaktkameras, möglich.

Diese Funktion wiederum bedingt andere Einschränkungen. Nun stehen der optische Sucher sowie der Autofokus nicht mehr zur Verfügung. Außerdem vergeht bis zum Auslösen etwa eine Sekunde, da der Verschluss geschlossen und der Spiegel in Ruhestellung bewegt werden muss, um die Belichtungsmessung durchführen zu können.

Die α100 ist mit einem hochwertigen Dachkant-Penta-Spiegelsucher ausgestattet, der ein sehr helles und klares Sucherbild bietet. Dieser ist auch dafür verantwortlich, dass man ein seitenrichtiges und aufrecht stehendes Bild sieht. 95 % der späteren Abbildung werden im Sucher dargestellt (siehe vorhergehende Abbildung).

Um mit einem Normalobjektiv von 50 mm ungefähr die Sichtweise zu erhalten, die man ohne Kamera gewohnt ist, wird das Sucherbild 0,83fach vergrößert (bezogen auf ein 50-mm-Objektiv bei unendlich).

▲ Einstellrad zum Dioptrienausgleich.

Verantwortlich für die brillante Sucherdarstellung ist ebenfalls die sphärische Mikrowaben-Sucherscheibe (Spherical Acute Matte). Sechseckige Mikrolinsen sorgen für die sehr genaue Lichtführung.

Bewirkt wird damit eine leichte Fokussierung ohne Autofokus. Unschärfekreise werden regelrecht zu Unschärferingen.

Da die Kamera, während Sie durch den Sucher schauen, die Belichtungsmessung und im Autofokusmodus auch die Scharfstellung durchführt, muss das Licht zusätzlich noch den entsprechenden Sensoren zugeführt werden. Hier bedient man sich eines halbdurchlässigen Spiegels, um das Licht dann über einen weiteren Hilfsspiegel weiterzuleiten.

Neben der Suchermuschel befindet sich die Möglichkeit, einen Dioptrienausgleich einzustellen. Weitsichtige Fotografen drehen das Einstellrad in Richtung + (nach unten), kurzsichtige in Richtung – (nach oben). Sollte die Augenmuschel angesetzt sein, muss man diese zunächst abnehmen, um die Richtungsmarkierung sehen zu können.

Der Hochgeschwindigkeitsverschluss

Das Licht darf zur korrekten Belichtung nur eine ganz bestimmte Zeit auf den Bildsensor fallen. Hierbei bedient man sich zweier Jalousien, die sich in einem genau berechneten Abstand nacheinander über den Sensor bewegen.

Die erste Jalousie öffnet den Verschluss, die zweite fährt hinterher und schließt ihn wieder. Die α100 besitzt einen vertikal ablaufenden, elektronisch gesteuerten Schlitzverschluss. Mit diesem sind Belichtungszeiten von 1/4000 Sekunde bis zu 30 Sekunden möglich.

Blitzsynchronisationszeit

Sollte ein Blitzgerät zum Einsatz kommen, ergibt sich eine Besonderheit. Ist die Belichtungszeit so gering, dass der Verschluss nicht mehr komplett geöffnet ist, sondern nur noch ein Streifen über den Sensor fährt, hat der Blitz keine Chance mehr, den kompletten Sensor auszuleuchten.

Seine Leuchtdauer beträgt nur ca. 1/10000 Sekunde und wäre damit wesentlich zu kurz. Die Belichtungszeit, in der der Verschluss gerade noch komplett geöffnet ist, nennt man Blitzsynchronisationszeit. Diese beträgt bei der α100 1/125 Sekunde und bei abgeschaltetem Super SteadyShot 1/160 Sekunde. Hier ist für das interne Blitzgerät der α100 Schluss.

Mithilfe eines Tricks können jedoch auch kürzere Belichtungszeiten mit Blitzlicht durchgeführt werden (siehe High-Speed-Blitzsynchronisation Seite 250). Hierbei muss der Blitz mit einer Form von Stroboskopblitzen die komplette Schlitzablaufdauer leuchten. Die beiden Sony-Programmblitzgeräte HVL-F36AM und HVL-F56AM sind hierzu in der Lage.

1.7 Kitobjektive oder lieber nicht?

An dieser Stelle soll kurz auf die Qualität der Kitobjektive eingegangen werden.

Sony 1:3,5-5,6/18-70mm DT Makro

Die α100 wird im Satz mit dem Sony-Objektiv AF 18-70mm 1:3,5-1:5,6 DT Makro oder als Satz mit zusätzlichem Objektiv 75-300mm 1:4,5-1:5,6 Makro angeboten. Aufseiten von Sony wurde natürlich darauf Wert gelegt, möglichst günstige Allroundobjektive mit der α100 im Set ausliefern zu können.

Wir schauen uns zunächst das Objektiv AF 18-70mm 1:3,5-1:5,6 DT Makro an. Das Objektiv deckt einen Brennweitenbereich bezogen auf das Kleinbildformat von 27 bis 105 mm ab und kann damit als Allrounder oder „Immer-drauf-Objektiv" bezeichnet werden.

Vom Weitwinkel bis in den leichten Telebereich ist man hiermit bestens gerüstet. Selbst Makrofähigkeiten besitzt dieses Objektiv. Man kann an das Objekt der Begierde bis zu 38 cm herangehen, was dann einen Abbildungsmaßstab von 1:4 ergibt.

▲ Kitobjektiv 1:3,5-5,6/18-70mm, im kleinen Set enthalten.

Natürlich wird niemand für den sehr günstigen Preis des Objektivs ein Hochleistungsgerät erwarten, aber die Leistung des Objektivs kann sich durchaus sehen lassen.

Bereits ein Abblenden von Blende 1:3,5 auf 1:4 bringt sehr ordentliche Ergebnisse. Bei 18 mm Brennweite zeigt sich eine leicht tonnenförmige Verzeichnung, die ab 35 mm so gut wie nicht mehr vorhanden ist. Im Bereich von 35 bis 70 mm ist das Objektiv sogar bei Blende 1:3,5 uneingeschränkt zu empfehlen. Die Verarbeitung und die mechanischen Eigenschaften konnten gegenüber der Vorgängerversion verbessert werden.

▲ Diese Aufnahme entstand mit dem 1:4,5-5,6/75-300mm-Objektiv an der A100. Blende 8, 1/80 Sekunde.

Es handelt sich bei diesem Objektiv um ein Objektiv, das speziell für die APS-C-Chipgröße konstruiert wurde. Der Einsatz im Analogbereich sowie an eventuell zukünftig produzierten Vollformatkameras ist nur eingeschränkt, bei starker Randabschattung, möglich.

Sony 1:4,5-5,6/75-300mm Makro

Das Objektiv 75-300mm 1:4,5-1:5,6 Makro ist hingegen ein „Vollformatobjektiv". Dieses unter anderem für die Tier- und Sportfotografie einsetzbare Objektiv besitzt an der α100 die Bildwirkung eines 112- bis 450-mm-Objektivs bezogen auf das Kleinbildformat.

▲ Kitobjektiv 1:4,5-5,6/75-300mm.

Die Randabschattung ist leicht abgeblendet in allen Brennweitenbereichen recht moderat. Lediglich im Bereich von 300 mm muss mit etwa einer halben Blende Lichtverlust gerechnet werden. Auch die Verzeichnung kann als gut gewertet werden. Besonders im unteren Brennweitenbereich ist praktisch keine Verzeichnung zu erkennen.

Im mittleren bis oberen Bereich ist sie leicht kissenförmig (0,6–0,7 %). Insgesamt ist es ein in dieser Preisklasse empfehlenswertes Objektiv, wobei sich an der α100 der größere Bildkreis des Objektivs positiv auswirkt. An einer Vollformatkamera wären die Ergebnisse nicht ganz so gut, da zum Rand hin die Leistung abfällt.

Optimales Einstellen des LCD-Displays

Um auch bei Sonnenschein und anderen ungünstigen Lichtverhältnissen das Display vernünftig ablesen zu können, bietet die α100 die Möglichkeit, die Helligkeit des Displays den Umgebungsbedingungen anzupassen. In dunkler Umgebung benötigt man eine möglichst geringe Helligkeit des Displays, wohingegen man bei Sonnenschein die maximale Helligkeit benötigt, um noch etwas auf dem Display erkennen zu können.

▲ Sind alle Abstufungen gut zu erkennen, ist das Display richtig eingestellt.

Im Einstellungsmenü (1) unter dem Menüpunkt *LCD-Helligk.* kann hierzu die Helligkeit eingestellt werden. Die α100 bietet die Möglichkeit, insgesamt fünf Stufen einzustellen. Links bedeutet weniger hell, rechts wird die Helligkeit erhöht. Die Navigationstasten < bzw. > dienen der Einstellung.

Ein Farb- und Kontrastmuster hilft hierbei, ein Optimum zu finden. Am sinnvollsten stellt man die Helligkeit des LCD-Monitors so ein, dass alle Farben und Grauwerte in ihrer Differenzierung gut zu erkennen sind.

Dateiformate einstellen

Zur Speicherung der Bilddaten bedient sich die α100 standardmäßig des Dateiformats JPEG.

> **Das JPEG-Format**
> Die **J**oint **P**hotographic **E**xperts **G**roup (JPEG) entwickelte 1992 ein Dateiformat, das eine verlustfreie und auch verlustbehaftete Kompression von Bildern erlaubte. Bis heute wird dieses Dateiformat bei den meisten Kameras eingesetzt, um die Bilddaten, meist in unterschiedlich starker Kompression, zu speichern.

Bei jeder Aufnahme komprimiert die Kamera hierbei das Bild. Vorab führt sie den Weißabgleich durch, stellt den Kontrast ein etc. Die Komprimierungsstärke und damit der Verlust an Informationen ist dabei von der Einstellung im Aufnahmemenü (1) *Qualität* abhängig. Standardmäßig ist hier *Fein* eingestellt. Die zweite Möglichkeit ist die Einstellung *Standard* mit einer etwas höheren Kompression.

	Standard	Fein	RAW	RAW+ JPEG
L:10M	2,7	4,2	15,5	20
M:5,6M	1,6	2,5	–	–
S:2,5M	0,8	1,2	–	–

In dieser Tabelle sind die Dateigrößen der einstellbaren Dateiformate und Auflösungen zu sehen. Ebenfalls im Aufnahmemenü (1) kann die Bildgröße eingestellt werden. Bildgröße bedeutet hier, mit welcher Anzahl von Pixeln die Aufnahme durchgeführt werden soll. L bedeutet 3.872 x 2.592 Pixel, das sind 10 Millionen Pixel, M bedeutet 2.896 x 1.936 Pixel, also 5,6 Millionen Pixel, und schließlich bringt S als kleinste Auflösung 1.920 x 1.280 Pixel auf das Bild, was einer Auflösung von 2,5 Millionen Pixeln entspricht.

▲ Menü zur Wahl der Bildgröße.

Generell sollte mit der höchsten Auflösung, die auch der Standardeinstellung entspricht, fotografiert werden. Ebenfalls sollte man die Einstellung auf *Fein* belassen. Die Dateigröße von ca. 4,2 MByte sollte bei den heutigen Preisen für Speicherkarten kein Problem mehr darstellen, vielleicht mit Ausnahme von unvorhergesehenen Fällen, in denen z. B. eine weitere Speicherkarte vergessen wurde. Die Komprimierung der Bilder ist später am Computer mit geeigneten Programmen immer noch möglich. Andersherum ist es nicht möglich, die Informationen, die durch die Komprimierung verloren gingen, wiederherzustellen.

Das RAW-Format

Besitzt man genügend große Speicherkarten und ausreichend Platz auf der heimischen Computerfestplatte, sollte man die Option *RAW+JEPG* wählen.

RAW ist praktisch das Rohformat der Sensorbilddateien, und man hat hier alle Möglichkeiten, das letzte Quäntchen an Qualität herauszuholen. Es ist z. B. möglich, den Weißabgleich auch nachträglich zu verändern.

Das bedingt aber eine Nachbearbeitung mit speziellen RAW-Konvertern und ist vergleichbar mit der Dunkelkammer der Analogfotografen. Denkt man im Moment noch nicht daran, sich mit komplexen Arbeiten zu beschäftigen, hat man doch die Möglichkeit, später einmal die Bilddateien zu bearbeiten. Parallel wird ja das JPEG-Format mit abgespeichert, das der Option *Fein* entspricht. Dieses kann man dann nach seinen Wünschen schnell bearbeiten, ausdrucken, printen lassen oder per E-Mail verschicken und hat immer noch die Original-RAW-Datei für zukünftiges Bearbeiten zur Verfügung.

Benutzerdefinierte Einstellungen (Custom Settings) helfen Strom sparen

Viele Funktionen der α100 benötigen zum Betrieb relativ viel Strom. Hierzu zählen die Belichtungsmessung, der Autofokus und vor allem der LCD-Monitor. Um die Akkulaufzeit zu erhöhen, kann man im Einstellungsmenü (3) *Strom sparen* die Standardeinstellung von 3 Minuten auf 1 Minute ändern. Sollte die α100 innerhalb von einer Minute keine Aktivitäten feststellen können, schaltet sie in den Ruhezustand. Nach bereits 5 Sekunden ohne Aktivität schaltet sich zuvor der LCD-Monitor ab.

Die α100 wird aus diesem Ruhemodus durch leichtes Antippen des Auslösers oder einer beliebigen Taste in Sekundenbruchteilen aus dem Schlaf gerissen.

Pflege und Handling der Akkus

In der α100 kommt ein Lithium-Ionen-Akku zum Einsatz. Dieser Akkutyp ist im Moment Stand der Technik. Sehr gute Eigenschaften, wie z. B. hohe Energiedichte, sehr geringe Selbstentladung und das Fehlen des Memory-Effekts, zeichnen diese Akkus aus.

Die α100 kann nur mit Akkus des Typs NP-FM55H betrieben werden. Der Akku besitzt eine Spannung von 7,2 Volt mit einer Kapazität von 1.600 mAh bzw. 11,5 Wh. Ein Einsatz von LR6- bzw. AA-Akkus oder Batterien ist nicht möglich. Auch können die Akkus der älteren Geräte (Dynax 5D, Dynax 7D) nicht benutzt werden, da sie eine andere Bauform besitzen. Besaßen Sie vorher eine Sony-Kompaktkamera mit der Akkusorte NP-FM50 oder NPFM30, können Sie diese leider auch nicht in der α100 verwenden.

Der Akku selbst ist ein InfoLithium-Akku. Die α100 besitzt aber nicht die Fähigkeit, die gebotenen Daten, wie genaue Restlaufzeit in Minuten bis zur Akkuerschöpfung und Verschleißanzeige, anzuzeigen.

In folgenden Kameramodellen ist damit zu rechnen, dass Sony diese Funktion unterstützen wird. Die Aufladung der Akkus sollte stets bei einer Temperatur von 10 bis 30 °C stattfinden, da sonst eventuell nicht die gesamte Kapazität erreicht wird.

Die Akkus brauchen vor erneutem Laden nicht entleert zu werden, wie es bei älteren Akkutypen, z. B. **Ni**ckel-**M**etall**h**ydritt (NiMH) notwendig war. Daher sollte ruhig vor jedem längeren Fotoausflug mit der α100 der Akku geladen werden. Lediglich bei Erstbenutzung empfiehlt es sich, den Akku zwei- bis dreimal komplett zu laden und zu entladen, um so schnell die gesamte Kapazität zur Verfügung zu haben.

Lebensdauer verbessern

Als Akkulebensdauer kann man mit ca. 500 Ladezyklen rechnen. Danach ist der Akku meist noch nutzbar. Die Kapazität wird aber erheblich absinken. Mindestens ein Ersatzakku sollte für den professionellen Einsatz angeschafft werden. So ist man trotz der erstaunlich langen Akkulaufzeit von ca. 600 bis 800 Bildern (je nach Einsatzzweck) bei längeren Fotoausflügen auf der sicheren Seite und hat stets einen geladenen Ersatzakku dabei.

Sollte man die α100 bzw. einen Ersatzakku über längere Zeit nicht nutzen, kann es zu Tiefentladungen kommen, die den Akku schädigen können. Aus diesem Grund sollte der Akku regelmäßig, spätestens alle vier bis sechs Monate, für einige Zeit auf ca. 60 % aufladen. Zu tiefe und zu hohe Temperaturen können den Akku ebenfalls schädigen bzw. die Kapazität beeinträchtigen.

▲ Die grüne LED des Ladegeräts leuchtet so lange, bis der Ladevorgang abgeschlossen ist.

Im Winter, bei Minustemperaturen, sollte man den Akku am Körper transportieren. Am besten nimmt man die α100 komplett unter seine Jacke und holt sie nur zum Fotografieren heraus. Liegt der Akku bzw.

die α100 in der prallen Sonne, können Temperaturen entstehen, die im Akku chemische Reaktionen auslösen, was zu dauerhaften Schäden führen kann.

Batteriehandgriff

Für die α100 ist leider derzeit kein Batteriehandgriff zur Kapazitätserweiterung vorgesehen. Man muss also bei intensiver Nutzung, vor allem auch des internen Blitzgeräts, für mindestens ein bis zwei Ersatzakkus sorgen.

Akkus von Drittanbietern

Immer wieder hört man von Billigakkus oder günstigsten Plagiaten, die u. a. im Internet angeboten werden. Hier wird häufig aus Kostengründen auf bestimmte Schutzmechanismen wie den Überspannungs- und den Kurzschlussschutz verzichtet. Überhitzungen und sogar das Austreten von Säure – mit entsprechenden Folgeschäden – könnten die Konsequenz sein. Hier ist also höchste Vorsicht geboten. Nicht wenige dieser Akkus sind gefährlich.

Des Weiteren ist es die Frage, ob die Kapazitätsangaben, meist höher als die Originalkapazität, wirklich realistische Werte sind. Auch wurde in unterschiedlichen Foren berichtet, dass Fremdakkus nach wenigen Lade- und Entladezyklen sehr viel weniger Energie lieferten oder gar ganz den Dienst quittierten, was auf eine sehr schlechte Zyklenfestigkeit schließen lässt.

Andererseits können kompatible Akkus von seriösen Herstellern durchaus mit dem Original zumindest mithalten. Ansmann bietet z. B. unter der Bezeichnung A-Son NP FM 55H einen kompatiblen Akku an, der eine Kapazität von 1.450 mAh besitzt. Dazu bietet Ansmann ebenfalls ein passendes Ladegerät mit der Bezeichnung SON NP FM 55H.

▲ Original und zum Vergleich ein baugleicher Akku für die α100.

1.8 Wichtige Bedienelemente kurz erklärt

Zu den wichtigsten Bedienelementen gehören das Funktionsrad mit der Funktionstaste Fn, das Moduswahlrad, das Einstellrad, der Navigationsring mit Mitteltaste und natürlich der Auslöseknopf.

Funktionsrad mit Funktionstaste

Über das Funktionsrad kann eine Vielzahl von Einstellungsmöglichkeiten angewählt werden. So kann z. B. hier die Art der Belichtungsmessung und des Autofokus, der ISO-Wert, Einstellungen zum Weißabgleich sowie die Blitzsteuerung eingestellt werden.

Die Funktionstaste Fn drückt man nach Wahl der einzustellenden Funktion, um in das Menü zu gelangen.

▲ Wichtige Bedienelemente der A100, Rückansicht.

Moduswahlrad

Zur Einstellung des gewünschten Programms der α100 dient das Moduswahlrad. Hierüber sind die Automatik-, die Halbautomatik- sowie die sechs Szenenwahlprogramme wählbar.

Das Einstellrad

Das Einstellrad dient der Verstellung der Blende bzw. der Belichtungszeit, abhängig vom Programm.

Da im ambitionierten Fotobereich vorrangig im Verschlusszeitenprioritätsmodus gearbeitet wird, stellt hier das Funktionsrad wohl das meistgenutzte Bedienelement dar, um die Blende entsprechend den Wünschen des Fotografen einzustellen. Zusätzlich kann man das Einstellrad auch in den Menüs zur Links- bzw. Rechtsauswahl, je nach Drehrichtung, benutzen.

Navigationsring mit Mitteltaste

Der Navigationsring dient vorrangig der Steuerung bzw. der Bewegung in Menüs. Zusätzlich können im Wiedergabemodus Bilder gedreht werden, und man kann sich das Histogramm mit weiteren Informationen zum Bild anzeigen lassen. Die Mitteltaste dient der Bestätigung der gewählten Einstellung, sollte man sich in einem Auswahlpunkt befinden. Außerdem kann mit ihr im Aufnahmemodus der Spotautofokus gewählt werden. Dieser ist aktiv, solange die Taste gedrückt bleibt. Dies funktioniert übrigens auch mit jeder Taste des Navigationsrings.

1.9 Tipps und Tricks zu optimalen Einstellungen

Die α100 ist bereits im Auslieferzustand für viele Einsatzzwecke richtig voreingestellt und somit sofort einsetzbar. Alle notwendigen Schritte zum Bereitma-

▲ *Bedienelemente der A100, Vorderseite.*

chen der Kamera erfährt man in der mitgelieferten Bedienungsanleitung „Bitte zuerst lesen".

Einen Überblick über die momentanen Einstellungen kann man sich verschaffen, indem man die Funktionstaste Fn drückt und dann durch Drehen des Funktionsrads die einzelnen Menüs anwählt. Die meisten Einstellungen sind aber jederzeit über das Display einzusehen. Hinzu kommt die Möglichkeit, über die Menütaste Grundfunktionen der α100 einzustellen.

Sprachwahl

Es wurden über Internetforen Fälle bekannt, in denen die Kamera mit einer anderen Spracheinstellung als Deutsch ausgeliefert wurde. In diesem Fall geht man wie folgt vor:

Man wählt das Menü über die Menütaste und springt dann mittels Navigationsring bzw. Einstellrad zum Einstellungsmenu (1). Im Unterpunkt Sprache kann nun die entsprechende Auswahl getroffen werden.

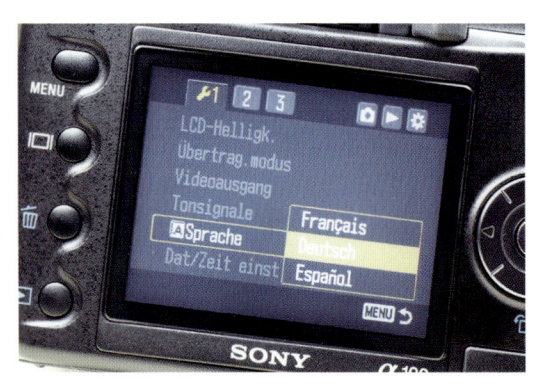

▲ Menü zu Sprachwahl.

Bevormundung abschalten

Eine sinnvolle Funktion ist sicher auch die Möglichkeit, die Kamera erst auslösen zu lassen, wenn der Autofokus die Schärfe bestätigen kann. Viele Fotografen möchten aber selbst entscheiden, wann die Kamera auslöst. Denn nicht immer muss ein scharfer Fokus gewünscht sein.

▲ Unter diesem Menüpunkt kann man die Bevormundung zur Auslösung abschalten.

Gerade in der Action-Fotografie sind meist Bildserien notwendig, die aber mit der Standardeinstellung nur eingeschränkt möglich wären. Die Kamera würde jedes Mal abwarten, bis die Schärfe bestätigt wird, und erst dann auslösen. Im Extremfall wird die Schärfe, aufgrund der schnellen Bewegung des Motivs, zu keiner Zeit durch die Kamera bestätigt, und man steht ohne Bilder da.

Bei Fremdobjektiven Vorblitz-TTL einstellen

▲ Bei Fremdobjektiven ohne D-Funktion sollte im Blitzmodus Vorblitz-TTL eingestellt werden.

Besitzt man ein Objektiv eines Fremdherstellers, ausgenommen Minolta bzw. Konica Minolta, und handelt es sich um ein Objektiv ohne eine Kennzeichnung „D", sollte im Kameramenü (2) unter Blitzkontrolle von

ADI-Messung auf Vorblitz-TTL umgeschaltet werden. Benutzt man den internen oder auch einen externen Blitz, kann es sonst zu Fehlbelichtungen, meist Unterbelichtungen, kommen.

Signaltöne abschalten

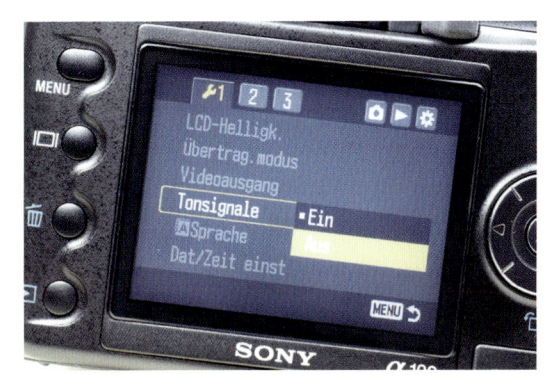

▲ Menü zum Abschalten des Signaltons.

In der Standardeinstellung quittiert die α100 einige Funktionen mit einem Signalton. Zum einen wirkt dies sehr unprofessionell, und zum anderen stört er auch in vielen Situationen, z. B. in der Konzert- oder Tierfotografie. Über das Einstellungsmenü (1) lässt sich der Signalton aber leicht abschalten. Eine Bestätigung, dass der Autofokus die Schärfe gefunden hat, erhält man weiterhin durch kurzes Aufleuchten des entsprechenden Messfelds und über die leuchtende Fokusanzeige im Sucher.

ISO-Einstellung optimieren

Von Haus aus ist die α100 auf Auto-ISO eingestellt, d. h., sie wählt je nach eingestelltem Programm ISO-Werte zwischen ISO 100 und 400, in Ausnahmefällen auch ISO 800. Da das Rauschen mit dem ISO-Wert steigt, sollte die Einstellung von Hand vorgenommen werden. Die α100 tendiert zwar zur Wahl eines möglichst geringen ISO-Wertes, jede Situation kann sie aber nicht voraussahen und so den ISO-Wert optimieren. Das sollte der Fotograf selbst vornehmen.

Die Einstellung des ISO-Wertes erreicht man über das Funktionsrad und Drücken der Funktionstaste. Hier sollte ein ISO-Wert von ISO 100 bzw. 200 gewählt werden. Mehr zum ISO-Wert erfahren Sie ab Seite 162.

▲ Einstellungsmenü zum ISO-Wert.

Grundeinstellungen gezielt zurücksetzen

Die α100 bietet mehrere Möglichkeiten, Einstellungen gezielt zurückzusetzen:

- bei Umschaltung in den Automatikmodus
- bei Szenenwahl
- bei Rückstellung der Aufnahmefunktionen
- bei Rückstellung der allgemeinen Vorgaben

Umschalten in den Automatikmodus

Vorgenommene Änderungen werden teilweise beim Umschalten auf den Automatikmodus zurückgesetzt. Wichtig zu erwähnen wäre hier die Umschaltung auf Auto-ISO, die Wahl des großen Autofokusmessfelds und der Mehrfeldmessung sowie die Rückschaltung auf Einzelbildmodus.

Die Blitzkontrolle wird auf ADI-Messung zurückgesetzt (siehe hierzu „Bei Fremdobjektiven Vorblitz-TTL einstellen" auf Seite 36).

Umschalten auf Szenenwahl

Wählt man eines der sechs Szenenprogramme der α100, stellt die α100, passend zu den einzelnen Programmen, Einstellungen um. Die Umstellungen ähneln der Umschaltung auf den Automatikmodus. Jedes Szenenprogramm besitzt aber auch einige individuelle Einstellungen. Beispielsweise wird im Sportaktionsmodus auf Serienbild und AF-C geschaltet. Im Makromodus hingegen wird der AF-S gewählt. Die Wahl des Autofokusbereichs wird nicht verändert.

Rückstellung der Aufnahmefunktionen

Speziell für die Rückstellung der Aufnahmefunktionen, die über das Funktionsrad erreichbar sind, wurde diese Funktion entwickelt. Die Einstellungen werden wie folgt zurückgesetzt:

- Auto-ISO.
- Automatischer Weißabgleich (AWB).
- Weißabgleichfestwert wird auf Tageslicht ±0 eingestellt.
- Farbtemperatur/CC-Filter wird auf 5.500 Kelvin und ±0 CC-Filter eingestellt.
- DRO wird auf Standard gesetzt.
- Kontrast/Schärfe/Sättigung werden auf 0 gesetzt.
- Der Autofokusbereich wird auf das große Messfeld und der Autofokusmodus auf AF-S umgeschaltet.
- Der Blitzmodus schaltet auf Blitzautomatik und ±0 für die Blitzbelichtungskorrektur.
- Die Mehrfeldmessung wird eingeschaltet.
- Der Bildfolgemodus wird auf Einzelbild geschaltet.

▲ Menü zum Zurücksetzen der Aufnahmefunktionen.

Rückstellung sämtlicher Hauptfunktionen

Noch weiter geht der Reset im Einstellungsmenü. Benutzt man diese Funktion, werden fast alle Einstellungsmöglichkeiten auf die Vorgabewerte zurückgesetzt. Verschont bleiben hier nur die vorgenommenen Veränderungen in den Optionen:

- **D**igital **P**rint **O**rder **F**ormat (DPOF).
- Die Wahl des Videoausgangs.
- Datum und Zeiteinstellungen.

- Die Wahl des Standardordners für die Bilddateispeicherung.

1.10 Dateinamen und Ordner

Möchte man seine Aufnahmen nach seinem eigenen System strukturiert speichern lassen, besitzt die α100 hierfür zwei Optionen. Zunächst kann im Einstellungsmenü (2) gewählt werden, ob der Dateiname fortlaufend nummeriert werden soll, auch wenn die Speicherkarte bzw. der Speicherordner gewechselt wurde, oder ob jeweils die Nummerierung neu beginnen soll.

Im Normalfall ist eine Neunummerierung wenig sinnvoll, da es sonst zu Speicherkonflikten beim Übertragen der Dateien auf den Computer kommen kann, wenn der Dateiname bereits vorhanden ist. Für die Ordner stehen zwei Optionen zur Wahl. Im Normalfall wird immer derselbe Ordner zum Abspeichern der Bilder gewählt. Über die Option *Ordnername* besteht die Möglichkeit, einen Datumsordner zu wählen.

Für jeden Tag, an dem Aufnahmen mit der α100 gemacht werden, wird ein separater Ordner eingerichtet, in den die Dateien entsprechend einsortiert werden. Da das Datum zu jedem Bild mitgespeichert wird und die gängigen Bildbearbeitungsprogramme die Sortierung nach Datum erlauben, kann auch hierauf in den meisten Fällen verzichtet werden.

▲ *Sind mehrere Ordner angelegt worden, kann hier eine Auswahl getroffen werden.*

Zusätzlich kann über die Option *Neuer Ordner* ein neuer Ordner angelegt werden. Dabei wird die Nummer im Ordnernamen um eins höher gesetzt als beim vorhergehenden Ordner. Über *Ordner wählen* kann dieser Ordner dann zum Speichern gewählt werden.

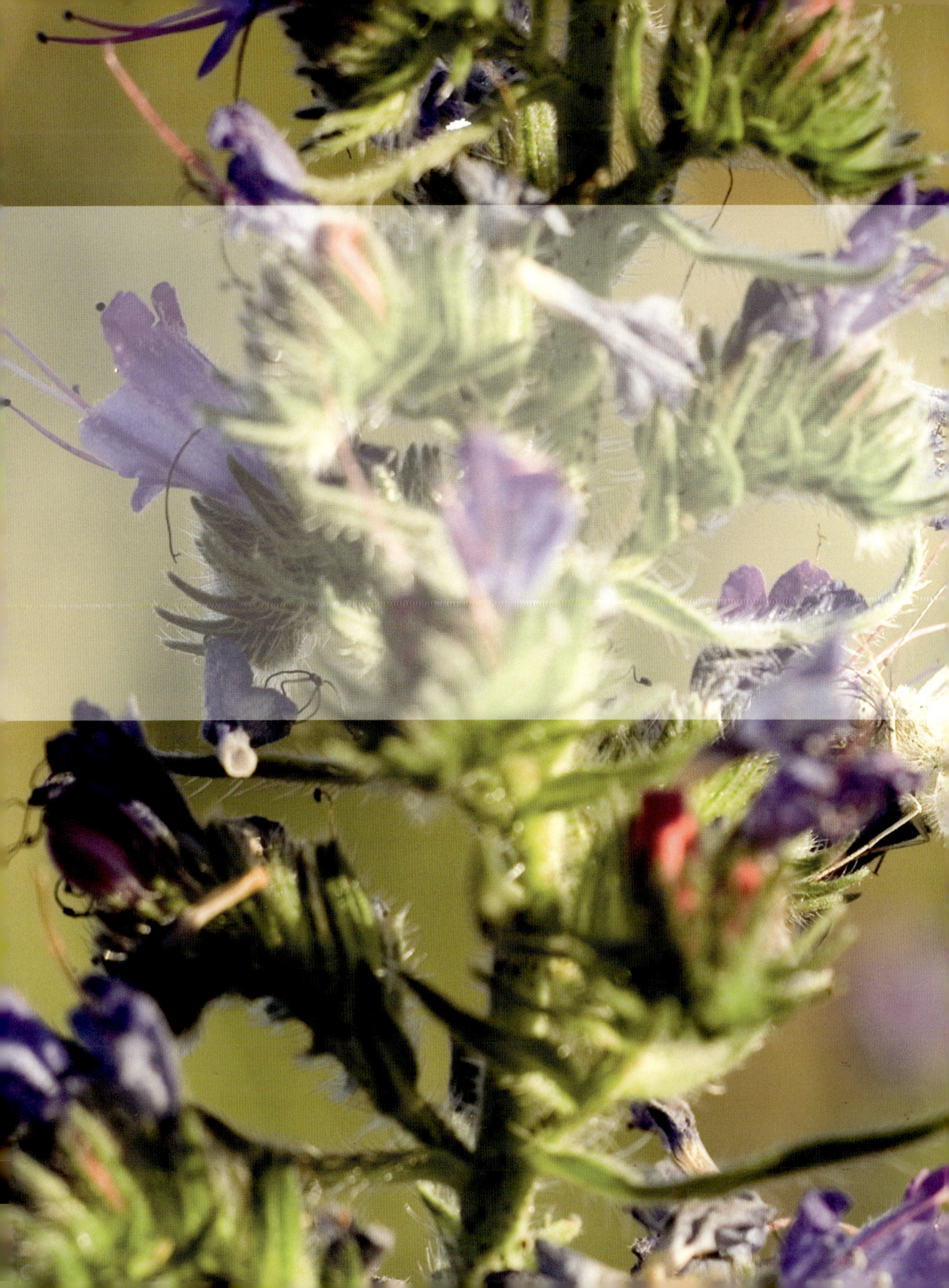

2

Automatisches Scharfstellen: das Autofokussystem

Die α100 bietet neben dem standardmäßig eingestellten Autofokus mit dem „großen" Autofokusmessfeld noch zwei weitere Modi. Wann welche Einstellung in der jeweils aktuellen Situation sinnvoll ist und welche Vor- bzw. Nachteile sich ergeben, wird im folgenden Kapitel näher beleuchtet.

2.1 Wie funktioniert die Scharfstellung der α100?

Die automatische Scharfstellung (Autofokus genannt) der α100 ist ein äußerst leistungsfähiges und ausgeklügeltes System, das sehr schnell und treffsicher den gewünschten Schärfepunkt findet. Hierzu arbeiten neun Sensoren, davon ein Zweifachsensor, der als Kreuz ausgebildet ist, nebst Auswerteelektronik in der Kamera. Der Hauptspiegel des Spiegelreflexsystems ist halbdurchlässig ausgebildet und lässt so genügend Lichtstrahlen hindurch, die über einen Hilfsspiegel der Auswertesensorik zugeführt werden. Aus den dann vorhandenen Daten wird in der Zentraleinheit des Computers in wenigen Millisekunden die Fokussierung berechnet, und das Objektiv wird über den Minigetriebemotor scharf gestellt. Bei eingestelltem Schärfesignal ertönt ein Zeichen, um die Schärfe zu bestätigen.

Der Autofokus benötigt genügend Helligkeit

Je nach Objektiv arbeitet der Autofokus noch mit Objektivlichtstärken bis ca. 1:6,7 (in Ausnahmefällen sogar bis 1:8, wie bei dem eigens dafür optimierten Spiegelobjektiv 8/500 von Sony). Ältere Telekonverter-Objektiv-Kombinationen (z. B. 2x-Konverter + 2,8/300-Objektiv) erlauben ebenfalls noch das automatische Scharfstellen.

Die Geschwindigkeit des Autofokus ist dabei aber sehr gering. Hier sollte sinnvollerweise von Hand scharf gestellt werden. Die Autofokusmessung an sich beruht auf dem Phasenvergleichsverfahren. Teil-

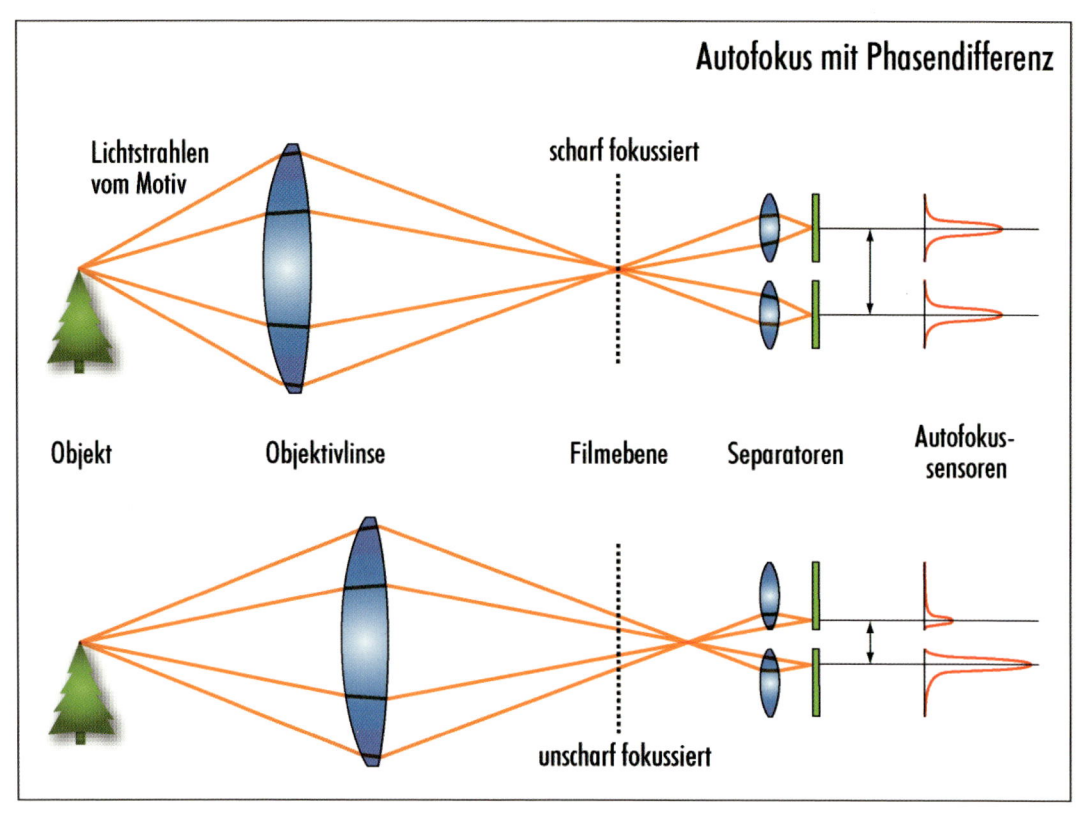

▲ *Phasendifferenz zum Scharfstellen.*

bilder werden untereinander verglichen, und die Phasendifferenz wird ermittelt. Die Auswerteelektronik vergleicht die Informationen mit einem Referenzsignal und berechnet daraus die Steueranweisung für den Autofokusmotor.

Dieses Autofokussystem wird als passives System bezeichnet, im Gegensatz zu aktiven Systemen wie Ultraschallentfernungsmessungen. Hier wird die Entfernung durch Aussendung und Empfang von Schallwellen berechnet.

Dagegen funktioniert das passive System durch Auswertung von Kontrastunterschieden im Motiv. Voraussetzung für diese Methode ist genügend Helligkeit für einen entsprechenden Kontrast, der ausreichend ist, damit die Kamera auswertbare Informationen erhält. Zu wenig Licht oder kontrastlose Flächen bringen den Autofokus der α100 an seine Grenzen. In starker Dunkelheit funktioniert der Autofokus dann nicht mehr. Die Grenzen liegen für den Autofokus bei den Belichtungswerten –1 und 18 (ISO 100). Die α100 besitzt für solche Fälle kein Hilfslicht, ähnlich den analogen Dynax-Modellen, die ein infrarotes Licht ausstrahlten.

Autofokusfunktionalität im Dunkeln nutzen

Behelfen kann man sich hier mit dem internen Blitzgerät. Es liefert für einen Augenblick stroboskopartige Blitze und sorgt so für eine Aufhellung, damit der Autofokus scharf stellen kann.

Möchte man in diesem Fall für sein Motiv kein Blitzlicht zur Beleuchtung einsetzen, klappt man den Blitz einfach nach erfolgter Scharfstellung bei gedrücktem Auslöser ein. Die Reichweite des internen Blitzgeräts beträgt für dieses Verfahren ca. 5 m. Auch kann man die Programmblitze zur Autofokusunterstützung einsetzen.

▲ *Programmblitz mit aktivem Hilfslicht, hier das kompatible Programmblitzgerät HS 5600 D.*

Diese besitzen ein AF-Hilfslicht mit infrarotem Licht. Die Reichweite beträgt bei dem Programmblitz HVL-F36AM ca. 7 m, die des großen Bruders HVL-F56AM immerhin ca. 10 m. Diese Werte hängen aber stark vom eingesetzten Objektiv und dessen Lichtstärke ab.

Im Gegensatz zum internen Blitzgerät projizieren die Programmblitze ein Muster aus roten Streifen auf das Motiv. Die dabei entstehenden Kontraste erlauben das Scharfstellen selbst auf sonst kontrastlosen Flächen. Auch hier gibt es aber wieder Grenzen.

Ab etwa 300 mm Objektivbrennweite schalten die Programmblitze das Hilfslicht ab. Als Alternative zu den vorgenannten Möglichkeiten kann man sich auch mit einer kleinen Taschenlampe oder einer LED-Lampe, die besonders Strom sparend arbeitet, behelfen.

AF-Hilfslicht abschalten
Möchte man das interne Blitzgerät bzw. einen aufgesetzten Programmblitz nicht zur Autofokusunterstützung einsetzen, kann man im Benutzermenü (2) das AF-Hilfslicht auch abschalten. Ist Nachführautofokus bzw. manuelle Fokussierung gewählt worden, wird das AF-Hilfslicht ohnehin abgeschaltet.

Praktische Tipps zum Autofokus

- Stark reflektierende Flächen oder Motive mit extremer Helligkeit stellen für den Autofokus Schwierigkeiten dar. Hier fokussiert man besser manuell.
- Bei Einsatz von Filtern sollte man auf hochwertige Qualität achten, da nur mit diesen ein einwandfreier Autofokusbetrieb gewährleistet ist.
- Einige Objektive drehen beim Fokussieren die Frontlinse, was den Einsatz von zirkularen Polfiltern notwendig macht.
- Blinkt die Scharfstellanzeige im Sucher, kann die Kamera nicht selbst scharf stellen. Eventuell ist ein kontrastloses oder ein (zu) regelmäßiges Motiv vorhanden. Oder man befindet sich mit der α100 zu dicht am Motiv (siehe Naheinstellgrenze Seite 64). Es kann auch sein, dass die Helligkeit für die Kamera nicht ausreicht, um selbst scharf zu stellen.
- Das Fokussieren durch eine saubere Glasscheibe ist möglich. Auf die Glasscheibe selbst kann nicht automatisch scharf gestellt werden, wenn keine Kontraste (wie z. B. Lichtreflexe) vorhanden sind.

Nach dem Einschalten der Kamera führt diese eine Objektivkalibrierung durch. Dafür fährt sie einmalig bis zum Unendlichanschlag des Objektivs und danach zurück in eine häufig genutzte Entfernungseinstellung. Sollten Sie Objektive mit Fokusbegrenzern besitzen, ist es ratsam, diese beim Einschalten der Kamera auf unendlich zu stellen, um den Kalibriervorgang nicht zu stören.

Der Autofokusmotor sitzt bei der α100 im Gehäuse. Die Linsengruppen werden über ein Kupplungselement bewegt. Bei anderen Herstellern sind die Motoren im Objektiv angeordnet, was den Vorteil hat, dass jedes Objektiv einen optimal angepassten Motor erhalten kann. Andererseits steigen die Herstellungskosten für die Objektive durch die zusätzlichen Motoren an. Sony hat hier das von Minolta über Jahrzehnte bewährte System übernommen und belässt den Autofokusmotor in der Kamera.

Eine Ausnahme bilden die SSM-Objektive (**S**uper **S**onic **M**otor) von Sony. Hier ist das Objektiv selbst mit einem Ultraschallmotor bestückt. Die α100 kuppelt

▲ Autofokusbegrenzer. Beim Einschalten der α100 sollte dieser auf Full stehen, um den Kalibriervorgang nicht zu beeinträchtigen.

in diesem Fall den eigenen Motor zum Objektiv hin aus und schaltet ihn ab. Die Fokussiergeschwindigkeit wird hiermit noch einmal verbessert. Vor allem aber ist die Geräuscharmut beim Scharfstellen derartiger Objektive hervorzuheben.

Der große Messbereich des Autofokus mit den neun Sensoren lässt sich einfach handhaben. Der Auslöser wird leicht angedrückt.

Die Elektronik beginnt sofort damit, den Schärfepunkt zu suchen, und bestätigt ihn mit dem Signalton bzw. mit dem roten Aufleuchten der Markierung des Sensors, der die Schärfe erkennt.

Lässt man die Auslösetaste wieder los, wird die Schärfespeicherung aufgehoben, und man kann von Neuem beginnen.

Einige Teleobjektive (z. B. das AF 2,8/300 APO) besitzen einstellbare Anschläge, um den Fokussierweg einzuschränken. Der Motor muss hier aufgrund der langen Fokussierwege nicht jeweils bis zum Endanschlag fahren, sondern ist auf einen zuvor eingestellten Weg begrenzt. Das spart in Situationen, in denen der Schärfebereich vorher begrenzt und absehbar ist, eine Menge Fokussierzeit.

Fokusgeschwindigkeit

Die Ingenieure konnten die Autofokusgeschwindigkeit gegenüber dem Vorgänger, der Dynax 5D, noch einmal steigern. Eigene Tests ergaben, dass mit einem 300-mm-Objektiv ein Fahrzeug, das sich auf den Fotografen zu bewegt, mit einer Geschwindigkeit bis ca. 100 km/h scharf gestellt werden kann.

Messfelder im Sucher — Großes Fokusmessfeld, Einzelmessfelder, Spotmesskreis, Spot-AF-Messfeld

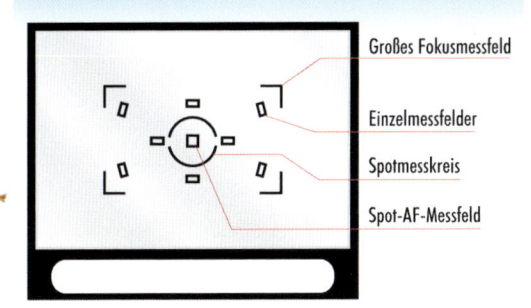

Autofokussignal abschalten
Der Signalton ist in einigen Situationen störend und kann im Einstellungsmenü (1) *Tonsignale* abgeschaltet werden. Die Tonsignale werden dann allerdings komplett abgeschaltet.

▲ Hier wurde die Autofokusgeschwindigkeit getestet. Der Autofokus hatte bis etwa 100 km/h keine Probleme damit, das Fahrzeug scharf zu stellen.

Die fiffige Augenkontrolle

Schaut man bei der α100 durch den Sucher, beginnt der Autofokus dank „Eye-Start-System" sofort zu arbeiten. Die Kamera erwacht somit umgehend aus dem Ruhezustand und ist bereit zum Auslösen.

Die Schärfe wird so lange gespeichert, wie der Auslöser gehalten wird. Dies ist besonders wichtig für die Komposition des Bildes. Zwar sind die Sensoren im Goldenen Schnitt angeordnet und unterstützen damit schon den Fotografen bei der Bildgestaltung, durch die Speicherung der Schärfe ist aber eine freie Platzierung des „scharfen Bildinhalts" durch Kameraverschiebung möglich.

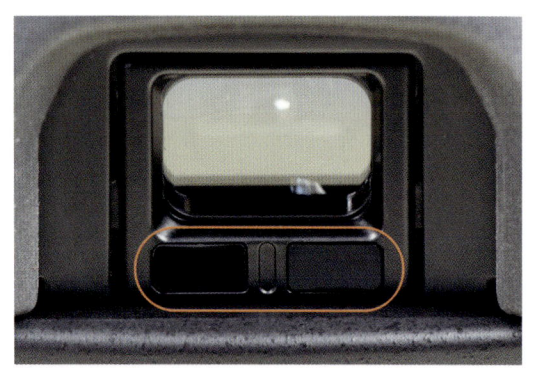

▲ Eye-Start-Infrarotsystem.

> **Eye-Start-System aktivieren**
> Nähert man sich dem Sucher der α100, wird über die Entfernungsmessung eines Infrarotsenders/-empfängers die Eye-Start-Automatik aktiviert. Das heißt, der Autofokus und die Belichtungsmessung beginnen zu arbeiten, und das eventuell auf Stand-by stehende Display wird eingeschaltet. Die notwendige Entfernung zum Einschalten beträgt ca. 3 cm.

Möchte man verhindern, dass z. B. eine abgelegte Kamera unbeabsichtigt durch zu nahe kommende Gegenstände von der Eye-Start-Automatik eingeschaltet wird, kann im Aufnahmemenü (1) die Funktion abgeschaltet werden. Das Abschalten wird ebenfalls notwendig, wenn die Okularabdeckung am Sucher angebracht wird, um ein Einfallen von Licht in den Sucher zu verhindern, z. B. bei Langzeitbelichtungen und Arbeiten mit dem Stativ ohne Durchschauen zum Verdecken des Suchers.

2.2 AF-A-Modus, der Allrounder

Im AF-A-Modus (automatischer Autofokus) werden bei Andrücken des Auslösers die AF-Sensoren ausgewertet, um festzustellen, ob sich ein Objekt bewegt oder ob es sich um ein bewegungsloses Objekt handelt.

Bei bewegungslosen Objekten stellt die α100 scharf und speichert diesen Schärfepunkt. Dynamische Objekte werden verfolgt. Die Schärfe wird hier nicht gespeichert, sondern nachgeführt.

Bewegt sich ein Objekt nachträglich aus dem bewegungslosen Zustand, schaltet die α100 nicht automatisch in den Nachführmodus. Hier muss der Auslöser kurz losgelassen werden. Bei erneutem Andrücken gelangt man dann in den Nachführmodus.

Diese Lösung hat Sinn. Denn möchte man, nachdem die Schärfe gespeichert wurde, die Kamera verschieben, um eine andere Bildkomposition zu wählen, würde die Kamera dies nicht von einem sich bewegenden Objekt unterscheiden können.

Andererseits bleibt die Kamera im Nachführmodus, auch wenn sich ein Objekt plötzlich nicht mehr bewegt. Eine kurz darauf folgende Bewegung des Objekts ist in diesem Fall sehr wahrscheinlich. Der AF-A-Modus ist die Standardeinstellung bei der α100.

2.3 AF-C-Modus für schnelle Bewegungen

Im AF-C-Modus (Nachführmodus) folgt der Autofokus der Objektbewegung oder auch der Abstandsänderung, sollte man sich selbst bewegen.

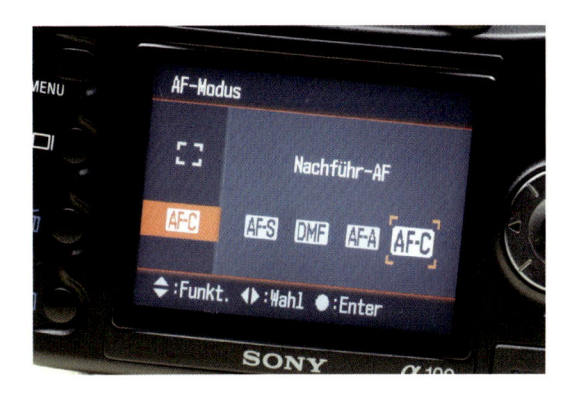

Dieser Modus wurde speziell für schnell bewegte Objekte entwickelt. Die Schärfe wird permanent nachgeregelt und sogar vorausberechnet, solange der Auslöser angedrückt ist. Vorausberechnet deshalb, weil doch einige Zeit vom Auslösen bis zum Öffnen des Verschlusses vergeht. In dieser Zeit könnte sich das Objekt weiterbewegt haben. Gerade bei Objekten, die sich auf den Fotografen zu bewegen, macht sich dies bemerkbar.

Die α100 weist zwar durch Aufleuchten des Schärfepunkts auf durch sie bestätigte Schärfe hin, nur wird dies in solchen Situationen immer nur kurz der Fall sein. Das akustische Schärfebestätigungssignal ist in diesem Modus abgeschaltet. Ohnehin hat man in diesen Situationen mehr mit dem Objekt zu tun, um es wie gewünscht im Sucher einzufangen.

Man kann sich hier ruhig auf die α100 verlassen. Es empfiehlt sich, den Serienbildmodus einzuschalten. Man erhält so eine gute Auswahl an scharfen Bildern. Zuvor sollte man aber im Benutzermenü (1) die *Prior.einstlg.* ändern, da sonst nur ein Auslösen bei bestätigter Schärfe durch die Kamera möglich ist. Man wählt anstatt der Standardeinstellung *AF* nun *Auslöser (RP)*. Als Hinweis auf diese Einstellung erscheint *RP* im LCD-Display. Nun kann man selbst entscheiden, wann ausgelöst werden soll.

▲ *Beispiel, in dem der Nachführmodus gefordert ist. Zusätzlich wurde hier noch die Kamera mitgeschwenkt, um die Dynamik der Szene zu festzuhalten.*

Den AF-C-Modus schaltet man ein, indem man das Funktionsrad Fn in die Stellung *AF-Modus* dreht und danach die Navigationstaste v betätigt. Nun kann mithilfe der Navigationstaste < bzw. > der AF-C-Modus gewählt werden. Zum Abschluss ist die Mitteltaste zu drücken, um die Einstellung zu speichern.

2.4 AF-S-Modus für unbewegte Motive

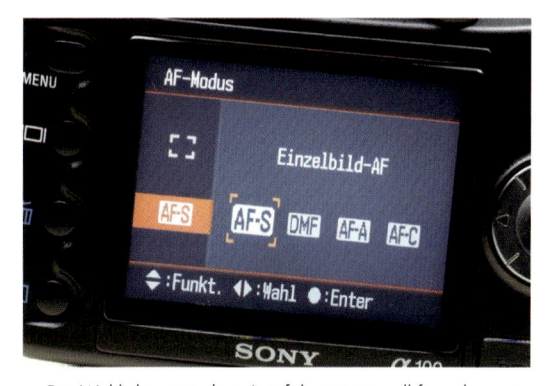

▲ *Die Wahl des statischen Autofokus ist sinnvoll für unbewegte Objekte.*

Der sogenannte statische Autofokus ist ideal für unbewegte Motive. Ist also die Nachführung der Schärfe nicht notwendig oder auch nicht gewünscht, wählt man mit der Funktionstaste Fn das Menü *AF-Modus*

▲ Ein Fall für den statischen Autofokus.

und betätigt die Navigationstasten < oder >, um den Modus zu wählen. Durch das Drücken der Mitteltaste wird die Einstellung gespeichert. Ideal ist dieser Modus z. B. für Reproaufnahmen oder im Makromodus. Wurde der Schärfepunkt durch die Kamera gefunden, wird er gespeichert. Erst wenn der Auslöser wieder losgelassen wird, beginnt die Suche nach der Schärfe von Neuem.

Sport- und Actionaufnahmen mit dem Nachführmodus

Sportaufnahmen sind meist Bilder bewegter Motive. Je schneller sich die Sportler bewegen, umso schwieriger wird es, das Geschehen ausreichend scharf aufzunehmen. Dabei spielt der Abbildungsmaßstab eine entscheidende Rolle.

Ein Fall für den Nachführmodus. ▶

Ein etwas entfernt fahrender schneller Sportwagen ändert seine Abbildungsgröße so gut wie nicht. Dagegen ist es für den Autofokus schwieriger, einen in Richtung Fotografen laufenden Jogger mit einem Teleobjektiv zu verfolgen.

Tests ergaben, dass ein Fahrzeug, das sich dem Fotografen in Aufnahmerichtung nähert, bis zu einer Geschwindigkeit von 100 km/h mit einem 300-mm-Objektiv den Autofokus nicht überfordert.

Für Sportaufnahmen sollte also die Autofokusbetriebsart AF-C eingeschaltet sein.

Zunächst sollte man im Benutzermenü (1) die Einstellung Prior.einstlg auf Auslöser umstellen. Damit wird gewährleistet, dass die Kamera nicht wartet, bis sie die Schärfe bestätigen kann und dann erst auslöst. Die α100 wird nun auslösen, wenn man den Auslöser komplett durchdrückt. Dies führt dazu, dass auch unscharfe Aufnahmen entstehen, was aber bei schnellen Motiven in Kauf genommen werden muss.

Als Nächstes sollte man den Blendenprioritätsmodus (siehe Seite 78) aktivieren. Die meisten Berufsfotografen arbeiten in diesem Modus, und auch für die Sportfotografie ist er erste Wahl. Man hat so die Kontrolle über die Schärfentiefe und kann sie in diesem Fall gezielt vergrößern, um die Ausbeute an scharfen Aufnahmen zu erhöhen. Der Bewegungsbereich des Motivs für scharfe Aufnahmen wird vergrößert.

Die ISO-Einstellung kann bis ISO 1600 erhöht werden, um die Verschlusszeiten zu verkürzen. Erhalten Sie also trotz eingeschaltetem Super SteadyShot verwackelte Aufnahmen, sollten Sie diese Option wählen. Es wird empfohlen, auf maximal ISO 400 umzuschalten, da ansonsten das Rauschen in den Aufnahmen als störend empfunden werden könnte.

▲ Auch diese Aufnahme entstand durch automatische Nachführung des Autofokus.

Nun ist noch der Serienbildmodus über die Bildfolgetaste zu aktivieren.

▲ Wichtig für Sport- und Actionaufnahmen: der Serienbildmodus. Hiermit sind bis zu drei Bilder pro Minute möglich.

Kommt es zu einer aufnahmewürdigen Situation, drückt man den Auslöser komplett durch und hält ihn gedrückt. Durch die entstehenden Bildserien erzielt man mit Sicherheit eine Menge unscharfer Aufnahmen, die Wahrscheinlichkeit, dass scharfe Bilder dabei sind, ist aber hoch.

AF-S-Modus für unbewegte Motive

▲ Die besten Ergebnisse erreicht man, wenn man den Auslöser durchgedrückt hält und entsprechende Serien anfertigt. Später kann man die Aufnahmen nach gut gelungenen Bildern sichten und aussortieren.

Empfohlene Einstellungen für die Sportfotografie mit der α100

- Auslösepriorität sollte eingestellt werden, siehe Benutzermenü (1).
- Die Schärfentiefe sollte maximiert werden, am besten arbeitet man im Blendenprioritätsmodus und wählt die gewünschte Blende vor.
- Die ISO-Einstellung sollte ja nach Helligkeit bis auf ISO 400 angehoben werden, um ausreichend kurze Verschlusszeiten zu erhalten.
- Der Serienbildmodus sollte aktiviert werden.
- Kommt es zu einer aufnahmewürdigen Situation, drückt man den Auslöser komplett durch und hält ihn gedrückt.

Automatische oder manuelle Messfeldwahl

Im Automatikmodus überlässt man der Kamera die Wahl des Messfelds. Sie wird dabei vorrangig das Messfeld für die Erkennung des Hauptmotivs benutzen, das im Bereich des dichtesten Objekts liegt. Das ist auch der Normalfall. Denn meist befindet sich das Hauptobjekt im Vordergrund. Dabei sind die Sensoren so angeordnet, dass sich das Hauptobjekt nicht zwangsläufig im mittleren Bereich befinden muss, was der Bildgestaltung entgegenkommt. Bei eingestellter Mehrzonenbelichtungsmessung geht der Bereich um den aktiven Sensor besonders hoch bewertet in die Belichtungsmessung ein. Das garantiert eine optimale Belichtung des Hauptobjekts. Für durchschnittliche Anwendungen ist die automatische Messfeldwahl sehr gut geeignet. Natürlich gibt es aber auch Situationen, in denen man der Kamera diese Entscheidung gern abnehmen möchte – eben wenn sich beispielsweise das Hauptobjekt nicht im Vordergrund, sondern im Hintergrund befindet.

Die einzelnen Messfelder kann man über die Funktionstaste (Fn) im Fokusmenü unter *Messfeldauswahl* einstellen. Alle neun Sensoren können hier einzeln ausgewählt werden. Zur Auswahl des zentralen Sensors drückt man die Spot-AF-Taste, ansonsten den entsprechenden Navigationsring. Besonders bietet sich die Auswahl der im Goldenen Schnitt liegenden

▲ Die automatische Messfeldwahl, das große Autofokusmessfeld, überlässt der Kamera die Entscheidung darüber, welches Messfeld zum Scharfstellen verwendet wird.

Die Besonderheit des mittleren AF-Messfelds

Der mittlere Sensor besteht aus zwei Sensoren und ist als Kreuz ausgebildet. Er ist damit bestens für horizontale und vertikale Kontraste gerüstet, während die anderen acht Sensoren nur in eine Richtung wirken. Es ist damit das leistungsfähigste Messfeld der α100. Über die Spot-AF-Taste kann der Kreuzsensor direkt angewählt werden. Ab einer Lichtstärke des Objektivs von 1:5,6 verwendet die α100 ohnehin ausschließlich den Kreuzsensor.

vier Sensoren an. Das Hauptobjekt kann nun zur Erhöhung der Bildwirkung exakt ausgerichtet werden. Der gewählte Sensor wird dazu rot aufleuchten, wenn Schärfe erzielt wurde, und wird außerdem im Monitor abgebildet. Möchte man nur ab und zu mal einen Sensor direkt auswählen, geht das recht einfach. Gerade die Spot-AF-Taste wird sicher des Öfteren genutzt werden. Dazu drückt man einfach vor der Aufnahme den entsprechenden Navigationsring bzw. die Spot-AF-Taste und hält diese Taste gedrückt. Hält man die Taste auch nach der Aufnahme noch gedrückt, bleibt der Fokus gespeichert, und man kann weitere Aufnahmen mit der gleichen Entfernungseinstellung machen.

▲ Mit dem entsprechenden AF-Sensor können auch Motive wie diese exakt scharf gestellt werden. Der Einsatz des großen Autofokusmessfelds hätte hier auf die Tür scharf gestellt.

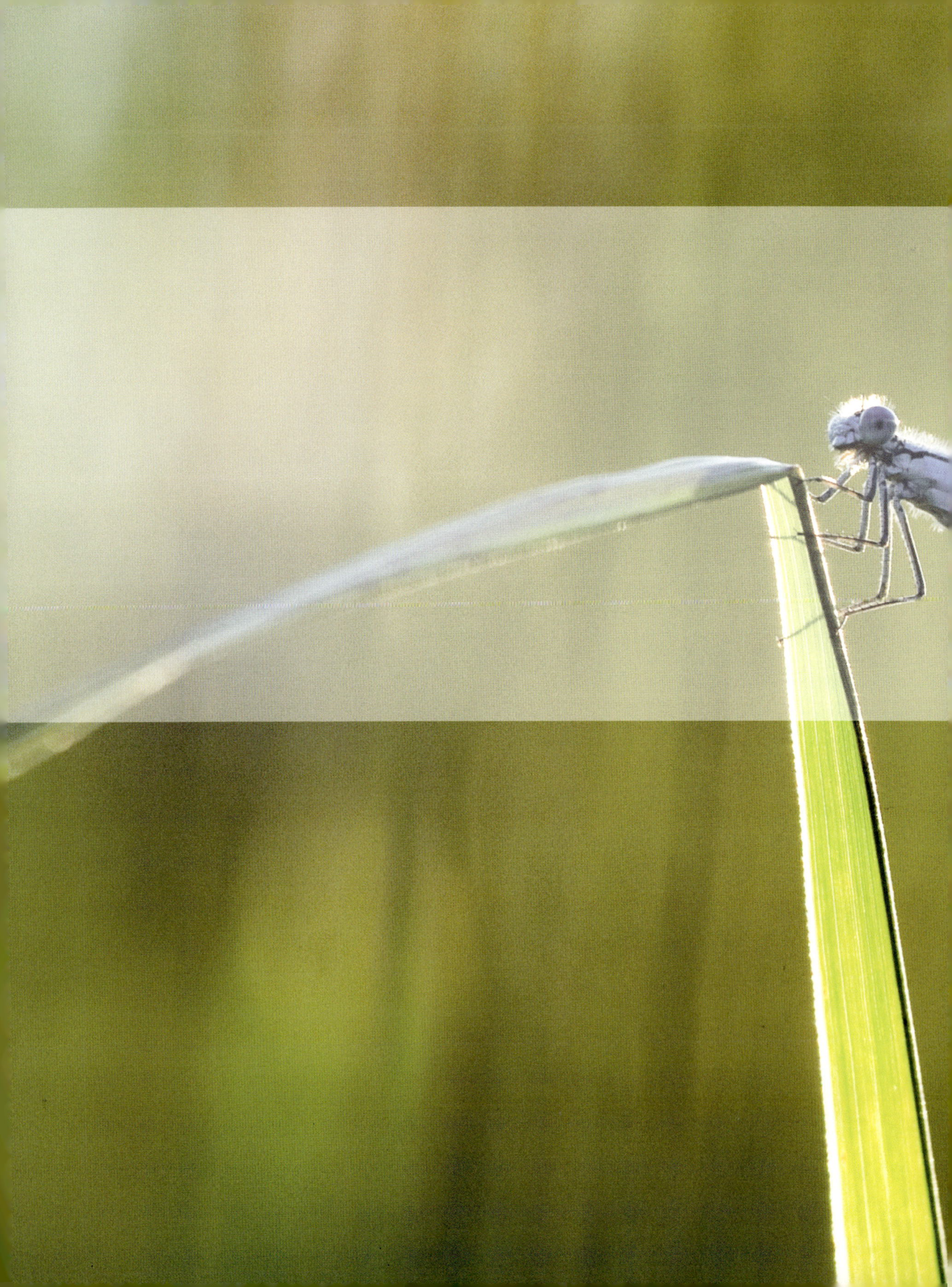

3

Fokussieren in der Praxis

Einer der wichtigsten Faktoren für gelungene Aufnahmen ist die Bildschärfe. Das nachfolgende Kapitel gibt nützliche Praxistipps zum Autofokus an der α100.

Anhand unterschiedlicher Situationen wird gezeigt, wann welche Einstellungen an der α100 sinnvoll sind.

3.1 Autofokus in der Praxis

Wenn man sich die vielen Bilddiskussionen in unterschiedlichen Bildergalerien im Internet bezüglich der Bildschärfe anschaut, wird deutlich, wie wichtig dieses Thema ist. Sitzt sie an der falschen Stelle, ist der Schärfentiefebereich zu klein bzw. zu groß, oder ist eventuell gar keine Schärfe im Bild vorhanden, werden die Gemüter entsprechend stark bewegt.

In vielen Bereichen wird die hoch entwickelte Autofokussteuerung der α100 gute Ergebnisse erzielen. Will man aber ernsthafter in die Fotografie einsteigen, wird man die Bevormundung durch Automatiken möglichst bald umgehen wollen. Denn eines wird wohl auch in Zukunft keine Kamera beherrschen: vorhersehen, was der Fotograf in der jeweiligen Motivsituation für ein Ergebnis erwartet. Aufgrund einer großen Datenbank mit Fotografenwissen kann sie es vermuten und entsprechende Vorschläge für die einzelnen Einstellungen unterbreiten, mehr aber eben nicht.

Was beeinflusst die Schärfe?

Oft hört man, dass für eine ordentliche Bildschärfe vor allem ein möglichst hochwertiges, kostspieliges Objektiv nötig sei. Sicher ist das verwendete Objektiv ein großer Einflussfaktor auf die Schärfe – aber eben nur einer. Zudem gibt es genügend Beispiele für kostengünstige Objektive mit guter Schärfeleistung, was im Übrigen auch für das Kitobjektiv 1:3,5-5,6/18-70mm gilt. Vergleiche mit dem wesentlich teureren 1:3,5/17-35mm-G-Objektiv zeigen nur minimale Unterschiede in der Abbildungsleistung, besonders auch im Bereich der Schärfe. Natürlich gibt es aber noch weit mehr Faktoren, die die Schärfe im Bild beeinflussen. Hier nur eine kleine Auswahl:

- Verwacklungsunschärfe
- Bewegungsunschärfe
- beschlagene oder unsaubere Linsen
- minderwertige Filter
- nicht korrekt gelagerte Sensoren
- streulichtempfindliches Objektiv
- falsche Fokussierung etc.

Nicht den Mut verlieren bei unscharfen Bildern

Man sieht, dass eine gelungene, scharfe Aufnahme von vielen Faktoren und nicht zuletzt auch vom Fotografen abhängt. Aber man sollte sich damit trösten, dass selbst Profifotografen bei ihrer Arbeit mit entsprechendem Ausschuss leben müssen. Ja gerade bei den Profis ist der Ausschuss oft besonders hoch.

Es macht also nichts, wenn der Hobbyfotograf zunächst nicht immer die gewünschte Schärfe auf den Bildern sehen wird. Übung und das entsprechende Wissen um die Schärfe machen auch hier den Meister.

Im Nachfolgenden werden wir uns den wichtigsten Problemfällen widmen.

3.2 Schärfeprobleme verhindern

In diesem Abschnitt sollen einige gängige Schärfeprobleme besprochen und wichtige Tipps zu deren Behebung gegeben werden.

Verwacklungsunschärfe

Die richtige Kamerahaltung und das gleichmäßige, sanfte Drücken des Auslösers sind hier entscheidend. Hat man die Kamera nicht fest im Griff oder reißt den Auslöser nur durch, entstehen schnell verwackelte Fotos. Der Super SteadyShot kann hier mindernd eingreifen. Er ist aber keine Garantie für verwacklungsfreie Fotos. Mehr Informationen über den Super SteadyShot gibt es auf Seite 93.

▲ Die richtige Kamerahaltung hilft, Verwacklungen zu vermeiden.

▲ Ungewollte Bewegungsunschärfe. Die Belichtungszeit von 1/90 Sekunde waren hier zu lang, um Schärfe ins Bild zu bringen.

Wenn es die Situation zulässt, sollte man nicht auf ein Stativ verzichten. In diesem Fall sollte der Super SteadyShot abgeschaltet werden, und es ist auch sinnvoll, einen Fernauslöser bzw. den 2-Sekunden-Selbstauslöser (Spiegelvorauslösung) zu nutzen, um ein Verwackeln durch das Drücken des Auslösers zu vermeiden.

Eine weitere Möglichkeit besteht darin, durch Erhöhung des ISO-Werts die notwendige Belichtungszeit zu verkürzen. Je kürzer die Belichtungszeit, umso geringer ist das Risiko zu verwackeln. Weitere Informationen zur verwacklungsfreien Belichtungszeit erhält man ebenfalls auf Seite 142.

> **Verwacklungen vermeiden**
> Eine alte Methode, verwackelte Bilder zu vermeiden, ist das kurze Luftanhalten während des Auslösens. So werden zumindest eventuelle Verwacklungen durch die Atmung ausgeschlossen.

Lichtstarke Objektive sind ebenfalls sehr nützlich, um die Belichtungszeit zu verkürzen. Mit einer entsprechend weit geöffneten Blende (z. B. 1:1,7) kann man auch bei schlechten Lichtverhältnissen verwacklungsfrei fotografieren. Bedenken sollte man hier aber die recht geringe Schärfentiefe aufgenommener Motive in der Nähe der Kamera.

Bewegungsunschärfe

Bewegungsunschärfe kann durchaus auch im Bild gewünscht sein. Dynamische Vorgänge können so z. B. hervorgehoben werden.

Möchte man aber Bewegungsunschärfe vermeiden, muss die Belichtungszeit so kurz sein, dass sich das Motiv bzw. der Fotograf in dieser Zeit entsprechend wenig bewegt. Die Belichtungszeit ist also möglichst gering zu halten.

Folgende Möglichkeiten, dies zu erreichen, stehen zur Wahl. Sie können natürlich auch in Kombination zum Einsatz kommen.

- Man sollte den Verschlusszeitenprioritätsmodus wählen, um eine möglichst geringe Verschlusszeit vorzuwählen. Die notwendige Blende wird hierbei durch die Kamera gesteuert.
- Alternativ kann der Sportaktionsmodus gewählt werden. Auch hier versucht die Kamera, eine möglichst kurze Belichtungszeit einzustellen.
- Durch Erhöhung des ISO-Werts ist ebenfalls eine Reduzierung der Belichtungszeit möglich. Man sollte aber aufgrund des recht hohen Rauschens Werte über ISO 400 vermeiden. Erhöht man den ISO-Wert von ISO 100 auf ISO 400, erreicht man eine Reduzierung der Belichtungszeit um den Fak-

▲ Beispiel einer durch Mitziehen provozierten Bewegungsunschärfe im Hintergrund, die die Dynamik im Bild verstärken soll.

tor 4 (1/20 bei ISO 100 entspricht 1/80 Sekunde bei ISO 400).

- Auch mit einem lichtstarken Objektiv kann die Belichtungszeit durch Öffnen der Blende verringert werden.
- Nutzt man das RAW-Format, kann man durch gewolltes Unterbelichten um bis zu 2 EV die Belichtungszeit weiter verringern. Im RAW-Konverter wird dieser Wert wieder ausgeglichen. Die Belichtungszeit wird so nochmals geviertelt (bei −2 EV).

3.3 Falsch gelagerter Sensor

Backfokus und Frontfokus sind beides oft besprochene Begriffe in bekannten Internetforen. Leider traten tatsächlich vereinzelt Probleme mit Vorgängermodellen der α100 auf. Trotz korrekter Scharfstellung der Kamera lag auf den Aufnahmen die Schärfe entweder vor der eingestellten Schärfeebene (Frontfokus) oder dahinter (Backfokus). Andere Hersteller waren ebenfalls betroffen. Da dieses Problem vorrangig bei Aufnahmen mit geringer Schärfentiefe auftritt, ist der Fehler meist nicht sofort zu erkennen. Im Nachfolgenden wird eine Methode beschrieben, mit der man herausfinden kann, ob seine α100 eventuell betroffen sein könnte.

Voraussetzung für den Test

Zunächst muss dafür Sorge getragen werden, dass Unschärfe durch Verwacklungen ausgeschlossen wird. Das heißt, ein Dreibeinstativ ist die erste Voraussetzung für den Test. Der Super SteadyShot sollte ausgeschaltet werden, da er auf dem Stativ weniger sinnvoll ist und im Gegenteil sogar im Extremfall Verwacklungen verursachen kann. Auch bietet es sich an, einen Kabelauslöser zu verwenden, um Verschiebungen bzw. Verwacklungen zu vermeiden. Die Einstellung der Spiegelvorauslösung mit dem gekoppelten 2-Sekunden-Selbstauslöser ist aber ebenfalls möglich (Bildfolgetaste drücken, um in das entsprechende Menü zu gelangen).

Um Einflüsse durch Wind ausschließen zu können, führt man den Test in windgeschützten Räumen durch. Will man den Test mit größeren Brennweiten durchführen, ist es notwendig, genügend Platz zur Verfügung zu haben, um die Mindestentfernung zum Scharfstellen des Objektivs einhalten zu können.

Als Motiv zum Abfotografieren eignen sich z. B. drei oder mehr Videohüllen oder Bücher.

Kameraeinstellungen

Um optimale Testbedingungen zu schaffen, stellt man folgende Optionen an der α100 ein:

1

Man wählt den Blendenprioritätsmodus, um eine möglichst große Blende einstellen zu können. Die notwendige Belichtungszeit errechnet die Kamera.

2

Über das Einstellrad wählt man nun die größte mögliche Blende (kleiner Blendenwert, z. B. 1:1,7) aus.

3

Als ISO-Wert sollte ISO 100 gewählt werden, um Unschärfe durch Bildrauschen auszuschließen.

4

Für den Fokussiermodus sollte der Spot-AF gewählt werden.

5

Als Dateiformat stellt man JPEG-Fein bzw. RAW ein, um Reserven bei der Überprüfung der Schärfe zu haben.

6

Über die Bildfolgetaste gelangt man in das Menü zur Auswahl der Spiegelvorauslösung (*Selbstaus. 2s*).

▲ *Durch die Wahl der Spiegelvorauslösung kann Verwacklungsunschärfe vermieden werden. Die Spiegelvorauslösung verbirgt sich hinter der 2-Sekunden-Selbstauslöser-Funktion.*

Motivwahl und Kameraausrichtung

▲ *Testaufbau.*

Das Motiv sollte möglichst kontrastreich sein und über eine plane Fläche verfügen. Die Kameraausrichtung ist ebenfalls wichtig.

1

Bewährt haben sich Videohüllen oder die Rücken von Büchern. Diese sollten über eine plane Fläche und ein kontrastreiches, differenzierbares Motiv verfügen.

2

Die Kamera setzt man auf ein Stativ und richtet sie parallel zum Objekt aus. Das Spotmessfeld muss auf die mittlere Videohülle zeigen. Es darf keine Überschneidung mit einer zweiten Hülle auftreten. Das Spotmessfeld muss eine Stelle anmessen, in der ausreichend Kontrast vorhanden ist. Auf eine nur einfarbige Fläche würde vermutlich nicht exakt scharf gestellt werden.

3

Die Beleuchtung der Videohullen sollte moglichst gleichmäßig und ausgewogen sein.

4

Man sollte die Nahdistanz zum Scharfstellen des Objektivs ausnutzen und möglichst dicht an das Motiv herangehen.

5

Die Videohüllen stellt man so auf, dass sich in der Tiefe eine Abstufung ergibt. Beginnen sollte man mit etwa 5 mm. Später kann dieser Wert wenn nötig noch verringert werden.

Die Motivaufnahme

Wichtig bei diesem Test ist es, nicht nur eine Aufnahme zu machen. Bevor man die Kamera aufgrund eines nicht richtig durchgeführten Tests zum Service schickt, sollte man sich vergewissern, den Test gewissenhaft und mit mehreren Aufnahmen durchgeführt zu haben. Am besten sollte wie folgt vorgegangen werden:

1

Man sollte mindestens eine Testreihe aus je drei Aufnahmen anfertigen.

2

Jede Aufnahme sollte dabei aus der Unschärfe heraus erneut auf die mittlere Videohülle scharf gestellt werden.

3

Eine Testreihe mit manueller Scharfstellung kann die Testreihe ergänzen und Aufschluss über einen eventuell nicht richtig funktionierenden Autofokus geben.

4

Da am Kameradisplay geringe Schärfenunterschiede nicht zu erkennen sind, sollte man den Testaufbau unverändert lassen und die Bilder am Computermonitor auswerten. Sollte der Test wiederholt werden müssen, erspart man sich einen erneuten Aufbau.

Auswertung der Testaufnahmen

Am günstigsten ist die Auswertung der Aufnahmen im 100-%-Zoommodus des Bildbearbeitungsprogramms. Stellt man nun fest, dass nicht die mittlere, sondern eine andere Videohülle scharf abgebildet wurde, muss ein dejustierter Sensor bzw. ein defektes Objektiv vermutet werden. Ist noch ein Objektiv vorhanden, sollte der Test nochmals mit diesem Objektiv durchgeführt werden. Tritt der Fehler auch hier auf, lässt sich daraus schließen, dass es sich um einen falsch eingestellten Sensor handelt. Andernfalls liegt es am Objektiv, das zum Service geschickt werden sollte.

▲ Die in der Mitte scharf gestellte Videohülle ist tatsächlich scharf, während die etwas weiter vorn bzw. hinten aufgestellten Hüllen merklich unschärfer erscheinen. Dies bestätigt, dass der Sensor der α100 richtig justiert ist – hier an der Naheinstellgrenze mit einem 50-mm-Objektiv bei Blende 1:1,7.

▲ Nicht die mittlere Hülle ist scharf abgebildet, sondern die links etwas weiter vorstehende Hülle. Hier muss ein Frontfokusproblem vermutet werden.

▲ Auch hier ist nicht die mittlere Hülle scharf. Da die etwas weiter hinten stehende Hülle rechts scharf ist, wird Backfokus vermutet.

Falsch gelagerter Sensor

Bei der Auswertung ist darauf zu achten, dass die Fokusprobleme an einem lichtstarken Objektiv mit großer Blendenöffnung wesentlich besser zu erkennen sind als mit einem Telezoomobjektiv mit einer Anfangsblende von z. B. 1:5,6 bzw. einem Weitwinkelobjektiv. Der Schärfentiefebereich ist hier bereits bei voll geöffneter Blende zu groß, um den Test vernünftig durchführen zu können. Andererseits spielt hier ein leicht dejustierter Sensor auch eine untergeordnete Rolle, da die Schärfentiefedifferenz vielleicht 2 oder 5 mm beträgt und in diesen Fällen so gut wie nicht auffällt.

Weitere Möglichkeiten zum Testen

Eine weitere Möglichkeit, auf Fokusprobleme hin zu testen, ist das Abfotografieren eines Fokustestbildes. Dieses kann z. B. unter *http://www.focustestchart. com/* von Tim Jackson heruntergeladen werden. Eine ausführliche (englische) Beschreibung ist im PDF-Dokument ebenfalls enthalten. Dadurch, dass das Testbild aber im 45-Grad-Winkel abfotografiert werden muss, ergibt sich hierdurch schon eine Ungenauigkeit. Zur Beurteilung eines eventuellen Fokusfehlers ist daher der vorhergehende Test sinnvoller.

Anlaufpunkt für den Service

Sollte es doch einmal notwendig werden, die Kamera bzw. Objektive zum Service zu schicken, ist nachfolgend die entsprechende Adresse angegeben:

AVC Audio-Video-Communication Service GmbH
Emil-Hoffmann-Str.19A
50996 Köln/Rodenkirchen
Tel.: 02236/3838-0

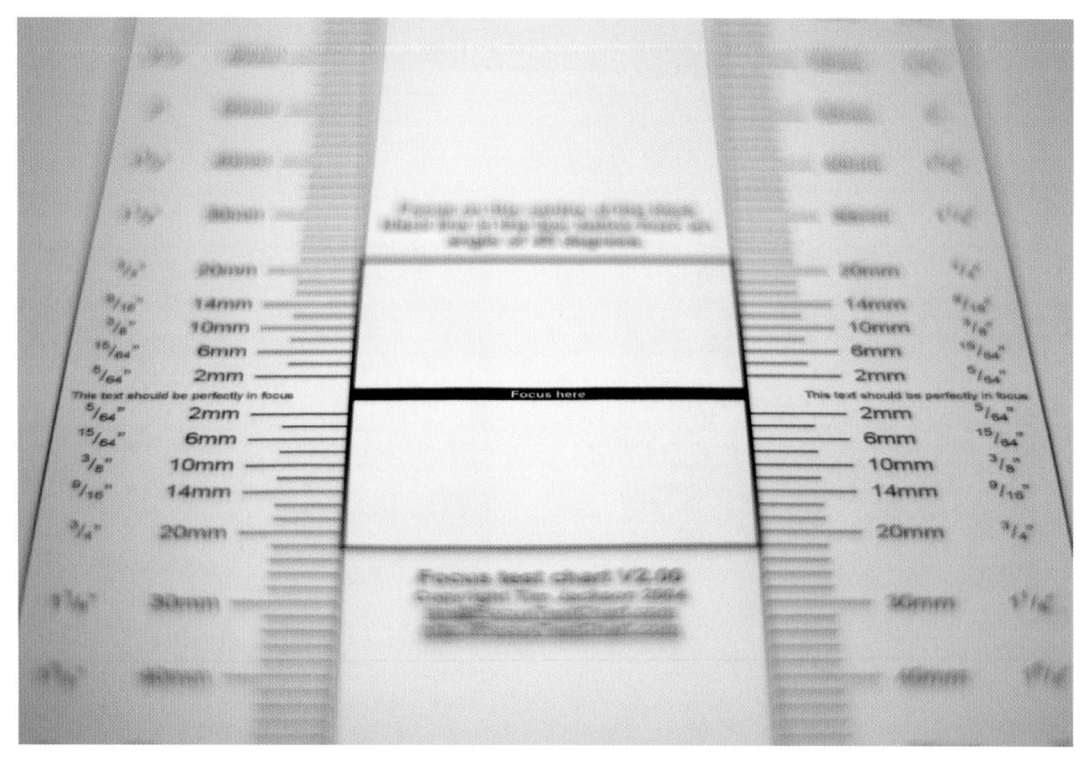

▲ Testbild zur Untersuchung auf Back- bzw. Frontfokus. Hier im Winkel von etwa 45 Grad mit einem 50-mm-Objektiv bei Blende 1:1,7 aufgenommen. Ein Fokusfehler ist nicht zu erkennen. Die Schärfe liegt genau im optimalen Bereich.

Fax: 02236/3838-99
E-Mail: Koeln@avc.de
Öffnungszeiten
Montag bis Freitag: 8.30 – 18.00 Uhr

Für Kameras und Objektive der Firma Minolta bzw. Konica Minolta ist folgender Servicestützpunkt zuständig:
Runtime Contract GmbH
Senator-Helmken-Straße 1
28197 Bremen
Tel.: 0421/526280
Fax: 0421/52628-111
Möchte man sich darüber informieren, ob eventuell aufgetretene Probleme bereits bekannt sind und ob es schnelle, unkomplizierte Lösungen gibt, kann man dies in folgenden Internetforen tun:

- http://www.sony-foto-forum.de
- http://www.minolta-forum.de
- http://www.sonyuserforum.de

3.4 Objektiveigenschaften und Zubehör für mehr Schärfe

Streulichtblenden immer verwenden

Passende Streulichtblenden (oft auch etwas unglücklich als **Ge**gen**li**chtblende oder GeLi bezeichnet) sollten am Objektiv prinzipiell verwendet werden. Man schließt so eine Kontrastminderung durch einfallendes Streulicht in die Frontlinse aus. Auch der erreichbare Schärfeeindruck des Objektivs kann hierdurch beeinträchtigt werden. Zudem werden un-

▲ Zwei Objektive, jeweils mit und ohne Streulichtblende. Streulichtblenden sollte man prinzipiell benutzen. Man verhindert so Lichtschleier und unscharf wirkende Bilder.

schöne Lichtreflexe auf ein Minimum reduziert. Fotografiert man ohnehin in die Richtung einer Lichtquelle, wird die Streulichtblende unverzichtbar. Hier kann auch schon mal bei zu starker Einstrahlung die Hand als zusätzliche Abschattungsmöglichkeit genutzt werden. Fotografiert man aber direkt in die Sonne, hat die Streulichtblende keinerlei Wirkung mehr. Ein nicht zu unterschätzender Vorteil ist zudem der Schutz der Frontlinse.

Blende optimieren

Nach Möglichkeit sollte man ein bis zwei Blendenstufen abblenden, um die Maximalleistung des Objektivs zu erreichen. Dies gilt für die meisten Objektive am Markt. Eine Handvoll Objektive, wie das Sigma 1:4/100-300mm oder die Objektive der Minolta-G-Serie, sind bereits bei voller Blendenöffnung in Abbildungsleistung und Schärfe sehr gut. Dies schlägt sich natürlich auch im Preis nieder. Bemerkenswerterweise erreicht das Kitobjektiv 1:3,5-5,6/18-70mm bereits um eine Stufe abgeblendet sehr gute Werte. Die Blende lässt sich am besten im Blendenprioritätsmodus vorwählen. Mit dem Einstellrad wird sie eingestellt.

▲ Um die Abbildungsleistung der Objektive zu erhöhen, sollte man abblenden. Hierfür bietet sich der Blendenprioritätsmodus an, zu erkennen am A links oben im Display.

In der anderen Richtung nimmt die Abbildungsleistung bei zu starkem Abblenden ebenfalls ab. Im Allgemeinen kann man sagen, dass ab Blende 16 eine Leistungsverschlechterung zu bemerken ist. Dieser Wert hängt aber vom Objektiv ab und kann variieren.

Sind Superzooms sinnvoll?

Die Werbung verspricht herausragende Leistungen und einen enormen Brennweitenbereich von z. B. 18 bis 200 mm oder sogar 300 mm. Doch derartige Objektivkonstruktionen können immer nur einen Kompromiss darstellen. Meist fällt auch die Lichtstärke derartiger Objektive nicht gerade stark aus. Wenn man nun noch mindestens zweimal abblenden muss, um die bestmögliche Leistung zu erzielen, landet man schnell bei Blende 8 oder noch schlechter. Im Telebereich ist dann verwacklungsfreies Fotografieren meist nur noch mit Stativ möglich.

Sicher sind diese Objektive in der Anschaffung auch recht günstig, aber man sollte, sofern es das Budget hergibt, höherwertige Objektive in die Kaufüberlegung mit einbeziehen.

Schärfe durch Stativ

Für den ambitionierten Fotografen gehört es einfach dazu, das stabile Stativ. Das sorgfältige Komponieren eines Bildes wird erst mithilfe eines Stativs möglich, und auch für die Schärfe im Bild ist es in vielen Situationen unumgänglich. Für den flexiblen Einsatz bieten sich Einbeinstative an. Bewegte Motive lassen sich so besser verfolgen als mit einem Dreibeinstativ. Verwacklungen in horizontaler Richtung sind aber nicht ausgeschlossen, und auch für die Bildgestaltung ist es nicht immer ideal. Hier spielt das Dreibeinstativ seine Stärken aus.

Schärfe durch Super SteadyShot

Der Einsatz eines Stativs ist leider nicht immer möglich. Auch die Flexibilität wird eingeschränkt. An manchen Orten besteht sogar Stativverbot oder es bietet sich einfach nicht an, mit einem Stativ zu großes Aufsehen zu erregen.

▲ Ohne Stativ wäre diese Aufnahme nicht denkbar gewesen. Mit Stativ konnte aber die Schärfeebene exakt gewählt und der Bildaufbau in Ruhe gestaltet werden.

▲ Der Super SteadyShot wirkt unterstützend bei Freihandaufnahmen, um Verwacklungen zu vermeiden.

Mit dem Super SteadyShot besitzt man in der α100 einen Bildstabilisator für praktisch alle an der α100 verwendbaren Objektive. Dieser kann immer eingeschaltet bleiben, nur bei Dreibeinstativeinsatz sollte man ihn abschalten, da er hier nicht benötigt wird und eher nachteilig wirken kann.

Mehr Informationen zum Super SteadyShot erhält man auf Seite 93.

Schärfe durch Fernbedienung

Vielleicht vermutet man es nicht sofort, aber auch bei Aufnahmen mit Stativ kann das Durchdrücken am Auslöser zur geringen Verwacklungen führen, die dann gerade bei langen Brennweiten sichtbar werden.

▲ Kabelfernauslösung zur Vermeidung von Verwacklungen.

Sony bietet zwei Kabelfernbedienungen an, die sich nur durch die Kabellänge (0,5 bzw. 5 m) unterschei-

Objektiveigenschaften und Zubehör für mehr Schärfe

den. Die längere von beiden schafft einem mehr Bewegungsfreiheit.

Vorhergesehene Schärfe: Prädikationsautofokus

Die prädikative Schärfenachführung soll helfen, auch sich bewegende Motive scharf stellen zu können. Dabei wird die Objektbewegung in der Zeit vom Auslösen bis zur Verschlussöffnung vorausberechnet. Der Prädikationsautofokus entspricht der Einstellung AF-C im Menü AF-Modus. Weitere Informationen zur Schärfenachführung gibt es auf Seite 135.

Wann ist manuelle Fokussierung sinnvoll

Es gibt immer wieder Situationen, in denen die manuelle Scharfstellung einfach sinnvoller ist als die Automatik, z. B. bei Makro- oder besonders langen Teleaufnahmen. Hier ist die feinfühlige Hand des Fotografen gefragt, um die Schärfe visuell treffsicherer und schneller als jede Automatik zu finden. Der Fokussierweg ist hier minimal. Kleinste Veränderungen am Drehring des Objektivs reichen aus, um den Schärfebereich zu verlassen. Auch beim manuellen Scharfstellen bleiben die AF-Sensoren in Betrieb. In der Sucheranzeige wird bei scharfen Abbildungen das Schärfesignal angezeigt.

DMF (Direct Manual Focus) plus intelligente Fokussteuerung

Die α100 besitzt einen Kupplungsmechanismus zwischen Kamera und Objektiv. Über diesen Mechanismus wird das direkte Eingreifen in den Autofokus von Hand ermöglicht. Sobald das Schärfesignal im Sucher erscheint, kann manuell die Entfernung am Objektivring korrigiert werden. Durch Loslassen des Auslösers und erneutes Drücken wird der Autofokus wieder aktiviert. Die älteren xi- und Powerzoom-Objektive der Minolta-Serie unterstützen die DMF-Funktion nicht. Hier geschieht die manuelle Fokussierung motorisch über den Multifunktionsring.

▲ *Ist die DMF-Funktion aktiviert, kann man nach dem Scharfstellen der Kamera und mit halb gedrücktem Auslöser die Schärfe am Objektiv von Hand nachkorrigieren.*

3.5 Makrofotografie

Die Makrofotografie gehört mit zu den aufregendsten und beliebtesten Gebieten der Fotografie – erhält man hier doch mit relativ wenig Aufwand Einsichten in Größenordnungen, die ansonsten in ihrer Schönheit von uns kaum wahrgenommen werden. Selbst das im Set mit der α100 mitgelieferte AF DT 17-80mm besitzt leichte Makrofähigkeiten, mit denen man seine ersten Schritte im Makrobereich wagen kann. Mit diesem Objektiv ist ein Abbildungsmaßstab bis 1:4 möglich, d. h., das Motiv würde auf dem Bildsensor mit einem Viertel der Größe wie in der Realität dargestellt werden. Speziell für den Makrobereich berechnete Objektive können meist einen Abbildungsmaßstab von 1:2 bzw. 1:1 darstellen.

Hat man erst einmal erste Versuche in der kleinen Welt unternommen, ist vielleicht schon mit Bienen und Heuschrecken per Du oder kennt die Blütenvielfalt des eigenen Gartens plötzlich wie kein anderer, kommt schnell der Wunsch nach noch besserem Zubehör auf. Plötzlich sind Begriffe wie Nahlinsen, Vorsätze, Zwischenringe oder Makroobjektive interessant. Denn man möchte nun noch dichter an das Objekt der Begierde heran und eine noch größere Abbildung erhalten.

▲ Eins der beliebtesten Fotogebiete: die Makrofotografie.

Makroobjektive

Mit normalen Objektiven gelangt man schnell an die Grenze, wenn man sich einem Objekt nähert.

▲ Makroobjektiv Sony 1:2,8/50mm.

Die Naheinstellgrenze dieser Objektive ist einfach zu groß, um in den Nah- bzw. Makrobereich vordringen zu können. Als Naheinstellgrenze wird dabei die kürzestmögliche Entfernung bezeichnet, ab der man scharf stellen kann. Makroobjektive sind hingegen so konstruiert, dass man bedeutend näher herankommt und damit die Objekte wesentlich größer abgebildet werden können. Dies verlangt nach einer aufwendigeren Konstruktion, die sich im Preis niederschlägt. Makroobjektive können aber auch universell außerhalb des Nah- und Makrobereichs eingesetzt werden und erzielen auch hier hervorragende Bildergebnisse. Ab einem Abbildungsmaßstab von 1:4 wird ein Objektiv als makrofähig eingestuft. Sony hat derzeit neben den Setobjektiven mit einem Abbildungsmaßstab von 1:4 die Makroobjektive AF 1:2,8/100mm und das AF 1:2,8/50mm im Angebot. Beide besitzen einen maximalen Abbildungsmaßstab von 1:1. Um diesen Maßstab zu erreichen, muss man mit dem 50-mm-Objektiv 20 cm und mit dem 100-mm-Objektiv 35 cm an das Motiv heran. Es ist zu vermuten, dass Sony in absehbarer Zeit ein ähnliches Makroobjektiv auf den Markt bringt, wie es Konica Minolta zuvor im Programm hatte: das AF 1:4,0/200 APO, mit dem ebenfalls ein Abbildungsmaßstab von 1:1 erreicht wird, wenn man sich dem Objekt auf nur 50 cm nähert. Gerade in Bezug auf die Fluchtdistanz von Kleintieren ist es wichtig, einen möglichst großen Abstand zu halten, um die besonders scheuen Kandidaten nicht zu verschrecken. Das 50-mm-Objektiv eignet sich da mehr für Blüten und Ähnliches oder zur Reproduktion von Gegenständen. Denn von den 20 cm, die man benötigt, um den Abbildungsmaßstab von 1:1 zu erhalten, muss noch die Objektivlänge und die Länge der Streulichtblende (siehe Seite 6) abgezogen werden. Wenn das wie beim 50-mm-Objektiv nochmals ca. 10 cm sind, bleibt nicht mehr viel Raum für die Fluchtdistanz übrig. In einigen Fällen kann es aber auch nützlich sein, wenn man dicht an das Motiv herankommen kann. Zum Beispiel wenn das Platzangebot eingeschränkt ist und ein größeres Objektiv stören würde, bietet sich das 50-mm-Objektiv geradezu an.

▲ Makroobjektiv Sony 1:2,8/100mm.

Auch Sigma, Tokina und Tamron bieten interessante Makroobjektive an (siehe Tabelle „Marktübersicht Makroobjektive für die α100" weiter unten).

▲ Makrozoom mit bis zu dreifacher Vergrößerung.

Ein besonders interessantes Objektiv stellt das AF-Makrozoom 1,7-2,8/1x-3x dar. Dieses von Konica Minolta gebaute und bisher noch nicht wieder von Sony neu aufgelegte Objektiv erlaubt Vergrößerungen bis zum Abbildungsmaßstab von 3:1. Das heißt, auf dem Sensor wird das Objekt dreifach vergrößert dargestellt. Die Arbeitsabstände liegen bei diesem Objektiv bei 2,5 bis 4 cm, je nach Vergrößerung. Das Objektiv wird mit einem Makroständer ausgeliefert, kann aber auch an einem Dreibeinstativ befestigt werden. Sonys Makroringblitzgerät 1200 ist ohne Adapter an diesem Objektiv einsetzbar. Der Sony-Zwillingsblitz 2400 kann hingegen mit diesem Objektiv nicht genutzt werden. Schon der Preis schließt eine Benutzung für „nur mal so" aus. Für den, der professionell in den Makrokosmos eindringen will, ist es eine ausgezeichnete Wahl. Im Einsatz mit der α100 sollte der Super SteadyShot abgeschaltet werden.

> **Der Abbildungsmaßstab**
> Der Abbildungsmaßstab ist das Verhältnis zwischen dem zu fotografierenden Objekt und der Größe, wie es auf dem CCD-Bildsensor erscheint. Bei einem Abbildungsmaßstab von 1:1 wird das

Objekt auf dem Bildsensor so dargestellt wie in der Realität. Eine 1 cm lange Ameise wird also auf dem Bildsensor auch eine Länge von 1 cm besitzen, auf einem Bildabzug von üblichen 15 x 10 cm immerhin schon 6,3 cm. Fotografiert man die Ameise mit einem Makroobjektiv mit dem maximalen Abbildungsmaßstab von 1:2, wäre sie auf dem Bildabzug halb so groß, also 3,15 cm.

▲ Abbildungsmaßstäbe im Vergleich, oben mit 1:4 und rechts 1:1 aufgenommen.

Der Abbildungsmaßstab des Objektivs bleibt natürlich trotz Formatfaktor von 1,52 erhalten.

▲ Aufnahme mit Vollformatgröße und zum Vergleich mit APS-C-Formatgröße der α100. Der Abbildungsmaßstab ändert sich nicht.

Der Kampf mit der Schärfentiefe

Je größer der Abbildungsmaßstab, desto geringer ist leider die Schärfentiefe. Und da man im Makrobereich mit großen Abbildungsmaßstäben arbeitet, fällt die Schärfentiefe entsprechend gering aus. Um sich eine Vorstellung machen zu können, wie stark sich dies auswirkt, hier ein Beispiel: Bei Blende 8 und maximalem Abbildungsmaßstab von 1:4 beträgt die Schärfentiefe z. B. des Setobjektivs AF 3,5-5,6/17-80mm ca. 7 mm, was schon ziemlich gering ist. Nimmt man nun das 2,8/100-Makroobjektiv zur Hand und stellt es so dicht wie möglich am Objekt scharf, erhält man den Abbildungsmaßstab von 1:1 und eine Schärfentiefe von nun nur noch 0,7 mm. Da in den meisten Situationen mehr Schärfentiefe gewünscht ist, bleibt nur die Möglichkeit, noch weiter abzublenden. Mit der α100 und einem 180-mm-Makroobjektiv lassen sich noch bis ca. 1/45 Sekunde Belichtungszeit dank Super SteadyShot scharfe Aufnahmen erreichen. Da aber der Bildstabilisator nur in horizontaler und vertikaler Richtung ausgleichen kann, ist ein stabiles Dreibeinstativ in diesem Bereich Pflicht.

Telekonverter

Im Makrobereich bieten sich Telekonverter an, um den Abbildungsmaßstab nochmals zu erhöhen. Diese werden zwischen α100 und dem eigentlichen Makroobjektiv angesetzt. Die beiden von Sony angebotenen Konverter, der 1,4x- und der 2x-Konverter, können im Makrobereich nur am im Moment nicht mehr produzierten Af 4/200 APO-Makroobjektiv von Konica Minolta bzw. Minolta genutzt werden. Die Verwendung des Autofokus ist nicht möglich. Was aber auch nichts macht, denn in diesem Bereich muss ohnehin manuell scharf gestellt werden. Die Wege, um scharf zu stellen, sind dabei so gering, dass Fingerspitzengefühl gefragt ist. Mit dem 1,4x-Konverter sind Abbildungsmaßstäbe von 1,4:1 und mit dem 2x-Konverter von 2:1 möglich.

Telekonverter der Fremdhersteller

Kenko bietet in der DG-Reihe ebenfalls Telekonverter für das A-Bajonett der α100 an. Die DG-Reihe ist

▲ *1:1-Makroaufnahme.*

▲ *Zum Vergleich dasselbe Motiv mit vorgeschaltetem 3x-Konverter.*

dabei auf den Einsatz an Digitalkameras optimiert worden und mehrschichtvergütet. Das Sortiment umfasst den 1,4x-Konverter DG Pro300, der die Brennweite um den Faktor 1,4 verlängert, den 2x-Konverter mit einer Verlängerung um 2 und den 3x-Konverter, der eine Verdreifachung der Brennweite ergibt. Der Lichtverlust beträgt entsprechend beim 1,4x-Konverter eine Blende, beim 2x-Konverter zwei Blenden und beim 3x-Konverter drei Blenden. Als Abbildungsmaßstäbe sind erreichbar: 1,4:1, 2:1 und 3:1. Der 3x-Konverter ist generell nur im manuellen Fokussiermodus verwendbar. Zu beachten ist, dass sich bei Einsatz der Kenko-Konverter Abweichungen bei der Datenübermittlung ergeben. So zeigt der 1,4x-Konverter die Arbeitsblende des Objektivs an, der 2x-Konverter die richtige resultierende Blende und der 3x-Konverter die resultierende Blende des 2x-Konverters. Die Brennweite wird mit dem 1,4x- und 2x-Konverter richtig übertragen, der 3x-Konverter gibt die Werte des 2x-Konverters wieder. Die exakte Belichtung ist aber in allen drei Fällen gewährleistet.

Theoretisch kann man mehrere Kenko-Telekonverter hintereinander platzieren. Kenko rät aber hiervon ab. Außerdem sollte man die Konverter nicht mit Zwischenringen kombinieren.

▲ *Mit diesem 2x-Konverter von Sigma wird der Abbildungsmaßstab verdoppelt.*

Sigma bietet auch zwei Telekonverter für die α100 an: den 1,4x-Konverter EX DG und den 2x-Konverter EX DG. Die beiden Telekonverter gehören bei Sigma zu ihrer Profischiene, erkennbar an der „EX"-Kennzeichnung, und besitzen auch eine Mehrfachvergütung, optimiert auf den Digitaleinsatz.

Nahlinsen

Nahlinsen dienen ebenfalls dem Vergrößern des Abbildungsmaßstabs. Im Gegensatz zu Konvertern schraubt man diese aber auf das Filtergewinde des jeweiligen Objektivs. Bei Konvertern bleibt zudem die Naheinstellgrenze gleich. Bei der Nahlinse gilt: näher ran für größere Abbildungen. Je stärker die Nahlinse, umso weiter kann man an das Motiv heran. Um maximale Bildergebnisse zu erzielen, muss mit Nahlinsen abgeblendet werden.

▲ B&W-Nahlinse NL 3 zum Aufschrauben auf das Filtergewinde des Objektivs.

Ein wesentlicher Vorteil von Nahlinsen besteht darin, dass sie keinen Lichtverlust verursachen. Mit der α100 arbeitet der Autofokus einwandfrei, ebenso die Belichtungsmessung. Als Nachteil ist zu sehen, dass man für jeden Filterdurchmesser eine gesonderte Linse benötigt. Für beide Setobjektive der α100 benötigt man z. B. aber nur eine Filtergröße, nämlich 55 mm. Das Maß der Stärke einer solchen Linse wird in Dioptrien angegeben und definiert die Brechkraft. Der Hersteller B&W (Jos. Schneider Optische Werke GmbH, www.schneiderkreuznach.com) liefert hierzu Nahlinsen im Bereich von +1 bis +5, NL 1 bis NL 5.

Die Nahlinse NL 1 ist dabei vor allem für Tele- und Zoomobjektive bis 200 mm geeignet. NL 2 kann an Normalobjektiven bis 50 cm Naheinstellgrenze eingesetzt werden. NL 3 und 4 vermindern erneut die Naheinstellgrenze, wobei NL 4 auch für Weitwinkelobjektive geeignet ist. NL 5 erweitert diesen Bereich nochmals. Ab NL 3 ist die Schärfentiefe bereits minimal. Bei NL 5 ist ein besonders starkes Abblenden unerlässlich. Besitzt man das Setobjektiv AF 3,5-5,6/17-80, lohnen sich Versuche mit dem Nahfilter NL 3. Die Naheinstellgrenze ändert sich von 38 auf 26 cm.

▼ Zum Vergleich: Unten eine Makroaufnahme mit dem Kitobjektiv 1:3,5-5,6/18-70mm und rechts zusätzlich ▶ mit Nahlinse NL 3.

Dioptrienzahl ermitteln

Mit der Angabe der Dioptrien wird die Brechkraft einer Nahlinse gekennzeichnet. Dabei handelt es sich um den Kehrwert (in Metern) der Brennweite.

1 m : Objektivbrennweite = Brechkraft in Dioptrien

Eine Nahlinse mit der Dioptrienzahl von +1 hat also eine Brennweite von 1.000 mm (1 m : 1), eine mit +2 hat eine Brennweite 500 mm (1 m : 2) etc. Wenn man mit einer Nahlinse von +2 arbeitet, muss man also (bei eingestellter Schärfe auf unendlich) auf 500 mm an das Objekt heran, um scharf abzubilden. Ist die Einstellentfernung geringer, kann man entsprechend dichter heran.

Marktübersicht Makroobjektive für die α100

	Max. Abbildungsmaßstab	Naheinstellgrenze (cm)	Maße (mm)	Gewicht (g)	Filtergröße (mm)
Sony AF 2,8/50	1:1	20	71,5 x 60	295	55
Sony AF 2,8/100	1:1	35	75 x 98,5	505	55
Sigma AF 2,8/50 EX DG	1:1	18,5	71,4 x 64	315	55
Sigma AF 2,8/70 EX DG	1:1	25	76 x 95	527	62
Sigma AF 2,8/105 EX DG	1:1	31,3	74 x 95	450	58
Sigma AF 2,8/150 EX DG	1:1	38	79,6 x 137	859	72
Sigma AF 3,5/180 EX DG	1:1	46	80 x 179,5	960	72
Tamron SP AF 2,8/90 Di	1:1	29	71,5 x 97	405	55
Tamron SP AF 3,5/180 Di	1:1	47	84,8 x 165,7	920	72
Tokina AT-X M100 AF Pro D 2,8/100	1:1	30	73 x 95,1	540	55
Konica Minolta AF 4/200 APO*	1:1	50	79 x 195	1.130	72
Konica Minolta Zoom 1,7-2,8/3x-1x*	1:1–3:1	4 (1x)–2,5 (3x)	76 x 117 x 94,5	1.100	46
Voigtländer AF Dynar 3,5/100	1:2	43	68 x 70,5	208	49

* Wird nicht mehr hergestellt, es ist zu vermuten, dass Sony die beiden zukünftig ins Lieferprogramm aufnimmt.

◀ Makro im Abbildungsmaßstab von 1:1 mit der α100 und einem 180-mm-Makroobjektiv aufgenommen.

Zwischenringe

Nahlinsen sind recht günstig, die erreichbaren Bildergebnisse befriedigen aber unter Umständen nicht ganz. Zwischenringe stellen einen preislichen Kompromiss zu Makroobjektiven und der erreichbaren Bildqualität dar. Auch mit ihnen lässt sich der Abbildungsmaßstab vergrößern. Zwischenringe werden, wie die Telekonverter, zwischen die Kamera und das Objektiv gesetzt. Selbst besitzen sie kein optisches System, sind also „hohl". Die optische Leistung des jeweiligen Objektivs wird somit im Gegensatz zur Nahlinse nicht gemindert. Auch kann man sie an allen Objektiven nutzen – ein weiterer Vorteil.

Zwischenringe werden in unterschiedlichen Längen hergestellt, was einen flexiblen Einsatz gestattet. Da-

▲ Kenko-Zwischenring mit A-Bajonett.

▲ α100 mit drei vorgesetzten Zwischenringen vor dem eigentlichen Makroobjektiv, um den Abbildungsmaßstab nochmals zu erhöhen.

Makrofotografie

bei unterscheidet man zwischen Ringen, die alle Daten des Objektivs an die Kamera weitergeben, und manuellen Systemen. Bei manuellen Zwischenringen muss man u. a. die Blende manuell einstellen, deshalb sind sie eigentlich nicht zu empfehlen.

Ebenfalls nicht zu empfehlen ist der Einsatz an Zoomobjektiven. Die Bildergebnisse sind meist nicht befriedigend. Zu beachten ist weiterhin, dass man mit Auszugsverlängerungen wie den Zwischenringen nicht mehr auf unendlich scharf stellen kann, was sie wirklich nur für den Nah- und Makrobereich einsetzbar macht.

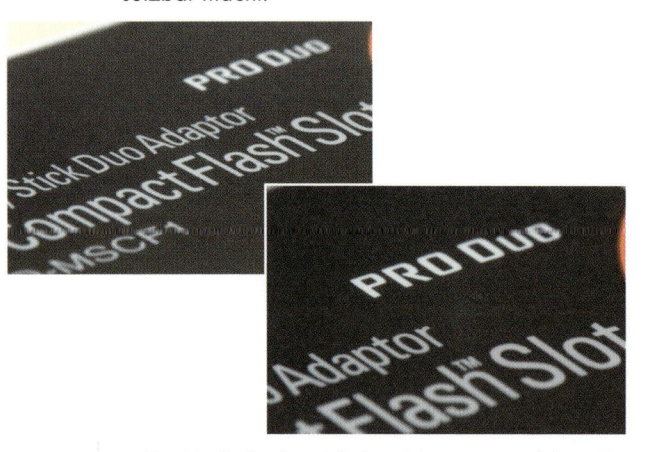

> **Abbildungsmaßstab mit Zwischenringen**
> Möchte man den minimalen und maximalen Abbildungsmaßstab mit Zwischenringen errechnen, benutzt man folgende Formeln:
> Max. Abbildungsmaßstab = Abbildungsmaßstab Objektiv plus Zwischenringstärke geteilt durch Brennweite
> Min. Abbildungsmaßstab = Zwischenringstärke geteilt durch Brennweite

▲ Zum Vergleich: oben Aufnahme 1:1, unten zusätzlich mit Zwischenringsatz aufgenommen.

Kenko bietet z. B. einen Zwischenringsatz für das A-Bajonett der α100 an. Dieser Satz enthält einen 12-mm-, einen 20-mm- und einen 36-mm-Zwischenring. Man sollte auf den Zusatz „DG" achten. Diese damit gekennzeichneten Zwischenringsätze sind für digitale Systeme optimiert. Die Ringe kann man problemlos untereinander kombinieren. Setzt man alle drei Ringe aneinander vor ein 50-mm-Objektiv, erhält man immerhin einen Abbildungsmaßstab von ca. 1,5:1. Alle notwendigen Daten werden dabei von den Zwischenringen an die Kamera übertragen. Ein problemloser Einsatz ohne langwierige manuelle Einstellungen ist garantiert.

Balgengeräte nutzen

Balgengeräte verlängern ähnlich den Zwischenringen den Auszug und werden somit ebenfalls zur Abbildungsmaßstabvergrößerung eingesetzt. Der Vorteil gegenüber Zwischenringen ist die stufenlose Einstellung des Auszugs.

▲ Automatik-Balgengerät von Novoflex.

Novoflex bietet ein Automatik-Balgengerät an, das direkt an Kamera und Objektiv angeschlossen werden kann. Der minimale Auszug beträgt hier etwa 45 mm, der maximale 125 mm. An der α100 wird die automatische Blendensteuerung nicht übertragen. Die Belichtungsverlängerung wird aber durch die Innenmessung (TTL) gewährleistet. Weil der Autofokus hier keine Funktion ausübt, sollte man mittels Funktionsrad den MF-Modus einstellen. Da Balgengeräte doch recht unhandlich sind, sollte man den Einsatz auf statische Motive beschränken.

Retroadapter für extreme Makros

Retro- oder auch Umkehradapter bieten eine weitere Möglichkeit, näher in die Tiefen des Mikrokosmos einzutauchen.

Nimmt man sich z. B. das zur α100 mitgelieferte Objektiv Af 3,5-5,6/18-70 und schaut durch die Frontlinse hindurch, wird man eine hohe Verstärkung ähnlich einer Lupe feststellen können. Dazu sollte der Abstand zum Motiv ungefähr 5 cm betragen. Um sich diesen Effekt zunutze machen zu können, muss das Objektiv falsch herum an die α100 angeschraubt werden. Hier kommt der Umkehradapter ins Spiel.

▲ Umkehradapter passend zum A-Bajonett der α100.

Zunächst ist dabei ein Problem zu lösen. Die Autofokusobjektive verfügen über eine Springblende, die nur bei der Auslösung auf die gewählte Blende von der Kamera eingestellt wird. Danach springt sie wieder zurück und gibt die gesamte Blendenöffnung frei. Damit ist ein helles Sucherbild gewährleistet. Im abgebauten Zustand ist dagegen die Blende geschlossen.

Theoretisch könnte man auch ein solches Objektiv in Umkehrstellung benutzen. Dabei müssten aber alle Aufnahmen mit komplett geschlossener Blende durchgeführt werden, oder es müsste eine Möglichkeit gefunden werden, um die gewünschte Blende zu arretieren.

Leichter ist es, den recht großen manuellen Objektivpark für das A-Bajonett zu nutzen. Im Folgenden kam das MD Zoom 1:3,5-4,8/28-70mm zum Einsatz. Diese Objektive verfügen über die Möglichkeit, die Blende von Hand einzustellen. Dafür ergibt sich ein weiterer sonst unüblicher Arbeitsschritt: Die Blende muss zunächst geöffnet werden, um ein helles Sucherbild zu erhalten. Hat man den entsprechenden Bildausschnitt gewählt und scharf gestellt, kann die Arbeitsblende gewählt werden. Diese sollte bei dem starken Abbildungsmaßstab möglichst groß sen.

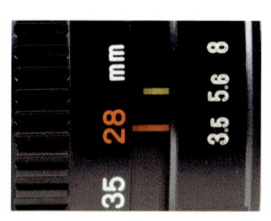

◀ Zuerst stellt man die größte Blende, in diesem Fall Blende 1:3,5, ein, um ein möglichst helles Sucherbild zu erhalten.

◀ Die eigentliche Aufnahme kann nun mit der gewünschten Blende durchgeführt werden.

▲ α100 mit in Umkehrstellung aufgesetztem MD-Objektiv. Zwischen Kamera und Objektiv befindet sich der Umkehradapter.

Der Umkehradapter besitzt auf der einen Seite das Kamerabajonett und auf der anderen Seite ein Filtergewinde, das dem Filtergewinde des zu benutzenden Objektivs entsprechen muss. Für Objektive mit unterschiedlichen Filterdurchmessern ist somit jeweils ein separater Umkehrring notwendig. Der mögliche Abbildungsmaßstab ist vom verwendeten Objektiv abhängig. Je stärker man dabei in den Weitwinkelbereich gelangt, umso stärker ist der Lupeneffekt und damit der Abbildungsmaßstab. Die Blendenwerte werden natürlich nicht zur Kamera übertragen und können somit nicht auf dem Display abgelesen werden. Außerdem funktioniert der Autofokus nicht, wobei es in diesem Bereich ohnehin sinnvoller ist, manuell scharf zu stellen. Da die Belichtungsmessung durch das Objektiv erfolgt, ist eine korrekte Belichtung gewährleistet. Die Abbildungsleistung ist in Umkehrstellung erstaunlich gut. Dies hängt damit zusammen, dass nur der innere Bildkreis des Objektivs genutzt wird.

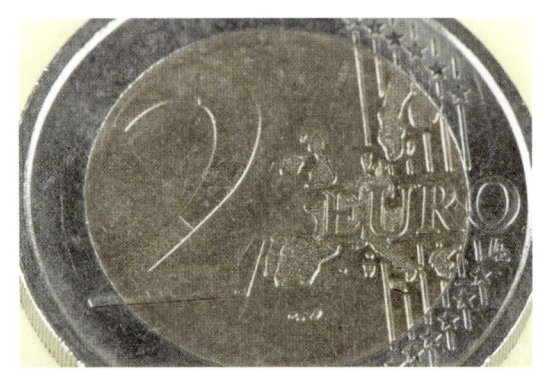

▲ *Vergleichsaufnahme hier im Abbildungsmaßstab 1:1.*

3.6 Sinnvolles Makrozubehör

Auf jeden Fall zu empfehlen sind im Makrobereich vor allem ein Stativ, ein Einstellschlitten und ein Fernauslöser.

▲ *Supermakro mit dem MD Zoom 1:3,5-4,8/28-70mm in Umkehrstellung. Der Abbildungsmaßstab beträgt etwa 2:1.*

zo und Berlebach z. B. bieten eine gute Auswahl an hochwertigen Stativen an. Die Mittelsäule sollte nach Möglichkeit demontiert und kopfüber montiert werden können, um auch den Bereich am Boden gut zu erreichen.

▲ Novoflex-Einstellschlitten Castel-L. Feine Kameraverschiebungen sind mit diesem Einstellschlitten möglich.

▲ Für bodennahes Arbeiten bietet sich ein Stativ wie dieses Manfrotto-Stativ an. Die Mittelsäule kann hier kopfüber montiert werden.

Am Stativkopf kann der Einstellschlitten montiert werden. Dieser besitzt die Aufgabe, möglichst feinfühlig

▼ Diese Aufnahme entstand mit Einbeinstativ und gezielter Scharfstellung per Hand auf das Auge dieses Insekts.

den bildwichtigen Schärfepunkt einzustellen. Aufgrund der geringen Schärfentiefe von nur Millimetern wäre das Umsetzen des Stativs der ungünstigere Weg.

Winkelsucher

Auch ein Winkelsucher kann wertvolle Dienste leisten, wenn es darum geht, bodennah zu arbeiten. Man erspart sich so das flache Hinlegen, um durch den Sucher zu schauen. Teilweise ist eine Aufnahme aufgrund von Platzmangel erst mit einem Winkelsucher möglich. An der α100 kann z. B. der Winkelsucher VN von Minolta zu Einsatz kommen. Dieser besitzt einen Dioptrienausgleich und die Möglichkeit, zwischen einfacher und doppelter Vergrößerung zu wechseln.

Eine interessante, aber doch recht kostenintensive Anschaffung ist der elektronische Winkelsucher Zigview. Er besitzt ein 2,5-Zoll-Display und erlaubt die Livevorschau des Sucherbildes. Das Display ist dabei in alle Richtungen schwenkbar. Mit dem Zigview sind außerdem Intervallaufnahmen, Langzeitbelichtungen und das Auslösen über Bewegungsmelder möglich. Durch Sucheradapter kann der Zigview an unterschiedliche Kameratypen angepasst werden. Für die α100 ist der Adapter Modell S2B (Nr. 6241) notwendig.

Schärfentiefe durch Verschmelzung mehrerer Schärfeebenen

Die Schärfentiefe stellt im Makrobereich meist ein größeres Problem dar. Trotz starker Abblendung erstreckt sich der Bereich der Schärfe, je größer der Abbildungsmaßstab wird, nur auf wenige Millimeter. Hat man die Möglichkeit, vom gleichen Motiv mehrere Aufnahmen zu machen, bieten sich hier Softwaretools wie CombineZ5 oder Helicon Focus an. An dieser Stelle schauen wir uns die notwendigen Arbeitsschritte am Beispiel von Helicon Focus näher an.

▲ *Trotz Blende 32 ist das Motiv nicht durchgängig scharf. Abhilfe schafft ein spezielles Softwareprogramm. Originalgröße 5,5 cm.*

1

Zunächst stellt man die α100 auf manuelle Fokussierung und den Blendenprioritätsmodus ein. Als Blende wählt man die „förderliche Blende", also die Blende, bei der noch keine Unschärfe durch Beugung auftritt. Diese ist objektivabhängig.

Es wird empfohlen, eine Blende im Bereich zwischen Blende 14 und 16 zu wählen. Wichtig ist ebenfalls eine gleich bleibende Motivbeleuchtung. Ein stabiles Stativ ist hier ohnehin Pflicht.

2

Nun stellt man den Schärfepunkt so ein, dass der Anfang des Motivs scharf abgebildet wird, und macht hiervon eine Aufnahme. Danach werden weitere Aufnahmen in kleinen, regelmäßigen Schritten so angefertigt, dass man das gesamte Motiv erfasst.

3

Anschließend werden die Bilder auf den Computer übertragen, im Programm Helicon Focus über *Datei/Neue Punkte hinzufügen* ausgewählt und geladen.

4

Sind alle Einzelbilder geladen worden, wählt man *korrigieren/starten* bzw. F3. Nun startet der Vorgang zum Kombinieren der Bilder, der je nach Computerleistung und Anzahl der Bilder mehrere Minuten dauern kann.

5

In den nächsten Schritten *Retusche* und *Text und Skala* sind weitere Korrekturen bzw. das Einfügen von Text und einer Skala möglich.

6

Zum Abschluss bleibt noch das Speichern des fertigen Bildes und eine eventuelle Weiterverarbeitung in Helicon Filter. Diese Option steht über das Register *Speichern* zur Verfügung.

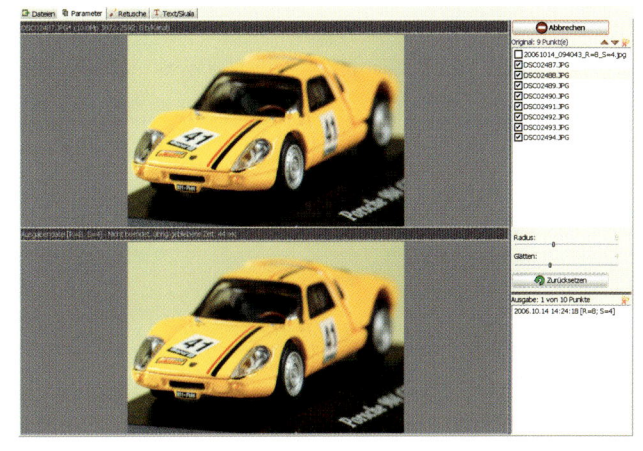

▲ Helicon Focus bei der Bearbeitung von acht Einzelaufnahmen.

▼ Scharf von vorn bis hinten, dank Software. Acht Einzelbilder wurden automatisch zu einem durchgängig scharfen Bild verrechnet.

Sinnvolles Makrozubehör

3.7 Kameraeinstellungen für den Makrobereich

Auch im Makrobereich empfiehlt sich der Blendenprioritätsmodus, um die Blende entsprechend der gewünschten Schärfentiefe wählen zu können. Mit der Abblendtaste kann die Schärfentiefe überprüft werden. Dabei verringert sich, je weiter die Blende geschlossen wird, die Sucherhelligkeit. Zusätzliches Licht, z. B. durch eine Taschenlampe, kann hier hilfreich sein.

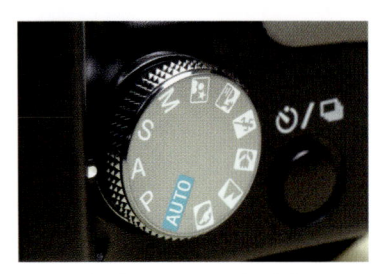

▲ Zur Überprüfung der Schärfentiefe besitzt die α100 die hier abgebildete Abblendtaste.

▲ Der Blendenprioritätsmodus (A) ist erste Wahl auch im Makrobereich. Per Einstellrad kann die gewünschte Blende gewählt werden.

> **Vorsicht bei Langzeitbelichtung**
> Sind Langzeitbelichtungen ab einer Sekunde notwendig, sollte man darauf achten, dass der Serienbildmodus nicht eingeschaltet ist. Die Rauschunterdrückung arbeitet in diesem Modus nicht, und man erhält unkorrigierte Bilder. Die Rauschunterdrückung sorgt dafür, dass nach der eigentlichen Aufnahme ein Dunkelbild mit der gleichen Belichtungszeit angefertigt wird. Mit diesen Informationen rechnet die α100 das heraus, das sonst durch die lange Belichtungszeit entstehen würde.

Benutzt man ein Dreibeinstativ, sollte der Super SteadyShot an der α100 abgeschaltet werden, da er hier keine Wirkung erzielt. Ein Kabelfernauslöser bietet sich an, um Verwacklungen durch das Drücken des Auslösers zu vermeiden. Handelt es sich um statische Motive, kann alternativ auch die Spiegelvorauslösung genutzt werden.

Zur Verkürzung der Belichtungszeit kann an der α100 der ISO-Wert bis ISO 1600 angehoben werden. Um das Rauschen im Griff zu behalten, sollte man diese Option aber nur bis ISO 400 nutzen.

3.8 Blitzen im Makrobereich

Die ab Seite 235 beschriebenen Blitze, der Ringblitz R-1200 und der Zwillingsblitz T-2400, sind spezielle Makroblitze von Sony.

▲ Makroringblitz EM-140 DG von Sigma.

Sigma bietet für die α100 ebenfalls einen Makroringblitz an, den EM 140 DG. Diese Blitzgeräte werden über Adapterringe am Filtergewinde befestigt. Die Blitzsteuereinheit sitzt auf dem Blitz- bzw. Zube-

▲ α100-Makro mit 180-mm-Makroobjektiv und entfesseltem Programmblitz.

hörschuh der α100. Besitzt man ein Objektiv mit drehender Frontlinse beim Fokussieren, ist man gezwungen, zuerst scharf zu stellen und danach die Blitzeinheit auszurichten. Auch das interne Blitzgerät der α100 ist recht „makrotauglich". Im Zusammenspiel mit dem Kitobjektiv AF 3,5-5,6/18-70 kann es uneingeschränkt eingesetzt werden. Selbst die mitgelieferte Streulichtblende liefert keine Abschattung auf den Bildern. Bei Objektiven, die den Abbildungsmaßstab 1:2 bzw. 1:1 darstellen können, führt das interne Blitzgerät zwangsläufig zu Abschattungen. Eleganter ist das drahtlose Blitzen mit den externen Programmblitzgeräten. Folgende Programmblitze sind zum drahtlosen Blitzen an der α100 geeignet:

- Sony HVL-36AM
- Sony HVL-56AM
- Metz Mecablitz 44 MZ-2
- Metz Mecablitz 54 MZ-3
- Metz Mecablitz 54 MZ-4
- Metz Mecablitz 54 MZ-4i
- Metz Mecablitz 70 MZ-4
- Metz Mecablitz 70 MZ-5
- Metz Mecablitz 76 MZ-5 digital
- Sigma EF-500 DG Super

> **Förderliche Blende**
> Mit förderliche Blende bezeichnet man die Blende, bis zu der man ohne Einbußen in der Abbildungsleistung des Objektivs abblenden kann. Ab einer bestimmten Blende machen sich Beugungsunschärfen aufgrund der geringen Blendenöffnung bemerkbar. Gerade im Makrobereich ist es wichtig, auf die förderliche Blende zu achten, da der Abbildungsmaßstab ein wichtiges Kriterium darstellt. Dabei gilt: je größer der Abbildungsmaßstab, desto geringer die förderliche Blende.

Praxistipps im Makrobereich auf einen Blick

- Man sollte nach Möglichkeit generell ein Stativ mit Stativkopf und Einstellschlitten verwenden.
- Bei Einsatz eines Stativs schaltet man den Super SteadyShot aus.

Blitzen im Makrobereich

- Die Spiegelvorauslösung und der Fernauslöser sollten benutzt werden, um Verwacklungen zu vermeiden.
- Um maximale Schärfe und Brillanz zu erhalten, sollte man nur bis zur förderlichen Blende abblenden.
- Bei eingestelltem RAW-Format stehen einem alle Möglichkeiten zur Nachbearbeitung offen.
- Für Belichtungszeiten ab 1 Sekunde sollte die automatische Rauschunterdrückung eingeschaltet sein.

▲ Mit Stativ und Kabelfernauslöser gelingen gut komponierte Makroaufnahmen.

3.9 Scharfstellen unter schwierigen Bedingungen

Immer wieder ergeben sich Situationen, in denen der Autofokus Probleme beim Scharfstellen hat. Beispielsweise kontrastarme Motive oder Motive mit gleichmäßigen Strukturen sind für den Autofokus aufgrund seiner Funktionsweise problematisch. Zu wenig Licht oder ein nicht im Bereich eines Autofokusmessfelds befindliches Objekt sind weitere Problemfelder, die nachfolgend beleuchtet werden.

Wenig Licht und trotzdem scharf

Obwohl der Autofokus der α100 einen weiten Funktionsbereich besitzt und sehr lichtempfindlich ist, stößt man im Dunkeln an seine Grenzen. Selbst für uns Menschen ist es schwierig, mit unseren „hoch entwickelten" Augen in der Dunkelheit die Schärfe richtig einzuschätzen. Die Schärfespeicherung der α100 erlaubt das Speichern der Schärfe anvisierter heller Punkte. Wenn sich diese im gewünschten Schärfebereich befinden, kann bei erfolgreichem Scharfstellen diese Funktion genutzt werden. Die Kamera wird dann entsprechend geschwenkt und ausgelöst. Dazu sollte der statische Autofokus (AF-S) eingeschaltet werden.

> **Zentrales Autofokusmessfeld**
> Da das zentrale Messfeld besonders lichtempfindlich ist, bietet es sich an, in schwierigen Lichtsituationen nur noch dieses zur Scharfstellung zu nutzen. Entweder wählt man mit dem Funktionsrad das Autofokusmenü aus und stellt den Spot-AF permanent an, oder man drückt die AF-Taste im Navigationsring für gelegentliche Benutzung.

Interner Blitz zur Unterstützung bei der Scharfstellung

Reicht das Licht zum Scharfstellen nicht mehr aus, bedient sich die α100 dem zuvor ausgeklappten Blitz. Sie gibt dabei stroboskopartige Blitze aus. Leider ist die Blitzreichweite begrenzt, sodass hier nur mit Erfolgen zu rechnen ist, wenn sich das Objekt nicht zu weit weg befindet. Bei Nutzung eines externen Blitzes an der α100 kann dessen Hilfslicht genutzt werden, um den Autofokus zu unterstützen. Der Vorteil liegt in der besseren Reichweite und dem angenehmeren Farbton, im Gegensatz zum grellen Blitzen.

> **Deaktivierter Autofokus**
> Falls das Autofokushilfslicht des externen Blitzes an der α100 nicht funktioniert, wenn man den Auslöser halb durchdrückt, sollte man im Benutzermenü (1) nachschauen, ob es eventuell deaktiviert wurde.

Ein deaktiviertes Autofokushilfslicht kann sinnvoll sein, wenn auch diese recht dezent wirkenden Lichtblitze nicht gewünscht sind.

Weit entfernte Objekte scharf stellen

Selbst das AF-Hilfslicht des großen externen Blitzes, des HVL-F56AM, reicht sicher nur für etwa 10 m aus, um den Autofokus im Dunkeln zu unterstützen. Ab dieser Entfernung sind stärkere Leuchtmittel notwendig. Die Lichtstrahlen stark bündelnde Taschenlampen oder ein Laserpointer können helfen, auch über größere Distanzen den Autofokus mit ausreichend Licht zu unterstützen.

Außermittige Objekte korrekt scharf stellen

In der Standardeinstellung ist bei der α100 der große Autofokusbereich voreingestellt. Die Kamera ermittelt nun selbstständig, welches der neun Messfelder Priorität bekommt und den Schärfepunkt festlegen darf. Für Schnappschüsse und recht plane Motive mit nur einer Schärfeebene ist diese Messart sicher geeignet.

▲ *Im Menü AF-Bereich hat man die Wahl zwischen dem großen AF-Messfeld, dem Spot-AF und der Messfeldauswahl über den Navigationsring.*

Steigt man aber ernsthafter in die Fotografie ein, möchte man selbst bestimmen, welches Messfeld genutzt werden und wo die Schärfe liegen soll. Ambitionierte Fotografen nutzen aus diesem Grund meist das zentrale Messfeld, hier Spot-AF genannt. Dieses Messfeld ist zudem als Kreuzsensor ausgelegt, der für horizontale und vertikale Strukturen gleichermaßen sensibilisiert und zudem lichtempfindlicher als die anderen Sensoren ist. Aber auch hier gibt es Grenzen. Kontrastlose Flächen geben dem zentralen Sensor keine Chance zur Scharfstellung. Hier kann man versuchen, ein kontrastreiches Objekt in der Schärfeebene zu finden, dieses anzumessen und dann zum eigentlichen Motiv zurückzuschwenken. Kameraverschiebungen sind ebenfalls nützlich, wenn es darum geht, das Objekt in eine Position nach den Regeln des Goldenen Schnitts zu legen. Im Folgenden wird gezeigt, wie man dies am besten bewerkstelligt.

Kameraverschiebung bei außermittigen Motiven

Zunächst sollte im Menü *AF-Bereich*, erreichbar über das Funktionsrad, der Spotautofokus gewählt werden. Alternativ kann die Spot-AF-Taste im Navigationsring gedrückt werden. Wenn man sich aber auf eine saubere Bildkomposition konzentrieren möchte, ist es besser, das Spot-AF-Feld fest einzustellen. Außerdem wählt man als Autofokusmodus AF-A oder besser AF-S, um eine Schärfenachführung zu verhindern.

Variante A

1

Als Erstes schwenkt man die Kamera so, dass das bildwichtige Element vom zentralen AF-Messfeld erfasst wird. Der Auslöser wird dann halb durchgedrückt. Nun ist der Schärfepunkt gespeichert.

▲ *Zunächst stellt man mittels des zentralen AF-Messfelds das Objekt, in diesem Fall die Eidechse, scharf.*

2

Bei gedrücktem Auslöser wird nun zusätzlich noch die AEL-Taste gedrückt, um die Belichtungswerte zu speichern.

Andernfalls kann es, insbesondere bei gewähltem Belichtungsmodus *Spot*, zu Fehlbelichtungen durch die Kameraverschiebung kommen.

3

Nun verschiebt man die Kamera zur gewünschten Position, um z. B. den Goldenen Schnitt anwenden zu können, und drückt den Auslöser voll durch.

> **AEL-Taste einstellen**
> Die AEL-Taste kann im Benutzermenü (1) so eingestellt werden, dass der Belichtungswert bis zum erneuten Drücken der Taste gespeichert wird. Man erspart sich so das permanente Drücken der Taste, bis die Bildkomposition beendet ist.

Variante B

Die α100 verfügt über eine weitere Funktion, die in solchen Fällen das Arbeiten erleichtert. Gerade auch der Einsteiger, der sich nicht noch neben der Motivsuche bzw. -verfolgung mit diversen Tasten auseinandersetzen möchte, kann die AEL-Taste entsprechend umprogrammieren.

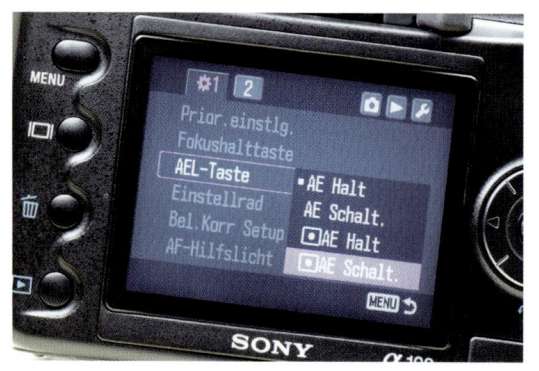

▲ *Durch Wahl von AE-Schalt. wird die AEL-Taste zum Schalter für vorübergehende Spotbelichtungsmessung.*

◀ *AEL-Taste zur Belichtungsspeicherung. Das Drücken der Taste ist beim Kameraschwenk wichtig, um Fehlbelichtungen des Hauptobjekts zu verhindern.*

▲ Im letzten Schritt verschiebt man die Kamera so, dass die gewünschte Objektposition erreicht wird.

Besonders auch wenn man im Normalfall die Mehrfeld- oder Integralmessung nutzt, kann diese Funktion sinnvoll sein. Hierzu wählt man im Benutzermenü (1) im Punkt *AEL-Taste* die Funktion *AE-Schalt*. Dies bewirkt bei einmaligem Drücken der AEL-Taste die Spotbelichtungsmessung und die Speicherung dieses Werts bis zum nochmaligen Drücken der Taste. Die Voraussetzungen für eine ideale Belichtung des bildwichtigen Objekts sind so gegeben.

1

Mit dem zentralen Messfeld wird wie zuvor die Schärfe der bildwichtigen Motivpartie angemessen und durch halbes Durchdrücken des Auslösers gespeichert.

2

Nun drückt man einmal kurz die zuvor umprogrammierte AEL-Taste. Damit ist die Belichtung im Spotmesskreis der α100 gespeichert.

▲ Der Schwan wird mit dem Spotmessfeld angemessen. Bei entsprechend umprogrammierter AEL-Taste wird gleichzeitig auf Spotbelichtungsmessung umgeschaltet, was in diesem Beispiel auch sehr praktisch ist. Mehrfeld- und Integralmessung hätten hier Schwierigkeiten gehabt, den Schwan richtig zu belichten.

3

Nun folgt die Kameraverschiebung entsprechend den eigenen Wünschen. Danach kann der Auslöser durchgedrückt werden.

▲ *Die einmal gedrückte, auf AE Schalt. umprogrammierte AEL-Taste lässt dem Fotografen Zeit, in Ruhe das Bild durch Kameraverschiebung zu gestalten.*

3.10 Bewegte Motive optimal aufnehmen

Schnell bewegte Objekte optimal abzulichten stellt für Kamera und Mensch eine besondere Herausforderung dar. Die Bedeutung von „schnell" ist hier natürlich relativ. Denn ein weit entferntes Fahrzeug mit einem Weitwinkelobjektiv aufzunehmen ist weit leichter als einen vorbeifliegenden Vogel mit einem starken Teleobjektiv. Natürlich gehört auch immer etwas Glück, aber vor allem auch Beharrlichkeit dazu, eine gelungene Aufnahme zu erreichen. Im Nachfolgenden sollen aber einige Einstellvarianten und Tipps für bessere Voraussetzungen sorgen.

Workshop für schnell bewegte Motive im Freien

Bevor man sich auf den Weg in die Natur macht, sollte die Kamera gut vorbereitet sein. Auch das notwendige Zubehör sollte nicht vergessen werden. Dies ist besonders wichtig, wenn man einen relativ langen Anfahrtsweg auf sich nimmt, um zu seinen Fotogebieten zu gelangen. Für Tagesausflüge sollte ein Akku für die α100 ausreichen, da mit ihm ca. 600 bis 800 Bilder aufgenommen werden können. Schaden kann es natürlich nicht, einen zweiten voll aufgeladenen Akku dabeizuhaben.

Für diesen doch recht anspruchsvollen Bereich der Fotografie sollte man das RAW-Format nutzen. So hat man später noch alle Möglichkeiten der Bildbearbeitung offen und kann ein Maximum an Qualität gewinnen. Die Verwendung des RAW-Formats macht entsprechend große Speicherkarten erforderlich. Rechnen kann man mit einem Speicherbedarf von etwa 60 Bildern je GByte. Verwendet man die Option *RAW+JPEG*, bringt man auf einer 1-GByte-Speicherkarte nur noch ca. 50 Bilder unter. Bei der Berechnung des Speicherbedarfs kann man aber das Löschen nicht gelungener Aufnahmen in einer ruhigen Minute mit einplanen, sodass sich der Speicherbedarf etwas reduziert. ISO 100-200 sind eine gute Wahl, wenn Sonnenschein und somit genügend Licht vorhanden ist. Ist es bedeckt, kann ISO

400 notwendig werden. In Ausnahmefällen kann ISO 800 zum Einsatz kommen, wobei hier das Rauschen schon sehr deutlich wird.

▲ Ohne störende Elemente im Hintergrund kommt der Autofokus besonders gut klar und kann dem Objekt gut folgen.

Da kurze Belichtungszeiten benötigt werden und die Länge vom Fotografen festgelegt werden sollte, kommt sinnvollerweise der Verschlusszeitenprioritätsmodus zum Einsatz. Die notwendigen Blendenwerte steuert die α100 passend dazu. Als Belichtungszeit stellt man je nach Motiv und Motivgeschwindigkeit zwischen 1/500 und 1/1500 Sekunde ein.

Für den Belichtungsmodus sollte Spotmessung, bei recht formatfüllenden Aufnahmen Mehrfeldmessung eingestellt werden. Besonders wichtig ist die Einstellung des Serienbildmodus. Hier reicht es, den Auslöser durchzudrücken und gedrückt zu halten. In diesem Modus schafft die α100 bis zu drei Aufnahmen pro Sekunde und hält das im RAW-Modus mindestens sechs Aufnahmen lang durch. Danach benötigt sie eine kleine Pause, um den Zwischenspeicher auf die Speicherkarte zu übertragen. Dieser Wert ist abhängig vom Bildinhalt und von der verwendeten Speicherkarte. Schnelle Speicherkarten wie die SanDisk Extreme IV- oder die Transcend 120x-Karte tragen erheblich zur Speichergeschwindigkeit bei. Zehn Aufnahmen hintereinander sind so keine Seltenheit, was in den meisten Situationen ausreichen sollte.

▲ Für schnell bewegte Motive ist es sinnvoll, die Auslösepriorität auf Auslöser zu setzen. Im anderen Fall löst die Kamera nur aus, wenn der Autofokus die Schärfe 100%ig bestätigen kann.

▲ Die Aufnahme eines fliegenden Graureihers forderte den Autofokus recht stark. Eine Serie von Aufnahmen ist in solchen Fällen sinnvoll, um zumindest ein paar gelungene Aufnahmen mit nach Hause nehmen zu können.

Blendenprioritätsmodus für schnell bewegte Motive
Im Blendenprioritätsmodus ermittelt die Kamera die notwendige Belichtungszeit zur vom Fotografen eingestellten Blende. Dieser Modus kann auch für bewegte Motive sinnvoll sein und wird auch sonst zum großen Teil von Fotografen bevorzugt. So arbeitet man hier vorrangig mit Offenblende und blendet nur weiter ab, wenn genügend Licht vorhanden ist, womit die Schärfentiefe vergrößert werden kann.

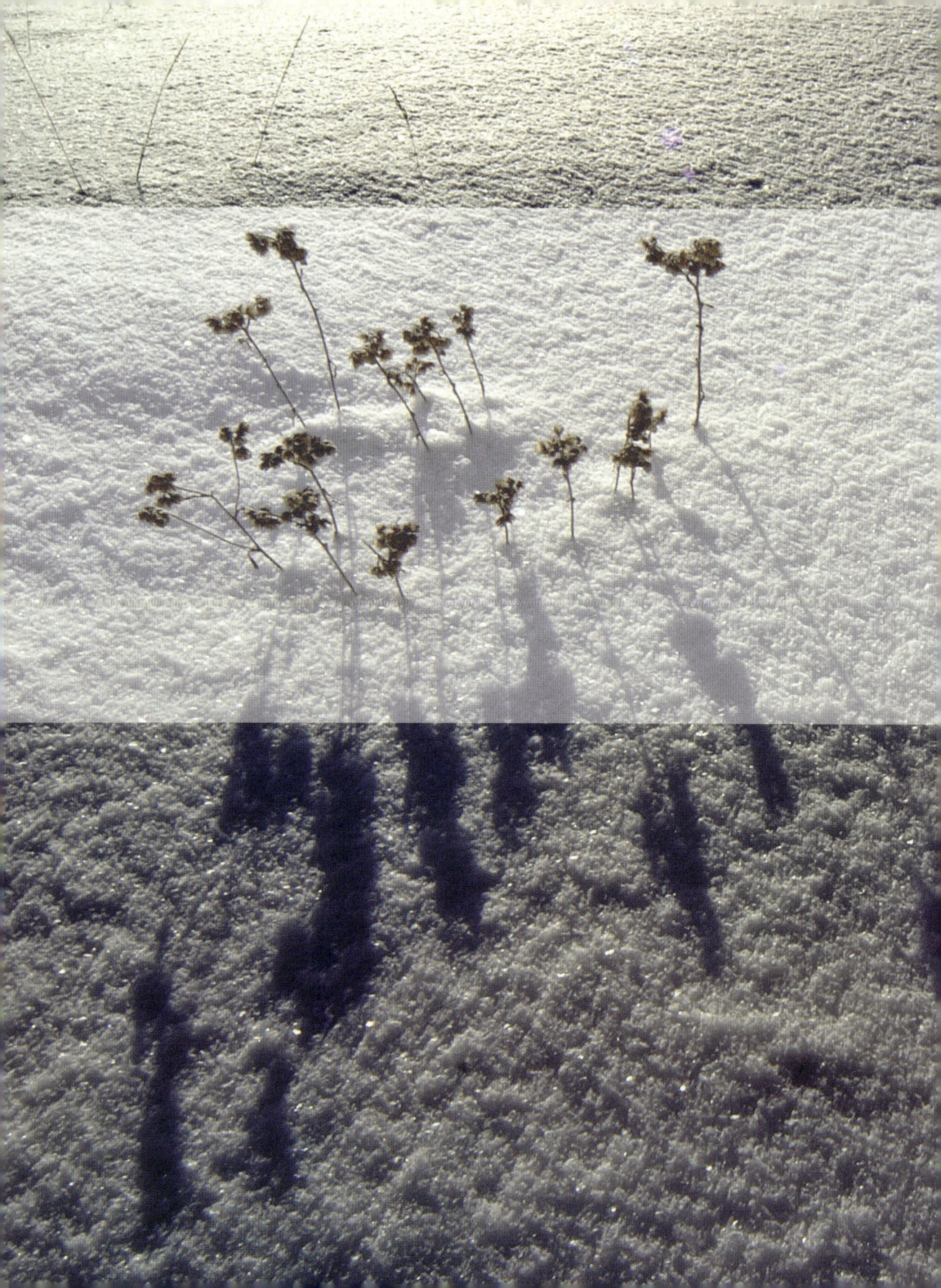

Objektive

4

Eine gute Kamera ist nichts ohne gute Objektive. In diesem Kapitel dreht sich alles um Optiken, um die Bildgestaltung mittels Schärfentiefe und den Test der eigenen Objektive.

4.1 Die Blende

Die Blende ist im Objektiv eingebaut und beeinflusst die Lichtmenge, die durch das Objektiv zum Sensor gelangt. Schließt man die Blende, gelangt weniger Licht zum Sensor und umgekehrt. Ebenso wird die Schärfentiefe durch die Blende beeinflusst. Die Blendenzahl ist das Verhältnis zwischen der wirksamen Blendenöffnung und der Objektivbrennweite.

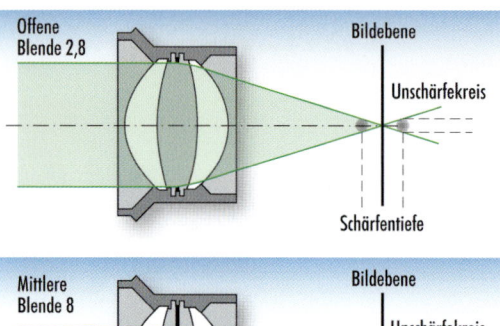

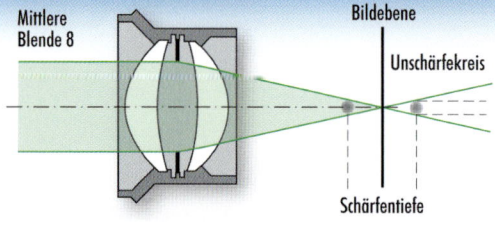

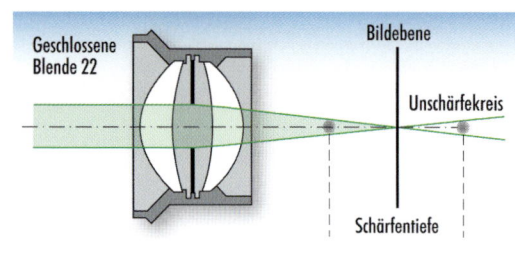

große und teure Linsenkonstruktionen bedingen. Günstige Objektive haben meist eine Anfangsöffnung von 1:3,5 bis 1:5,6. Hier wird Material zugunsten der Lichtstärke eingespart, was sich besonders in Situationen mit wenig Umgebungslicht bemerkbar macht.

▲ *Geschlossene Blende eines 50-mm-Objektivs. Je kleiner die Blendenöffnung, umso größer ist die Schärfentiefe.*

Als Lichtstärke wird dabei die maximal mögliche Blendenöffnung bzw. das größtmögliche Öffnungsverhältnis bezeichnet. Blendenreihe für ganze Blendenwerte:

1:1	1:1,4	1:2	1:2,8	1:4	1:5,6
1:8	1:11	1:16	1:22	1:32	

Zwischenwerte sind ebenfalls möglich. Der Übergang von einer Blendenstufe zur nächsten bedeutet die Verdopplung bzw. Halbierung der Lichtmenge, die zum Sensor gelangt. Die Belichtungsmessung findet immer mit offener Blende statt.

Die Formel zur Blendenzahl lautet:

wirksame Blende : Brennweite = 1 : Blendenzahl

Ein Beispiel: Bei einem Objektiv mit 50 mm Brennweite und einer Blende von 1:1,7 ergibt sich ein wirksamer Blendendurchmesser von ca. 30 mm. Bei einem 300-mm-Objektiv mit einer Blende von 1:2,8 beträgt die Größe der wirksamen Blende immerhin schon ca. 107 mm. Daran sieht man, dass Objektive mit einer großen Anfangsöffnung entsprechend

4.2 Bildgestaltung durch Schärfentiefe

Das Spiel mit Schärfe und Unschärfe ergibt sehr interessante Gestaltungsmöglichkeiten. Viele Motive, wie freigestellte Personen, wären ohne diese Möglichkeit undenkbar. Der Fotograf kann hier seine Kreativität

▲ *Gezielter Einsatz der Schärfentiefe kann die Bildwirkung verändern.*

ausleben. Unser normales Sehen lässt nur komplett scharfe Bilder zu. Andere Sichtweisen sind so möglich. Der Schärfentiefebereich ist bei geöffneter Blende (kleine Blendenzahl, z. B. 2,8) geringer als bei kleiner Blendenöffnung (große Blendenzahl, z. B. 32). Weiteren Einfluss haben auch der Aufnahmeabstand, die Objektivbrennweite und der Abbildungsmaßstab. Bei Weitwinkelobjektiven ist generell die Schärfentiefe größer als mit Teleobjektiven. Klein abgebildete Objekte besitzen ebenfalls einen größeren Schärfebereich als groß abgebildete.

Vor und hinter dem Fokussierpunkt werden die Details zunehmend unschärfer. Was wir hier noch als scharf wahrnehmen, wird Schärfentiefebereich genannt. Ganz grob kann man sagen, dass ca. 1/3 in Richtung Fotograf und ca. 2/3 in Richtung Unendlich scharf werden, bezogen auf die Schärfepunkte (im Makrobereich gelten besondere Werte). Will man mit Schärfe „spielen", bietet die α100 hierfür die Zeitautomatik (A) an. Zeitautomatik deshalb, weil hier die Blende vorgegeben wird und automatisch die dazu passende Zeit von der Kamera gewählt wird. Gerade im professionellen Bereich wird gern die Zeitautomatik verwendet. Der Charakter der Objektive im Schärfentiefebereich ist den Fotografen meist aus langjähriger Erfahrung bekannt. Nach Vorwahl der Blende sieht der Fotograf, welche Belichtungszeit die Kamera vorschlägt, und kann dann noch korrigierend über die Shift-Funktion eingreifen. Das heißt, er dreht am Einstellrad und kann so die Zeit-/Blenden-Werte verschieben.

Landschaftsaufnahmen mit großem Schärfentiefebereich erreicht man mit Weitwinkelobjektiven und klei-

Bildgestaltung durch Schärfentiefe

ner Blende (großer Blendenwert). Hingegen erzielt man mit einem Teleobjektiv und großer Blende (kleiner Wert) einen sehr kleinen Schärfentiefebereich.

Wie kann man vor der Aufnahme feststellen, in welchem Bereich die Schärfe liegen wird? Da die α100 eine Abblendtaste besitzt, kann durch Drücken dieser Taste die Schärfentiefe eingeschätzt werden. Dadurch verdunkelt sich jedoch das Sucherbild entsprechend. Wird die Darstellung dabei zu dunkel, muss man sich anderer Mittel bedienen.

Schärfentieferechner

Ein guter kostenloser Schärfentieferechner ist im Internet unter http://www.erik-krause.de/schaerfe.htm zu finden. Hier besteht auch die Möglichkeit, sich zu seinen eigenen Objektiven Tabellen zur Schärfentiefe auszudrucken.

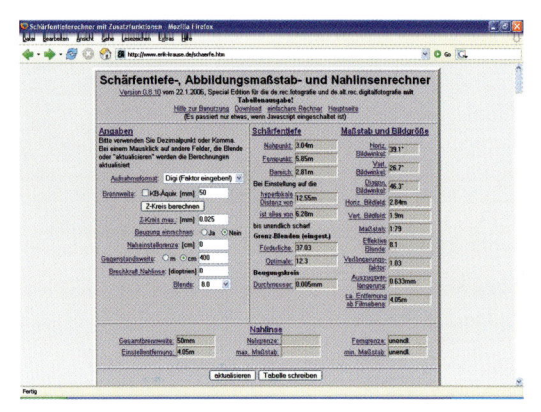

▲ Abblendtaste zur Überprüfung der Schärfentiefe.

> **Schärfentiefvorschau**
> Beim Blick durch den Sucher der α100 sieht man die Schärfentiefe, wie sie bei eingestellter offener Blende auf der Abbildung erscheinen würde. Das hängt damit zusammen, dass die Kamera alle Messungen bei offener Blende durchführt, um maximale Helligkeit an den Sensoren zu erhalten. Um trotzdem einen Eindruck von der auf der Abbildung zu erhaltenden Schärfentiefe zu bekommen, drückt man die Schärfentiefevorschautaste. Hierbei wird auf die aktuell eingestellte Blende abgeblendet.

▲ Dieser Schärfentieferechner dient auch der Berechnung des Abbildungsmaßstabs.

Der Schärfentieferechner von Erik Krause kann darüber hinaus zum Berechnen des Abbildungsmaßstabs und zur Berechnung von Nahlinsen herangezogen werden.

Als Aufnahmefaktor trägt man hier 1,52 für die α100 ein. Als Z-Kreis max. sollte 0,02 mm eingetragen werden.

Weniger Möglichkeiten mit lichtschwachen Objektiven

Lichtschwache Objektive besitzen eine größte Blendenöffnung von 1:4,5 bis 1:5,6, was stark ihren Preis beeinflusst. Die Hersteller können so mit geringen Linsendurchmessern kompakte und kostengünstige Objektive herstellen. Zum einen sind für eine lichtschwache Umgebung, und um kürzere Belichtungszeiten zu erreichen, lichtstarke Objektive notwendig. Dies ließe sich eventuell mit dem Super SteadyShot der α100 ausgleichen. Was die α100 aber nicht ausgleichen kann, ist die Schärfentiefe. Wünscht man gezielt wenig Schärfentiefe, um kreativ am Objekt zu arbeiten, sind lichtstarke Objektive unerlässlich. Zum Beispiel sind für Porträts meist Blenden ab 2,8 und größer sinnvoll, um die Porträtierten vor dem Hintergrund freizustellen.

▲ Um die oder den Porträtierten vor dem Hintergrund freizustellen, wählt man eine möglichst große Blende.

4.3 Parfokale Objektive nutzen

Fotografiert man mit einem Zoomobjektiv, z. B. mit dem Kitobjektiv 1:3,5-5,6/18-70mm, kann man im Weitwinkelbereich bereits vor der Aufnahme die Schärfe überprüfen. Möchte man beispielsweise bei 18 mm fotografieren, kann man zunächst auf 70 mm Brennweite zoomen und die Schärfe einstellen.

So kann man Details anfokussieren, die man dann im Weitwinkelbereich unbedingt scharf haben möchte. Danach wird wieder zurück auf 18 mm gezoomt.

Nicht ohne Stativ

Um die Parfokalität sinnvoll nutzen zu können, sollte ein Stativ eingesetzt werden und das Motiv ein gutes Kontrastverhältnis aufweisen. Das stellt sicher, dass während des Zoomens keine Abstandsänderung zum Motiv auftritt, und ein gutes Kontrastverhältnis ist wichtig für den einwandfreien Betrieb des Autofokus.

Test auf Parfokalität eines Zoomobjektivs

Als Erstes wählt man am Zoomobjektiv die mögliche Endbrennweite, in diesem Fall 70 mm. Zusätzlich schaltet man den Autofokus ein. Nun stellt man scharf, bis der Schärfeindikator der α100 die Schärfe bestätigt. Sinnvoll ist es, dass der Signalton eingeschaltet ist. Im Einstellungsmenü (1) kann der Signalton ein- bzw. ausgeschaltet werden.

▲ Zunächst stellt man die Endbrennweite (70 mm) ein und wählt den Autofokus.

MF-Betrieb einstellen

Nun stellt man den Manual-Fokus-Modus ein und dreht den Zoomring auf 18 mm Brennweite am Objektiv. Wenn man jetzt den Auslöser halb durchdrückt, sollte die Schärfe über den Schärfeindikator und das Tonsignal durch die α100 bestätigt werden. Trifft dies zu, besitzt man ein parfokales Objektiv und kann es zur Schärfevorschau verwenden.

▲ Zum Schluss werden Startbrennweite (18 mm) und manueller Fokus eingestellt.

> Achtung bei dem Einsatz von Zwischenringen
> Will man Zwischenringe verwenden, geht die Parfokalität in der Zoomobjektiv-Zwischenring-Kombination verloren. Da diese Objektive auf die Distanz von Rücklinse zu Sensor abgestimmt sind und Zwischenringe dieses Maß verändern, kann man die Kombination leider nicht für die Schärfevorschau verwenden.

4.4 Schärfe mit dem Notebook überprüfen

Trotz des guten LCD-Monitors der α100 und der Zoomfunktion ist ein größeres Display immer willkommen. Sollte man die Möglichkeit besitzen, ein Notebook auf der Fototour dabeizuhaben, ist es sinnvoll, die Schärfe direkt am Notebook-Monitor zu überprüfen. Sony liefert standardmäßig keine Livesoftware ähnlich der Dynax 7D mit. Hier konnte man die Bilder direkt nach der Aufnahme kontrollieren. Bei der α100 ist es notwendig, die Bilder im mitgelieferten Picture Motion Browser auf die Festplatte zu übertragen. Nach diesem Vorgang, der auf Seite 192ff genauer beschrieben ist, können die Bilder überprüft werden. Hierfür bietet sich es an, einen möglichst schattigen Platz zu suchen, um Problemen mit dem Kontrast des LCD-Displays aus dem Weg zu gehen.

▲ Eine wirklich sinnvolle Schärfenprüfung ist trotz des guten Displays der α100 nur am Computermonitor möglich.

4.5 Die Spiegelvorauslösung: Wann ist sie sinnvoll?

▲ Der Blick durch das Objektivbajonett bei abgenommenem Objektiv.

▲ Wählt man den 2-Sekunden-Selbstauslöser, wird der Spiegel 2 Sekunden vor der Verschlussöffnung eingeklappt. So lassen sich Verwacklungen vermeiden.

Die α100 verfügt über eine Funktion, die im Allgemeinen nur bei Profikameras zu finden ist: die Spiegelvorauslösung. Was steckt nun genau dahinter? Der Verwacklungsunschärfe kann man mit kurzen Belichtungszeiten, dem Super SteadyShot oder einem Stativ entgegenwirken. Unschärfen, die durch das Auslösen entstehen, sind leicht mit dem Fernauslöser oder dem Selbstauslöser zu umgehen.

▲ Hinter dem Menüpunkt Selbstaus. 2s verbirgt sich die Spiegelvorauslösung.

Was bleibt, ist eine leichte, aber in bestimmten Situationen entscheidende Verwacklung durch die Kamera selbst. Das Gehäuse der Kamera wird im Bruchteil einer Sekunde durch den Spiegelschlag minimal erschüttert. Der Spiegel klappt hoch, gibt den Weg für das Licht auf den Sensor frei und klappt wieder zurück. Die Erschütterung durch den Spiegelschlag macht sich beim Arbeiten mit langen Brennweiten und relativ langen Verschlusszeiten bemerkbar.

Zeitfenster für die Spiegelvorauslösung

Ob überhaupt Verwacklungen auftreten und die Auswirkungen dieser Verwacklungen sind abhängig von der eingesetzten Brennweite und der Belichtungszeit. Die Kenntnis darüber ist wichtig, um auf die Spiegelvorauslösung verzichten zu können. Die 2 Sekunden Auslöseverzögerung sind z. B. in der Tierfotografie unerwünscht. In den 2 Sekunden kann sich die Aufnahmesituation bereits grundlegend geändert haben.

Versuche mit einer Brennweite von 200 und 500 mm ergaben an der α100, dass die kritischen Verschlusszeiten zwischen 1/60 Sekunde und 2 Sekunden lagen. Bei der 200-mm-Brennweite ergibt sich ein etwas geringeres Zeitfenster von ca. 1/6 und 1/30 Sekunde. Belichtungszeiten außerhalb dieser Zeitfenster können problemlos ohne Spiegelvorauslösung durchgeführt werden. Die Spiegelvorauslösung ist bei der α100 an den 2-Sekunden-Selbstauslöser gekoppelt und wird über diesen aktiviert. Dazu drückt man die Bildfolgetaste und wählt mit den Navigationstasten das Symbol für den 2-Sekunden-Selbstauslöser. Sollte hier die 10-Sekunden-Symbol im Menü erscheinen, muss mithilfe der Navigationstasten nach oben oder nach unten das 2-Sekunden-Symbol gewählt werden.

Super SteadyShot und Spiegelvorauslösung

Es stellt sich die Frage, ob neben Spiegelvorauslösung und Stativ der Super SteadyShot-Bildstabilisator nützlich sein kann. Experimente zeigen, dass genau das Gegenteil der Fall ist. Wie im Abschnitt „Das Highlight: Super SteadyShot, der gehäuseinterne Bildstabilisator" beschrieben, ergibt sich gegenüber dem ausgeschalteten Super SteadyShot eine leichte Unschärfe.

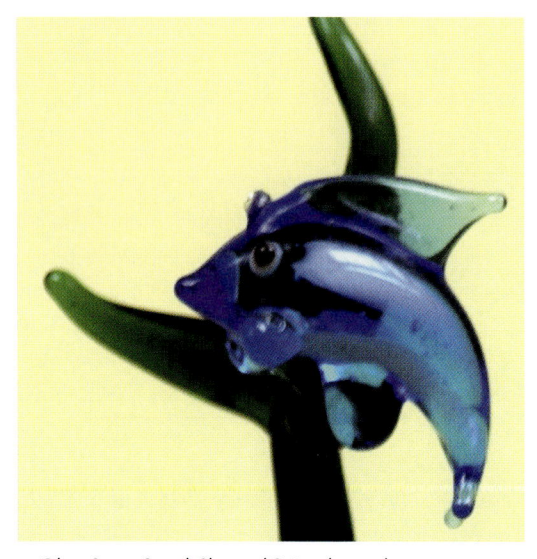

▲ Hier wurde nur mit Spiegelvorauslösung gearbeitet, was die schärfste Aufnahme ergab.

Verwacklungs-Faustregel
Als Faustregel kann man sich einprägen: Objektive ab 100 mm neigen zu Verwacklungen durch den Spiegelschlag. Ab 1/100 Sekunde bis ca. 2 Sekunden Belichtungszeit sollte man die Spiegelvorauslösung einsetzen. Der Super SteadyShot sollte in diesem Fall abgeschaltet werden, um maximale Bildqualität zu erhalten.

▲ Ohne Super SteadyShot und Spiegelvorauslösung.

Daher sollte man beim Arbeiten mit Stativ und Spiegelvorauslösung den Bildstabilisator abschalten. Auch bei Serienbildaufnahmen, bei denen der Spiegelschlag in Kauf genommen werden muss, konnte keine Verbesserung der Bildergebnisse mit Super SteadyShot im Zusammenhang mit einem Stativ festgestellt werden.

▲ Mit Spiegelvorauslösung und Super SteadyShot. Schon deutlich schärfer als die vorhergehende Aufnahme ohne Super SteadyShot und Spiegelvorauslösung.

1/40 Sekunde   1/6 Sekunde

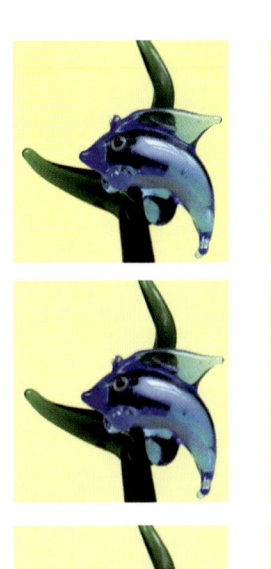

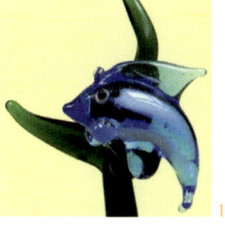

1/20 Sekunde   1/3 Sekunde

1/10 Sekunde

Links wurde das Motiv ohne Spiegelvorauslösung und rechts mit aufgenommen. Das kritische Zeitfenster liegt zwischen 1/60 Sekunde und 2 Sekunden, abhängig vom Objektiv.

4.6 Das Bokeh

Die Wiedergabe des unscharfen Bereichs eines Fotos wird als Bokeh bezeichnet. Dieser aus dem Japanischen stammende Begriff beschreibt die Ästhetik der Unschärfe, was natürlich sehr subjektiv ist. Über Geschmack lässt sich bekanntlich nicht streiten. Was für den einen als angenehm empfunden wird, ist für den anderen unschön.

Stellt man nun ein Motiv vor dem Hintergrund mit einer relativ kleinen Blende ganz bewusst frei, entstehen im Unschärfebereich sogenannte Unschärferinge. Diese sind abhängig in Form und Größe von unterschiedlichen Eigenschaften, u. a. auch von der Lamellenanzahl des Objektivs. Ist die Lamellenanordnung nahezu kreisförmig, erscheint der Unschärfebereich umso ruhiger und weicher.

Eine Reihe von Sony-Objektiven wurden mit Lamellen ausgestattet, die bei voll geöffneter Blende bis 1,5 Stufen weiter geschlossen eine nahezu kreisrunde Blendenöffnung ergeben.

▲ Kreisrunde Blendenöffnung für ein angenehmes Bokeh.

Die Lamellenanzahl beträgt dann mindestens 7 und maximal 9.

▲ Auch bei dieser Aufnahme mit dem 1:3,5/180mm-Makroobjektiv von Sigma wirkt sich die kreisrunde Blende mit den neun Lamellen positiv auf den Unschärfebereich aus.

Sony-Objektive mit kreisrunder Blende:

- AF 1:4,5-5,6/11-18 (DT)
- AF 1:3,5-5,6/18-70 (DT)
- AF 1:3,5-6,3/18-200 (DT)
- AF 1:2,8-4/17-35
- AF 1:3,5-4,5/24-85
- AF 1:3,5-4,5/24-105
- AF 1:2,8/28-70 G
- AF 1:2,8/28-75
- AF APO 1:2,8/70-200 G SSM
- AF APO 1:4,5-5,6/100-300
- AF 1:2,8/20
- AF 1:2,8/28
- AF 1:1,4/35 G
- AF 1:1,4/50
- AF 1:1,4/85 G
- STF 1:2,8/135 (T4,5)
- AF APO 1:2,8/300 G SSM

- AF Makro 1:2,8/50
- AF Makro 1:2,8/100
- Planar T* 1:1,4/85 ZA
- Sonnar T* 1:1,8/135mm ZA

▲ Bei diesem Bild sind sehr schön die Unschärfekreise zu erkennen, die mit einem Spiegelteleobjektiv entstehen, Foto: Erhard Barwick.

Objektive

Gerade im Porträtbereich, wo geringe Schärfentiefe angestrebt wird, ist ein angenehmes Bokeh wichtig, um den Betrachter nicht vom eigentlichen Motiv abzulenken.

Spiegelobjektive mit ihrem sofort auffallenden Bokeh erzeugen durch die spezielle Konstruktion des Objektivs regelrechte Ringe im Unschärfebereich.

4.7 Innenfokussierung

Ein Objektiv wird normalerweise dadurch scharf gestellt, dass die vordere Linsengruppe in Richtung optischer Achse bis zum Schärfepunkt verschoben wird. Damit verändert sich die Länge des Objektivs beim Fokussieren. Bei Weitwinkel- und Normalobjektiven spielt dies kaum eine Rolle. Besonders stark wirkt sich das aber bei Teleobjektiven aus. Innenfokussierte Objektive hingegen bewegen die sich im Inneren des Objektivs befindlichen Linsenelemente und behalten so die Länge des Objektivs bei. Weitere Vorteile der Innenfokussierung sind die Verringerung der Naheinstellgrenze sowie der Verbesserung der Randabschattung (auch Vignettierung genannt). Besonders hervorzuheben ist die bei diesen Objektiven nicht mitdrehende Frontlinse, was das Arbeiten mit Filtern und Makroblitzen erleichtert.

Folgende Sony-Objektive besitzen Innenfokussierung:

- AF 1:4,5-5,6/11-18 (DT)
- AF 1:3,5-6,3/18-200 (DT)
- AF 1:2,8-4/17-35
- AF 1:3,5-4,5/24-85
- AF 1:3,5-4,5/24-105
- AF 1:2,8/28-75
- AF APO 1:2,8/70-200 G SSM
- AF APO 1:2,8/300 G SSM
- Sonnar T* 1:1,8/135mm ZA

4.8 Elitetruppe, die G-Objektive

Sonys G-Objektive zählen zur absoluten Spitze im Objektivbau. Die optische Leistung und die Verarbeitung zählen zum Besten, was auf dem Objektivmarkt zu bekommen ist. Sie sind auch vom Preissegment her im Profibereich anzusiedeln und vor allem für anspruchsvolle Fotografen gedacht.

Alle G-Objektive verfügen über neun Blendenlamellen, um für eine natürliche Abbildung der Unschärfe im Vorder- und Hintergrund zu sorgen. Teilweise kommen hochwertige asphärische Verbundlinsen zum Einsatz, um die chromatische Aberration zu reduzieren. Die Mehrfachvergütung der Linsenelemente reduziert das Reflexlicht. Das Ergebnis ist eine kontrastreiche Farbwiedergabe und höchste Schärfe über das gesamte Bildfeld.

▲ Objektiv der G-Serie: das 1:2,8/300mm von Sony.

Außerdem verfügen alle G-Objektive über eine ausgezeichnete Lichtstärke, was sie für das Arbeiten bei wenig Umgebungslicht und in Situationen, in denen eine kurze Belichtungszeit benötigt wird, besonders empfiehlt.

Alle Teleobjektive der G-Serie besitzen zudem eine griffgünstig angeordnete Fokussiertoptaste für den manuellen Eingriff beim Scharfstellen. Möchte man zukünftig in den Profibereich wechseln, sollte man sich mit der G-Serie vertraut machen.

4.9 Hyperfokale Einstellungen für Nachtaufnahmen und Landschaftsfotografie

Die hyperfokale Distanz ist die Entfernung, die am Objektiv eingestellt werden muss, um einen Schärfentiefebereich bis unendlich zu erhalten. Gerade bei Landschaftsaufnahmen ist es oft wichtig, einen möglichst großen Schärfentiefebereich zu erhalten. Dies erreicht man, indem man den Fokus nicht direkt auf unendlich stellt, sondern auf der Objektivskala das Unendlich-Zeichen über die eingestellte Blende dreht. Man kann dann links am gleichen Blendenwert den Anfang des scharfen Bereichs bis unendlich ablesen. Voraussetzung ist, dass die Kamera vorab auf manuellen Fokusbetrieb (AF-M) eingestellt wurde. Leider besitzen heute nicht mehr alle Objektive diese Blendenskala. Bei Zoomobjektiven mussten die Hersteller die Skala weglassen. Ein Beispiel für das 50-mm-Objektiv: Bei 50 mm Brennweite und einer Blende von 11 ergibt sich eine Hyperfokaldistanz von 11 m. Das heißt, von 5,5 m (halbe Distanz) bis unendlich wird das Bild scharf dargestellt. Ein gutes Programm zum Berechnen der Hyperfokaldistanz findet man im Internet unter *http://www.dofmaster.com*. Hier ist auch eine Bauanleitung für einen Schieber zu finden, mit dem man unterwegs leicht die entsprechenden Werte ermitteln kann. Sollte die α100 nicht im Kameraauswahlmenü zu finden sein, trägt man als Zerstreuungskreis (Circle of Confusion) den Wert 0,02 mm ein.

Zerstreuungskreise und die Bildschärfe

Im Prinzip wird auf dem Sensor nur das scharf dargestellt, was genau in der Fokusebene liegt. Wenn man also z. B. auf 10 m scharf gestellt hat, ist eigentlich auch nur alles scharf, was sich in 10 m Entfernung befindet. Da das Auflösungsvermögen unserer

▼ *Hier wurde der Fokuspunkt hyperfokal manuell eingestellt, um die Schärfentiefe zu optimieren.*

Augen aber begrenzt ist, ergibt sich abhängig von der eingestellten Blende ein Bereich, der von uns als scharf wahrgenommen wird. Im Kleinbildformat sind das bezogen auf einen Abzug in der Größe von 36 x 24 cm etwa 0,03 mm, für den α100-Sensor im APS-Format sind es 0,02 mm. Hierbei gilt: je kleiner die Blende, umso größer die Schärfentiefe.

> **Hyperfokaldistanz mit der α100 prüfen**
> Die α100 arbeitet immer bei offener Blende und schließt sie erst kurz vor der Auslösung. Daher kann die Hyperfokaldistanz im Sucher nur überprüft werden, wenn man die Abblendtaste betätigt.

4.10 Diffraktion: Beugung der Lichtstrahlen bei kleinen Blenden

Je kleiner die Blende, umso stärker ist die Beugung des Lichts. Das heißt, beim Abblenden erzielt man ab einer bestimmten Blende keine bessere Abbildungsleistung mehr. Im Gegenteil, die Abbildung wird durch die Beugung der Lichtstrahlen unschärfer. Der Strahlengang ist nicht mehr gradlinig, sondern wird gebeugt bzw. abgelenkt. Wenn man also z. B. mit einem Objektiv mit einer kleinsten Blende von 1:32 fotografiert und maximale Schärfentiefe erreichen möchte, ist zwar Blende 1:32 die richtige Wahl, die Abbildungsleistung ist aber nicht optimal. Eine bessere Abbildungsleistung erzielt man hier im Bereich von Blende 16.

4.11 Im Telebereich sollte es ein APO-Objektiv sein

Teleobjektive mit der Kennzeichnung „APO" sind speziell apochromatisch korrigierte Objektive, sogenannte Apochromaten. Hierzu wird AD-Glas (**A**nomalous **D**ispersion) mit niedrigem Brechungsindex für die Optik verwendet. APO-Linsen besitzen die Eigenschaft, die unterschiedlichen Lichtstrahlen so zu brechen, dass alle drei Grundfarben Rot, Blau und Grün exakt am Sensor zusammentreffen. Unkorrigierte Linsen lassen Farbsäume und Unschärfe entstehen. Ab ca. 150 mm Brennweite werden APO-Objektive angeboten. Legt man auf höchste Bildqualität wert, sind diese Objektive Pflicht.

▲ APO-Objektive sind besonders korrigierte Objektive, die Farbsäume minimieren.

In gewissem Rahmen lässt sich der Farbfehler auch mit entsprechender Software beheben.

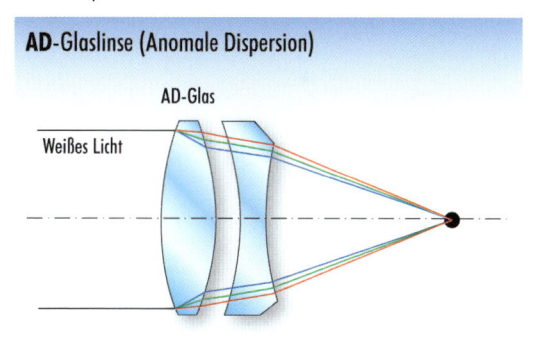

AD-Glaslinse (Anomale Dispersion)

Durch die apochromatische Korrektur werden alle Lichtspektralfarben zum gleichen Brennpunkt gebrochen.

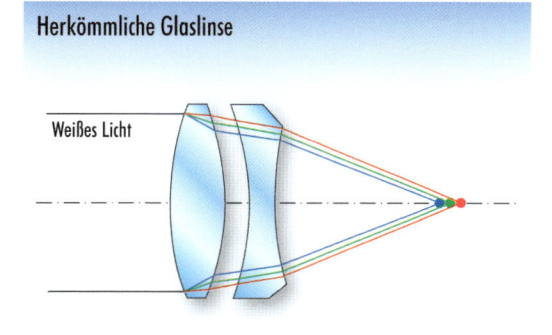

Herkömmliche Glaslinse

Die roten Lichtanteile werden weniger stark gebrochen als die blauen Anteile. Daher bildet sich kein gemeinsamer Brennpunkt.

4.12 Asphärische Korrektur

Da randnahe Lichtstrahlen zur Mitte hin stärker gebrochen werden als achsennahe Lichtstrahlen, können zum Rand hin Unschärfen auftreten. Objektive mit asphärischen Elementen können wesentlich kompakter und zudem verzeichnungsfreier gebaut werden. Ein scharfes Bild wird so über das ganze Bildfeld erreicht.

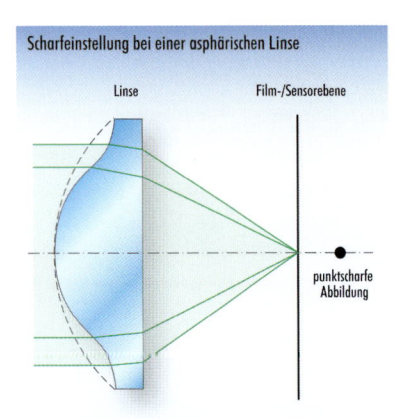

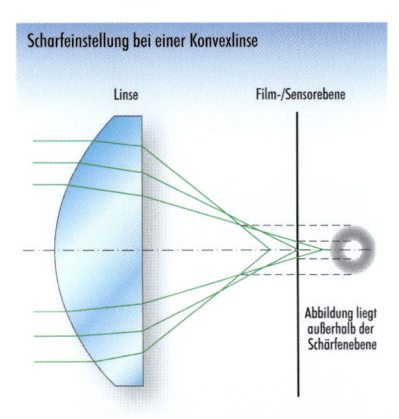

▲ 1,4x-Telekonverter von Sony.

Sony hat hierfür zwei Konverter im Angebot: den 1,4x-Konverter APO (D) und den 2x-Konverter APO (D). Zu beachten ist, dass beide Konverter nur an folgenden Objektiven verwendet werden können:

- AF APO 2,8/70-200 G (D) SSM
- AF APO 2,8/300 G (D) SSM
- AF APO 2,8/300 G
- AF APO 4/300 G
- AF APO 4,5/400 G
- AF APO 4/600 G
- AF APO 4/200 Makro G
- STF 2,8/135 (T 4.5)

Folgende Kombinationen können nur im manuellen Fokusbetrieb arbeiten:

- 1,4x-Telekonverter oder 2x-Telekonverter mit Objektiv AF APO 2,8/300 G (D) SSM oder AF APO 2,8/70-200 G (D) SSM
- 2x-Telekonverter in Verbindung mit AF APO 4/300 G, AF APO 4,5/400 G oder AF APO 4/600 G
- 1,4x-Telekonverter oder 2x-Telekonverter in Verbindung mit den Objektiven AF APO 4/200 Makro G oder STF 2,8/135 (T 4,5)

4.13 Telekonverter: die preiswerte Brennweitenverlängerung

Wünscht man sich im Telebereich mehr Brennweite, um z. B. Wildtiere formatfüllender aufzunehmen, bieten sich Telekonverter an.

Die Konverter unterstützen die D-Funktion und übermitteln die Belichtungsdaten an die α100 korrekt. Der 1,4x-Konverter verlängert die Brennweite um den Faktor 1,4, d. h., aus einem 300-mm-Objektiv wird ein Objektiv mit 420 mm Brennweite. Analog ergibt sich bei Einsatz des 2x-Konverters die doppelte Brennwei-

Objektive

te, sodass man mit dem 300-mm-Objektiv und dem 2x-Konverter ein 600-mm-Objektiv erhält.

▲ 2x-Telekonverter von Sony.

Die größte Blende des Objektivs verringert sich entsprechend von z. B. 2,8 auf 4 (bei Einsatz des 1,4x-Konverters) und von 2,8 auf 5,6 (bei Einsatz des 2x-Konverters). Ein Konverter verringert zwangsläufig die Abbildungsleistung des Objektivs. Zur Qualität der beiden Sony-Konverter kann man sagen, dass der 1,4x-Konverter die Abbildungsleistung nur minimal, der 2x-Konverter ebenfalls in geringem Maße negativ beeinflusst. Dies kann der optimalen Berechnung speziell auf die o. g. Objektive zugute geschrieben werden.

▲ 2x-Telekonverter von Kenko, Teleplus.

Fremdhersteller wie z. B. Kenko bieten ebenfalls Konverter an. Diese sind so konstruiert, dass sie mit den meisten Objektiven kombiniert werden können, da sie, im Gegensatz zu den Originalkonvertern, nicht in das Objektiv hineinragen. Trotzdem sollte man sie nicht an Weitwinkelobjektiven einsetzen. Ebenfalls ungeeignet ist eine Kombination aus Telekonvertern und z. B. Zwischenringen. Auf jeden Fall sollte man sich vorher vergewissern, dass es mit dem Konverter und dem Objektiv nicht zu Kollisionen der vorderen Linse des Konverters und der hinteren Linse des Objektivs kommt.

▲ Möchte man die Brennweite seines Teleobjektivs verdreifachen, bietet Kenko hierfür seinen 3x-Konverter Teleplus an.

Auch Sigma bietet ebenfalls zwei Konverter an, die aber vorrangig für die eigene Objektivserie entwickelt wurde. Die beiden Konverter, der 1,4x-Konverter EX DG und der 2x-Konverter EX DG, können mit folgenden Objektiven kombiniert werden:

- APO 1:2,8/70-200mm EX
- APO 1:2,8/70-210mm EX
- APO 1:4-6,3/50-500mm EX*
- APO 1:4/100-300mm EX
- APO 1:3,5/180mm EX
- APO 1:2,8/300mm EX
- APO 1:4,5/500mm EX
- APO 1:5,6/800mm EX
- APO Tele Makro 1:4/300mm
- APO Tele Makro 1:5,6/400mm
- APO 1:8/1000mm

*nur im Bereich ab 100 mm mit Konverter nutzbar

4.14 Kostenloses Tool zur Behebung von Randabschattung und Verzeichnung

So gut wie jedes Objektiv weist in der Abbildung mehr oder weniger stark ausgeprägte Verzeichnungen, Randabschattungen und Farbfehler auf. Verzeichnungen erkennt man z. B. an Linien, die im Original gerade und in der Abbildung dann in einer Krümmung verlaufen. Man unterscheidet zwischen tonnen- und kissenförmiger Verzeichnung. Die Randabschattung (Vignettierung) ist ein optisch bedingter Abbildungsfehler, der besonders stark bei Ultraweitwinkelobjektiven auftritt. Die Lichtstrahlen im Randbereich haben einen etwas längeren Weg durch die Linse als die Lichtstrahlen auf der optischen Achse im Mittelpunkt des Objektivs. Auch führen konstruktive Eigenheiten eines Objektivs zur Randabschattung, etwa das Abschatten der Randstrahlen durch die Blendenöffnung bei Überschreiten des optimalen Bildwinkels bzw. des Bildkreises. Diese und weitere Fehler kann man sehr leicht mit dem kostenlosen Tool PTLens von Tom Niemann korrigieren.

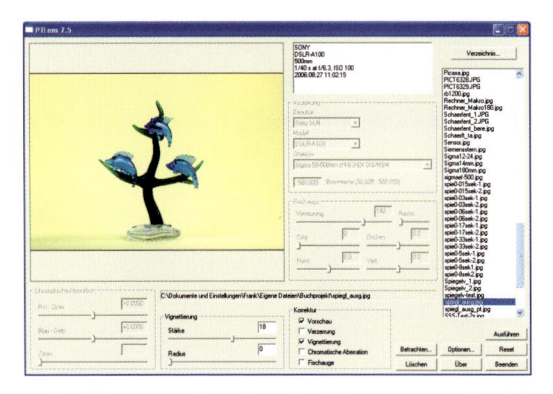

▲ Mit PTLens, einem kostenlosen Tool, kann man u. a. Randabschattungen und Verzeichnungen korrigieren.

PTLens kann auf www.epagerpress.com/ptlens entweder als Erweiterung (Plug-in) für Photoshop oder als eigenständiges Programm heruntergeladen werden. Außerdem ist die Objektivdatenbank *PTlens.dat* notwendig. In diese Datenbank werden ständig neue Objektivwerte aufgenommen. Diese Datei sollte man bei Bedarf regelmäßig aktualisieren. Zu beachten ist, dass das eigenständige Programm (Standalone) den RAW- und 16-Bit-Modus nicht unterstützt. Diese beiden Optionen sind nur im Zusammenhang mit Photoshop und dem Photoshop-Plug-in nutzbar. Im ersten Schritt nach dem Programmstart teilt man über die Schaltfläche *Optionen* dem Programm den Pfad zur Objektivdatenbank mit. Das Gleiche gilt für ein externes Bildbetrachtungsprogramm. Das ist sinnvoll, da PTLens keinerlei Funktionen zur Bildbetrachtung zur Verfügung stellt. Das in PTLens enthaltene Vorschaufenster ist nur bedingt zur Kontrolle der Ergebnisse geeignet. Als Nächstes wählt man das Verzeichnis aus, im dem sich die Bilder befinden, die bearbeitet werden sollen. Nun kann ein Bild zur Durchführung der Korrektur ausgewählt werden. Das Programm zeigt die Werte der verwendeten Kamera und des Objektivs an, wenn die EXIF-Daten in der Datei vorhanden sind. Sollten die EXIF-Daten nicht mehr vorhanden sein, können Objektiv und Kamera manuell aus der Liste gewählt werden. Im Menüpunkt *Korrektur* sind jetzt die zu verändernden Parameter einzustellen. Die Korrektur wird dann automatisch durch einen Klick auf *Ausführen* durchgeführt. Dabei legt PTLens eine neue Datei mit der Namenserweiterung *-pt* an und lässt die Originaldatei bestehen.

▲ Starke Randabschattung vor der Korrektur durch PTLens.

Randabschattung durch Filter

Auch Filter können bedingt durch ihre Bauweise und die des Objektivs Randabschattungen verursachen. Sind sie zu dick, ragen sie zu weit in das Bildfeld hinein. Die entstehenden Schatten spiegeln sich dann als Randabschattung auf der Abbildung wider. Nach Möglichkeit sollten hier schmale sogenannte Slimline-Filter eingesetzt werden.

▲ Nach dem Einsatz von PTLens ist die Randabschattung wesentlich gemindert worden.

4.15 Überblick über die für die α100 geeigneten Objektive von Sony

Objektiv	Bildwinkel	kleinste Blende	Linsen/ Gruppen	Nah-grenze	Filter D. mm	Länge mm	D. mm	Gewicht
Sony AF 2,8/16 Fisheye	180°	22	11/8	0,20	eingeb.	66,5	75,0	400
Sony AF 2,8/20	94°	22	10/9	0,25	72	53,5	78,0	285
Sony AF 2,8/28	75°	22	9/9	0,30	55	49,5	66,5	285
Sony AF 1,4/35 G	63°	22	10/8	0,30	55	76,0	68,0	490
Sony AF 1,4/50	47°	22	7/6	0,45	55	43,0	65,5	235
Sony AF 2,8/50 Makro	47°	32	7/6	0,20	55	60,0	70,0	315
Sony AF 1,4/85 (Zeiss)	29°	22	8/7	0,85	72	73,0	82,0	560
Sony AF 2,8/100 Makro	24°	32	8/8	0,35	55	98,5	75,0	505
Sony AF 1,8/135 (Zeiss)	18°	22	11/9	0,72	77	115,0	89,0	1050
Sony STF 2,8/135	18°	31 (T32)	8/6	0,87	72	99,0	80,0	730
Sony AF 2,8/300	8,2	32	11/9	2,5	114/42	239,0	128,0	2480
Sony AF 8/500 Reflex	4,9°	8	7/5	4,0	82	118,0	89,0	665
Sony AF 4,5-5,6/11-18	104-76°	22-29	15/12	0,25	77	80,5	83,0	350
Sony AF 16-80/3,5-4,5 (Zeiss)		22-29	14/10			83,0	72,0	440
Sony AF 3,5-5,6/18-70	76-23°	22-36	11/9	0,38	55	77	66	240
Sony AF 3,5-5,6/18-200	76-8°	22-40	15/13	0,45	62	88,5	73	407
Sony AF 3,5-4,5/24-105	84-23°	22/27	12/11	0,50	62	69	71	395
Sony 2,8/70-200 G SSM	12°30´-34	22	19/15	1,20	77	196,5	78	1340
Sony 4,5-5,6/75-300	32°-8°10`	32-38	13/10	1,50	55	122	71	460
Sony 1,4x-TeleKonverter								
Sony 2,0x-Tele-Konverter								

Zusätzlich zu den momentan lieferbaren Objektiven von Sony und Zeiss können fast alle älteren Minolta bzw. Konica Minolta-Objektive mit Autofokus verwendet werden. Ausgenommen ist die Objektivserie für die Vectis-Baureihe, die ab 1996 mit dem APS-System für Kleinbildfilm auf den Markt kam.

Zu beachten ist auch, dass die α100 mit dem Makrozoom 3x-1x den Super SteadyShot ausschaltet.

Sony AF 2,8/16 Fisheye

Dieses Spezialobjektiv bietet einen Bildwinkel von 180 Grad. Wie der Name „Fischauge" schon vermuten lässt, ist mit diesem Objektiv eine Art Rundumsicht darstellbar.

Gewollt ist hier die starke tonnenförmige Verzeichnung. Nur Linien, die genau durch den Mittelpunkt des Objektivs verlaufen, werden unverzeichnet dargestellt. Der Einsatzbereich dieses Objektivs ist damit begrenzt. Eine Gegenlichtblende ist bereits eingebaut.

Sony AF 2,8/20

Sony bietet hier ein sehr lichtstarkes Weitwinkelobjektiv. An der α100 ergibt sich eine Bildwirkung ähnlich eines 35-mm-Objektivs für Kleinbildformat. Das Objektiv bildet praktisch verzeichnungsfrei ab. Eine Randabschattung ist selbst bei offener Blende (Blende 2,8) so gut wie nicht vorhanden.

Sony AF 1,4/35 G

Ein sehr hochwertiges Objektiv der G-Serie ist das AF 1,4/35. Die Bildwirkung entspricht an der α100 der eines 50-mm-Objektivs im Kleinbildbereich. Mit der Anfangsblende von 1,4 ist es extrem lichtstark und damit besonders gut für Aufnahmen mit wenig Umgebungslicht sowie zum Freistellen mit geringer Schärfentiefe geeignet. Es besitzt eine Schärfespeichertaste, asphärische Linsen und Floating-Elemente tragen zur hervorragenden Abbildungsleistung dieses Objektivs bei.

Sony AF 1,4/50

Dieses „Normal"-Objektiv ergibt an der α100 die Bildwirkung eines 85-mm-Objektivs bezogen auf das Kleinbildformat.

Es ist damit u. a. hervorragend für die Porträtfotografie geeignet. Die Schärfentiefe ist bei offener Blende (1,4) überaus gering. Hiermit können interessante Effekte erzielt werden.

Dieses Objektiv ist ebenfalls bestens für schlechte Lichtbedingungen geeignet. Die Qualität der Abbildungen kann als sehr hoch eingeschätzt werden. Brillanz und Verzeichnung sind ab Blende 2,0 hervorragend.

Sony STF 2,8/135

Das Spezialobjektiv STF 2,8/135 besitzt spezielle Eigenschaften, um den Schärfeverlauf harmonischer darzustellen.

Sony AF 1,4/85 G

Dieses Objektiv ist mit eines der besten Objektive am Markt. Die optische Leistung und die mechanischen Leistungen dieses Objektivs sind überragend.

An der α100 ergibt sich mit dem 1,4/85 eine Bildwirkung ähnlich eines 135-mm-Objektivs im Kleinbildbereich. Das Objektiv ist ideal für Porträts, Konzert- und Actionfotografie.

Die Hauptmotive heben sich hierbei noch weicher und angenehmer vom unscharfen Hintergrund ab. Das Objektiv lässt sich aber nur manuell scharf stellen, da eine spezielle Blende (STF-Blende) und ein Adsorptionsfilter zum Einsatz kommen. An der α100 ergibt sich eine Bildwirkung eines 200-mm-Objektivs (bezogen auf das Kleinbildformat). Auch mit diesem Objektiv kann man hervorragende optische Leistungen erwarten.

Sony AF 8/500 Reflex

Das 8/500 Reflex ist ein preisgünstiges Teleobjektiv, das mithilfe von Spiegel und Linsen arbeitet. Diese Konstruktion erlaubt den Bau eines starken Teleobjekts (500 mm Brennweite) als sehr kompakte Einheit. Das Objektiv hat aber auch Nachteile. Es besitzt nur eine Blende (8). Ein Auf- oder Abblenden am Objektiv ist nicht möglich. Man behilft sich hier mit Graufiltern, um die Helligkeit zu reduzieren. Die Schärfentiefe lässt sich so natürlich nicht ändern. Außerdem liefert das Objektiv zwangsläufig kleine Kreise im Unschärfebereich, die typisch für Spiegelobjektive sind. Diese Nachteile schränken den Einsatzbereich doch sehr ein.

Sony AF 2,8/70-200 G SSM (D) APO

Dieses Zoomobjektiv hat den Autofokusmotor direkt im Objektiv eingebaut. SSM bedeutet **S**uper**S**onic-**W**ave-**M**otor. Es handelt sich um einen Ultraschallmotor. Diese Motoren zeichnen sich durch besonders leise und sanfte Arbeitsweise aus. Selbst bei langsamer Rotation stellen sie ein sehr hohes Drehmoment zur Verfügung. Die Start-/Stoppzeiten sind ungewöhnlich kurz.

Das AF 2,8/70-200 SSM ist apochromatisch korrigiert. Die Lichtstrahlen, die das Objektiv durchdringen, werden aufgrund ihrer unterschiedlichen Wellenlängen unterschiedlich in den Linsen gebrochen. Es ergeben sich so unterschiedliche Brennpunkte der jeweiligen Wellenlängen. Normalerweise werden Objektive nur für zwei Farben (Wellenlängen) korrigiert. Bei APO-Objektiven wird zusätzlich noch eine dritte Wellenlänge korrigiert. So ergeben sich hohe Kontrastleistungen und die präzise Wiedergabe kleinster Details. Außerdem wurden AD-Glaselemente verbaut, um der Abnahme des Auflösungsvermögens entgegenzuwirken.

Insgesamt ein überaus hochwertiges Objektiv mit Spitzenwerten bei Optik und Mechanik.

An der α100 ergibt sich eine Bildwirkung eines 105-300-mm-Objektivs bezogen auf den Kleinbildbereich.

4.16 Fremdhersteller

Einige Fremdhersteller produzieren ebenfalls Objektive für das Sony-System (A-Bajonett). Hierzu gehören Sigma, Tamron und Tokina. Auch hier gibt es Informationen über eine kleine Auswahl an Objektiven für den Profi- bzw. Semiprofibereich.

Sigma 4,5-5,6/12-24 EX DG Asp. IF

Bei dem Sigma 12-24 handelt es sich um ein extremes Weitwinkelzoomobjektiv. Durch die Brennweitenverlängerung der α100 (Faktor 1,5) kommt man im Weitwinkelbereich mit den für den Kleinbildbereich völlig ausreichenden Weitwinkelobjektiven schnell an die Grenzen. Das starke Weitwinkelobjektiv AF 2,8/20 z. B. ergibt an der α100 ein Objektiv mit der Bildwirkung eines 30-mm-Objektivs, was Weitwinkelfans nicht gerade begeistert.

Mit dem Sigma-Objektiv erhält man nun eine Bildwirkung eines 18-36-mm-Objektivs. Mit diesem Bereich sind die meisten Weitwinkelsituationen zu meistern. Die Naheinstellgrenze von 28 cm lässt effektvolle Aufnahmen zu. Sigma musste hier einen relativ großen Aufwand betreiben, um die sonst üblichen Abbildungsfehler von Superzooms zu verhindern. Hierzu

wurden vier SLD-Gläser (Gläser mit sehr niedriger Streuung) und drei asphärische Linsenelemente eingebaut. Typisch für ein so starkes Weitwinkelobjektiv ist das Problem der Randabschattung. Gerade im Bereich von 12 mm sollte das Objektiv auf Blende 8 abgeblendet werden, um Randabschattungen einzuschränken. Im Bereich von 18-24 mm ist dieses Problem weniger stark ausgeprägt. Gleiches trifft auf Brillanz und Schärfe zu. Auch hier bringt ein Abblenden, besonders im 12-mm-Bereich, gute bis sehr gute Werte. Das „EX" steht bei Sigma für professionell verarbeitete Objektive – auch zu erkennen am Goldring.

Sigma 2,8/14 EX RF Asph

Ein interessantes Spezialobjektiv ist das 14-mm-Objektiv von Sigma. Auch hier gilt im übertragenen Sinn das zuvor Geschriebene zum 12-24-mm-Zoom. Da es sich hier aber um eine Festbrennweite handelt, was eine leichtere Berechnung des Objektivs zulässt, kann mit noch besseren Abbildungswerten gerechnet werden. An der α100 ergibt sich eine Bildwirkung eines 21-mm-Objektivs bezogen auf das

Kleinbildformat. Die Verzeichnung ist für diese Art Objektiv erstaunlich gering (leicht tonnenförmig). Die Randabschattung ist abgeblendet auf Blende 5,6 sehr gut.

Sigma 1:3,5/180 EX DG APO Makro

Das doch universeller einsetzbare 180-mm-Makroobjektiv ist nicht nur ein Makrospezialist. Auch hervorragende Teleaufnahmen sind garantiert, wenn man darauf achtet, dass die doch ziemlich große Streulichtblende möglichst immer mit eingesetzt wird, da die Streulichtempfindlichkeit recht hoch ist. Ansonsten sind in Bezug auf Brillanz und Schärfe kaum bessere Werte erzielbar. Bereits bei Blende 3,5 sind die Ergebnisse sehr gut, ab Blende 5,6 bis Blende 11 dann hervorragend. Ab Blendenwerten von 22 fällt die Leistung allerdings merklich ab. Das Objektiv besitzt eine Fokussierbegrenzung in drei Stufen. Manueller Eingriff ist trotz eingeschaltetem Autofokus an der Kamera möglich. Die Makronaheinstellgrenze beträgt 46 mm.

Die Bildwirkung an der α100 entspricht einem 270-mm-Objektiv im Kleinbildbereich. Der größte Abbildungsmaßstab beträgt 1:1. Sigma bietet als Zubehör zwei Telekonverter an. Der 1,4x-Konverter verlängert die Brennweite um den Faktor 1,4, d. h., auch der mögliche Abbildungsmaßstab beträgt mit diesem Konverter 1:1,4. Der ebenfalls angebotene 2x-Konverter lässt sich im Makrobereich kaum noch einsetzen. Bei der sich mit dem 2x-Konverter ergebenden größten Blende von 7,0 (3,5 x 2) lässt sich sehr schwer scharf stellen. Der Schärfentiefebereich wird ebenfalls minimal, womit der Einsatz des 2x-Konverters nur im Telebereich sinnvoll ist. Fokussieren ist mit beiden Konvertern nur von Hand möglich.

Tamron SP AF 200-500mm F/5-6,3 Di LD [IF]

Eines der „bezahlbaren" starken Telezoomobjektive kommt von Tamron. An der α100 erhält man mit diesem Objektiv eine Bildwirkung eines 300-750-mm-Teleobjektivs bezogen auf das Kleinbildformat. Das Objektiv besteht zwar zum größten Teil aus Kunststoff, ist aber angenehm gut verarbeitet und von der Haptik vergleichbar mit Objektiven aus Metall. Der Fokussier- und der Zoomring laufen mit angenehmem Widerstand und ohne Spiel. Um am langen Ende nicht zu verwackeln, ist ein stabiles Dreibeinstativ von Vorteil. Wenn genügend Licht vorhanden ist, kann aber auch ein Einbeinstativ ausreichen. Die Belichtungszeit darf hier dank Super SteadyShot bis zu 1/200 Sekunde liegen. Empfohlen wird auch der Einsatz der Spiegelvorauslösung, um ein Verwackeln durch den Spiegelschlag (siehe Seite 92) der α100 zu vermeiden. An der α100 zeichnet sich das Objektiv durch minimale Randabschattung aus. Abblenden auf Blende 8 bringt eine weitere Verbesserung. Im Bereich von 200-400 mm Brennweite ist die Schärfe und Brillanz als sehr gut einzuschätzen, bei 500 mm als gut. Bei 500 mm Brennweite liegt die Anfangsblende bei 6,3.

▲ Das Tamron SP AF 200-500mm sollte vorrangig mit Stativ verwendet werden. Besonders im oberen Telebereich muss ansonsten mit Verwacklungen gerechnet werden.

Trotz dieser recht geringen Lichtstärke funktioniert der Autofokus sehr zuverlässig und schnell. Zudem kann die geringe Lichtstärke durch Nutzung von ISO 400 und eingeschaltetem Super SteadyShot kompensiert werden. Es arbeitet mit Innenfokussierung und verändert beim Scharfstellen die Länge nicht. Auch dreht sich die Frontlinse nicht mit.

▲ Besonders für weit entfernte Motive empfiehlt sich das 200-500-mm-Objektiv von Tamron. Hier betrug der Aufnahmeabstand etwa 100 m.

Das Objektiv verfügt über einen sogenannten **F**ilter **E**ffect **C**ontrol (FEC), womit Polfilter ohne die Abnahme der Streulichtblende gedreht werden können, was den Einsatz dieser Filter erheblich vereinfacht. Ein ganz entscheidender Vorteil ist natürlich auch das Gewicht. Mit 1.200 Gramm hat man ein wirklich tragbares Teleobjektiv, das auch auf langen Fototouren den Fotografen nicht zu sehr belastet.

Tamron SP AF 1:3,5/180mm LD (IF) Makro

Das Tamron-Objektiv ist ein Makrospezialist, ähnlich dem Sigma 1:3,5/180mm. Es besticht durch die gute Verarbeitung und den Einsatz von hochwertigen Kunststoffen, was dem Gewicht zugute kommt.

Somit wiegt es nur 920 Gramm und unterbietet damit das Sigma-Makro um 40 Gramm. Es besitzt Tamrons spezielle Innenfokussiertechnik, erkennbar am Label „IF" und natürlich daran, dass sich die Länge des Objektivs beim Fokussieren nicht ändert und die Frontlinse sich nicht mitdreht. Die Naheinstellgrenze liegt bei 47 cm. Ohne Gegenlichtblende ergibt sich ein minimaler Arbeitsabstand von 24,5 cm, der sich mit aufgesetzter Gegenlichtblende auf 15 cm verringert. Der Abbildungsmaßstab liegt dann bei 1:1. In Höhe der Frontlinse ist ein zusätzlicher Drehring angebracht, der den Einsatz von Polfiltern bei aufgesetzter Gegenlichtblende erleichtert.

▲ Das Makroobjektiv 1:3,5/180mm von Tamron erlaubt Aufnahmen bis zum Abbildungsmaßstab 1:1.

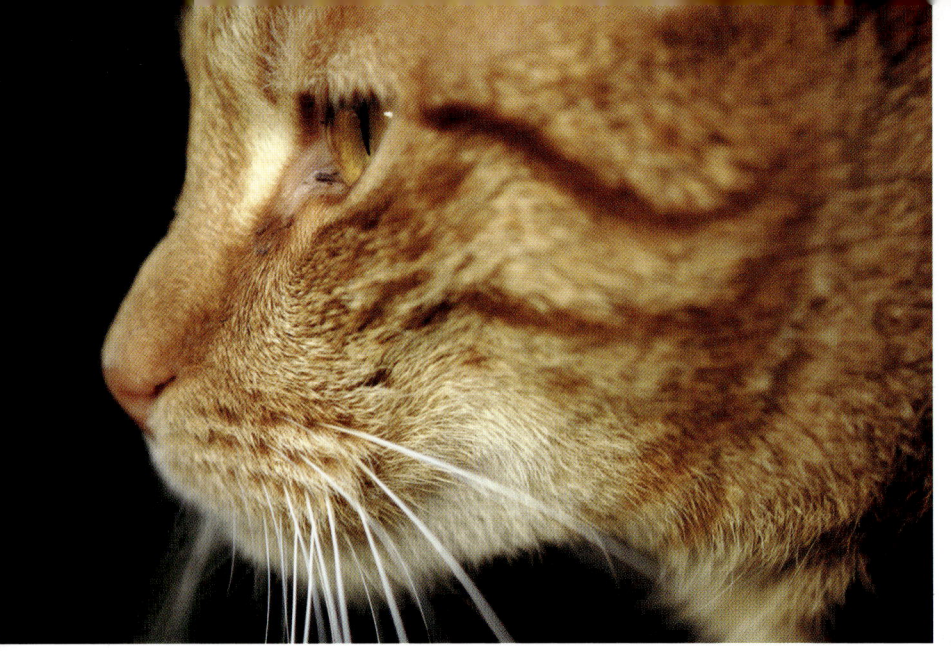

◀ Auch für Porträtaufnahmen eignet sich ein Objektiv wie das Tamron 180 mm. Die Schärfentiefe ist bei Offenblende sehr gering. Hier wurde die Schärfe gezielt auf das Auge gelegt.

Tamron nennt diese Funktion FEC (**F**ilter **E**ffect **C**ontrol). Leider besitzt das Objektiv keinen Fokusbegrenzer (Limiter), mit dem der Weg zum Scharfstellen für den Makrobereich eingegrenzt werden kann, um unnötige Fokussierwege im uninteressanten Entfernungsbereich zu vermeiden.

Die Abbildungsleistung ist durchweg als sehr gut einzuschätzen. Schärfe und Brillanz sind bereits bei der Anfangsblende hervorragend bis sehr gut. Ab etwa Blende 16 lässt die Leistung geringfügig aufgrund der Beugungsunschärfe nach. Auch der Hintergrund erscheint sehr angenehm und ruhig, obwohl nur sieben Blendenlamellen vorhanden sind. Diese sind aber so angeordnet, dass die Blende nahezu als kreisrund erscheint. Auch interessante Porträts sind mit dem Tamron-Objektiv möglich. Die Schärfentiefe ist bei Offenblende extrem gering. Hier muss man sehr genau darauf achten, dass auch noch andere bildwichtige Details im Schärfebereich liegen. Andernfalls sollte abgeblendet werden.

Tokina AT-X Pro SV 1:2,8/28-70mm

Ebenfalls als interessante Alternative kann das Tokina AT-X Pro SV 2,8/28-70mm gesehen werden. An der α100 erhält man eine Bildwirkung, die einem 42-105-mm-Objektiv im Kleinbildformat entspricht. Abgeblendet auf Blende 4 ist in allen Brennweitenbereichen kaum noch Randabschattung vorhanden. Brillanz und Schärfe können durch Abblenden ebenfalls verbessert werden, was besonders auf den Brennweitenbereich ab 40 mm zutrifft. Bei 70 mm sollte für eine von der Bildmitte bis zum Rand sehr guten Schärfe und Brillanz auf Blende 5,6 abgeblendet werden.

▲ Das Tokina AT-X Pro SV 1:2,8/28-70mm.

4.17 Objektivqualität überprüfen

In Fachzeitschriften werden regelmäßig die neusten Geräte, u. a. auch Objektive, getestet. Hier kommen die unterschiedlichsten Testverfahren zum Einsatz, was teilweise zu widersprüchlichen Aussagen in den jeweiligen Zeitschriften führt. Am Ende ist es schwer zu beurteilen, ob ein für „gut" befundenes Objektiv auch wirklich gut ist.

Möchte man selbst seine Objektive bezüglich des Auflösungsvermögens testen, empfiehlt sich als Testmotiv der sogenannte Siemensstern.

Dieser wurde zum Abfotografieren auf die hintere innere Umschlagseite dieses Buches gedruckt. Die schwarzen und weißen Keile des Siemensterns sind abwechselnd angeordnet und stellen so ein Testmuster dar. Abhängig von der Qualität des Objektivs bildet sich beim Aufnehmen der Abbildung ein grauer Kreis im Mittelpunkt, der sogenannte Grauring. Die Größe des Graurings gibt nun Auskunft über das Auflösungsvermögen des Objektivs im Zusammenhang mit der α100.

Das Fokussierverhalten der α100 kann mit dem Siemensstern ebenfalls getestet werden.

Die Vorbereitungsphase

Es gilt einige Voraussetzungen zu schaffen, um den Test durchführen zu können. Man stellt zunächst an der α100 Folgendes ein:

- Am Moduswahlrad stellt man den Blendenprioritätsmodus ein, um selbst die Blende bestimmen zu können.
- Um Rauschen weitestgehend zu vermeiden, sollte ISO 100 mit dem Funktionsrad im Menü *ISO* gewählt werden.
- Im Aufnahmemenü (1) *Qualität* stellt man *Fein* ein.
- Nach Drücken der Bildfolgetaste wählt man den 2-Sekunden-Selbstauslöser aus, um ein Verwackeln durch das Drücken des Auslösers zu vermeiden.

- Mit dem Fokussiermoduswahlschalter stellt man auf MF für manuelle Fokussierung.
- Alle eventuell vorgenommenen Änderungen bei den Einstellungen *Konturen*, *Sättigung* und *Kontrast* sollten zurück auf 0 gesetzt werden. Hierzu wählt man mit der Funktionstaste (Fn) die entsprechenden Optionen aus.
- Ebenfalls über das Funktionsrad bzw. die Funktionstaste (Fn) stellt man nun den Weißabgleich auf *K (Farbtemperatur)*.
- Zum Schluss wird die Kamera auf einem Stativ angebracht.

▲ *Siemensstern zur Beurteilung des Auflösungsvermögens eines Objektivs. Im hinteren Innencover befindet sich der Stern zum Abfotografieren.*

Kamera exakt ausrichten

Da man die Aufnahmen später miteinander vergleichen möchte, ist es wichtig, dieselben Ausgangsbedingungen einzuhalten. Vor allem der Bildausschnitt muss der gleiche sein. Am besten ist die formatfüllende Aufnahme des Siemenssterns.

Als Begrenzungen können die rechte und linke Seite des Suchers dienen. Wichtig ist, dass sich der Kreuzsensor, also das mittlere AF-Messfeld, genau in der Mitte des Sterns befindet. Der obere und untere Beschnitt des Siemenssterns ist dabei unerheblich, da die Mitte des Sterns entscheidend ist.

Die Kamera sollte in der Horizontalen wie auch in der Vertikalen gerade zum Motiv ausgerichtet werden.

Objektiv exakt scharf stellen

Nun stellt man das Objektiv am Fokussierring des Objektivs auf den Siemensstern scharf. Eventuell wird die Schärfe nicht durch die Fokusanzeige bestätigt. Hiervon sollte man sich nicht irritieren lassen.

Weißabgleich

Anschließend wird der Weißabgleich manuell auf einen einheitlichen Wert eingestellt, z. B. 5.000 Kelvin. Man kann den Weißabgleich zunächst auch von der Kamera durchführen lassen.

Man wählt hierzu über das Funktionsrad und die Funktionstaste (Fn) den *Benutzerdefinierten Weißabgleich* und speichert diesen für die nächsten Aufnahmen.

Blende und Belichtungszeit

Um vergleichbare Aufnahmen zu erhalten, ist es wichtig, eine Vergleichsbasis für Blende und Belichtungszeit zu wählen. Man stellt also bei allen zu testenden Objektiven die gleiche Blende ein, z. B. Blende 8. Die Umgebungslichtbedingungen sollten ebenfalls gleich sein, sodass jeweils die gleiche Belichtungszeit eingestellt werden kann.

Man sollte mit den Objektiven gleich mehrere Fotos bei unterschiedlichen Blenden aufnehmen, damit sich der Versuchsaufbau lohnt und man später nicht von vorn anfangen muss, wenn eventuell andere Blendenwerte interessant werden. Wichtig sind vor allem die Anfangsblende und Blendenwerte bei ca. 5,6 bzw. 8 zur Objektivbeurteilung.

Erste Ergebnisse

Ein Objektiv ist umso schärfer und hochauflösender, je mehr Details im Bild vorhanden sind. Da sich das auch im Informationsinhalt der Datei widerspiegelt, erkennt man schon an der Dateigröße die besseren Objektive.

Die Testauswertung

Folgende drei Objektive wurden hier beispielhaft getestet: das Minolta-Normalobjektiv 1:1,7/50mm, das Sony-Setobjektiv 1:3.5-5,6/18-70mm und das Sigma-Makroobjektiv 1:3,5/180 APO.

Getestet wurde jeweils mit der Anfangsblende, also der größtmöglichen Blende des Objektivs. Man kann gut erkennen, dass das Kitobjektiv zumindest im Bereich der Auflösung mit den beiden Festbrennweiten bei offener Blende mithalten kann und eine sehr gute Auflösung bietet.

Farbverschiebung kontrollieren

Der Siemensstern eignet sich neben der Überprüfung der Auflösung auch noch zum Kontrollieren einzelner Befehle von Bildbearbeitungsprogrammen. Es kann vorkommen, dass z. B. der Schärfungsbefehl eine Farbverschiebung hervorruft.

Diese kann anhand des Siemenssterns im Buchdeckel leichter überprüft werden als mit einem normalen Foto. Hier wären solche Bildfehler kaum oder gar nicht zu erkennen. Nachdem man den Siemensstern abfotografiert hat, kann man im Bildbearbeitungsprogramm diverse Tests durchführen und erkennt leicht z. B., bis zu welchem Grad geschärft werden kann, ohne Farbverschiebungen in Kauf nehmen zu müssen.

▲ *Links die 50-%- und rechts die 25-%-Darstellung. Oben: 1:3,5-5,6/18-70mm, Mitte: 1:3,5/180mm, unten: 1:1,7/50mm.*

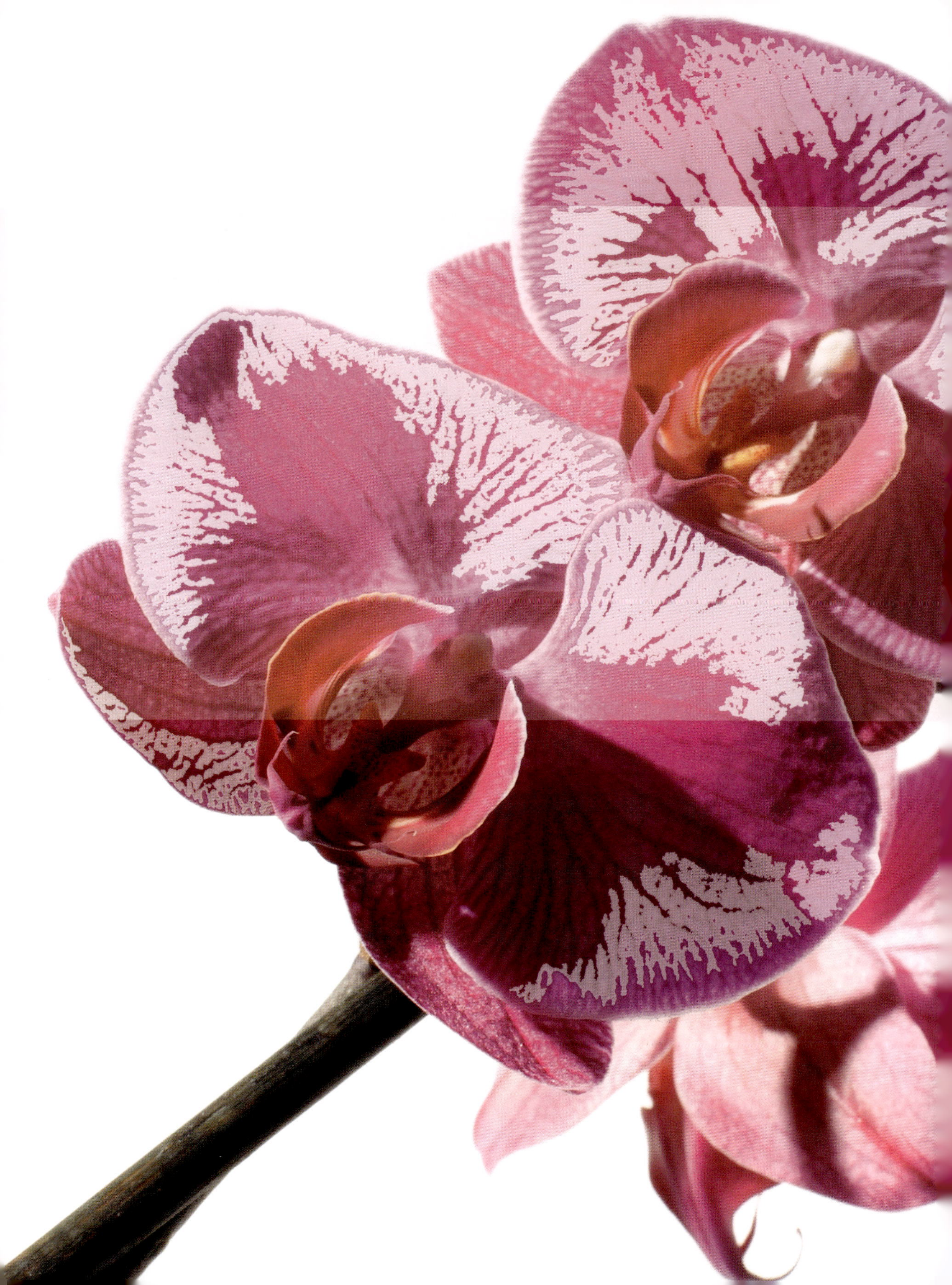

5

Professionelle Belichtung

Die α100 bietet drei Möglichkeiten, die Belichtungsmessung bei Dauerlicht durchzuführen:

erstens die Mehrzonenmessung im Verbund mit dem Autofokus über die gesamte erfassbare Bildfläche, zweitens die mittenbetonte Integralmessung und drittens die Spotmessung mit ausschließlicher Messung im Bildmittelpunkt.

5.1 Messmodi im Detail

Aufgabe der Belichtungsmessung ist es, die richtige Belichtungszeit anhand der Reflexionseigenschaften des Motivs und der zur Verfügung stehenden Lichtmenge so zu ermitteln, dass alle bildwichtigen Details optimal auf dem Sensor abgebildet werden.

Befindet sich die α100 im Belichtungsautomatikmodus, verwendet sie die Mehrzonenmessung. Mit ihr wird man vor allem kurz nach dem Einstieg in die Spiegelreflextechnik vorrangig arbeiten, bietet sie doch für die meisten allgemeinen Anwendungsfälle die ideale Belichtungsmessung.

Hat man dann schon etwas Erfahrung gesammelt, wird man bald merken, dass es Situationen gibt, die andere Wege zur optimalen Belichtung erfordern. Vor allem bei harten Kontrasten bzw. starken Unterschieden zwischen den hellsten und dunkelsten Bildinhalten kann es zu Informationsverlusten kommen, die sich in Schatten und Lichtern ohne Zeichnung bemerkbar machen. Musste man bei analogen Filmen hierauf nicht so stark achten, ist es im digitalen Bereich umso wichtiger, da der Dynamikumfang teilweise geringer ist.

5.2 Die Dynamik im Bild

Der Dynamikumfang definiert den darstellbaren Helligkeitsbereich, der auf dem Bild dargestellt werden kann. Das Verhältnis aus der größtmöglich darstellbaren Helligkeit geteilt durch die kleinste mögliche Helligkeit beschreibt den Dynamik- oder auch Kontrastumfang.

$$D = Imax / Imin$$

Für die Fotografie ist das Verhältnis in Blendenstufen wichtig. Die Formel hierfür lautet:

$$D = \log2 (Imax / Imin)$$

Bezogen auf die Digitalfotografie entspricht 1 Bit einer Blendenstufe. Aus dem Bildformat kann so schnell Rückschluss auf die maximal mögliche Dynamik gezogen werden.

Theoretisch sind so mit dem JPEG-Format Dynamikumfänge von bis zu 8 Blenden und im RAW-Format bis zu 12 Blenden möglich. Diese Werte beziehen sich aber nur auf das Dateiformat. Die tatsächlich mögliche darstellbare Dynamik hängt noch stark von anderen Faktoren wie Sensor, Signalverarbeitung und Objektiv ab.

> **Dynamiksteigerung durch Belichtungsreihen**
> Reicht in Grenzsituationen der Dynamikumfang nicht aus, um alle Bildinformationen darstellen zu können, ist es sinnvoll, Belichtungsreihen anzufertigen. Diese können dann z. B. mittels Photoshop CS2 zu einem Bild zusammengefasst werden. Hierfür nutzt man die Funktion HDR im Menüpunkt *Datei/Automatisieren/Zu HDR zusammenfügen*. Das dabei entstehende hochdynamische Bild besitzt nun 32 Bit, das, um es weiterverarbeiten zu können, auf 16 oder 8 Bit heruntergerechnet werden muss.

Während unser Auge die Helligkeit logarithmisch verarbeitet, d. h., es ist empfindlicher für dunklere Bereiche und weit weniger empfindlich für Helligkeit, kann der Sensor der α100 die Helligkeitswerte nur linear aufnehmen. Der Dynamikumfang ist daher bei der α100 weit geringer und liegt bei etwa 8 bis 9 Blenden, wogegen unser Auge in Zusammenarbeit mit unserem Gehirn 15 bis 30 (mit Adaption) Blendenwerte darstellen kann.

Arbeitet man mit der α100 im JPEG-Format, wird schon durch das Dateiformat die Dynamik auf 8 Blenden eingeschränkt. Möchte man das letzte Quäntchen an Dynamik aus der α100 herausholen, sollte man im RAW-Format arbeiten, das 12 Blenden dar-

▲ Der zur Verfügung stehende Dynamikumfang beeinflusst die Bilddarstellung. Oben links 8 Bit, oben rechts 7 Bit, links unten 4 Bit, rechts unten 1 Bit.

▲ Die Schatten im rechten Vordergrund lassen keine Zeichnung mehr erkennen. Hier reicht der Dynamikumfang nicht aus.

stellen kann. Zunächst sollte man sich aber darüber im Klaren sein, dass nicht der Sensor bzw. das Dateiformat die Grenzen setzt, sondern dass das Ausgabegerät letztendlich über den Dynamikumfang entscheidet. Ein TFT-Monitor liefert je nach Modell zwischen 8 und 11 Blenden.

Bei der Auswahl eines solchen Monitors sollte man hier auf einen möglichst hohen Kontrastwert achten. Sehr gut sind Werte ab 1:1.000. Eingeschränkt wird man allerdings im Dynamikumfang bei Ausdrucken und Ausbelichtungen. Fotopapier z. B. liefert gerade mal 5 bis 6 Blenden, womit das JPEG-Format mit seinen 8 Blenden sicher ausreicht. Beamer können je nach Gerät 5 bis 8 Blenden darstellen.

Für Darstellungen im Internet sind 8-Bit-Formate ausreichend, da die gängigen Browser nur 8-Bit-Grafikformate wie JPEG und DNG anzeigen können.

Dynamik der α 100 optimieren

Die α100 besitzt zwei Optionen, die Dynamik schon bei der Aufnahme zu optimieren. Hierfür analysiert die α100 die Aufnahmebedingungen und nimmt Korrekturen an Helligkeit und Kontrast vor. Diese Korrektur bezieht sich aber nur auf das JPEG-Format. Das RAW-Format bleibt davon unberührt. Als Standardeinstellung ist die Option *D-R* voreingestellt. Hier werden der Kontrast und die Helligkeit angepasst. Als zweite Option steht *D-R+* zur Verfügung. Hier greift die Kamera noch weiter in die Bildbearbeitung ein und nimmt zusätzlich Veränderungen an den Farben vor. Weitere Informationen gibt es in Kapitel 5.11 auf Seite 144.

Zu beachten ist, dass die α100 bei eingestelltem Bildformat *RAW+JPEG* die gewählten Optionen abschaltet und keine Korrekturen an den JPEG-Dateien durchführt.

Professionelle Belichtung

5.3 Überblick über die Messmethoden der α100

Die Standardeinstellung der α100 ist die Mehrfeldmessung. Hier wird das gesamte Bildfeld mittels 40 Wabensegmenten ausgewertet. Als Optionen kann man die mittenbetonte Integralmessung und die Spotmessung wählen. Die Integralmessung wertet vorrangig den mittleren Bildbereich aus, lässt aber das Umfeld mit in die Berechnung einfließen.

▲ Menü zur Messmethodenauswahl.

Die Spotmessung misst das Licht nur im Spotmesskreis in der Mitte des Bildes. Alle drei Messmethoden werden in den nachfolgenden Abschnitten ausführlich erläutert. Zum Menü *Messmethode* gelangt man mit dem Funktionsrad und der Funktionstaste Fn. Mittels der Navigationsringe kann die gewünschte Messmethode gewählt werden.

Der Allrounder: Mehrzonenmessung

Die Mehrzonenmessung der α100 bedient sich 39 bienenwabenförmiger Elemente plus Hintergrundsegment. Über diese Segmente bestimmt auch der Autofokus sein Hauptobjekt. Segmente in diesem Bereich fließen bei der Berechnung der optimalen Belichtung mit einer größeren Priorität ein.

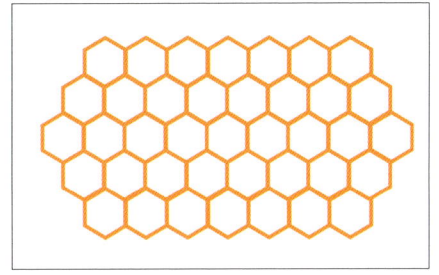

▲ Wabenanordnung für die Mehrfeldmessung. Das 40ste Wabenelement ist der Hintergrund.

Die Verteilung der Helligkeit und die Werte des Autofokus werden mittels Fuzzy-Logik ausgewertet. Dabei wird auch der Abbildungsmaßstab des Hauptmotivs und die Entfernung ausgewertet. Die Fuzzy-Logik kennt nicht nur die Werte ja (1) und nein (0) der zweiwertigen Logik (Boolesche Logik), sondern wertet „feinfühliger" aus. Sie kennt also auch Werte wie „ein wenig" oder „stark". Menschliches Wissen und Überlegungen können so zur Auswertung herangezogen werden.

> **Fuzzy**
> „Fuzzy" (sprich: Fazi) bedeutet verschwommen oder unscharf. Der Informatiker Lotfi Zadeh benannte 1965 seine Theorie der Mengenlehre „fuzzy set theory". In der Fotografie bedeutet das z. B., dass die Elektronik nicht nur schwarz und weiß erkennt, sondern zwischen Grautönen differenzieren kann. Mit diesen Daten wird eine hinterlegte Datenbank abgefragt und z. B. der Kontrast eingestellt.

Die α100 kann sich über diese Logik eines großen Fotografenwissens bedienen.

Typische Situationen können so mit der von der Kamera vorgeschlagenen Belichtungszeit und Blende in den meisten Fällen auch durch den Anfänger gut gemeistert werden. Da aber die Fotografie auch ein kreatives Arbeitsfeld ist und bestimmte Situationen einfach nicht erkannt werden können, gibt es hier natürlich auch Grenzen.

> **Boolesche Logik**
> Die Boolesche Logik wurde im 19. Jahrhundert durch George Boole entwickelt. Mit ihr können die Zustände ein (1) und aus (0) verknüpft werden. Dabei kommen Operationen wie UND, ODER, NICHT etc. zum Einsatz. Auch unsere heutigen Computer bedienen sich dieser Logik, um Rechenoperationen auszuführen.

▼ *Für kontrastarme Landschaftsaufnahmen ist die Mehrfeldmessung sehr gut geeignet.*

Auch im manuellen Fokusbetrieb funktioniert die Mehrzonenmessung. Dies wird durch den Kupplungsmechanismus zwischen Gehäuse und Objektiv ermöglicht. Die Entfernungsdaten werden weiterhin elektronisch übermittelt und können ausgewertet werden. Die Entfernung wird dabei durch die D-Serien-Objektive und Konverter direkt übermittelt. Außerdem besitzt die α100 eine Objektivdatenbank, mit deren Hilfe die Kamera auch die Entfernung anhand der Umdrehungen der Autofokuswelle ermitteln kann.

Die Mehrzonenmessung ist als Standardeinstellung voreingestellt. Solange man also Szenen fotografiert, die keine übermäßigen Kontraste wie Spitzlichter oder starke Schatten aufweisen, ist die Mehrfeldmessung ideal.

Tendenz zur Unterbelichtung
Die α100 tendiert in bestimmten Situationen zur Unterbelichtung. Helle Bereiche im Foto bleiben hierbei erhalten, andererseits sind dann in Schattenbereichen so gut wie keine Zeichnungen mehr zu erkennen. Vermutlich wurde dies durch Sony mit dem Wissen darum, dass aus hellen Bildpartien ohne Zeichnung keine Informationen mehr gewonnen werden können, entsprechend in der Firmware umgesetzt. Dunklen Bildpartien hingegen kann man per Bildbearbeitung noch Informationen entlocken und aufhellend eingreifen. Ein Ansteigen des Rauschens in diesen Bereichen muss man aber mit einkalkulieren.

> **Auch für Schnappschüsse ideal**
> Hat man wenig Zeit, sich auf die Situation oder auf die Kamera zu konzentrieren, bietet sich auch hier die Mehrfeldmessung an. Wählt man nun noch das Programm P, ist man für solche Gelegenheiten gut gerüstet und kann mit einer hohen Wahrscheinlichkeit auf ausreichend gut verwertbare Bildergebnisse vertrauen.

Im Zweifelsfall: mittenbetonte Integralmessung

Es kann vorkommen, dass man andere Vorstellungen als die Kameraelektronik besitzt und auf die hoch entwickelten Computervorschläge der Mehrzonenmessung verzichten möchte. Hierfür bietet sich dann u. a. die mittenbetonte Integralmessung an. Auch verfügen viele ältere Kameras über diese Messmethode, sodass Umsteiger mit Erfahrung mit der Integralmessung hier einen leichten Einstieg finden.

▲ Das sich im Bildzentrum befindliche Blatt ist ein typisches Einsatzgebiet für die mittenbetonte Integralmessung.

Die mittigen Messwaben haben hierbei eine Gewichtung von 80 % auf das Messergebnis. Man erhält so in den meisten Fällen eine auf das Hauptobjekt bezogene korrekte Belichtung. Wichtig ist hierbei, dass sich das Hauptobjekt auch in der Bildmitte befindet.

Das Menü *Messmethode* erreicht man über die Funktionstaste Fn zur Einstellung der Integralmessung.

Im Spezialfall: Spotmessung

Eine Spezialität ist die Spotmessung. Hier wird nur das zentrale Wabenmessfeld zur Belichtungsmessung genutzt. Im Sucher befindet sich dazu zentral ein Messkreis mit 4 mm Durchmesser. Für die Belichtungsmessung wird nur dieser kleine Kreisinhalt herangezogen. Der Fotograf muss entscheiden, welcher Bildbestandteil wichtig für die Belichtungsmessung ist.

Das Menü *Messmethode* erreicht man über das Funktionsrad (Fn). Die Standardeinstellung ist *Mehrfeldmessung*. Nun wählt man hier mit der Navigationstaste > ganz rechts die *Spotmessung* und drückt dann

Messwinkel bei Spotmessung

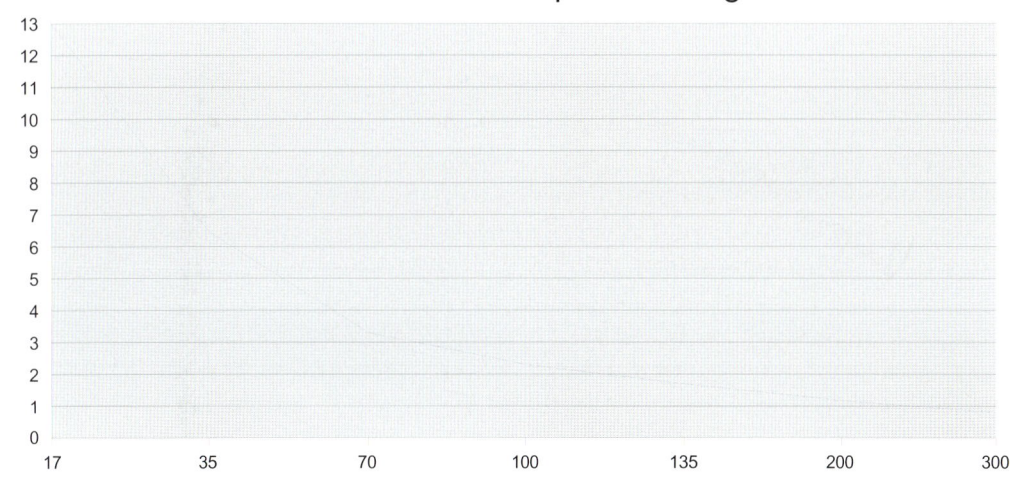

▲ In diesem Diagramm ist der effektive Messwinkel bei der Spotmessung abhängig von der Brennweite dargestellt.

▲ Die Mondfotografie ist ein sehr gutes Betätigungsfeld der Spotmessung. In diesem Fall wurde der Mond per Spotmessung angemessen. Der sich ergebende Belichtungswert wurde mittels AEL-Taste gespeichert, und im Nachfolgenden wurde die Kamera so ausgerichtet, dass der Mond im Goldenen Schnitt liegt.

Objekte ausmessen

Gut kann man auch die Spotmessung zum Ausmessen von Objekten einsetzen, um z. B. den Kontrastumfang zu ermitteln. Hierzu wird im Motiv die hellste und die dunkelste Stelle angemessen. Aus dem Verhältnis der sich ergebenden Blendenwerte kann man den Kontrastumfang ermitteln. Beispielsweise ergibt die Messung an der dunkelsten Stelle von Blende 2,8 und an der hellsten Stelle von 16 einen Kontrastumfang von 5 Blendenstufen. Die α100 ist in der Lage, 8,8 Blendenstufen darzustellen. Ist der Kontrastumfang größer als 8,8, wird in den hellen bzw. dunklen Bereichen keine Zeichnung (Details) mehr vorhanden sein. Hier hilft dann z. B. das Aufhellen von Schatten oder das Abschatten zu heller Motivpartien.

die Mitteltaste zum Speichern der Einstellung. Der zu messende Bildwinkel ist vom eingesetzten Objektiv abhängig (siehe Abbildung). Starke Motivkontraste wie Gegenlichtaufnahmen lassen sich am besten mit der Spotmessung meistern.

Für die Bildgestaltung ist das mittig sitzende Messfeld meist nicht ideal. Man kann aber über die AEL-Taste die Belichtung speichern und dann die Kamera entsprechend verschieben, um einen günstigeren Bildausschnitt zu erhalten.

Man misst hierzu das Motiv an und drückt dann die AEL-Taste. Diese hält man gedrückt. Die Belichtung ist nun gespeichert, und man kann die Bildgestaltung durch beliebige Kameraverschiebungen durchführen.

Professionelle Belichtung

5.4 Belichtungsdaten speichern

Was zuvor über die Belichtungsspeicherung für die Spotlichtmessung geschrieben wurde, trifft auch auf die anderen beiden Messarten, Mehrzonenmessung und mittenbetonte Integralmessung, zu. Generell kann man über die AEL-Taste die Belichtungswerte speichern. Wird die Taste losgelassen, werden die Daten aus dem Speicher gelöscht.

Über das Benutzermenü (1) kann die AEL-Taste so programmiert werden, dass man die Taste nicht ständig gedrückt halten muss. Die Umprogrammierung bewirkt, dass ein einmaliges Drücken der AEL-Taste die Speicherung bis zum nochmaligen Drücken erhält. Die Speicherung erkennt man auf dem LCD-Monitor durch das Zeichen AEL.

▲ Die AEL-Taste dient unter anderem zur Speicherung der Belichtungsdaten.

Im Blitzmodus funktioniert die AEL-Taste nicht als Belichtungsspeicherung, sondern wird als Option zum Einschalten der Langzeitsynchronisation (siehe auch Seite 235) verwendet.

Die Spotmessung für zwischendurch

Im Benutzermenü (1) besteht zudem noch die Möglichkeit, die AEL-Taste so zu programmieren, dass während die Mehrfeld- bzw. Integralmessung eingestellt ist, einfach durch Drücken der AEL-Taste auf Spotmessung umgeschaltet werden kann. Hierzu wählt man im Benutzermenü die Option *AE Halt*, wobei die Taste AEL gehalten werden muss, bzw. *AE Schalt*. Hier wird die Spotmessung so lange beibehalten, bis man die AEL-Taste nochmals drückt.

▲ Menü zur Einstellung der AEL-Tastenfunktion.

Das Messergebnis wird auch hier im Speicher abgelegt, und man kann mit der Bildkomposition weiter fortfahren.

5.5 Mit Programmverschiebung zu besseren Schnappschüssen (Programmshift)

Sollte man mit der vorgeschlagenen Belichtungseinstellung im P-Programm durch die Fuzzy-Logik nicht zufrieden sein, kann man jederzeit die Zeit-Blende-Kombination verschieben.

Zum Beispiel ist es wichtig, bei Sportaufnahmen eine möglichst geringe Belichtungszeit zu erreichen, weil schnelle Bewegungen eingefroren werden sollen. Das heißt, möchte man z. B. eine kürzere Belichtungszeit wählen, dreht man am vorderen Einstellrad, bis der gewünschte Wert erreicht ist. Nun verschieben sich die Zeit-Blenden-Paare immer im richtigen Belichtungsverhältnis. Das Gleiche trifft natürlich auch mit einer anderen bevorzugten Blende zu. Bei Landschaftsaufnahmen möchte man eventuell eine möglichst hohe Schärfentiefe erhalten.

▲ Einstellrad zur Blenden- bzw. Belichtungszeitwahl.

Die Funktion des Einstellrads muss hierzu zunächst im Benutzermenü (1) vorgewählt werden. Hier kann im Menüpunkt *Einstellrad* zwischen *Verschls.zeit* (Verschlusszeit, Standardwert) und *Blende* gewählt werden. Begrenzt wird die Verschiebefunktion durch die verfügbaren Blenden am Objektiv und die möglichen Belichtungszeiten der α100.

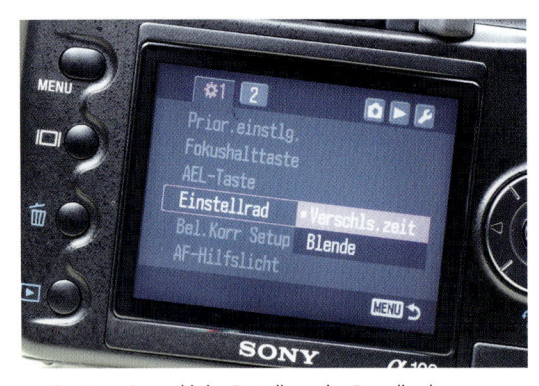

▲ Menü zur Auswahl der Einstellung des Einstellrads.

Je nachdem, welche Shift-Funktion gewählt wurde, erscheint im Display neben dem *P* für Programmwahl ein kleines *s* für Zeitverschiebung und ein *A* für Blendenverschiebung.

Die Funktion bleibt auch nach dem Auslösen für die nächsten Aufnahmen vorhanden. Je nachdem, welche Funktion gewählt wurde, arbeitet die α100 dann mit Blenden- bzw. Zeitautomatik. Möchte man die Shift-Funktion deaktivieren und wieder der Kamera die komplette Steuerung überlassen, dreht man einmal am Moduswahlrad hin und zurück. Die Funktion wird ebenfalls zurückgesetzt, wenn sich der LCD-Monitor der α100 abgeschaltet hat.

Bei Einsatz eines Blitzgeräts ist die Funktion nicht verfügbar.

Mit Belichtungsreihen auf der sicheren Seite

▲ Nach Drücken der Bildfolgetaste erscheint das Menü zur Auswahl der Bildfolge und der Belichtungsreihen.

In kritischen Situationen können Belichtungsreihen, also mehrere Aufnahmen mit unterschiedlichen Belichtungseinstellungen, nützlich sein.

Die Wahrscheinlichkeit steigt, brauchbare Bildergebnisse zu erhalten. Die α100 kann drei Aufnahmen hintereinander mit Belichtungsänderungen von 0,3 bzw. 0,7 EV belichten.

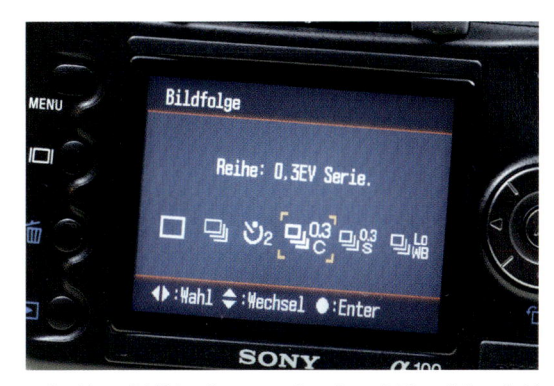

▲ Im Menü Bildfolge kann zwischen Serienbild- und Einzelbildbelichtungsreihe gewählt werden.

Später kann man sich dann im Bildbearbeitungsprogramm die Aufnahme aussuchen, die dem persönlichen Geschmack am nächsten kommt.

Für automatische Belichtungsreihen gibt es zwei Möglichkeiten. Zum einen kann jede Aufnahme hintereinander von Hand ausgelöst werden. Hierfür stellt man das Einstellrad für die Bildfolgefunktion auf S. Andererseits gibt es die Möglichkeit, auch die Auslösung automatisch durchführen zu lassen. Hierfür stellt man das Einstellrad für die Bildfolgefunktion auf C. In diesem Modus hält man einfach die Auslösetaste gedrückt. Die Belichtungsreihe wird mit maximaler Geschwindigkeit, also ca. drei Bilder pro Sekunde, durchgeführt. Dies ist wichtig bei dynamischen Objekten, bei denen möglichst wenig Änderung am Motiv gewünscht ist. Zwischen 0,3 und 0,7 EV kann nach Wahl des jeweiligen Belichtungsreihenmodus mit den Nach-oben- und Nach-unten-Tasten des Navigationsrings gewählt werden.

Lässt man im C-Modus während der Belichtungsreihe den Auslöser los, wird bei erneutem Drücken des Auslösers die Belichtungsreihe nicht fortgesetzt. Beim nächsten Drücken des Auslösers beginnt eine neue Belichtungsreihe. Die Schärfe wird im C-Modus nur bei eingeschaltetem AF-C nachgeführt. Im **a**utomatischem **AF**-Modus (AF-A) und im **s**tatischen

AF-Modus (AF-S) ist die Schärfe fixiert. Möchte man später die Belichtungsreihe für DRI- oder HDR-Arbeiten weiterverwenden, ist es wichtig, dass die Belichtungsreihe möglichst einheitlich durchgeführt wird. Dies sollte man bei der Wahl des AF-Modus beachten. Die α100 benutzt für alle drei Aufnahmen der Reihe die gleichen Belichtungsausgangswerte, auch wenn sich zwischenzeitlich die Belichtungssituation geändert hat. Zu beachten ist weiterhin, dass bei Blitzbenutzung jedes Bild separat ausgelöst werden muss. Der C-Modus ist hier inaktiv.

Die Reihenfolge der Aufnahmen ist im Standardfall: normal -> unterbelichtet -> überbelichtet. Möchte man die Reihenfolge ändern, kann man dies im Aufnahmemenü (2) auf unterbelichtet -> normal -> überbelichtet ändern.

▲ Belichtungsreihe aus drei Aufnahmen: normal belichtet ...

▲ ... unterbelichtet ...

Mit Programmverschiebung zu besseren Schnappschüssen

▲ ... überbelichtet.

5.6 Geringe Kontraste mit Dynamic Rang Increase (DRI) verbessern

Um den Dynamikumfang der Bilder der α100 zu erhöhen, gibt es zwei Möglichkeiten, die unter dem Begriff **D**ynamic **R**ang **I**ncrease (DRI, Dynamikzunahme) zusammengefasst werden.

Zum einen ist es das Exposure Blending (Belichtung mischen), bei dem es darum geht, mithilfe von Ebenen und Masken unterschiedlich belichteter Aufnahmen durch Überlagerung dynamikgesteigerte Bilder zu erhalten.

Zum zweiten wird das HDR-Verfahren (**H**igh **D**ynamic **R**ange, hohe Dynamikwerte) eingesetzt. Hier werden, ebenfalls aus einer Belichtungsreihe, hochdynamische Bilder erzeugt, bei denen durch Tone Mapping (Tonwertabbildung) Details in Lichtern und Schatten herausgearbeitet werden.

Voraussetzung für beide Verfahren sind mehrere Aufnahmen mit unterschiedlich langen Belichtungszeiten. Die Blende und die Brennweite sollten auf allen Aufnahmen identisch sein.

Wichtig ist ein Stativ, denn kleinste Verwacklungen bzw. Kameraschwenks erkennt man später in einem unscharfen Gesamtbild wieder. Mittels Spotmessung sollten zunächst die bildwichtigen Bereiche angemessen werden.

Liegen die Helligkeitsunterschiede im Rahmen der durch die α100 unterstützten 0,7 bzw. 0,3 EV, kann direkt eine Belichtungsreihe (siehe Seite 124) durchgeführt werden. Die α100 liefert hierbei drei Bilder pro Reihe.

> **Mehrere Belichtungsreihen**
> Sollte dies nicht ausreichen, kann man zwei oder auch mehrere Belichtungsreihen durch die α100 anfertigen lassen. Hierzu verschiebt man nach Drücken der Taste +/− auf 2/3 bzw. 1 EV in Richtung minus (links) und fertigt eine Belichtungsreihe an. Danach wird auf 2/3 bzw. 1 EV in Richtung plus (rechts) verschoben und ebenfalls eine Belichtungsreihe angefertigt. Man hat so sechs Aufnahmen zur weiteren Verarbeitung zur Hand.

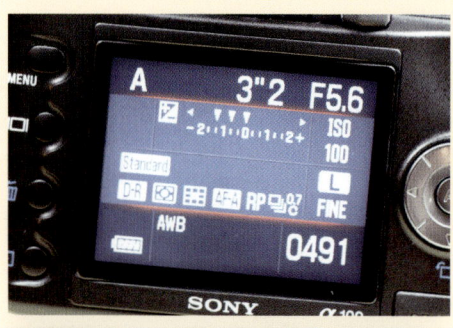

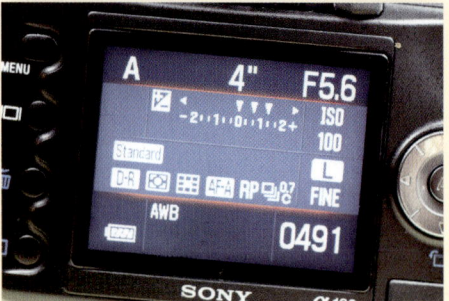

▲ Mit mehreren Belichtungsreihen kann man einen größeren Dynamikumfang erreichen als mit den durch die α100 vorgegebenen drei Bildern.

Professionelle Belichtung

Kontrastumfang ermitteln

1

Zunächst wählt man mit dem Funktionsrad und der Funktionstaste Fn das Menü *Messmethode*. Hier wählt man mit dem Navigationsring ganz rechts die Spotmessung aus und bestätigt die Wahl mit der Mitteltaste AF.

2

Mit dem Moduswahlrad stellt man A für den Blendenprioritätsmodus ein. Nun kann die größte Blende (kleinster Blendenwert) des Objektivs am Einstellrad eingestellt werden.

3

Nun schwenkt man die Kamera so, dass der Spotkreis im Sucher auf die hellste Stelle im Motiv zeigt. Dann kontrolliert man die angezeigte Verschlusszeit im Display bzw. im Sucher. Blinkt die 4000, muss die Blendenzahl bzw. der ISO-Wert erhöht werden. Notieren bzw. merken Sie sich die angezeigte Zeit.

4

Anschließend schwenkt man die Kamera und zielt mit dem Spotkreis auf das hellste Motivelement. Die vorhergehenden Einstellungen müssen beibehalten werden.

5

Auswertung: Nun teilt man den Wert für die hellste Stelle im Motiv so lange durch 2, bis der Wert für die dunkelste Stelle erreicht ist.

Hierbei können die Werte gerundet werden. Die Anzahl der möglichen Teilungen ergibt den Kontrastumfang des Motivs. Hierbei kann man sagen, dass sich bereits ab ca. vier Teilungen (Blenden) eine Bearbeitung mittels DRI anbietet, um den gesamten Kontrast im Bild darstellen zu können.

5.7 HDR mittels Full Dynamic Range Tools (FDRTools)

FDRTools stellt eine eigenständige professionelle Softwarezusammenstellung für die Erzeugung von HDRI- und LDRI- Bildern bereit. Der Programmteil FDRGui stellt die grafische Benutzeroberfläche für die drei wesentlichen Programmteile, die als Nicht-Windows-Anwendung im DOS-Fenster ablaufen, dar. Hier wäre zunächst der FDRProfiler, der zur Kalibrierung der Kameraeigenschaften dient.

Bei der Kombination von Einzelbildern ist dies notwendig. Die eigentliche Zusammenführung der Bilder übernimmt das Programm FDRExposer. Hierbei entsteht ein unansehnliches HDRI-Bild, das einen Kontrastumfang besitzt, den der Monitor bzw. Drucker nicht darstellen kann.

Erst das Programm FDRCompressor fertigt aus dem HDRI-Bild ein darstellbares LDRI-Bild. Das Programm bietet zudem die Steuerung von Sättigung, Gamma, Kontrast und Kompressionsgrad vor der Ausgabe in eine 8- bzw. 16-Bit-TIF-Datei.

▲ *Aufnahme Nr. 1 mit −2 EV.*

▲ *Aufnahme Nr. 2 mit –1 EV.*

▲ *Aufnahme Nr. 4 mit +1 EV.*

▲ *Aufnahme Nr. 3 ohne Korrektur.*

▲ *Aufnahme Nr. 5 mit +2 EV.*

Belichtungsreihe anfertigen

Zunächst fertigt man eine Belichtungsreihe wie auf Seite 124 dargestellt an. Die Belichtungsreihe sollte dabei aus mindestens drei und maximal sieben Bildern bestehen. Ideal erscheinen fünf Aufnahmen, was aber abhängig vom vorhandenen Motivkontrast sein sollte. Der Weißabgleich sollte manuell erfolgen und die Belichtungsreihe mit der gleichen Farbtemperatur durchgeführt werden. Ab Seite 148 wird alles hierfür Notwendige zum Weißabgleich erläutert.

Bilder mit FDRGui zusammenführen

Nach dem Start von FDRGui öffnet man die zuvor angelegte Belichtungsreihe über den Menüpunkt *Images/Add*. Wenig später erscheinen die Bilder im Hauptmenü, und im Hintergrund öffnet sich ein weiteres Fenster mit dem Navigator.

▲ *Nach dem Einlesen der Bilder öffnet sich zusätzlich der Navigator (hier im Hintergrund).*

Im Navigator kann man nun das entstandene Gesamtbild in drei Ansichten betrachten. Im Menüpunkt

HDR Image kann man das entstandene HDR-Bild betrachten, was aber weniger sinnvoll ist, da der Dynamikumfang nicht auf dem Monitor dargestellt werden kann. Im TM Exposer hingegen kann man sich schon einen ersten Überblick über das Endergebnis verschaffen, da hier bereits eine einfache Tonwertkomprimierung stattgefunden hat. Schaltet man den dritten Menüpunkt, den TM Compressor, ein, erhält man das mit einer umfangreichen Tonwertkomprimierung erzeugte LDRI-Bild.

Im TM Exposer kann Einfluss auf die Helligkeit (Gamma) und die Farbsättigung (Suration) genommen werden. Der TM Compressor bietet zudem noch die Möglichkeit, die Kompression und den Kontrast fein abzustimmen. Über den Kompressionsgrad kann man festlegen, wie weit die Rechentiefe reicht. Je stärker komprimiert wird, umso mehr Rechenleistung wird dem Computer abverlangt. Die Ergebnisse überzeugen aber durch sehr kontrastreiche und meist natürlich wirkende LDRI-Bilder.

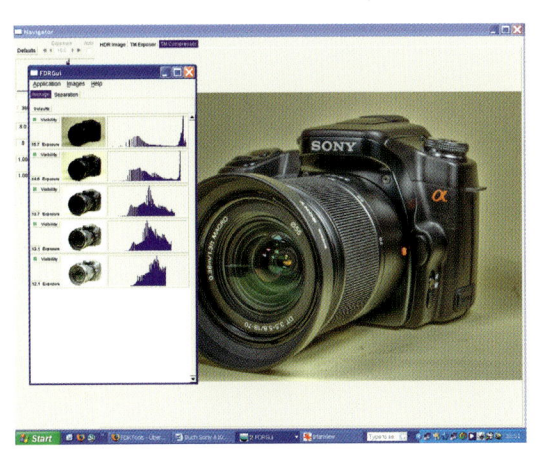

▲ *Im TM Compressor wird das hoch kontrastreiche Bild berechnet und auf dem Bildschirm ausgegeben.*

Möchte man das berechnete Bild auf dem Datenträger speichern, ist es wichtig, darauf zu achten, in welchem Modul man sich befindet. Die Speicherung wird, befindet man sich im TM Exposer, als weniger stark berechnete Datei und im TM Compressor wesentlich stärker und rechenintensiver durchgeführt.

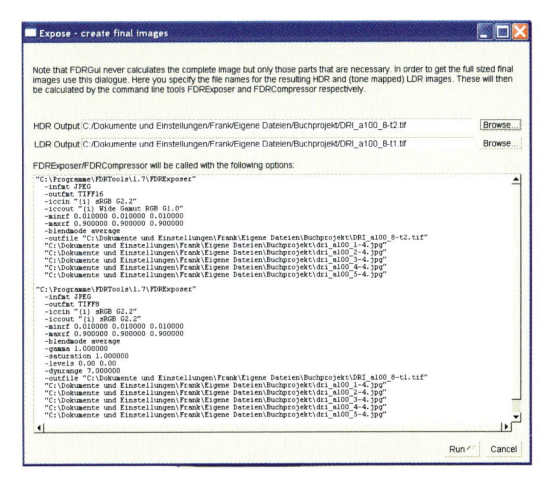

▲ *Im Speichermodul werden immer das HDRI- und das LDRI-Bild berechnet.*

Über den Menüpunkt *Image/Expose* wählt man dann den Speicherort aus und welche Version, HDR oder LDR, gespeichert werden soll. Wichtig ist hierbei, dass dies für beide Versionen erfolgt, obwohl nur eine der beiden Varianten gewünscht ist. FDRTools führt die Speicherung etwas anders als andere Programme durch. Es wird zu keinem Zeitpunkt das gesamte Bild berechnet, sondern immer nur die benötigten Teile. Zwei DOS-Programme erledigen die Berechnung und Speicherung. Die Bilderzeugung wird über die Schaltfläche *Run* angeschoben.

FDRTool von Andreas Schömann ist ein recht günstiges, aber doch professionelles Tool, um hochkontrastreiche Bilder zu erzeugen. Es kann unter *http://www.fdrtools.com* zum Test und späterem Kauf heruntergeladen werden.

Für Photoshop CS2 steht ein Plug-in vom gleichen Autor mit ähnlichem Funktionsumfang zur Verfügung. Da hier zusätzlich das Programm Photoshop im Speicher gehalten werden muss, sollte der Computer mit einem schnellen Prozessor und mindestens 1 GByte an RAM-Speicher ausgestattet sein. Die Plug-in-Variante kann keine HDRI-Bilder erzeugen und ist damit auf die Photoshop-eigene Funktion angewiesen. Einen Minuspunkt erhält das ansonsten sehr gute Programm. Im Moment ist es nicht möglich, RAW-Dateien der α100 mit dem FDRTools zu bearbeiten.

HDRI mit Photoshop

Photoshop CS2 bringt von Haus aus eine Funktion mit, um ein HDR-Bild zu erzeugen. Die HDR-Automatik ist über den Menüpunkt *Datei/Automatisieren/Zu HDR zusammenfügen* erreichbar. Im nächsten Schritt wählt man die Bilder aus, die zusammengefügt werden sollen. Die Berechnung erfolgt dann automatisch.

Weitere Alternativen

Es existieren weitere Alternativen zur HDRI-Bildererzeugung. So gibt es z. B. ein kostenloses Freewareprogramm namens Noise Remove, das unter *http://www.stoske.de/digicam/Programme/noiseremove.html* heruntergeladen werden kann.

▲ PhotoImpact stellt ebenfalls eine Funktion zur Dynamikerhöhung von Bildern bereit.

▲ Ergebnis des DRI-Prozesses mit FDRTools. Bis ins Objektiv hinein ist nun Zeichnung vorhanden. Der Dynamikumfang wurde wesentlich vergrößert.

auch PhotoImpact. In der Version 12 beherrscht das Programm ebenfalls die Zusammenführung von Bildern. Ein weiteres kostenpflichtiges Tool stellt Photomatix unter *http://www.hdrsoft.com/de/* bereit.

> **Nebeneffekt: vermindertes Rauschen**
> Als interessanter Nebeneffekt der Bildzusammenführung und Dynamikerhöhung ergibt sich ein vermindertes Bildrauschen. Da je Pixel nun mehrere Werte durch die Belichtungsreihe zur Verfügung stehen, kann man aus den Messungen einen Mittelwert errechnen und zur Reduzierung des Rauschen heranziehen. Der Signal-/Rauschabstand vergrößert sich hierbei, was das Rauschen mindert. Mit einer entsprechenden Anzahl von Bildern können so qualitativ hochwertige Aufnahmen erzeugt werden, die sonst mit der eingesetzten Technik nicht möglich wären.

5.8 Was bringt Dynamic Range Optimiser (DRO) der α100?

Gegenüber den beiden Vorgängern der α100 besitzt sie eine Funktion, mit der man ohne den Umweg über ein Bildbearbeitungsprogramm die Dynamik im Bild optimieren kann. In der Standardeinstellung *D-R* ermittelt die α100 über ihre 40 Messwaben den Motivkontrast. Erkennt die Kamera ein kontrastarmes Motiv, wird der Kontrast leicht angehoben und im umgekehrten Fall abgesenkt. Eine weit stärker eingreifende Funktion verbirgt sich hinter dem Menü-

punkt *D-R+*. Die Kontrastveränderungen wirken sich hier nicht auf das ganze Bild aus, sondern nur partiell auf bestimmte Zonen. Schattenbereiche werden aufgehellt, wobei keine Zeichnung in den hellen Bereichen verloren geht.

▲ *DRO abgeschaltet.*

▲ *DRO eingeschaltet.*

▲ *DRO+ eingeschaltet.*

Da die α100 hierzu alle vorhandenen 40 Messwaben benötigt, funktioniert DRO leider nur im Mehrfeldmodus. Bei eingeschalteter mittenbetonter Integral- oder Spotmessung zeigt das Bild keine Änderungen im Kontrast. Das Gleiche trifft auf die Verwendung des RAW-Formats zu, da die Kamera hier keine Veränderungen vornimmt. Ist also als Qualitätsstufe *RAW* oder *RAW+JPEG* eingestellt, hat die Funktion keine Wirkung. Im Serienbildmodus wird die Korrektur des ersten Bildes in den weiteren Aufnahmen übernommen und nicht jeweils neu berechnet.

▲ *Dieses recht kontrastreiche Motiv wurde in den drei DRO-Modi aufgenommen. Die Einzelaufnahmen wurden stark vergrößert, um Unterschiede sichtbar zu machen. Bei eingeschaltetem DRO zeigt sich etwas mehr Zeichnung auf den Blättern. Die Einstellung DRO+ ergab in diesem Test keine Verbesserung gegenüber DRO.*

5.9 Szenenwahlprogramme

Wann sind die Motivprogramme sinnvoll und wo sind die Grenzen

Die α100 bietet fünf Motivprogramme, mit denen öfter vorkommende Situationen vollautomatisch aufgenommen werden können. Die Kamera wird anhand von Erfahrungswerten voreingestellt. Beeinflusst werden dabei die Wahl der Zeit-Blende-Kombination, des Autofokus, des ISO-Bereichs und vieler anderer Parameter. Die Wahl der Bildqualität bleibt weiterhin dem Fotografen überlassen. Die Einstellungen im Kameramenü (1) werden also nicht durch die Motivprogramme verändert. Bei einigen anderen Kameraherstellern greifen die Programme derart stark ein, dass selbst hier eine Änderung nicht möglich ist und man von den Vorgaben abhängig ist.

Die DRO-Funktion zur Erhöhung der Dynamik der α100 wird in allen Motivprogrammen zurück auf den Standardwert *D-R* gesetzt. Interessanterweise sind in den Motivprogrammen auch ISO-Zwischenwerte (wie ISO 125 oder 250) möglich, die über die normale ISO-Wahl nicht zu erreichen sind.

Als Farbraum ist in den Motivprogrammen nur sRGB vorgesehen. Eine Benutzung des Adobe RGB-Farbraums ist nicht möglich.

Landschaftsprogramm

Bei Landschaftsaufnahmen ist meist eine möglichst große Schärfentiefe gewünscht. Das Programm versucht deshalb die Schärfentiefe zu maximieren. Hierbei werden Objektivbrennweite und Objekthelligkeit ausgewertet und eine kleine Blende angesteuert. Die α100 geht dabei nur so weit, dass ein Verwackeln durch zu lange Belichtungszeit verhindert wird. Ob der Super SteadyShot-Bildstabilisator eingeschaltet ist oder nicht, spielt hierbei für die Kamera keine Rolle. Sie geht von einem nicht eingeschalteten Super SteadyShot aus.

Leider ist auch keine Verschiebung der Zeit-Blende-Kombination möglich, um eventuell selbst die Blende zur Schärfentiefevergrößerung zu verändern.

Folgende Einstellungen werden verändert:

- Farbsättigung, Kontrast und Schärfe werden um eine Stufe erhöht.
- Der Weißabgleich wird etwas in Richtung kühlere Wiedergabe verschoben.
- Die Mehrfeldmessung und der Einzelbildmodus werden aktiviert.
- Der AF-Modus wird aus der zuvor benutzten Einstellung übernommen und nicht verändert.

Das Programm wählt maximal ISO 400. ISO 800 und 1600 sind hierbei gesperrt.

> **Blitz einklappen**
> Man sollte darauf achten, dass der Blitz der α100 eingeklappt ist, um nicht auszulösen. Erstens ist der eingebaute Blitz zu schwach, um eine Landschaftsszene ausleuchten zu können, und zweitens wäre die α100 eingeschränkt in der Wahl der Belichtungszeiten und müsste die Blende entsprechend anpassen.

Sonnenuntergangprogramm

▼ Im Landschaftsprogramm versucht die α100, die Blende abhängig von einer verwacklungsfreien Belichtungszeit möglichst weit zu schließen.

Dieses Programm ist abgestimmt auf die warme Farbwiedergabe von Sonnenuntergängen.

> **In die Sonne fotografieren**
> Vorsicht! Fotografieren direkt in die Sonne sollte man nur bei sehr tiefem Sonnenstand. Ein Nichtbeachten kann Schäden an Ihren Augen und der Kamera zur Folge haben!

Folgende Einstellungen werden verändert:

- Kontrast und Farbsättigung werden um zwei Stufen erhöht.
- Weißabgleich tendiert stark zu einer wärmeren Farbdarstellung.
- Die Mehrfeldmessung und der Einzelbildmodus werden aktiviert.
- Der AF-Modus wird aus der zuvor benutzten Einstellung übernommen und nicht verändert.

Das Programm wählt maximal ISO 800. ISO 1600 ist gesperrt.

Nachtporträtprogramm

Dieses Programm wurde speziell dafür entwickelt, um Personen nachts unter Einbeziehung des Umfelds zu fotografieren. Im Normalfall würde die Kamera den Blitz zünden und die Belichtungszeit auf ca. 1/60 Sekunde (1/125 oder 1/160 Sekunde) stellen. Damit würde der Hintergrund schwarz erscheinen.

Um nun den Hintergrund mit einzubeziehen, schaltet die Kamera auf Langzeitblitzsynchronisation um. Das heißt, nach dem Blitzen bleibt die Blende weiter geöffnet und bringt das Restlicht mit auf die Abbildung. Da hier Belichtungszeiten bis 2 Sekunden erreicht werden können, sollte sich das Motiv mög-

▼ *Aufnahme mit Sonnenuntergangsprogramm. Der Kontrast und die Farbsättigung wurden durch das Programm erhöht.*

▲ *Aufnahme ohne Motivprogramm.*

lichst nicht bewegen, um keine Unschärfe ins Bild zu bringen. Der Bildstabilisator (Super SteadyShot) sollte ohnehin eingeschaltet sein.

Das Programm ist auch für Aufnahmen ohne Hauptmotive (wie Personen) im Vordergrund geeignet. Hierzu sollte der Blitz deaktiviert werden. Spätestens hier sollte man nicht ohne Stativ fotografieren. Man kann so auf hohe ISO-Werte verzichten, was sich günstig auf das Rauschverhalten auswirkt.

▲ Hier wurde im Nachtporträtprogramm gearbeitet. Die Belichtungszeit betrug 1/6 Sekunde bei Blende 1:1,7. Ein externes Blitzgerät wurde zur Aufhellung verwendet.

Im Dunkeln gelangt der Autofokus doch recht schnell an seine Grenzen, und der eingebaute Blitz kann den Autofokus nur bis zu wenigen Metern Entfernung unterstützen. Es bietet sich daher an, Nachtaufnahmen manuell bzw. per Hilfslicht über einen externen Blitz durchzuführen. Schwierig ist die Situation auch meist für die Belichtungsmessung, wenn z. B. vereinzelt helle Lichter im Motiv auftreten. Die Dynamik ist in solchen Fällen schwer abzubilden. Man sollte zumindest das RAW-Format verwenden, um ein Maximum bei der späteren Bildbearbeitung herauszuholen.

Die Automatik arbeitet hier bei Blitzeinsatz bis ISO 400 und ohne bis ISO 800.

Sport- und Actionprogramm

Das Sport- und Actionprogramm ist der Spezialist für schnell bewegte Motive. Ein Objekt, das sich schnell bewegt, muss mit einer möglichst geringen Belichtungszeit aufgenommen werden, um scharf dargestellt zu werden. Die α100 versucht hier minimale Belichtungszeiten zu steuern und setzt dabei ISO-Werte zwischen 200 und 800 und weit geöffnete Blenden ein, um die Zeiten zu optimieren. Der Autofokus schaltet sich in den Nachführmodus AF-C und verfolgt so bei halb gedrücktem Auslöser das Motiv. Die Belichtungsdaten werden ebenfalls permanent angepasst.

Folgende Einstellungen werden verändert:

- Die Mehrfeldmessung und der Serienbildmodus werden aktiviert.
- Der AF-Modus wird auf AF-C für permanente Schärfenachführung gesetzt.

Das Programm wählt maximal ISO 800. ISO 1600 ist gesperrt. Auch hier sollte man darauf achten, dass der eingebaute Blitz eingeklappt ist, wenn sich das Motiv außerhalb der Blitzreichweite befindet. Die Blitzreichweite ist abhängig von der durch das Programm gewählten Blende.

Blende	Blitzreichweite
1:2,8	1,0–8,6 m
1:4	1,0–6,0 m
1:5,6	1,0–4,3 m

▲ *Blitzreichweite des eingebauten Blitzgeräts der α100 in Abhängigkeit von der eingestellten Blende.*

Möchte man die Belichtungszeit anpassen, ist dies nicht möglich. Man ist auf die durch die Kamera berechnete Belichtungszeit angewiesen. Flexibler ist man hier im Verschlusszeitenprioritätsmodus. Hier kann die Belichtungszeit frei gewählt und so der Situation angepasst werden. Tritt also im Bild ungewollte Bewegungsunschärfe auf, kann man hier die Belichtungszeit weiter verkürzen. Um dynamische Effekte durch Bewegungsunschärfe zu erzielen, kann die Belichtungszeit dann natürlich auch verlängert werden.

Porträtprogramm

Das Porträtprogramm versucht die Blendeneinstellung speziell für Porträts optimal einzustellen. Bei Porträts ist meist eine möglichst geringe Schärfentiefe gewünscht, die aber das gesamte Gesicht und

▼ *Im Sport- und Actionprogramm wählte die α100 in dieser Situation völlig richtig eine möglichst große Blende, um die Belichtungszeit so kurz wie möglich zu halten.*

nicht nur die Augen erfassen sollte. Deshalb öffnet die α100 nicht generell komplett die Blende, sondern blendet abhängig von der Aufnahmeentfernung etwas ab. Es bietet sich an, ein leichtes Teleobjektiv ab 85 mm einzusetzen, wenn der Hintergrund möglichst unscharf erscheinen soll.

▲ Im Porträtprogramm wird der Hintergrund unscharf dargestellt und damit der oder die Porträtierte freigestellt.

Die α100 muss die Blende ebenfalls weiter schließen, falls die Helligkeit entsprechend groß ist, um eine korrekte Belichtung zu garantieren. Sollte in diesem Fall die Schärfentiefe größer werden als gewünscht, bieten sich Neutralgraufilter (ND-Filter) an, um das einfallende Licht zu verringern. ND-Filter werden in unterschiedlichen Blendenstärken hergestellt und können so gezielt eingesetzt werden. Farbtöne eines Motivs werden durch den ND-Filter hierbei nicht beeinflusst. Das Programm reduziert die Schärfe leicht und liefert damit relativ weiche Hauttöne. ISO 400 ist der Maximalwert, der durch die Kamera gewählt wird. Die Mehrfeldmessung und der Autofokusmodus AF-A sind voreingestellt.

▲ Neutralgraufilter von B&W.

Makroprogramm

Die α100 besitzt nun auch ein Programm zur Erleichterung von Makroaufnahmen. Gerade wenn man sich hier auf Neuland begibt, kann dieser Programmpunkt hilfreich sein. Die Kamera wählt den statischen AF und den Einzelbildmodus vor. Tests ergaben, dass die Funktion auf die Makrofähigkeiten des Kitobjektivs 1:3,5-5,6/18-70mm optimiert wurde.

▼ Diese Aufnahme entstand mit dem Motivprogramm Makro und dem Kitobjektiv 1:3,5-5,6/18-70mm. Das Programm wählte nur Blende 6,3, obwohl bei der Belichtungszeit von 1/320 Sekunde für eine kleinere Blende und damit mit einer Schärfentiefe, die auch den linken Bereich erfasst hätte, genügend Reserven vorhanden gewesen wären.

Das Arbeiten mit „echten" Makroobjektiven wird durch die fehlende Möglichkeit der Blenden sehr eingeschränkt. Mit einem 180-mm-Makroobjektiv wählte die Kamera generell die kleinste verfügbare Blende, was im Makrobereich meist nicht sinnvoll ist, da die Schärfentiefe stark begrenzt wird.

Mehr Möglichkeiten hat man im Blendenprioritätsmodus. Hier kann die Blende frei gewählt und so die Schärfentiefe beeinflusst werden. Zusätzlich sollte man ein stabiles Stativ verwenden und, je größer der Abbildungsmaßstab wird, auch manuell scharf stellen. Die Schärfentiefe kann durch Drücken der Abblendtaste geprüft werden. Beachten sollte man, da der AF-Modus AF-S voreingestellt ist, dass man den Modus auf AF-A oder AF-C wechselt, falls es sich um bewegte Aufnahmen handelt. Diese Option wird nicht gespeichert und muss jeweils neu gewählt werden. Das Gleiche trifft auf die Mehrfeldmessung zu. Auch hier muss jedes Mal neu eingestellt werden, wenn Spot- oder Integralmessung gewünscht ist. Die Kamera wählt maximal ISO 400.

Die Vollautomatik (Auto)

Benötigt man eine „Point & Shoot"-Kamera – möchte man also nicht lange nachdenken und einfach drauflosknipsen –, kann man die α100 im Vollautomatikmodus benutzen. Gerade für Einsteiger scheint diese Möglichkeit interessant zu sein. Kommt es nicht auf die Bildgestaltung an und werden vorrangig Schnappschüsse eingefangen, kann man hier durchaus brauchbare Ergebnisse erzielen.

Auch im Vollautomatikmodus ist die α100 recht flexibel. Man kann fast jede durch die Kamera vorgewählte Funktion frei verändern. Möchte man z. B. nicht, dass die α100 die ISO-Werte selbst einstellt, kann man dies über das Menü, erreichbar mithilfe der Funktionstaste Fn, einstellen. Der veränderte Wert bleibt auch nach der Aufnahme erhalten und muss nicht neu eingestellt werden. Schaltet man aber die Kamera aus bzw. in ein anderes Motiv- oder Kreativprogramm um, muss die Einstellung erneut vorgenommen werden. Einzig das Farbmodusmenü mit den Einstellungen für Helligkeit, Kontrast und Schärfe steht nicht zur Verfügung. Als weitere Einschränkung kann über das Einstellrad kein Einfluss auf die Blende oder Belichtungszeit genommen werden. Möchte man hier eingreifen, ist die Programmautomatik P sinnvoller. Diese bietet fast die gleichen Automatikfunktionen wie die Vollautomatik, ist aber flexibler.

Es sei noch erwähnt, dass eine eventuell eingestellte Auslösepriorität von der Vollautomatik ignoriert wird. Ein Auslösen ist so nur nach Bestätigung der Schärfe durch die Kamera möglich. Die Kamera wählt in diesem Modus maximal ISO 400.

5.10 Der Kreativität freien Lauf lassen

Die Kreativprogramme der α100 erlauben dem Fotografen eine freie Entfaltung und volle Kontrolle über alle relevanten Kamerafunktionen. Funktionen wie Spiegelvorauslösung, ISO-Einstellung, Blenden- und

Professionelle Belichtung

Belichtungszeitenverschiebung sind hier ohne Weiteres möglich.

Programmautomatikmodus (P)

Die Programmautomatik ist neben der Vollautomatik ebenso gut für Schnappschüsse geeignet. Denkt man z. B. an Kindergeburtstage oder andere Familienfeiern, weiß man, dass meist keine Zeit für aufwendige Bildgestaltung bleibt. Auch ändern sich ständig die Motive. Hierfür ist die Programmautomatik sehr gut geeignet. Nach welchem Schema stellt nun die α100 die Blende und die Belichtungszeit ein? Zunächst versucht die Kamera abhängig vom Umgebungslicht und dem verwendeten Objektiv, eine Belichtungszeit einzustellen, die ein Verwackeln bei Aufnahmen aus freier Hand verhindert.

▲ Ein Schnappschuss, bei dem Schnelligkeit gefragt war. Die Programmautomatik P konnte die belichtungstechnisch relativ einfache Situation gut meistern.

Ein eingeschalteter Super SteadyShot hat hierauf keinen Einfluss, obwohl hierdurch weit längere Belichtungszeiten verwacklungsfrei gelingen sollten. Priorität hat, um ein Bildrauschen möglichst zu verhindern, die Einstellung ISO 100. Reicht das Umgebungslicht aber nicht aus, wählt die α100 stufenlos bis ISO 400 die notwendige ISO-Einstellung. Höhere ISO-Werte sind in diesem Programmpunkt zwar anwählbar, was die Automatik in dieser Beziehung aber ausschaltet. Das heißt, ist erst einmal ISO 800 eingestellt, bleibt die α100 dabei, bis die Kamera erneut eingeschaltet bzw. von einem anderen Programm zurück auf Programmautomatik gewechselt wird. Die Programmautomatik wählt Belichtungszeiten aus einem Bereich von 30 Sekunden bis 1/4000 Sekunde aus, die Blendenwahl ist vom verwendeten Objektiv abhängig.

Hoch lichtstarke Objektive, wie das AF 1:1,7/50mm, werden in diesem Programm maximal bis Blende 2,0 verwendet. Da die Abbildungsleistung ab dieser Blende etwas abfällt, wird vermutlich auf ein weiteres Öffnen der Blende seitens der Automatik verzichtet. Möchte man die Blende weiter öffnen, kann die Programmshift-Funktion (Programmverschiebung) verwendet werden.

▲ Im Benutzermenü (1) kann die Funktion des Einstellrads gewählt werden.

Im Benutzermenü (1) muss hierzu die Standardeinstellung für das Einstellrad von Verschls.zeit auf Blende geändert werden. Nun kann mittels des Einstellrads die von der Programmautomatik ermittelte Blende verändert werden. Die zugehörige Verschlusszeit wird durch die Kamera eingestellt, sodass jederzeit eine korrekte Belichtung möglich ist. Beispielsweise möchte man, ausgehend von der durch die Kamera gewählten Zeit-Blende-Kombination 1/1000 Sekunde und Blende 11, die Blende auf den Wert 5,6 ändern, dann wählt die α100 passend die Belichtungszeit mit dem Wert 1/3200 Sekunde. Analog kann bei entsprechend programmiertem Einstellrad die Belichtungszeit nach den Wünschen des Fotografen angepasst werden.

Hier stellt dann die α100 die passende Blende bereit. Blendenwerte, die das Objektiv nicht besitzt, bzw. Belichtungszeiten, die die α100 nicht unterstützt, werden durch Blinken der Grenzwerte angezeigt. Die Programmverschiebung bleibt erhalten, solange PA bzw. PS im Sucher bzw. auf dem Display angezeigt wird. Verändert sich die Motivhelligkeit, bleibt die gewählte Blende bzw. Belichtungszeit erhalten. Zu beachten ist, dass die Programmshift-Funktion nicht bei ausgeklapptem Blitz zur Verfügung steht. Die Einstellgrenzen bei extremer Helligkeit signalisiert die α100 mit dem Blinken der 4000 (Belichtungszeit) im Sucher bzw. auf dem Display. Die Kamera hat zuvor die Blende auf den kleinstmöglichen Wert eingestellt. Im Normalfall sollte diese Grenze nicht erreicht werden, es sei denn, man hat manuell höhere Werte als ISO 100 gewählt. Auf Seite 88 wird die Wahl der Blende und der Belichtungszeit mittels Fuzzy-Logik und „Expertenwissensdatenbank" erläutert.

Blendenprioritätsmodus (A)

In diesem Modus hat man die Möglichkeit, die Blende (hohe Zahl = höhere Schärfentiefe und längere Belichtungszeit, niedrige Zahl = geringere Schärfentiefe und kürzere Belichtungszeit) über das Einstellrad zu wählen. Dabei stellt das verwendete Objektiv und die damit verfügbaren Blenden den Grenzbereich dar. Blinken die 1/4000 Sekunde oder die 30 Sekunden im Sucher bzw. Display, muss die Blende verändert werden, um in den Steuerungsbereich der α100 zu gelangen. Weitere Informationen zur Blende und der damit verbundenen Schärfentiefe erhält man auf Seite 88 in Kapitel 4.1.

Viele Fotografen verwenden den Blendenprioritätsmodus, auch Zeitautomatik genannt, als Standard-

▼ Beabsichtigt war bei diesem Motiv eine möglichst große Schärfentiefe, von den Pflanzen ganz vorn bis zum Wrack. Daher wurde mit dem 12-24-mm-Objektiv bei 17 mm auf Blende 9 abgeblendet, was zum gewünschten Ergebnis führte.

einstellung an ihrer Kamera. Aufgrund von Erfahrungen kann meist abgeschätzt werden, wie weit sich die Schärfentiefe auf dem Bild erstrecken wird. Je nach gewünschtem Effekt wird die Blende vorgewählt und eventuell noch über die Schärfentiefetaste kontrolliert. Auch ist es u. a. im Bereich Makrofotografie, bei Produktaufnahmen oder auch im Porträtbereich wichtig, dass die Blende eingestellt bleibt, um mit einer konstanten Schärfentiefe arbeiten zu können. Einschränkungen bezüglich der Einstellungsmöglichkeiten bestehen in diesem Programmpunkt nicht. Wählt man aber die ISO-Automatik, stellt die Kamera, abhängig von der jeweiligen Zeit-Blende-Kombination, Werte zwischen ISO 100 und ISO 400 ein. Dabei wählt sie vorrangig ISO 100 und stellt nur bei vorhandener Verwacklungsgefahr stufenlos bis ISO 400 passende Werte ein.

Verschlusszeitprioritätsmodus (S)

Im Verschlusszeitenprioritätsmodus, auch Blendenautomatik genannt, wird die gewünschte Belichtungszeit voreingestellt. Die passende Blende stellt die α100 automatisch bereit. Zu empfehlen ist dieser Modus, wenn es wichtig ist, eine bestimmte Belichtungszeit einzuhalten. Möchte man z. B. die Bewegung eines Sportwagens einfrieren, sind Belichtungszeiten von etwa 1/1000 Sekunde nötig. Nachdem diese Belichtungszeit über das Einstellrad gewählt wurde, ermittelt die α100 selbstständig die zugehörige Blende. Verändern sich die Lichtverhältnisse, passt die Kamera automatisch die Blende an, um jeweils korrekt zu belichten. Da im Verhältnis zum Blendenprioritätsmodus ein wesentlich kleinerer Spielraum für die Kamera bleibt, durch die Wahl einer passenden Blende eine korrekte Belichtung zu erzielen, gelangt man hier schneller an die Grenzen des Steuerungsbereichs. Hier muss also schneller damit gerechnet werden, dass die gewünschte Belichtungszeit nach oben bzw. nach unten angepasst werden muss, da der nutzbare Blendenbereich erschöpft ist. Man erkennt dies an der blinkenden Blendenzahl im Sucher bzw. auf dem Display. Natürlich bleibt auch noch die Möglichkeit, den ISO-Wert anzupassen. Um Rauschen zu vermeiden, sollte man maximal ISO 400 wählen. Die α100 wählt bei eingestellter ISO-Automatik ebenfalls nur Werte zwischen ISO 100 und 400.

Manuelle Belichtung (M)

Völlige Freiheit für den Fotografen erhält man im manuellen Belichtungsmodus. Die Belichtungszeit kann hier über das Einstellrad gewählt werden. Da kein zweites Einstellrad wie etwa bei dem Vorgänger der α100, der Dynax 7D, vorhanden ist, wird hier die Blende bei gedrückter Taste +/– über das Einstellrad eingestellt. Ist unter dem Optionspunkt *Einstellrad* im Benutzermenü *Blende* gewählt worden, kann über das Einstellrad direkt die Blende gewählt werden, und zur Belichtungszeitänderung ist dann das zusätzliche Drücken der Taste +/- erforderlich.

▲ *Etwas gewöhnungsbedürftig ist die Wahl der Blende im manuellen Modus. Hierfür muss mit gedrückter Taste +/- das Einstellrad betätigt werden.*

Man hat so die Wahl zwischen allen möglichen Einstellungskombinationen von Blende und Belichtungszeit. Benutzt wird dieser Modus vorrangig bei Nachtaufnahmen, astronomischen Aufnahmen oder auch für Panoramafotos, bei denen Blende und Belichtungszeit gleich bleiben sollten.

> **Verwacklungen vermeiden**
> Die Kameraverwacklungswarnung ist im manuellen Modus deaktiviert. Der Fotograf muss hier besonders darauf achten, dass eine entsprechend kurze Belichtungszeit, um freihändig verwacklungsfrei arbeiten zu können, eingehalten wird. Weitere Informationen findet man hierzu auf Seite 138f. Hier sind auch die Möglichkeiten des Super SteadyShot beschrieben, um die Belichtungszeiten verlängern zu können.

Die α100 bietet dem Fotografen aber selbst in diesem vollständig manuellen Modus Hilfestellung an. Der AEL-Taste kommt hier eine besondere Bedeutung zu. Solange man die AEL-Taste gedrückt hält, kann man mit dem Einstellrad die Blende-Belichtungszeit-

▼ *Hier wurde bei Blende 32 zwei Sekunden lang belichtet. Die Einstellung erfolgte von Hand im manuellen Modus.*

Kombination verschieben, so wie man es von der Programmshift-Funktion kennt. Ob die Blende oder die Belichtungszeit über das Einstellrad verändert werden, hängt wieder von der gewählten Option im Benutzermenü (1) ab. Weiterhin steht auch die bekannte Funktion der AEL-Taste, die Belichtungsspeicherung, zur Verfügung. Das Drücken der AEL-Taste bewirkt dabei die Speicherung des aktuellen Belichtungswerts. Schwenkt man nun die Kamera, wird permanent die Belichtungsdifferenz im Spotmesskreis zum gespeicherten Wert im Sucher bzw. LCD-Monitor angezeigt.

Weiterhin unterstützt die Kamera den Fotografen durch Anzeige der Abweichung zur von der Kamera gemessenen Belichtung. Bis +/-2 EV wird die Abweichung hierbei direkt auf dem Display bzw. im Sucher angezeigt. Liegt die Messung außerhalb dieses Bereichs, blinkt ein Pfeil auf der entsprechenden Seite – entweder links für Unterbelichtung oder rechts für Überbelichtung. Trifft man mit seinen Einstellungen genau die Null, entspricht sie der ermittelten Belichtungsmessung der α100. Wurde die ISO-Automatik eingestellt, wählt die α100 grundsätzlich ISO 100. Von Hand eingestellte ISO-Werte werden von der Kamera normal behandelt. Nur über den manuellen Modus erreichbar ist die Möglichkeit, Langzeitbelichtungen über 30 Sekunden durchzuführen. Hierzu wählt man mit dem Einstellrad den Bulb-Modus. Dieser erscheint direkt nach den noch wählbaren 30 Sekunden. In diesem Modus bleibt der Verschluss so lange geöffnet, wie der Auslöser gedrückt gehalten wird.

Manuelle Belichtungskorrektur

Trotz der Möglichkeiten in Bildbearbeitungsprogrammen, gewisse Belichtungskorrekturen durchführen zu können, kann es durchaus sinnvoll sein, die Belichtung bereits für die Aufnahme anzupassen. In sehr hellen Bildpartien kann es zu Überstrahlungen ohne Bildinformationen und andersherum in Schattenbereichen zu schwarzen Bereichen ohne Tonwertunterschiede kommen. Außerdem kann der zu leichter Unterbelichtung neigenden Automatik bei größeren hellen Bereichen im Bild entgegengewirkt werden.

Die Korrektur kann in allen Modi, mit Ausnahme des manuellen Belichtungsmodus, durchgeführt werden. Die Verstellung erfolgt in 1/3-EV-Schritten bis maximal 2 EV in beide Richtungen.

▲ Belichtungskorrekturskala mit Korrekturwerten von -2 EV bis +2 EV.

Zur Verstellung wird die Taste +/- gedrückt. Danach erscheint ein angedeuteter Rahmen um die Belichtungskorrekturskala in Rot. Gleichzeitig verändert der Pfeil über den Einstellwerten seine Farbe auf Rot. Nun kann mit dem Einstellrad der gewünschte Wert eingestellt werden. Nachdem die Taste +/- nochmals gedrückt wurde, ist der Wert gespeichert. Im Blendenprioritätsmodus (A) ändert sich die Belichtungszeit und entsprechend im Verschlusszeitprioritätsmodus (S) die Blende. In der Programmautomatik ist die Änderung der Blende bzw. der Verschlusszeit vom eingestellten Wert im Benutzermenü (1) *Einstellrad* abhängig. Ist *Verschls.zeit* eingestellt, ändert sich die Belichtungszeit, und wurde *Blende* gewählt, die Blende.

> **Werte zurückstellen**
> Da der korrigierte Wert auch beim Ausschalten der Kamera und beim Wechsel in andere Programme erhalten bleibt (Ausnahme Szenenwahlprogramme), sollte man stets daran denken, den Wert zurückzustellen, wenn er nicht mehr benötigt wird, um Über- bzw. Unterbelichtungen zu vermeiden.

5.11 Langzeitbelichtungen

Langzeitbelichtungen erschließen dem Fotografen sehr interessante Möglichkeiten. Werden die Nächte länger oder bleibt weniger Zeit, tagsüber zu fotografieren, bietet es sich an, auch mal im Dunkeln auf Fototour zu gehen. Hierbei wird nicht mehr das natürliche Licht genutzt, sondern so manche Kunstlichtquelle. Die α100 bringt hierfür alle Voraussetzung mit. Einzig der Faktor Rauschen muss im Auge behalten werden, da, wie bei allen CCD-Sensoren, auch bei der α100 das Rauschen mit der Verlängerung der Belichtungszeit zunimmt.

▲ Der Kabelauslöser: wichtig für Langzeitbelichtungen über 30 Sekunden.

Verschlusszeiten bis 30 Sekunden kann die α100 ohne manuelles Zutun selbst realisieren. Belichtungszeiten darüber werden im Bulb-Modus mit manueller Zeitnahme und gedrücktem Auslöser durchgeführt.

Dieser Modus ist nur in der manuellen Betriebsart (M) anwählbar. Der Verschluss bleibt so lange geöffnet, wie der Auslöser gedrückt gehalten wird. Wichtig für Langzeitaufnahmen sind ein stabiles Dreibeinstativ und ein Kabelauslöser (RC-1000, neu: RM-S1AM).

Ohne Kabelauslöser, der ja arretiert werden kann, ist es kein angenehmes Unterfangen, da der Auslöser permanent gedrückt gehalten werden muss. Der

▲ Langzeitbelichtung bei 15 Sekunden Belichtungszeit.

Kabelauslöser wird nach dem Herausziehen und einer Linksdrehung der Kunststoffabdeckung in den Anschluss „Remote" gesteckt. Generell sollte man Langzeitbelichtungen nur mit komplett geladenem

▲ Diese Sternenspuraufnahme entstand mit manueller Belichtungseinstellung im Modus Bulb für Langzeitaufnahmen. Die Belichtungszeit betrug 13 Minuten. Es wurde Blende 5 eingestellt. Der Einsatz eines stabilen Stativs ist, genauso wie der Kabelauslöser, zwingend erforderlich.

Akku durchführen. Der Stromverbrauch ist in dieser Betriebsart besonders hoch. Reicht die Akkuladung nicht mehr aus, schaltet die α100 während der Aufnahme die Kamera ab.

Benutzt man wie empfohlen ein Stativ, sollte der Super SteadyShot abgeschaltet werden, da er in diesem speziellen Fall keine Wirkung besitzt und sich sogar negativ auswirken könnte. Bei Aufnahmen über einer Sekunde Belichtungszeit sollte die Rauschverminderung eingeschaltet sein.

Die α100 macht sich hier die „Dark Frame Subtraction" zunutze. Wie erwähnt, steigt das Rauschpotenzial mit der Länge der Belichtungszeit an. Die einzelnen CCD-Pixel sind hierfür unterschiedlich stark empfindlich. Erkennbar sind diese Hotpixel als helle, farbige Punkte auf der Aufnahme. Je wärmer die Kamera, desto stärker tritt dieser Effekt auf.

Um dieses unschöne Rauschen zu mindern, führt die α100 nach der Aufnahme nochmals eine Belichtung des Sensors durch, nun aber mit geschlossenem Verschluss.

Da die Hotpixel weitestgehend an den gleichen Stellen auftreten, kann die Kamera mit dieser und der zuvor durchgeführten Aufnahme ein finales Bild mit starker Reduzierung dieser Hotpixel berechnen und abspeichern. Die Hotpixel werden quasi herausgerechnet.

Die Dauer der zweiten Aufnahme entspricht der ersten, womit sich die Gesamtbelichtungszeit mit Rauschunterdrückung verdoppelt, was für die Zeitplanung bei längeren Belichtungszeiten wichtig ist.

▲ Im Kameramenü (1) kann die Rauschverminderung der α100 für Aufnahmen über einer Sekunde Belichtungszeit auch abgeschaltet werden.

> **Serienbildmodus ausschalten**
> Man sollte unbedingt darauf achten, dass weder der Serienbild- noch der Serienbildreihenmodus eingeschaltet ist, da hier die Rauschminderung automatisch deaktiviert wird.

Um das Optimum bei Langzeitbelichtungen zu erreichen, sollte vorrangig mit ISO 100 fotografiert werden. Denn je höher der ISO-Wert ist, umso mehr steigt auch das Rauschen an. Entsteht also die Frage, ob man nicht lieber den ISO-Wert erhöhen sollte, um die Belichtungszeit zu verkürzen, kann man sagen, dass dies bezüglich des Rauschens nicht sinnvoll ist. Die Signalverstärkung bei höheren ISO-Werten erzeugt deutlich mehr Rauschen als eine längere Belichtungszeit.

Außerdem ist es sinnvoll, Pausen zwischen den Aufnahmen zu lassen. Da auch die Kameratemperatur das Rauschen beeinflusst, sollten je nach Länge der Belichtungszeiten Pausen bis zu 10 Minuten eingeplant werden, um eine Abkühlung der α100 zu gewährleisten. Mit einem vollen Akku kann die α100 ca. 4,5 Stunden ohne Unterbrechung belichten, was natürlich nur von theoretischem Wert ist. Das auftretende Rauschen bestimmt hier die Grenzen.

Langzeitaufnahmen bei Tageslicht

Ebenfalls sehr interessant, aber auch recht anspruchsvoll sind Langzeitbelichtungen mit Tageslicht. Die Herausforderung dabei ist, trotz einer möglichst langen Verschlusszeit keine überbelichteten Bilder zu erhalten. ISO 100 sollte hier schon mal voreingestellt werden. Des Weiteren bietet es sich an, das kameraeigene Rohdatenformat RAW zu benutzen. Hier ist es später möglich, Aufnahmen mit 1 bis 2 Blendenstufen Überbelichtung per Software zu korrigieren.

Um die gewünschten Belichtungszeiten einstellen zu können, wählt man den Verschlusszeitenprioritätsmodus (S) an der α100. Die Kamera wählt dann automatisch die zur Belichtung passende Blende aus und stellt diese ein.

Alternativ kann auch die Programmautomatik verwendet werden, wobei dann über die Programmshift-Funktion die gewünschte Belichtungszeit eingestellt werden kann. Im Benutzermenü (1) sollte hierfür unter der Position *Einstellrad* die Option *Verschls.zeit* gewählt werden.

Neutral-Graufilter

Besonders bei Tageslicht erreicht man relativ schnell die Grenzen, und die Einstellung der gewünschten Belichtungszeit würde zu einer zu starken Überbelichtung führen. Neutral-Graufilter (ND) sind nun das Mittel der Wahl.

Die Farbwirkung des Bildes wird durch diese Filter nicht beeinträchtigt, aber, und das ist in diesem Fall wichtig, es wird das einfallende Licht gemindert, was längere Belichtungszeiten erfordert. Graufilter sind in den Dämpfungsgraden 2x, 4x, 8x und 64x ver-

▲ Langzeitbelichtung mit 1/4 Sekunde Belichtungszeit, um bei diesem kleinen Wasserfall das Fließen des Wassers darzustellen.

fügbar. Wird die doppelte Belichtungszeit benötigt, setzt man einen 2x-Filter ein, für vierfache Belichtungszeit den 4x-Filter etc.

Beim Kauf auf das Filtergewinde am Objektiv achten!

Da die Filter in den meisten Fällen in das Filtergewinde an der Objektivfrontseite geschraubt werden, muss vor dem Kauf ermittelt werden, welches Filtergewinde das Objektiv besitzt. Zum Beispiel ist für das Kitobjektiv 1:3,5-5,6/18-70mm ein 55-mm-Filter notwendig. Eine weitere Möglichkeit besteht darin, größere Filter mit einem Adapter an einem kleineren Filtergewinde zu nutzen. Andersherum ist es nicht sinnvoll, einen kleineren Filter mit Adapter an einem größeren Filtergewinde einzusetzen, da es hier zu Randabschattungen kommen könnte. Bei speziellen Teleobjektiven wie dem 1:2,8/300-mm-Objektiv werden die Filter in eine hierfür konstruierte Filterschublade gesteckt und erfüllen so den gleichen Zweck.

Um unerwünschte Reflexe, hervorgerufen durch den Filter, zu vermeiden, empfiehlt sich der Einsatz einer Streulichtblende. Besonders wenn in Richtung Sonne fotografiert wird, treten diese unschönen Erscheinungen auf. Für Aufnahmen mit starken Kontrasten im Bild, beispielsweise bei Strandaufnahmen, in denen der Strand eine andere Belichtungszeit als der Himmel benötigt, kann der Einsatz von Grauverlaufsfiltern notwendig werden.

Diese Filter besitzen eine hierfür entwickelte Lichtdämpfung, die in dem einen Bereich des Filters stärker als im anderen Bereich ist. Damit ist es möglich, auch hier Langzeitaufnahmen mit weichen, schleierartigen Wellen am Strand zu erzeugen und im Himmelbereich keine Überbelichtung zu erhalten.

Hochwertige Graufilter lassen sich guten Gewissens auch miteinander kombinieren. Die Verlängerungsfaktoren müssen dann entsprechend multipliziert werden.

Der Weißabgleich

5.12 Der Weißabgleich

Unterschiedliche Lichtsituationen werden mit verschiedenen Farbtemperaturen beschrieben. Eine Glühbirne mit 40 Watt Leistung strahlt z. B. mit einer Farbtemperatur von ca. 2.600 Kelvin, während es bei der Abendsonne ca. 5.000 Kelvin sind. Da wirkt eine weiße Fläche jeweils unterschiedlich. Der Mensch führt, völlig unbewusst, einen Weißabgleich durch. Was der Mensch hier kompensiert, würde eine Digitalkamera als „Farbstich" aufzeichnen.

Entgegen unserer üblichen Anschauung haben wärmere Lichtfarben eine niedrige Farbtemperatur als kältere Lichtfarben. Aber unser Farbspektrum wurde aus dem Spektrum eines „schwarzen Körpers" hergeleitet. Wird ein Stück Eisen erhitzt, glüht es zunächst rot. Erhöht man die Hitze weiter, wird die Farbe immer heller (Orange, Gelb, Violett und zum Schluss bis ins Blaue).

Dies wirkt vielleicht etwas verwirrend.

Es bietet sich somit an, einfach einen Wert einzuführen, der diesen Umstand umkehrt. Aus diesem Grund kommt der Mired-Wert (**Mi**cro **Re**ciprocal **D**egree) zum Einsatz.

$$Mired = \frac{1.000.000}{Farbtemperatur}$$

oder

$$Dekamired = \frac{Mired}{10}$$

Ein kleiner Mired-Wert definiert eine niedrige Farbtemperatur, was unserem Verständnis besser entspricht.

Dekamired ist einfach handlicher als Mired und kommt daher öfter zum Einsatz. Bei Konversionsfiltern wird Dekamired als Maß für die Stärke des Filters verwendet.

▲ *KR-Filter von B&W.*

Kommt das Licht z. B. von einer Glühlampe mit 200 Watt Leistung und 3.000 Kelvin Farbtemperatur, ergibt das einen Dekamired-Wert von 33. Möchte man nun mit Tageslichteinstellung (18 Dekamired) fotografieren, benötigt man einen (33 -1 8 = 15) Konversionsfilter der Stärke KB15.

▲ *KB-Filter von B&W.*

KB steht für positive Werte und KR für negative Werte.

An der α100 kann man zwar auch Konversionsfilter einsetzen. Der automatische Weißabgleich hat damit aber seine Schwierigkeiten. Man sollte also per Hand einen festen Farbwert vorwählen.

Lichtquelle	Farbtemperatur (Kelvin)	Dekamired	Mired
Blauer Himmel im Schatten	9.000–12.000	8–11	83–111
Nebel	8000	13	125
Bedeckter Himmel	6.500–7.500	13–15	133–154
Elektronenblitzgerät	5.500–5.600	18	179–181
Mittagssonne	5.500–5.800	17–18	172–181
Morgen- und Abendsonne	5000	20	200
Xenon-Lampe/-Lichtbogen	4.500–5.000	20–22	200–222
Leuchtstofflampe (neutral)	4.400–4.800	21–23	208–227
Mondlicht	4.100	24	244
Sonnenuntergangssonne	3.500	29	286
Halogenlampe	3.200	31	313
Glühbirne 200 Watt	3.000	33	333
Glühbirne 40 Watt	2.680	37	373
Kerze	1.500	67	667
Rote Glut	500	200	2.000

◂ *Farbtemperaturen im Vergleich.*

Fotografiert man z. B. mit der Einstellung **Tageslicht** eine mit Neonlicht ausgeleuchtete Situation, ergibt das ein rötliches Bild.

Ein Weißabgleich ist bei der Digitalfotografie also unabdingbar. In der analogen Fotografie gab es dieses Problem natürlich auch. Hier wurde es durch speziell abgeglichene Filme und Korrekturfilter gelöst. Ein normaler Tageslichtfilm ist auf eine Farbtemperatur von 5.600 Kelvin sensibilisiert.

Um nun die Digitalkamera auf die jeweilige Lichtsituation einzustellen, gibt es bei der α100 drei Möglichkeiten.

Vollautomatischer Weißabgleich

Prinzipiell führt die α100 einen automatischen Weißabgleich (AWB, **A**utomatic **W**hite **B**alance) durch. Hierbei sucht die Kamera nach der hellsten Stelle im Motiv. Es wird davon ausgegangen, dass die hellste Stelle auch wirklich weiß ist. In den meisten alltäglichen Situationen funktioniert diese Art des Abgleichs. Sollte die hellste Stelle aber nicht weiß sein, kommt es zum Farbstich im Bild. Hier hilft dann nur der manuelle Abgleich.

▴ *Standardeinstellung: automatischer Weißabgleich.*

Der Weißabgleich

Halbautomatischer Weißabgleich

Die α100 bietet sechs einstellbare Beleuchtungsarten (*Tageslicht, Tageslicht im Schatten, Tageslicht bewölkt, Kunstlicht, Elektronen-Blitzlicht, Leuchtstofflampe*) zur Auswahl. Das Profil *Leuchtstofflampe* besitzt noch weitere sieben Abstufungen.

▲ *Menü zur Wahl des voreingestellten Weißabgleichs.*

Beleuchtungsart	Farbtemperatur
Tageslicht	ca. 5.500 Kelvin
Tageslicht/Schatten	ca. 6.900 Kelvin
Tageslicht/Wolken	ca. 6.200 Kelvin
Kunstlicht/Glühlampe	ca. 2.800 Kelvin
Blitzlicht	ca. 6.500 Kelvin
Leuchtstofflampe (je nach Einstellung)	ca. 2.800 – 6.500 Kelvin

▲ *Einstellbare Farbtemperaturprofile der α100.*

Diese Farbtemperaturprofile stellen natürlich nur Annäherungen an die jeweilige Farbtemperatur dar. Sollten auch mit diesen Profilen keine gewünschten Ergebnisse erzielt werden, ist ein manueller Weißabgleich nötig.

In einigen Fällen kann es sinnvoll sein, den Weißabgleich absichtlich falsch einzustellen, z. B. kann man in einer Kerzenlichtsituation die Einstellung auf **Tageslicht** ändern.

Direkteingabe der Farbtemperatur

An der α100 lassen sich zusätzlich im Menüpunkt **Farbtemperatur** die Kelvin-Werte zwischen 2.500 und 9.900 Kelvin in 100-Kelvin-Schritten direkt einstellen. Hierfür ist zusätzlich ein Colormeter notwendig, um die richtige Farbtemperatur ermitteln zu können.

Andererseits wird auch die Farbtemperatur von Studioleuchten angegeben, die hier direkt eingestellt werden kann.

▲ *Im Menüpunkt Farbtemperatur kann die Farbtemperatur manuell vorgegeben werden. Sinnvoll z. B., wenn die Farbtemperatur eingesetzter Leuchten im Studio bekannt ist.*

Über die Farbtemperatur werden Verschiebungen der Rot-Blau-Kurve vorgenommen.

Zusätzlich besteht die Möglichkeit, Verschiebungen im Farbbereich Richtung Magenta und Grün vorzunehmen. Hierzu ist die rechte Skala vorgesehen.

Der Bereich erstreckt sich hier von M9 (Magenta) bis G9 in Richtung Grün. Die CC-Werte entsprechen den CC-Filtern (Farbkorrekturfiltern oder Konversionsfiltern).

▼ Darstellung des Einflusses der eingestellten Farbtemperatur auf das Bildergebnis.

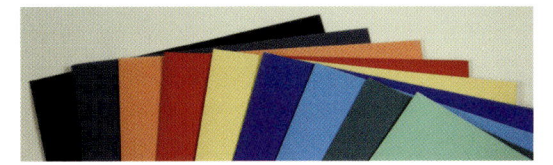

▲ 5.000 Kelvin, abgestimmt auf die Studioleuchten.

▲ 5.500 Kelvin.

▲ 2.500 Kelvin.

▲ 9.900 Kelvin.

Bei Einsatz von Farbfiltern ist darauf zu achten, dass die korrekte Farbtemperatur fest eingestellt wird, da der Weißabgleich sonst nicht zuverlässig funktioniert.

▼ Hier sind sehr schön die unterschiedlichen Wirkungen der Verschiebung in Richtung Magenta (M9) und in Richtung Grün (G9) zu erkennen.

▲ CC-Wert M9.

▲ CC-Wert 0.

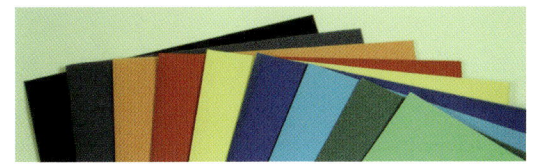

▲ CC-Wert G9.

Weißabgleich mit Messwertspeicher festhalten

Wenn es darauf ankommt, sehr genau in Bezug auf die Farbtemperatur arbeiten zu müssen, oder wenn man einfach experimentieren möchte, kann der gemessene Weißabgleich für die weitere Verwendung gespeichert werden. Dazu misst man mit der Kamera ein Objekt an, das sie als Weiß definiert.

Sinnvoll hierfür ist es, ein weißes Blatt Papier oder eine Graukarte zu verwenden.

Die Speicherung des Weißabgleichs ist recht einfach:

1

Über das Funktionsrad (WB) und die Funktionstaste gelangt man in das Menü zum benutzerdefinierten Weißabgleich.

2

Nun wählt man den Menüpunkt SET mit der Navigationstaste nach rechts.

3

Nach Drücken der AF-Taste erscheint die Meldung *Spotmessfeld verwenden. Auslösen zur Kalibrierung*.

4

Man wählt nun mit dem Spotmessfeld die für den Weißabgleich relevante Stelle und löst aus. Dabei ist es nicht wichtig, dass die Kamera scharf gestellt hat, da dies keine Auswirkungen auf die Farbtemperaturmessung hat.

5

Drückt man jetzt den Auslöser voll durch, erscheinen die Farbtemperatur und der CC-Wert auf dem Display. Die beiden Werte sind nun gespeichert und werden bis zur Umprogrammierung benutzt.

Weiterhin bleibt der Wert gespeichert, bis ein neuer benutzerdefinierter Weißabgleich stattfindet. Man hat so den einmal vorgenommenen Weißabgleich jederzeit für weitere Aufnahmen parat. Dieser kann im Menüpunkt *Benutzerdef. Weißabgleich* über die Option *Aufrufen* gewählt werden.

Konnte keine korrekte Farbtemperaturmessung durchgeführt werden, erscheint auf dem Display *Benutzerdefinierter Weißabgleich fehlgeschlagen*, und die Farbtemperatur wird im Display gelb dargestellt. Die Kamera verwendet nun zwar den Wert, weist aber durch die gelbe Schrift darauf hin, dass es eventuell zu Farbstichen kommen wird. Möglicherweise war das angemessene Objekt zu dunkel oder zu hell.

Ist der eingebaute (hochgeklappte) oder ein externer Blitz während des Weißabgleichs aktiv, wird der Abgleich unter Zuhilfenahme des Blitzgeräts durchgeführt. Dies ist natürlich nur sinnvoll, wenn man danach auch mit einem Blitz fotografieren möchte, da es sonst ebenfalls zu Farbverschiebungen kommen kann.

▲ Unter diesem Menüpunkt wird der gespeicherte Weißabgleich abgerufen.

Weißabgleich-Reihenaufnahmen

Für besonders kritische Situationen bietet die α100 zusätzlich noch die Möglichkeit an, eine Weißabgleichreihe mit drei Aufnahmen zu erzeugen. Dabei wird der momentan eingestellte Weißabgleich als Grundlage benutzt. Man kann aus zwei Modi wählen: **WB schwach** mit einer Verschiebung um 10 Mired und **WB stark** mit einer Verschiebung um 20 Mired. Diese Verschiebung erfolgt jeweils in Richtung minus (blassere Farben) und plus (rötlichere Farben).

▲ Menüpunkt Bildfolge, hier zur Auswahl einer Weißabgleich-Reihenaufnahme.

5.13 Für besondere Situationen: Grau- und Farbkarten

Grau- und Farbkarten dienen zum Kalibrieren in besonderen Lichtsituationen. Die Graukarte hat einen genormten Reflexionsgrad von 17,68 %, was dem logarithmischen Mittel des abbildbaren Kontrastumfangs von 1,5 log. Dichte entspricht.

Immer wenn das Motiv nicht der durchschnittlichen Helligkeitsverteilung, wie sie im Normalfall auftritt, entspricht, kann es zu Über- bzw. Unterbelichtungen kommen. Beispiele hierfür sind ein schwarzes Hauptmotiv vor dunklem Hintergrund oder ein weißes Hauptmotiv vor hellem Hintergrund.

Auch in diesen Fällen ist ein manueller Weißabgleich notwendig. Dafür platziert man die Graukarte möglichst dicht am Objekt der Begierde. Nun führt man eine Objektmessung an der Graukarte durch. Dies sollte im Fall der eingestellten Mehrfeld- und mittenbetonten Integralmessung möglichst formatfüllend geschehen. Bei Spotmessung genügt das Messen im Spotkreis.

> **Haut als Graukarte nutzen**
> Unsere Haut reflektiert ähnlich einer Graukarte. Das heißt, sind Personen das Aufnahmeobjektiv, kann man auch näherungsweise mittels Spotmessung auf Hautpartien den Abgleich durchführen.

▲ Graukarte zur Belichtungsmessung und für den Weißabgleich. Die Rückseite der Karte ist weiß und somit ideal für den manuellen Weißabgleich.

Weißabgleich mit der Farbtafel im Buch

Das Buch stellt im Innencover eine Farbtafel zum Abfotografieren bereit. Hiermit kann der Weißabgleich noch exakter als mit einem weißen Blatt Papier oder einer Graukarte durchgeführt werden. Die Auswahl der Farben ist natürlichen Vorbildern angelehnt worden. So kann schon im Vorfeld einer Aufnahmesession die farbgetreue Wiedergabe überprüft werden.

Es ist wichtig, die Farbtafel unter den gleichen Lichtbedingungen abzufotografieren wie später das eigentliche Motiv. Über das Display der α100 können die Farben auf Übereinstimmung mit der Farbtafel geprüft werden. Gibt es hier Abweichungen zum Original, muss die Farbtemperatur manuell angepasst werden. Zu empfehlen ist auch die Überprüfung der Farben und der Grauabstufungen am Monitor und auf dem Drucker. Stimmt das Ergebnis auf dem Display mit dem Original überein und gibt es trotzdem Abweichungen auf dem Monitor oder Drucker, sollten diese kalibriert werden.

Nachträgliche Korrektur des Weißabgleichs

Die gängigen Bildbearbeitungsprogramme bieten die Möglichkeit, den Weißabgleich nachträglich zu korrigieren. Man wird nicht immer zum gewünschten Ergebnis gelangen, da z. B. Mischlichtaufnahmen schwer zu korrigieren sind. Farbstiche hingegen sollten in der Regel leicht zu beheben sein. Im RAW-Format aufgenommene Motive lassen sich ohnehin sehr gut im RAW-Konverter anpassen.

Anhand von drei Programmen wird der Weißabgleich beispielhaft erläutert:

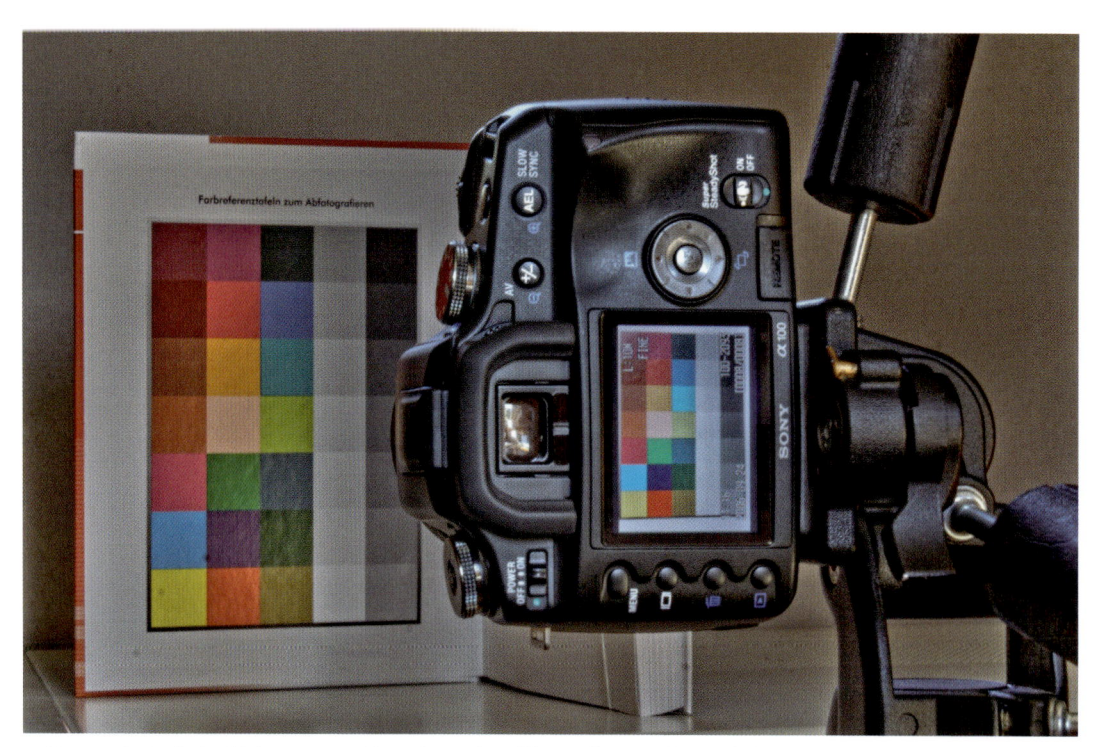

▲ Hier wurde die Farbtafel des Innenumschlags des Buches abfotografiert, um den Weißabgleich zu überprüfen. Man erkennt hier eine sehr gute Übereinstimmung zwischen dem Display der α100 und der Farbkarte.

Korrektur mit Image Data Converter SR

1

Man öffnet mit Image Data Converter SR die Bilddatei und wählt im Menüpunkt *Paletten* die Masterpaletten aus. Nun erscheint das Auswahlmenü. Klickt man auf *Weißabgleich*, öffnet sich ein neues Fenster mit allen Optionen für den Weißabgleich.

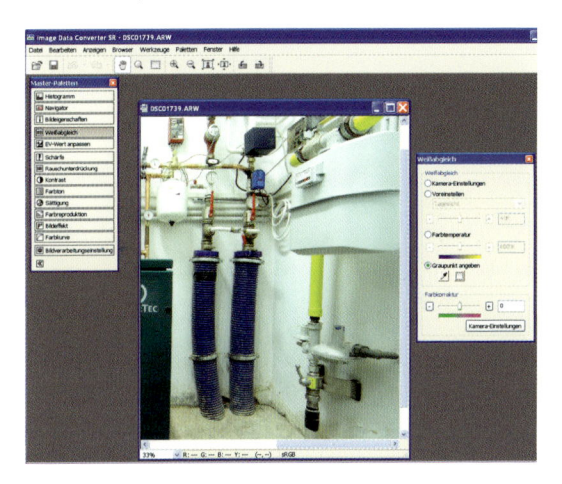

2

Nun wählt man *Graupunkt angeben* aus und klickt auf die Pipette. Der Mauszeiger wird zur Pipette, mit der man nun auf eine Stelle im Bild klickt, die idealerweise weiß oder auch grau sein sollte.

3

Das Programm berechnet nun das gesamte Bild auf dieser Grundlage.

> **Weißabgleich in Serie**
> Möchte man den zuvor durchgeführten Weißabgleich auch für andere Aufnahmen nutzen, bietet sich hierfür die Funktion *Bildverarbeitungseinstellungen kopieren* an, die über die Tastenkombination [Strg]+[C] angewählt werden kann. Die Einstellungen überträgt man dann auf das nächste Bild mit *Bildverarbeitungseinstellungen einfügen* über die Tastenkombination [Strg]+[V]. Zusätzlich können die Einstellungen auch gespeichert werden. Hierzu wählt man im Fenster *Masterpalette* die Bildbearbeitungseinstellungen aus.
>
> Hier können die aktuellen Einstellungen gespeichert werden. Durch *Anwenden* überträgt man die Einstellungen auf ein anderes Bild. Um den Überblick bei vielen gespeicherten Einstellungen nicht zu verlieren, kann man sich jederzeit über *Anzeigen* die Einstellungen detailliert darstellen lassen.

Korrektur mit PhotoImpact

1

Zunächst öffnet man die Bilddatei und wählt über den Menüpunkt *Foto/Farbe* den Weißabgleich.

2

Nun öffnet sich ein Fenster. Bei gewählter Doppelansicht hat man auf der linken Seite das Original und auf der rechten Seite die Ansicht der veränderten Version. Um mit der Pipette den Weißpunkt selbst festlegen zu können, muss der Punkt *Neutrale Farben aus Vorher-Ansicht holen* gewählt werden. Dann wird neben dem Handpiktogramm die Pipette sichtbar.

3

Nun kann nach dem Anklicken der Pipette der Weiß- bzw. Graupunkt gewählt werden. In der rechten Vorschau ist das Ergebnis jetzt sichtbar. Ist man mit dem Ergebnis zufrieden, klickt man auf OK, um die Veränderung zu übernehmen.

Korrektur mit Photoshop

1

Als Erstes wird die Bilddatei geöffnet. Sinnvoll ist das Kopieren der Ebene mit Strg+J. Somit bleibt das Original zum Vergleich bestehen.

> **Den Weißabgleich übertragen**
> Photoshop bietet ebenfalls die Möglichkeit, den durchgeführten Weißabgleich auf andere Fotos zu übertragen. Hierzu kann im Tonwertdialogfeld die Funktion zum Speichern genutzt werden. Zum Übertragen des Weißabgleichs nutzt man dann die *Laden*-Funktion.

2

Nun öffnet man das Dialogfeld für Tonwertkorrekturen über das Menü *Bild/Anpassen/Tonwertkorrektur* oder einfacher über die Tastenkombination Strg+M.

3

Mit der Pipette klickt man auf eine weiße Stelle im Bild. Falls kein Weiß im Bild vorhanden ist, können mit der linken Pipette auch Grau- bzw. Schwarzwerte definiert werden.

▲ *Fehlerhafter Weißabgleich: Zu erkennen ist ein Blaustich im Foto, der korrigiert werden sollte.*

▲ *Korrekter Weißabgleich: Nachträglich wurde hier durch manuellen Weißabgleich der Blaustich beseitigt. Mit der Pipette wurde auf den weißen Hut geklickt, um den Weißpunkt als Referenzwert zu setzen.*

5.14 Fehlersuche im Histogramm

Histogramme: Was steckt dahinter?

Bezogen auf die digitale Fotografie versteht man unter Histogramm die Darstellung der Häufigkeits- und Intensitätswerte der Farben eines Bildes. Kontrastumfang und Helligkeit eines Bildes können so abgelesen werden. In Farbbildern werden meist drei Histogramme (eins pro Farbkanal) dargestellt. Die α100 stellt die Gesamthelligkeit aller drei Farbkanäle im Bildwiedergabemodus dar. Links beginnt der

Schwarzanteil bei 0. Die Helligkeitswerte erstrecken sich dann abgestuft bis Weiß (255).

▲ Im Bildwiedergabemodus kann durch Drücken der Nachoben-Taste des Navigationsrings das Histogramm und weitere Informationen aufgerufen werden. Eine leichte Unterbelichtung ist hier erkennbar, da das Balkendiagramm nicht bis ganz nach rechts verläuft.

Je höher dabei ein Balken dargestellt wird, umso höher fallen auch die Helligkeitswerte aus.

> **Anzeige des Überschreitens des Belichtungsumfangs mit 8-Bit-JPEG**
> Die Anzeige der überbelichteten bzw. unterbelichteten Bereiche stützt sich auf das JPEG-Format. Benutzt man RAW-Dateien, können unter Umständen diese Bereiche noch Informationen enthalten, da hier mit 12 Bit gearbeitet wird. Der Dynamikumfang ist bis zu einer Blende höher.

Der praktische Nutzen dieses Histogramms ist es, Fehlbelichtungen schon auf dem Display der α100 zu erkennen. Das Histogramm kann dabei erst nach der Aufnahme dargestellt werden.

Zum Histogramm zeigt die α100 zusätzlich noch ein Miniaturbild an. Überbelichtete bzw. unterbelichtete Bereiche werden hierbei durch Blinken angezeigt. Im Einzelbild-Wiedergabemodus drückt man die Nachoben-Taste des Navigationsrings, um das Diagramm darzustellen. Durch erneutes Drücken gelangt man wieder zur normalen Anzeige des Bildes.

Überbelichtung

Eine Überlichtung erhält man, wenn die empfangene Lichtmenge größer als die vom Pixel zu verarbeitende Lichtmenge ist. Man erkennt dies in Bildern an Stellen, in denen keine Zeichnung bzw. Informationen mehr vorhanden sind. Farbtöne gehen verloren, diese Stellen werden einfach weiß dargestellt.

Da der Informationsinhalt praktisch null ist, kann durch Bildbearbeitung keine Rettung derartiger Bilder erfolgen.

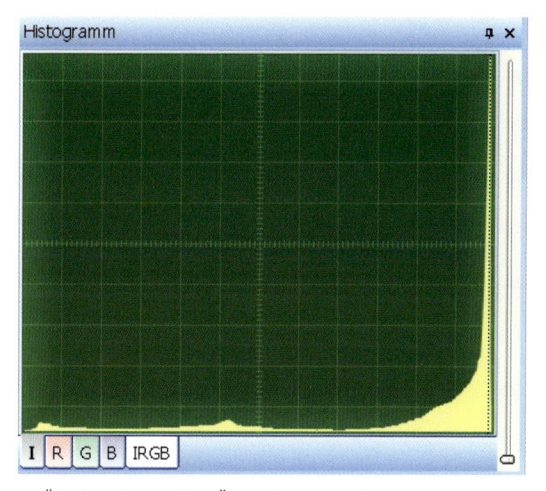

▲ Überbelichtung: Die Überbelichtung erkennt man an einer starken Anhäufung der hellsten Tonwerte auf der rechten Seite. Überbelichtete Bereiche können nicht wiederhergestellt werden.

Unterbelichtung

Unterbelichtungen entstehen durch zu geringen Lichteinfall. Im Gegensatz zur Überbelichtung kann man hier aber dem Pixel bzw. Pixelbereich noch Informationen entlocken. Da der Signal-/Rauschabstand in diesem Fall aber sehr gering ist, wird mit dem Aufhellen auch das Rauschen verstärkt und sichtbar.

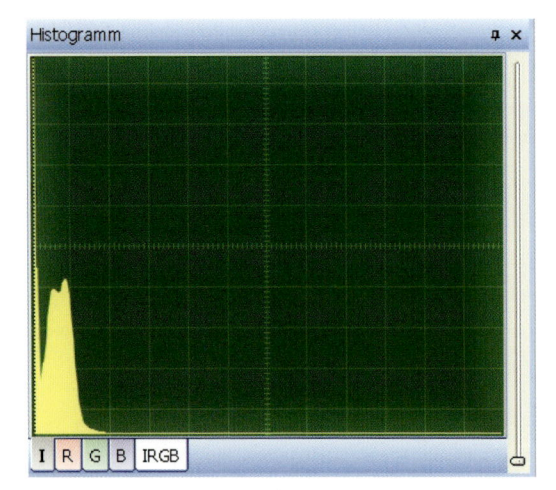

▲ Unterbelichtung: Eine Unterbelichtung des Bildes zeigt sich durch eine starke Anhäufung der Tonwerte im linken Bereich. Unterbelichtete Bereiche können mit Inkaufnahme von starkem Rauschen meist wiederhergestellt werden.

Beide Fälle, Über- und Unterbelichtung, sollten also möglichst vermieden werden.

Die Histogrammaufteilung in RGB-Farben ist bei der α100 nicht möglich. Hierbei würde jeder einzelne Farbkanal getrennt dargestellt werden.

5.15 Gradationskurven

Helligkeit und Kontrast sind entscheidende Bildparameter, die das Bild beeinflussen.

Bildbearbeitungsprogramme (in diesem Beispiel der mitgelieferte Image Data Converter SR von Sony) gestatten die Veränderung von Helligkeit und Kontrast anhand grafischer Darstellungen. Über den Menüpunkt Farbkurve gelangt man zur Gradationskurve. In Photoshop benutzt man die Tastenkombination [Strg]+[M].

Zunächst erhält man in einem sich öffnenden neuen Fenster eine Gerade von links unten nach rechts oben. Das ist der Ausgangspunkt für die Bildveränderung. Der Image Data Converter SR zeigt zusätzlich noch die RGB-Farbwerte sowie die Helligkeitstonwerte im Hintergrund an.

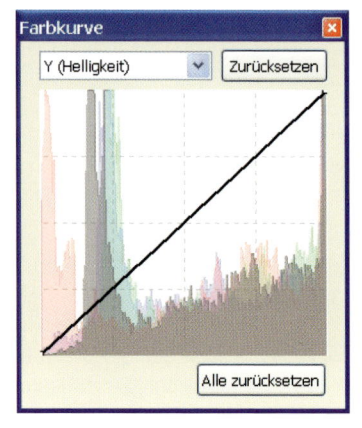

◀ Ausgangshistogramm.

Die x-Achse definiert die Eingabewerte, die Werte, die verändert werden sollen. Die y-Achse stellt die Ausgabewerte dar. Für jede Helligkeit im Bild kann also ein neuer Helligkeitswert eingestellt werden.

Sollen bestimmte Bildpartien aufgehellt oder abgedunkelt werden, ist die Gradationskurve zur Bearbeitung zu empfehlen. Die folgenden Beispiele zeigen, wie man die Kurven verändern muss, um bestimmte Effekte zu erzielen.

Bild leicht aufhellen

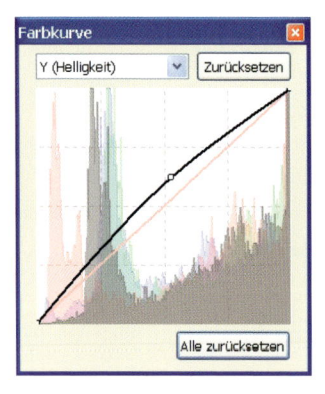

Zur Aufhellung wird die Kurve in der Mitte leicht angehoben.

Bild stark aufhellen

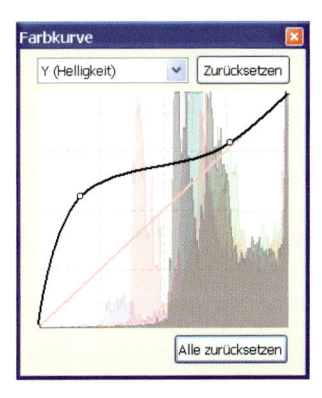

Soll ein Bild stark aufgehellt werden, muss darauf geachtet werden, dass die dunkleren Bereiche stärker angehoben werden müssen als die hellen.

Bild extrem aufhellen (Highkey)

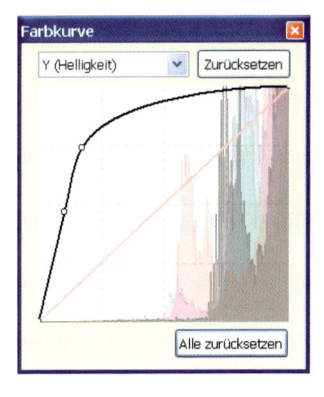

Highkey-Bilder sind von sehr starker Aufhellung geprägt. Nicht alle Motive sind hierfür geeignet.

Ähnlich wie diese drei Beispiele funktioniert das Abdunkeln eines Bildes, jedoch mit dem Unterschied, dass die Funktionslinie gespiegelt wird.

Kontrast erhöhen

Mit einer S-Kurve kann der Kontrast des Bildes angehoben werden.

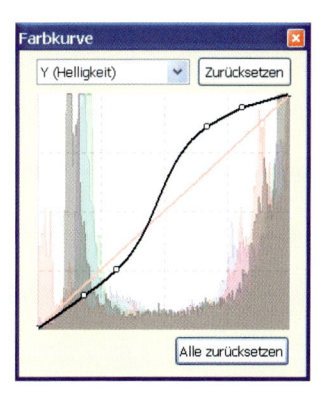

Lichtsituation richtig einschätzen

Wie zuvor besprochen, sind Überbelichtungen möglichst zu vermeiden, da keine Informationen mehr vorhanden sind und die überbelichteten Bereiche nicht mehr wiederhergestellt werden können.

Eine Möglichkeit wäre, generell 1/3 EV unterzubelichten, was auch praktiziert wird. Leider ist diese Methode nicht immer wirksam und der Belichtungsspielraum eingeschränkt, da Helligkeitswerte im oberen Bereich des Histogramms nicht verwendet werden.

Leider wird auch der Weißabgleich beeinflusst, da dieser von einem vollständigen Histogramm ausgeht, um den Weißpunkt zu definieren. Ist die Unterbelichtung zu stark, kann es zu Farbstichen im Bild kommen, da der automatische Weißabgleich den Weißpunkt falsch festlegt.

Die Verwendung des kameraeigenen Rohdatenformats RAW hat gegenüber der generellen Unterbelichtung Vorteile und sollte in schwierigen Lichtsituationen bevorzugt werden.

Die Farbtiefe des RAW-Formats ist mit seinen 12 Bit den 8 Bit des JPEG-Formats überlegen und kann die ca. 9 Blendenstufen Dynamikumfang des Sensors mit reichlich Spielraum abbilden.

Verwendet man das RAW-Format, erhält man so praktisch etwa eine Blende mehr Dynamik im Bild. Ein Bild, das im JPEG-Format gespeichert wurde und überbelichtet ist, kann im RAW-Format durchaus noch genügend Zeichnung in den hellen Bereichen besitzen.

Zudem besteht die Möglichkeit, den Weißabgleich direkt am Computer im RAW-Konverter durchzuführen. Die Möglichkeiten, die sich hier auftun, sind weit umfangreicher als ein automatischer Weißabgleich der Kamera. Man kann mit unterschiedlichen Werten experimentieren und so das Optimum finden.

Da aber für viele Anwendungen das 8-Bit-Format benötigt wird, muss wieder eine Umwandlung von 12 auf 8 Bit stattfinden. Damit würde aber der zusätzliche Dynamikumfang wieder verschwinden, und man hätte das gleiche Ergebnis wie mit dem JPEG-Format.

Hier kommt nun wieder die Gradationskurve ins Spiel. Wird die Kurve geändert und damit die Tonwerte – werden also die Schatten aufgehellt und gleichzeitig die hellen Bildpartien abgedunkelt, ohne die Mitteltöne zu stark zu verändern –, erhält man ein die Gesamtdynamik des RAW-Formats ausnutzendes Endresultat im JPEG-Format.

Kompliziertes Mischlicht

Es gibt immer wieder Situationen, in denen es nicht möglich ist, den optimalen Weißabgleich zu finden.

So kommt es vor, dass mehrere Lichtquellen mit unterschiedlichen Farbtemperaturen vorhanden sind. Fotografiert man z. B. in der Dämmerung, haben das Resttageslicht und die künstliche Beleuchtung Einfluss auf die Farbtemperatur. Oder man befindet sich in einem beleuchteten Raum, in den zusätzlich durch das Fenster Sonnenlicht hineinscheint. Grundsätzlich sollte man in solchen Situationen den Weißabgleich auf die stärkere Lichtquelle abstimmen.

Erzielt man so keine befriedigenden Ergebnisse, kann man die Möglichkeiten des RAW-Formats nutzen. So stellt man sicher, dass der Weißabgleich nachträglich entsprechend den eigenen Vorstellungen geändert werden kann.

▲ Das RAW-Format stellt sicher, dass u. a. nachträglich der Weißabgleich durchgeführt werden kann, hier am Beispiel des mitgelieferten Image Data Converter SR.

Schwierige Situation: die Gegenlichtaufnahme

Zu einer der schwierigsten Situationen für die Kamera gehört sicherlich auch die Gegenlichtaufnahme, z. B. bei Aufnahmen gegen die Sonne. Auch hier versucht die Belichtungsautomatik wieder, die Belichtung recht moderat ausfallen zu lassen, was wie zuvor beschrieben grundsätzlich richtig ist.

▲ Gegenlichtaufnahmen können auch, wie hier, ohne Aufhellblitz ihren Reiz haben, was natürlich ganz vom Motiv abhängt.

In der Regel erhält man dann stark unterbelichtete Objekte, wenn sie sich im Schattenbereich befinden. Ausgleichen kann man dies durch eine Belichtungskorrektur im positiven Bereich von ca. 1 bis 2 EV, wodurch die Objekte im Schatten richtig belichtet werden. Der Nachteil ist dabei, dass der Hintergrund stark überbelichtet wird.

Eleganter ist hier der Einsatz eines Aufhellblitzes. Schattenbereiche werden durch den Blitz entsprechend aufgehellt, was ein insgesamt ausgewogenes Bild ergibt. Reicht der interne Blitz der α100 nicht aus, kann ein stärkerer externer Blitz eingesetzt werden, um die Reichweite zu erhöhen.

Bei Gegenlichtaufnahmen sollte prinzipiell die Streulichtblende am Objektiv aufgesetzt sein, um Schleierbildung und Reflexe einzuschränken.

Gradationskurven

Was ISO-Werte bedeuten

ISO-Werte gegeben die Sensorempfindlichkeiten an. Übliche Werte sind hierbei ISO 50, 100, 200, 400, 800, 1600, 3200, 6400. Kleine Werte stehen für geringe Empfindlichkeit, größere für höhere Empfindlichkeit in Bezug auf das Signal.

Ein Schritt zum nächsten Wert entspricht der Verdopplung bzw. Halbierung der Empfindlichkeit. ISO 100 ist also halb so empfindlich wie ISO 200 etc.

Die α100 besitzt die Möglichkeit, Werte zwischen ISO 100 und ISO 1600 einzustellen. Zusätzlich sind noch die Spezialwerte Lo80 und Hi200 wählbar.

Ist in der analogen Fotografie für jede ISO-Empfindlichkeit ein separater Film notwendig, so wird im Gegensatz dazu im digitalen Bereich der nächste ISO-Wert durch Signalverstärkung erreicht.

> **ISO oder ASA?**
> ASA, die Abkürzung für American Standards, wurde 1983 weltweit durch die ISO-Norm (International Standards Organisation) abgelöst. Eine wesentliche Änderung des Standards gab es damals aber nicht. ASA-Werte entsprechen somit den jetzigen ISO-Werten. Zum Beispiel wurde aus ASA100 ISO 100. Diese Normen gelten genau genommen aber nur für Filmmaterial. Der Einheitlichkeit wegen geben Kamerahersteller die Empfindlichkeit der Kamera ebenfalls in ISO-Werten an, sodass man diese leicht vergleichen kann.

Dank der Einstellbarkeit des ISO-Werts ist man wesentlich flexibler gegenüber der analogen Fotografie, bei der man stets von einem vordefinierten ISO-Wert bis zum Filmwechsel abhängig war.

Die analogen Dynax 7 und 9 besaßen zwar die Möglichkeit, teilbelichtete Filme wieder einzulegen und genau bis zum letzten unbelichteten Foto vor-

▲ Gegenlichtaufnahme bei senkrecht stehender Sonne. Leider war eine Änderung des Standpunkts nicht möglich, somit musste versucht werden, mit dem eingebauten Blitz der α100 das Motiv aufzuhellen. Ohne Aufhellblitz wären die Personen wesentlich zu dunkel auf dem Bild abgelichtet worden.

5.16 ISO-Einstellungen

ISO steht für **I**nternational **S**tandards **O**rganisation und ist eine internationale Norm. Der ISO 5800-Standard kombiniert die ASA- und DIN-Norm.

zuspulen, was aber lange nicht an die Möglichkeiten der ISO-Einstellung von Digitalkameras heranreicht.

Das einfallende Licht wird in elektrische Signale umgewandelt, die dann entsprechend der gewählten ISO-Einstellung verstärkt werden. Je geringer das Signal bzw. je höher die gewählte ISO-Empfindlichkeit, je stärker ist auch das Rauschen.

Auto-ISO

Man hat bei der α100 die Möglichkeit, den ISO-Wert automatisch einstellen zu lassen. Aufgrund des höheren Rauschens ab ISO 400 hat Sony diese Automatik etwas eingeschränkt, um auch im Automatikmodus akzeptable Ergebnisse zu erzielen.

Im Programm *Sonnenuntergang* und bei Nachtaufnahmen stellt die α100 automatisch maximal ISO 800 ein, sonst maximal ISO 400, womit man gegen stärkeres Rauschen geschützt ist.

Sobald die Gefahr besteht, eine Aufnahme zu verwackeln, wird die α100 den ISO-Wert anheben, um eine kürzere Belichtungszeit zu erreichen. Ebenfalls erhöht die α100 den ISO-Wert im Blendenprioritätsmodus, wenn die α100 keine passende Belichtungszeit mehr zur Verfügung hat.

Dies trifft auch für den Verschlusszeitenprioritätsmodus zu. Hier erhöht die α100 den ISO-Wert, wenn keine größere Blende am Objektiv vorhanden ist, die eigentlich für eine richtige Belichtung benötigt werden würde.

▲ Das Menü zur Einstellung der ISO-Werte erreicht man über das Funktionsrad und Drücken der Funktionstaste Fn.

ISO-Rauschen reduzieren

Bei der α100 ist das ISO-Rauschen bereits bei ISO 400 recht gut zu erkennen. ISO 800 und 1600 sollten nach Möglichkeit gemieden werden. Auch hier gibt es aber Ausnahmen.

Es ist durchaus möglich, dass sich bei bestimmten Motiven das Rauschen weniger bemerkbar macht. Andererseits kann bei geringen Kontrasten und aufgehellten Motiven bereits bei ISO 100 Rauschen sichtbar werden.

Spezialprogramme, wie Neat Image oder Helicon Filter, stellen geeignete Mittel bereit, um das Rauschen zu reduzieren.

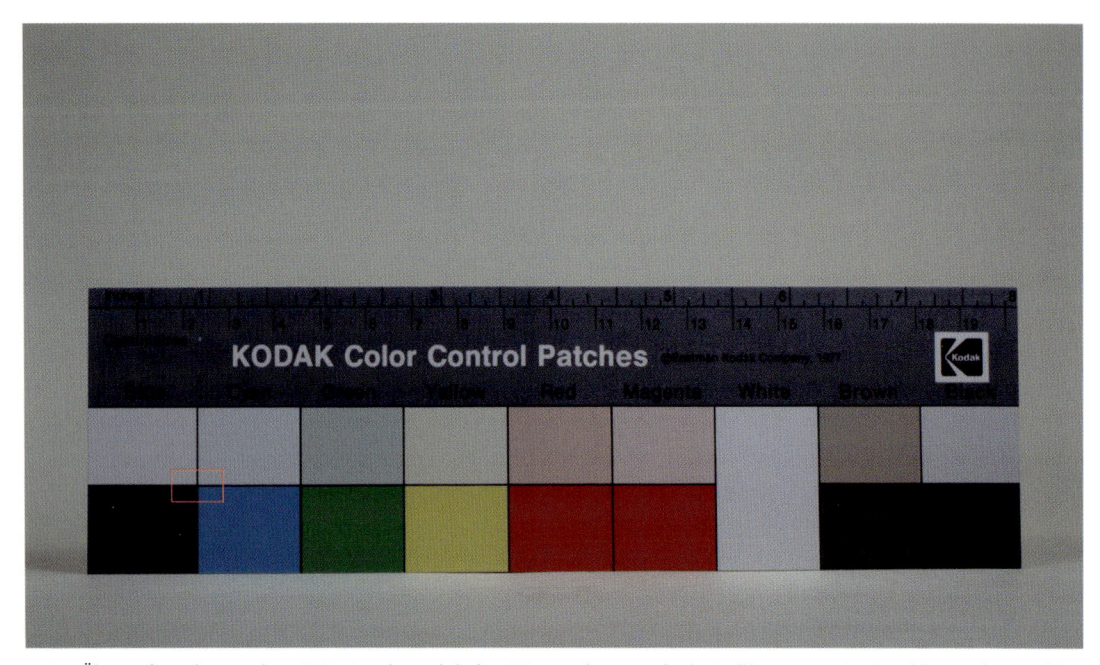

▲ Zur Überprüfung der einzelnen ISO-Werte bezüglich des ISO-Rauschens wurde die Farbkarte von KODAK abfotografiert. Auf den folgenden Seiten sind die dazugehörigen Bildausschnitte zu sehen.

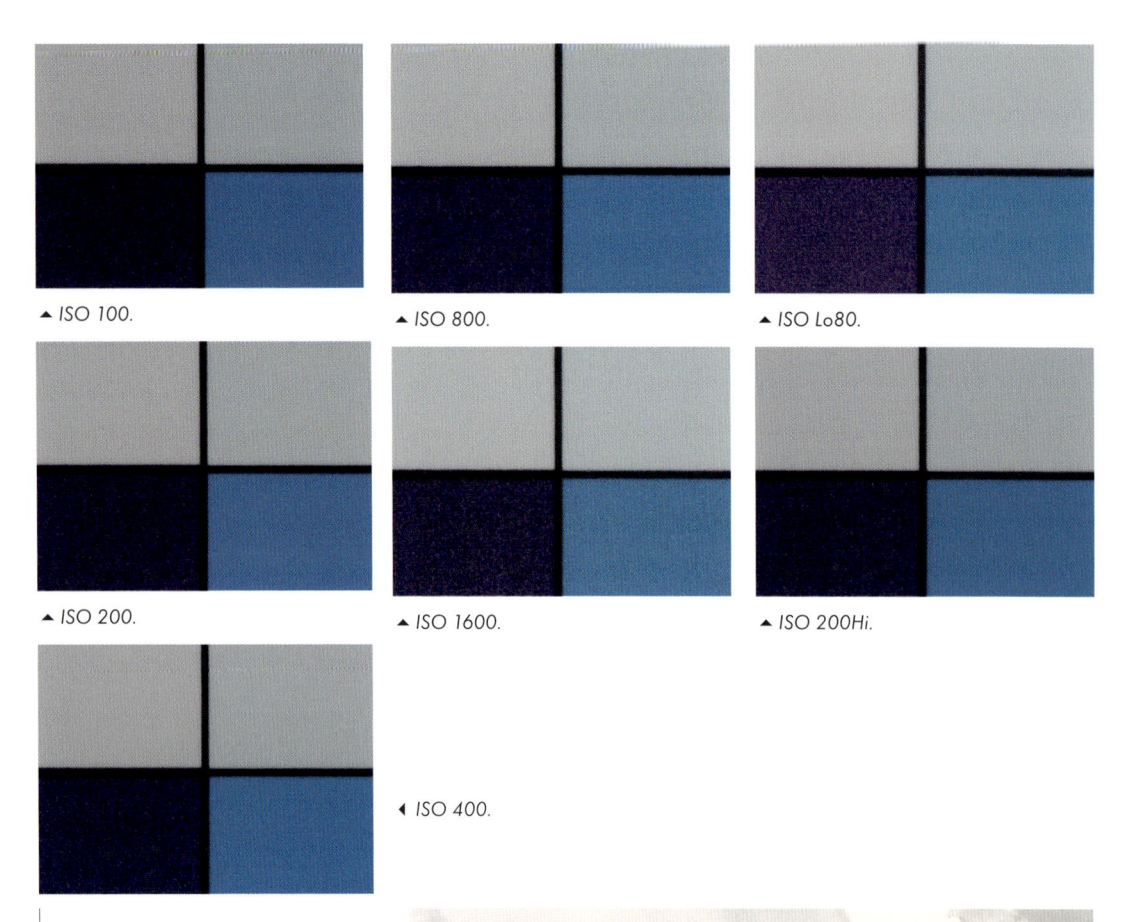

▲ ISO 100.

▲ ISO 800.

▲ ISO Lo80.

▲ ISO 200.

▲ ISO 1600.

▲ ISO 200Hi.

◂ ISO 400.

Professionelle Belichtung

Hotpixel: Rauschunterdrückung bei Langzeitaufnahmen

Ab ca. 1 Sekunde Belichtungszeit kann es zu Hotpixeln und Verstärkerglühen mit unschönen Ergebnissen auf den Aufnahmen kommen. Hotpixel sind hierbei einzelne Pixel, die nicht gleichmäßig auf die Lichtmenge reagieren. Sie erscheinen meist heller als erwünscht. Sie treten bei jeder neuen Aufnahme an unterschiedlichen Stellen auf. Hierdurch ist es schwierig, ihnen beizukommen. Das Verstärkerglühen entsteht bei der α100 ab ca. 4 Minuten Belichtungszeit und ist in der Stärke abhängig vom ISO-Wert. Ohne Rauschunterdrückung ist mit ISO 1600 aber schon bei ca. 1 Sekunde Belichtungszeit Rauschen erkennbar. Das Rauschen bei längeren Belichtungszeiten zeigt sich als rosafarbene Lichthöfe in den oberen Bilddecken, verursacht durch Wärme. Bei eingeschalteter Rauschunterdrückung wird versucht, dieses Glühen durch Abzug eines Dunkelbildes zu eliminieren. Die α100 verfügt über eine speziell hierfür entwickelte Rauschunterdrückung. Im Kameramenü (1) im Menüpunkt *Rauschmind.* kann diese Rauschunterdrückung auch ausgeschaltet werden.

▲ *Extrembeispiel: Hier rauscht alles. 20 Minuten Belichtungszeit bei ISO 1600 und ohne Rauschunterdrückung. Interessant auch die Spur, die sich von oben links nach unten rechts zeigt.*

Langzeitbelichtungstestreihe mit der α100

▼ Langzeitbelichtungsreihe zur Überprüfung des Rauschens der α100. Bis 2 Minuten Belichtungszeit macht sich selbst bei ISO 1600 nur sehr geringes Rauschen bemerkbar. Ab 4 Minuten Belichtungszeit sind bereits ab ISO 800 vermehrt weiße Pixel auf dem Bild verteilt. Eine Belichtungszeit von 10 Minuten ergibt bei ISO 1600 bereits weißrosa gefärbte Bereiche in den Ecken oben links und rechts. Da bei ISO 100 und 30 Minuten Belichtungszeit das Rauschen bereits sehr stark in Erscheinung tritt, sollten Belichtungszeiten über 20 Minuten vermieden werden. Generell sollte ISO 100 gewählt werden, um das Rauschen möglichst gering zu halten.

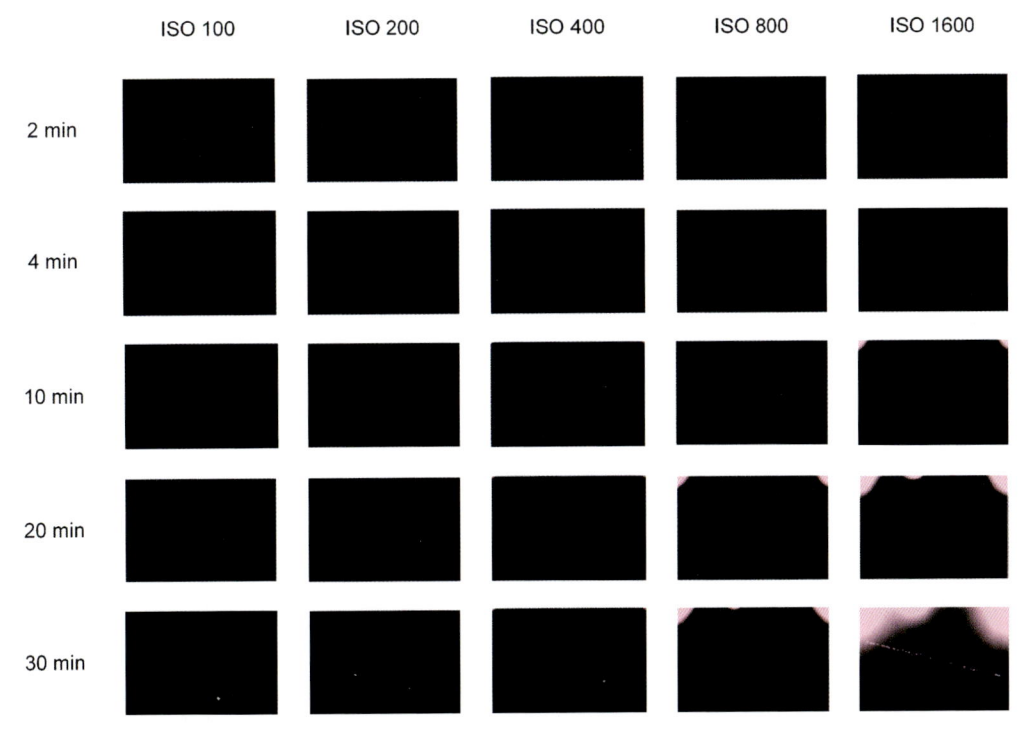

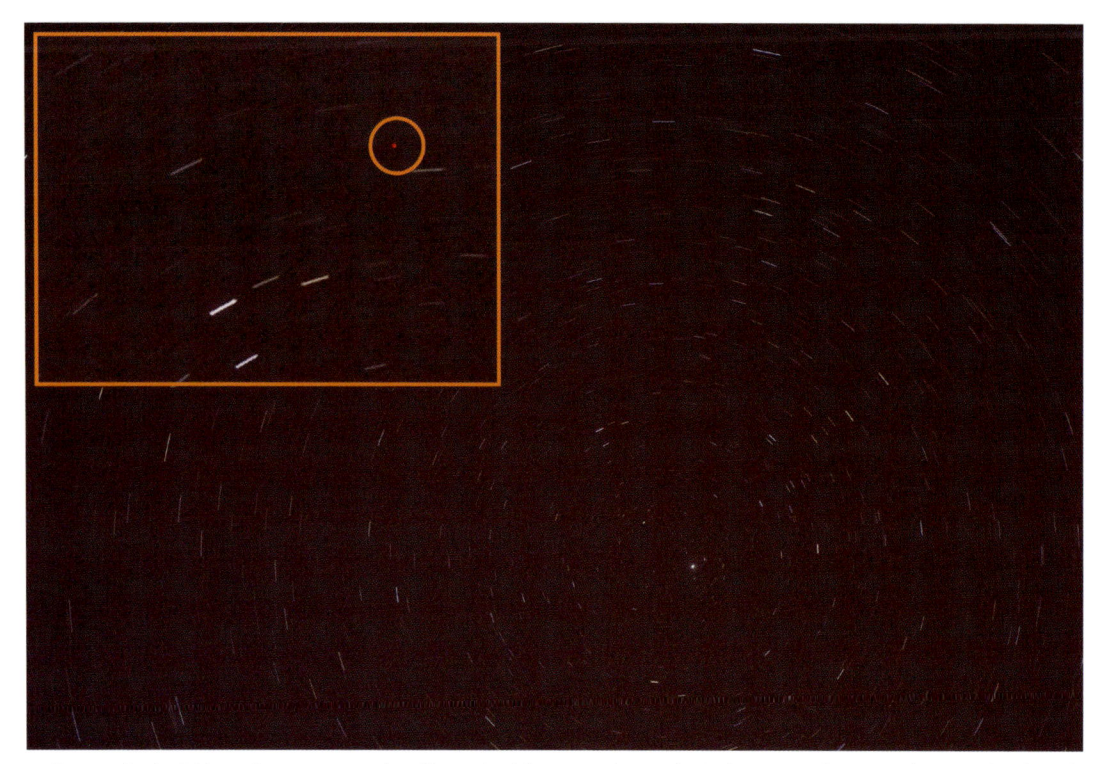

▲ Hier wurde durch Vergrößerung ein einzelner Hotpixel sichtbar gemacht. Da die Farben aus mehreren Pixeln interpoliert berechnet werden, hat der einzelne Pixel auch Einfluss auf sein Umfeld.

Deadpixel

Im Gegensatz zu Hotpixeln treten Deadpixel (tote Pixel) immer an ein und derselben Stelle auf. Sie liefern kein Nutzsignal mehr und bleiben deshalb schwarz. Durch sogenanntes Pixelmapping können „tote Pixel geheilt werden". Hierzu werden die Informationen der umliegenden Pixel genutzt, und ein entsprechendes Signal wird für den Deadpixel berechnet. Er fällt nun nicht mehr auf. Die α100 führt regelmäßig einmal im Monat eine Pixelregeneration durch.

Tote Pixel entfernen
Sollte man einmal einen toten Pixel an der α100 bemerken und ihn sofort wieder entfernen wollen, kann man das wie folgt tun:
Man stellt im Setup-Menü (1) das Datum einen Monat nach vorn und schaltet dann die Kamera aus. Nach dem Abschalten leuchtet die Speicher-LED etwas länger als sonst und zeigt so den Regenerationsvorgang an. Nun kann die Kamera wieder eingeschaltet und das Datum zurückgestellt werden.

Längere Belichtungszeit oder höherer ISO-Wert?

Wenn die Möglichkeit besteht, die Belichtungszeit zugunsten eines niedrigen ISO-Werts zu verlängern, sollte man dies grundsätzlich tun. Zwischen ISO 100 bzw. 200 kann dabei bedenkenlos gewechselt werden. Bei Werten ab ISO 400 sollte aber die Möglichkeit geprüft werden, eine längere Belichtungszeit einzustellen. Sicher wird dies nicht immer möglich sein, vor allem wenn es darum geht, eine Freihandaufnahme verwacklungsfrei auszulösen. Der Super

SteadyShot leistet aber recht gute Arbeit, womit hier ein Spielraum von ca. 3 Blenden dem Fotografen entgegenkommt.

ISO 25 mit der α100 – ist das möglich?

Besonders bei Motiven mit einfarbigen Flächen kann durchaus schon bei ISO 100 das Rauschen sichtbar sein und stören. Mit einem kleinen Trick kann das Rauschen nochmals reduziert werden.

1 Aufnahme

Als Erstes nimmt man das Motiv bei ISO 100 und einer Belichtungskorrektur von +2 EV vor. Das RAW-Format muss eingestellt werden.

Eine zu starke Überbelichtung darf hierbei aber nicht auftreten. Der Überbelichtungswarner der α100 zeigt für den RAW-Modus nicht immer verlässliche Werte an!

2 Kompensation

Nun wird die Belichtung im RAW-Konverter um 2 EV nach unten korrigiert. Die nun entstandene Aufnahme entspricht der Belichtungszeit und dem Rauschen einer ISO 25-Aufnahme. Analog kann man auch mit +1 EV vorgehen und erhält eine Aufnahme, die ISO 50 entspricht. Im RAW-Konverter muss dann entsprechend 1 EV zurückkorrigiert werden.

Theoretisch sind so auch mit der α100 Aufnahmen mit ISO 3200 und höher möglich. Das Rauschen wäre aber sehr hoch, daher sollte man es bei der Theorie belassen.

Rauschreduzierung mit Softwaretools

Da das Rauschen der α100 ab ISO 400 schon recht deutlich wird, sollte man hier eine Reduzierung per Softwaretools in Betracht ziehen. Auf eine Rauschreduzierung kann man in den meisten Fällen aber verzichten, wenn Bilder im Internet dargestellt oder kleinformatig ausbelichtet werden sollen.

Prinzipiell sollte bei der Bildbearbeitung mit der Rauschentfernung begonnen werden, da Arbeitsschritte wie Schärfen oder auch die Farbkorrektur das Rauschen verstärken. Die Reduzierung des Rauschens ist dabei nicht komplett möglich und geht meist auch mit einem Qualitätsverlust einher. Reduziert man das Rauschen zu stark, leidet die Bildschärfe unter dieser Maßnahme.

Neat Image

Ein sehr gutes Bildbearbeitungsprogramm zur Rauschreduzierung ist Neat Image. Dieses Programm ist schon seit mehreren Jahren auf dem Markt und wurde dabei ständig verbessert. Im Internet steht unter *http://www.neatimage.com* eine Demoversion bereit, die für private Zwecke kostenlos genutzt werden kann.

Man muss hier zwar mit ein paar Einschränkungen leben, aber für den Normalanwender ist der Funktionsumfang durchaus ausreichend. So steht z. B. in dieser Version kein Plug-in zur Verfügung, die Bearbeitung beschränkt sich auf 8-Bit-Formate, und die Stapelbearbeitung ist ebenfalls eingeschränkt auf maximal zwei Schritte.

Für den professionellen Einsatz sollte man zur Pro+-Version greifen, da hier die Bearbeitung im 16-Bit-Format und eine unbeschränkte Stapelverarbeitung möglich ist. Voraussetzung für die Bearbeitung eines Bildes sind die entsprechenden Rauschprofile für die α100. Diese können unter *http://www.neatimage.com/noise-profiles/digital-cameras/Sony/download.html* für alle ISO-Stufen für JPEG- und RAW-Dateien heruntergeladen werden.

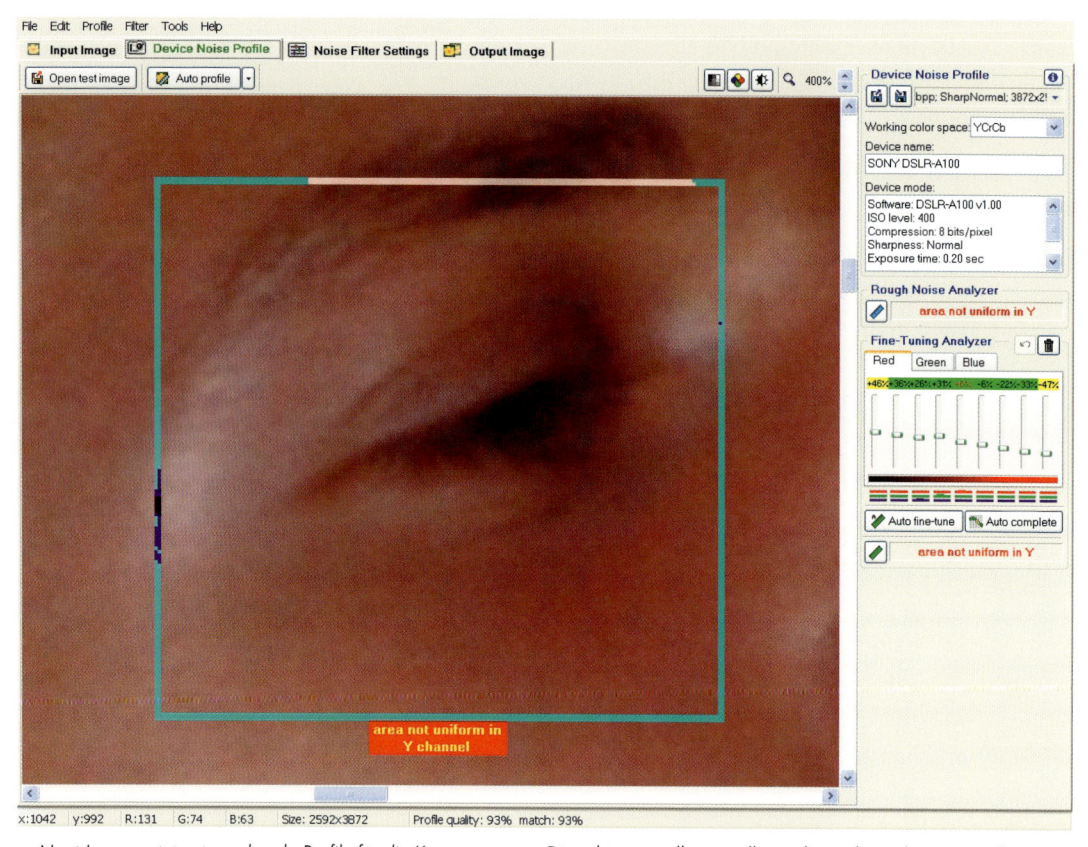

▲ Neat Image setzt entsprechende Profile für die Kamera voraus. Diese können selbst erstellt werden, oder es kann eine allgemeine Version auf der Homepage heruntergeladen werden.

Ist das Rauschprofil berechnet bzw. ausgewählt worden, findet im nächsten Schritt die Rauschreduzierung statt. Hier besteht neben der Einstellung von Helligkeit und Kontrast die Möglichkeit, die Filtereinstellungen sehr fein zu ändern.

Wichtig sind auch die Regler zur Regulierung der Schärfe, um Schärfeverluste durch die Rauschreduzierung zu kompensieren. Eine Überschärfung sollte hierbei aber möglichst vermieden werden.

Helicon Filter

Helicon Filter (www.heliconfilter.com), ursprünglich ein eigenständiges Programm zur Rauschreduzierung von Bilddateien, hat sich im Laufe der Zeit zu einem umfangreichen Bildbearbeitungsprogramm entwickelt. Neben der Rauschreduktion beherrscht das Programm die Korrektur der chromatischen Aberration (Unterdrückung von Farbsäumen) sowie der Verzeichnung und Vignettierung, die Beeinflussung der Bildschärfe, des Kontrasts und der Helligkeit. Farbkorrekturmöglichkeiten sind neben nützlichen Tools wie Skalieren, Beschneiden etc. ebenfalls vorhanden.

Um den Dynamikumfang erhöhen zu können, ist es mit Helicon Filter möglich, mehrere Bilder zu einer Bildversion mit gesteigertem Dynamikumfang zusammenzuführen.

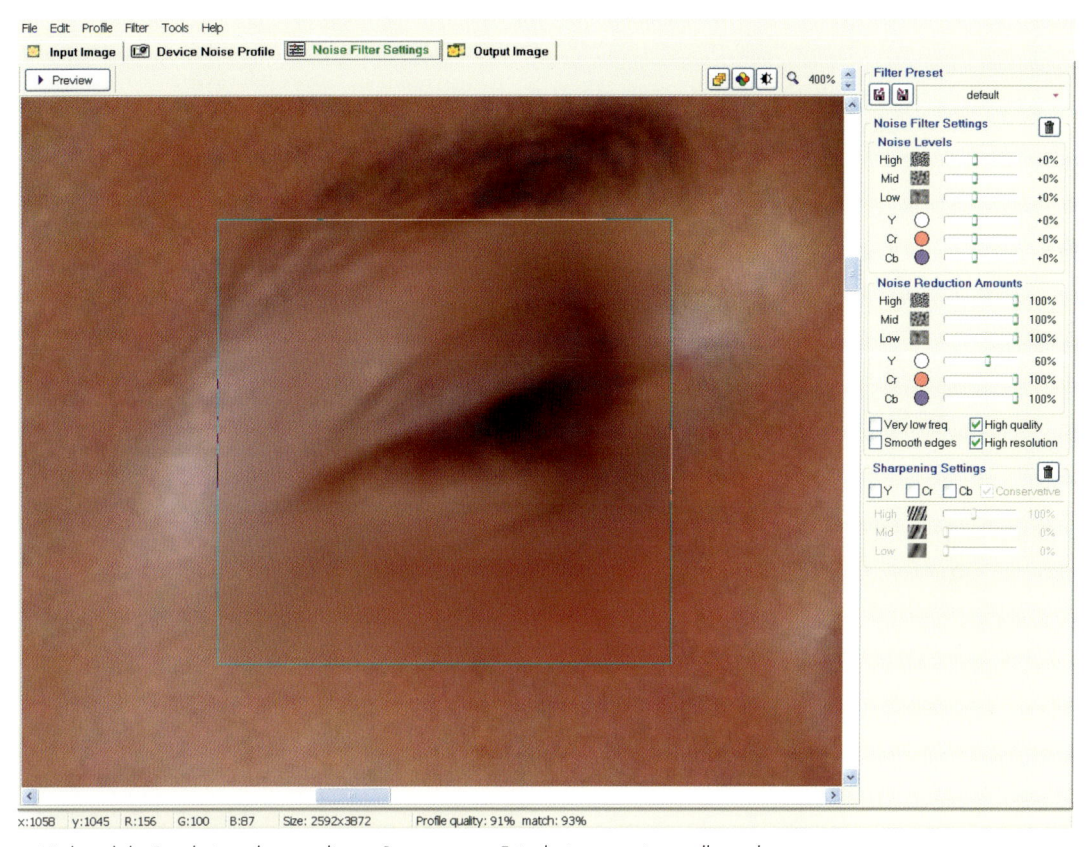

▲ Während der Bearbeitung können diverse Parameter zur Feinabstimmung eingestellt werden.

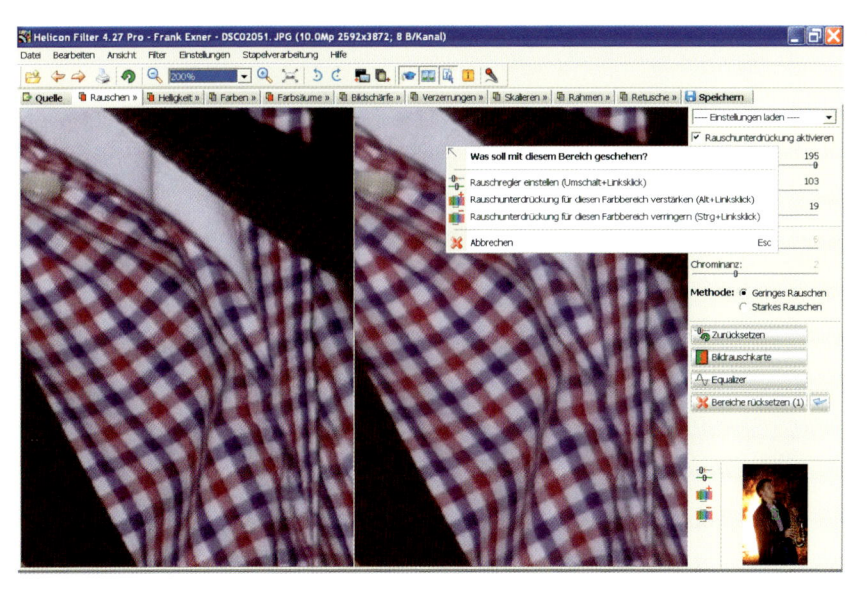

◄ Bestimmte Bereiche im Bild können speziell angepasst werden. Hierzu dient die selektive Rauschreduzierung.

ISO-Einstellungen

▲ Rauschreduziertes Bild mithilfe von Helicon. Die dabei auch entstehende leichte Unschärfe wirkt sich positiv auf Porträts aus.

Diese erweiterten Funktionen stehen aber erst mit Registrierung und Erwerb der Home- bzw. Pro-Variante zur Verfügung. Ansonsten kann die Freeversion uneingeschränkt kostenlos genutzt werden.

Zunächst sollte man das Arbeitsfeld in zwei Bereiche unterteilen. Hierzu drückt man [Strg]+[F2]. Ein direkter Vergleich zwischen Ausgangsbild und Ergebnis der Rauschreduzierung ist so am besten möglich. Um das Rauschen richtig beurteilen zu können, wählt man als Zoomfaktor 100 %.

Nun klickt man das Register *Rauschen* an. Das Programm berechnet ein rauschreduziertes Bild und stellt es im rechten Fenster dar. Es empfiehlt sich, nun mit eventuell notwendigen Arbeitsschritten vorzufahren und die entsprechenden Register anzuwählen. Erst mit Abschluss aller Arbeiten kann versucht werden, das Rauschen im Register *Rauschen* weiter zu reduzieren.

▲ Originalaufnahme mit ISO 400 und 100-%-Ausschnitt.

Helicon ist ebenfalls in der Lage, das Bildrauschen selektiv, also nur für bestimmte Bereiche, zu reduzieren. Da durch das Herausrechnen der Rauschanteile auch Informationen in Bildbereichen verloren gehen, in denen das Rauschen weniger stark auffällt, kann hier die Rauschreduzierung vermindert und in anderen Bereichen verstärkt werden.

So kann z. B. bei Bildern mit einem größeren Himmelanteil das Rauschen im Himmel reduziert werden, während Bereiche im Vordergrund weniger stark einer Rauschminderung unterzogen werden und somit kleinste Strukturen erhalten bleiben.

◀ Spezielle Filtereinstellungen erlauben es, das Rauschen selektiv in einzelnen Farbkanälen unterschiedlich stark zu reduzieren. Hier ist die Einstellung Clear blue sky only aktiv.

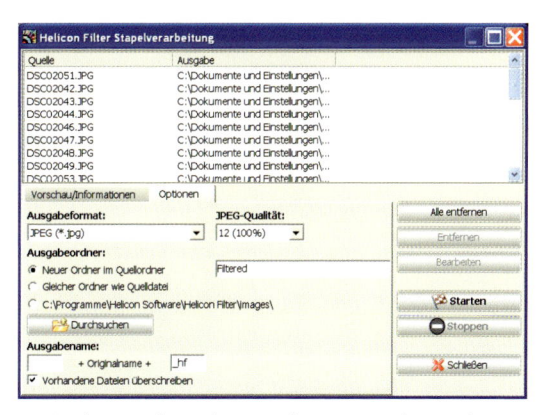

▲ Mit der Stapelverwaltung ist die automatische Bearbeitung mehrerer Dateien möglich.

Hierfür stehen vordefinierte Filtereinstellungen wie *Clear blue sky only* (Rauschverminderung im klaren Himmelbereich) zu Verfügung.

Ist der Equalizer eingeschaltet, kann man die Farbkanäle auch von Hand festlegen. Wie stark die Rauschunterdrückung wirkt, kann man sich mithilfe der Rauschkarte ansehen.

Die Intensität der Rotfärbung gibt den Grad der Entrauschung an. Helicon Filter erlaubt die Speicherung aller Einstellungen und die Übertragung auf andere Bilddateien. Außerdem können in der Home- und der Pro-Variante mehrere Dateien in einer Stapelverwaltung nacheinander automatisch bearbeitet werden.

Zudem integriert sich Helicon automatisch als Plug-in in vorhandene Bildbearbeitungsprogramme wie Photoshop, Corel PHOTO-PAINT u. a, wenn man die Pro-Version besitzt. Andersherum erlaubt auch Helicon Filter das Einfügen von externen Plug-ins.

Eine interessante Homepage zu diesem Thema mit zahlreichen kostenlosen Plug-ins findet man im Internet unter *http://www.thepluginsite.com/*. Beachten sollte man hier, dass 16-Bit-Dateien nur mit Plug-ins genutzt werden können, die das Format unterstützen. Falls das Plug-in den 16-Bit-Modus nicht unterstützt, muss vorab die Bilddatei in das 8-Bit-Dateiformat umgewandelt werden.

5.17 Geschickt auf wenig Licht einstellen

Nicht selten kommt es vor, dass die Lichtverhältnisse eingeschränkt sind und das interne Blitzgerät der α100 bzw. selbst ein leistungsstärkeres externes Blitzgerät nicht genügend Leistung erbringen, um die Szene entsprechend auszuleuchten. In diesen Fällen ist man gezwungen, mit dem vorhandenen Licht auszukommen und andere Wege zu einer korrekten Belichtung zu gehen.

▲ Ein Blitzgerät wäre in dieser Situation nicht sinnvoll gewesen, da es zu lokalen Überstrahlungen gekommen wäre. Hier muss vorsucht werden, mit möglichst lichtstarken Objektiven und mit ISO-Wertanpassung zu arbeiten.

Um das Restlicht bei geringer Lichtintensität nutzen zu können, ist es notwendig, den Sensor hierfür stärker zu sensibilisieren. Die empfangenen Signale müssen intensiver verstärkt werden. Erreicht wird diese Verstärkung durch Anhebung des ISO-Werts. Leider wird auch das Rauschen mit verstärkt, sodass immer ein Kompromiss zwischen Empfindlichkeit und Rauschvermögen gefunden werden muss.

Generell kann man sagen, dass Werte bis ISO 400 problemlos gewählt werden können. Steht jedoch wenig Licht zur Verfügung, wird selbst dieser Wert nicht ausreichen. Dies trifft besonders dann zu, wenn es sich um bewegte Motive handelt oder die Schärfentiefe durch eine möglichst kleine Blende maximiert werden soll. ISO 800 kann unter Umständen bei Motiven eingesetzt werden, bei denen das Rauschen durch die Struktur des Motivs weniger stark auffällt. Vor dem Einsatz von ISO 1600 sollten zuvor unbedingt Testaufnahmen gemacht werden. Zur Überprüfung kann das Display der α100 bei starkem Hineinzoomen genutzt werden, wobei aber eine Beurteilung am PC-Monitor sinnvoller ist.

▲ Mit dem Funktionsrad wählt man die Option ISO und drückt dann die Funktionstaste, um ins Menü zur ISO-Wahl zu gelangen.

Bei unbewegten Motiven, z. B. Landschaftsaufnahmen, ist es nicht immer sinnvoll, den ISO-Wert zu erhöhen, auch wenn wenig Licht zur Verfügung steht.

Professionelle Belichtung

▲ Dieses nachträglich im Vordergrund stark aufgehellte Bild wurde bei ISO 400 aufgenommen. In diesem Format stellt das damit verstärkte Rauschen noch kein Problem dar. Hingegen ist in folgendem vergrößertem Bildausschnitt das Rauschen deutlich zu erkennen.

▼ In diesem Bildausschnitt des vorigen Bildes ist das Rauschen doch recht deutlich zu erkennen. Die eingestellten ISO 400 stellen bezüglich eines nachträglichen Aufhellens nicht genügend Potenzial bereit. ISO 100, eventuell noch 200, wären in diesem Fall geeigneter gewesen.

Hier ist es angebrachter, ein Stativ zu benutzen, um Verwacklungsunschärfe zu vermeiden und längere Belichtungszeiten zu wählen. In diesem Fall sollte möglichst ISO 100 eingestellt werden, um das Rauschen so gering wie möglich zu halten. Somit erhält man auch bei zu dunklen Schattenpartien oder generell unterbelichteten Bildern die Möglichkeit, das Bild aufzuhellen, ohne damit das Rauschen unnötig zu verstärken.

Stative nutzen

Von den Vorteilen, die Stative bieten, sollte man sich, will man ernsthaft in das Gebiet der Fotografie einsteigen, frühzeitig überzeugen. Der Super Steady-Shot der α100 bietet zwar ziemlich große Reserven, was das verwacklungsfreie Fotografieren aus freier Hand betrifft. Aber auch hier sind Grenzen gesetzt.

Der Vorteil von Stativen liegt vor allem aber auch darin, dass eine sorgfältige Bildkomposition möglich wird. Längere Belichtungszeiten stellen kein Problem mehr dar.

Lichtstarke Objektive

Bei Lichtknappheit sind neben den vorgenannten Möglichkeiten natürlich auch lichtstarke Objektive von hohem Nutzen. Zum Beispiel sind nicht immer Blitzgeräte erlaubt, und auch ein Stativ kann nicht überall aufgebaut werden – denkt man hier nur an Museen oder Kirchen. Auch bei sportlichen Wettkämpfen in der Halle ist es teilweise ebenfalls verboten, den Blitz zu verwenden, da die Gefahr des Blendens besteht. Hier lassen sich sicher eine Menge Beispiele finden, in denen lichtstarke Objektive einfach das Mittel der Wahl sind. Als lichtstark werden

▼ Der Einsatz von lichtstarken Objektiven bietet sich neben dem Freistellen mit geringer Schärfentiefe auch für Aufnahmen in Situationen mit geringem Umgebungslicht an. Hier ist das Minolta-Objektiv 1:1,7/50mm an der α100 dargestellt. Der Einsatz von Minolta- bzw. Konica Minolta-Objektiven ist an der α100 ohne Weiteres möglich.

Die obere Aufnahme (jeweils Ausschnittsvergrößerungen) wurde mit ISO 200, die untere mit Hi200 aufgenommen. Man kann hier eine etwas bessere Differenzierung bei den Tonwerten erkennen.

Objektive bezeichnet, die im Normal- bzw. Weitwinkelbereich die Anfangsöffnung von 1:2,8 besitzen. Im Telebereich, in dem der Materialaufwand erheblich höher ist, kann man Objektive mit der Anfangsblende von 1:4,0 bereits als lichtstark bezeichnen. In Kapitel 4 wird hierauf genauer eingegangen.

Zonenwahl: Highkey- bzw. Lowkey-Aufnahmen

Spezialitäten bei der ISO-Wahl sind die Optionen Lo80 und Hi200. Diese beiden Einstellungen wurden speziell für Aufnahmen mit wenigen Kontrasten entwickelt. Zum Beispiel ist die Option Lo80 für dunkle Motive (siehe Abbildungen auf der gegenüberliegenden Seite) vor einem dunklen Hintergrund und Hi200 für weiße Motive vor einem hellen Hintergrund geeignet. Die ISO-Werte liegen, wie die Namen schon vermuten lassen, bei ISO 80 (Lo80) und ISO 200 (Hi200). Die dunklen bzw. hellen Tonwerte werden nun feiner abgestuft. Da die α100 hier die Kontraste selbst beeinflusst, werden die vorgenommenen Einstellungen im Kontrastmenü deaktiviert. Im Lo80-Modus wird zudem das Bild etwas stärker belichtet und die Gradationskurve abgesenkt, um etwas mehr Zeichnung in den Schatten zu erhalten. Andersherum im Hi200-Modus. Hier wird die Aufnahme etwas knapper belichtet und die Gradationskurve angehoben, um auch in den hellen Bereichen mehr Feinheiten hervorzubringen.

5.18 Farbmodi im Praxiseinsatz (DEC)

Die α100 stellt im Menü *Farbmodus* zunächst Voreinstellungen für den Kontrast, die Farbsättigung und die Schärfe bereit. Diese können jeweils in Einerschritten von −2 bis +2 eingestellt werden. Man sollte sich nicht von der Bezeichnung „Farbmodus" irritieren lassen. Diese ist hierfür weniger zutreffend. Im Folgenden wird dann auf die zur Verfügung stehenden Farbmodi eingegangen, die ebenfalls über dieses Menü erreichbar sind.

▲ *Menü zur Einstellung der Farbmodi, der Helligkeit, der Farbsättigung, der Bildschärfe sowie mehrerer Bildstile.*

Ein paar Ausnahmen sind hierbei zu beachten: Der Kontrast wird bei Verwendung des Zonenabgleichs bei Einstellung von ISO Lo80 und Hi200 auf null zurückgesetzt. Eine Änderung des Werts ist hier nicht möglich. Ist der Schwarz-Weiß-Modus (BW) gewählt worden, ist die Veränderung der Farbsättigung nicht möglich.

Kontrastvoreinstellung

Mit dem Schieberegler *Kontrast* ist es möglich, eine Kontrastvoreinstellung vorzunehmen. Eine Verringerung des Kontrasts kann sinnvoll sein, wenn Über- bzw. Unterbelichtungen auftreten. So kann verhindert werden, dass Informationen in hellen bzw. dunklen Bildbereichen zu stark verloren gehen. Eine Erhöhung des Kontrasts kann notwendig werden, wenn es sich um kontrastarme Bilder handelt.

▲ Kontrast +2.

▲ Standard.

▲ Kontrast -2.

Voreinstellung der Farbsättigung

Die Farbintensität lässt sich an der α100 ebenfalls vorwählen. Verschiebt man den Regler nach links, ergibt das abgeschwächte Farben.

Im rechten Bereich erhält man dagegen eine Verstärkung der Farben. Sinnvoll ist hier eine Veränderung meist nur, wenn man die Bilder im Nachgang ohne Bildbearbeitung weiterverwenden will.

▲ Farbsättigung -2.

▲ Standard.

▲ Farbsättigung +2.

Voreinstellung der Schärfe

Die ohnehin intern durchgeführte Schärfung kann mit dem dritten Schieberegler beeinflusst werden. Die

Schärfung wird dabei durch Minderung bzw. Verstärkung der Tonwerte an Kanten durchgeführt.

▲ Schärfe -2.

▲ Standard.

▲ Schärfe +2.

Farbmodi im Praxiseinsatz (DEC)

Bildbeeinflussung nur im JPEG-Format

Sämtliche Einstellungen wirken sich natürlich nur auf das JPEG-Format aus. Das Rohdatenformat RAW bleibt von den Änderungen unbetroffen.

Im Gegensatz zum JPEG-Format können diese Einstellungen bis auf Bildstilvarianten wie Porträt oder Landschaft etc. noch nachträglich im Image Data Converter SR verändert werden.

Ist erst einmal ein JPEG-Bild im Modus *Schwarz/Weiß* aufgenommen worden, ist es nicht mehr möglich, die Farbinformationen zurückzuerlangen.

Bildstile einsetzen

Im Menü *Farbmodus* sind nun zusätzlich mehrere Bildstile verfügbar. Diese leicht zu übersehenden Optionen finden sich in der oberen Menüzeile. Durch Links- und Rechtsdrücken des Navigationsrings können folgende Stile gewählt werden:

- Standard
- VIVID (Lebhaft)
- Porträt
- Landschaft
- Sonnenuntergang
- Abendszene
- Schwarz/Weiß

Diese Bildstile dienen vorwiegend der Verwendung in den Szenenprogrammen. Aus folgender Darstellung kann man die Zuordnung entnehmen:

Szenenprogramm	Bildstil
Abendszene/Porträt	Abendszene
Sonnenuntergang	Sonnenunterang
Sportaktion	Standard
Makro	Standard
Landschaft	Landschaft
Porträt	Porträt

Zusätzlich kann in diesem Menü noch der Adobe RGB-Farbraum eingestellt werden. Auf diesen wird in Kapitel 10 besonders eingegangen.

Besonderer Bildstil: Graustufenbilder

Ist man sich sicher, dass man seine Bilder ausschließlich im Schwarz/Weiß-Format aufnehmen möchte, kann man die Option „BW" benutzen. Man sollte sich aber dessen bewusst sein, dass die fehlenden Farbinformationen nicht mehr zurück gewonnen werden können.

Eine nachträgliche Umwandlung eines JPEG- oder besser eines RAW-Bildes bieten die gleichen Möglichkeiten zur Umwandlung in eine Schwarz-Weiß-Aufnahme. Die Originaldatei kann aber für die weitere Verwendung separat gespeichert werden.

Bildstile in den Kreativprogrammen

Generell können in den Programmen P, A, S und M sämtliche Bildstile frei gewählt werden, während sie in den Szenenprogrammen gesperrt sind. In den Szenenprogrammen sind die Einstellungen für Kontrast, Farbsättigung und Schärfe ebenfalls nicht veränderbar.

Bildstile im Image Data Converter SR anwenden

Neben der Einstellung der Bildstile an der α100 ist die nachträgliche Veränderung im RAW-Konverter Image Data Converter SR möglich. Dieser Konverter wurde zwar speziell für die Sony-Kamera Cybershot R1 entwickelt, bietet aber trotzdem ähnliche Einstellungsmöglichkeiten wie das Menü der α100. In Kapitel 7 wird hierauf noch genauer eingegangen.

5.19 Bildrauschen

Was ist unter Bildrauschen zu verstehen?

Die einzelnen Pixelsensoren der α100 messen die Helligkeit des durch das Objektiv einfallenden Lichts. Diese analogen Informationen werden durch den Analog-Digital-Wandler digitalisiert. Bei dem gesamten Umsetzungsvorgang entstehen nicht nur Nutzsignale, sondern es werden auch Störungen erzeugt. Diese Störungen werden „Rauschen" genannt. Die Packungsdichte dieser Sensoren ist bei der α100

▲ Im RAW-Konverter, wie hier im Image Data Converter SR, können nachträglich Bildstile und diverse andere Optionen eingestellt werden.

verhältnismäßig hoch. Starke Packungsdichten verursachen meist stärkeres Rauschen.

▲ ISO-Rauschen, wie hier bei ISO 1600 mit der α100, führt neben einem pixeligen Bild auch zu Bildunschärfe. Aus diesem Grund sollte der ISO-Wert möglichst gering gehalten werden.

Bildrauschen macht sich vor allem in dunklen Bereichen bemerkbar. Verrauschte Bilder erkennt man hauptsächlich an mehr oder weniger starkem verschiedenfarbigem „Grieseln". Zusätzlich wird die Schärfe negativ beeinflusst. Das Rauschverhalten an der α100 kann aber im Bereich von ISO 100 bis ISO 400 als gut bezeichnet werden.

Erhöht man den ISO-Wert, verstärkt die Kamera das Eingangssignal. Es steigt der Signal-/Rauschabstand an, und damit nimmt das Rauschen zu. Das heißt, die Eingangssignalverstärkung erhöht auch automatisch immer das Rauschen.

Eine weitere Quelle für Störungen ist das thermische Rauschen. Hierbei entstehen durch Temperatureinflüsse Ladungen an den Sensoren, die den Signal-/Rauschabstand ebenfalls beeinflussen. Zusätzlich besteht auch immer ein Grundrauschen, was die untere Empfindlichkeit begrenzt. Das Grundrauschen steigt mit der Temperatur. Es verdoppelt sich etwa alle 10 Kelvin.

▼ Wenn man mit stärkeren Teleobjektiven fotografiert, bietet es sich an, den ISO-Wert zu erhöhen, um eine kürzere Belichtungszeit zu erhalten. Leider nimmt man damit wie in diesem Beispiel bei ISO 1600 stärkeres Rauschen in Kauf. Wenn man die Bilder vergrößert, stellt man dann zusätzlich fest, dass Bilddetails verloren gehen und die Schärfe zu wünschen übrig lässt.

Man kann das Rauschen mit der Körnung von Filmmaterial vergleichen. Ein ISO 100-Film besitzt so gut wie keine sichtbare Körnung, dagegen hat ein ISO 1600-Film schon eine sehr markante Körnung, die zum Bildcharakter beitragen kann und in einigen Fällen sogar gewünscht ist, um bestimmte Bildwirkungen zu erzielen.

5.20 Belichtungskorrektur der α100 im Detail

Weicht die mittlere Helligkeit im Motiv vom Normwert (18 % Grauwert) ab, wird eine manuelle Belichtungskorrektur notwendig. Dies trifft auf großflächige weiße oder schwarze Bereiche, wie Schnee oder Schatten, im Motiv zu.

▲ Schnell einstellbare Belichtungskorrektur mittels Taste +/− und Einstellrad.

▲ Die Belichtungsautomatik hat sich von dem großen Weißanteil im Motiv täuschen lassen. Das Weiß erscheint grau.

▲ Korrigiert man die Belichtung um ca. +1 EV, erscheint der Schnee weiß.

Hier muss korrigierend eingegriffen werden, sonst erscheint z. B. der Schnee auf dem Foto nicht weiß, sondern grau.

Die α100 bietet die Möglichkeit, die Belichtung im Bereich von −2 bis +2 EV (Blendenwerten) manuell in 1/3-Stufen anzupassen. Hierzu betätigt man die Taste +/− und wählt über das Einstellrad die gewünschte Korrektur aus.

Diese Einstellung bleibt bei einem Wechsel zwischen den Programmen A, S und P vorhanden. Im Automodus bzw. in den Motivprogrammen der α100 kann jeweils ebenfalls eine Korrektur gewählt werden, die aber bei Programmwechseln nicht mit übernommen wird.

Belichtungskorrekturskala

Im manuellen Modus (M) kann die Belichtungskorrekturskala dazu genutzt werden festzustellen, wie stark die selbst vorgenommene Belichtungseinstellung vom durch die Kamera ermittelten Wert abweicht. Eine weitere interessante Möglichkeit bietet sich im Zusammenspiel von Belichtungskorrekturskala, AEL-Taste und manuellem Modus an. Drückt man diese Taste, wird der vom Belichtungsmesser erkannte Belichtungswert als Standardwert abgespeichert (0 EV).

Verschiebt man nun die Kamera, kann die im Spotmesskreis ermittelte Belichtung auf der Belichtungskorrekturskala mit der gespeicherten Belichtung verglichen werden.

▲ *Im manuellen Belichtungsmodus sind bei gedrückter AEL-Taste der gespeicherte und der im Spotmesskreis gemessene Belichtungswert auf der Korrekturskala sichtbar.*

Hiermit eröffnet sich die Möglichkeit, Motivkontraste festzustellen bzw. zu überprüfen, welche Motivbereiche genau dem gespeicherten Wert entsprechen.

Bei Abweichungen von über bzw. unter 2 EV erscheint ein Pfeil am Ende der Skala.

5.21 Tonwertkorrektur für mehr Kontrast

Die Tonwertkorrektur dient der Optimierung von Helligkeit und Kontrast im Bild. Flaue, kontrastlose Aufnahmen oder Aufnahmen mit großen zu dunklen oder zu hellen Bereichen können nachträglich per Bildbearbeitung korrigiert werden.

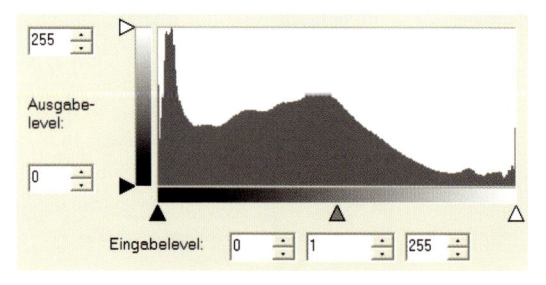

▲ *Histogramm zur Tonwertkorrektur.*

Tonwerte und ihre Bedeutung

Die α100 kann 256 Tonwerte je Farbkanal verarbeiten. Die Tonwerte geben die Helligkeit der einzelnen Pixel wieder. Das heißt, der hellste Punkt im Bild wird mit der Zahl 255 (rechts im Histogramm) dargestellt und der dunkelste mit der Zahl 0 (links im Histogramm). Die Intensität des einzelnen Tonwerts wird über die Höhe der Balken wiedergegeben.

Beeinflussung der Farbwerte

Da in den einzelnen Tonwerten jeweils die drei Farbkanäle Rot, Blau und Grün vorhanden sind, und das in unterschiedlich starker Intensität, beeinflusst die Tonwertkorrektur auch diese Farbkanäle unterschiedlich, was zu Farbveränderungen bzw. Farbstichen führen kann. Das gilt es also bei der Tonwertkorrektur ebenfalls zu beachten.

Kontrastlose Aufnahmen verbessern

Ist es notwendig, den Kontrast aufgrund eines relativ kontrastarmen Fotos zu erhöhen, bietet es sich an, zunächst die Automatikfunktion des jeweiligen Bildbearbeitungsprogramms zu nutzen. Stellt man fest, dass die *Auto-Tonwertkorrektur* mit anschließender *Auto-Farbkorrektur* unbefriedigende Ergebnisse erzielt, ist der manuelle Eingriff notwendig.

Kontrastlose Aufnahmen sind dadurch gekennzeichnet, dass der Hauptanteil an Tonwerten in der Mitte des Histogramms verteilt ist. Dem Bild fehlen also die schwarzen und hellen Tonwerte. Um den Kontrast zu erhöhen, zieht man nun den schwarzen Regler bis zum linken Anfang der Kurve und den weißen bis zum Ende der Kurve auf der rechten Seite.

Bei Bedarf kann noch die Farbsättigung erhöht werden, um die Leuchtkraft der Farben zu verbessern.

5.22 Farbtonkorrektur gegen Farbstich

Im Ergebnis der Tonwertkorrektur kann es zu übersättigten Farben bzw. Farbstichen kommen. Um diesen

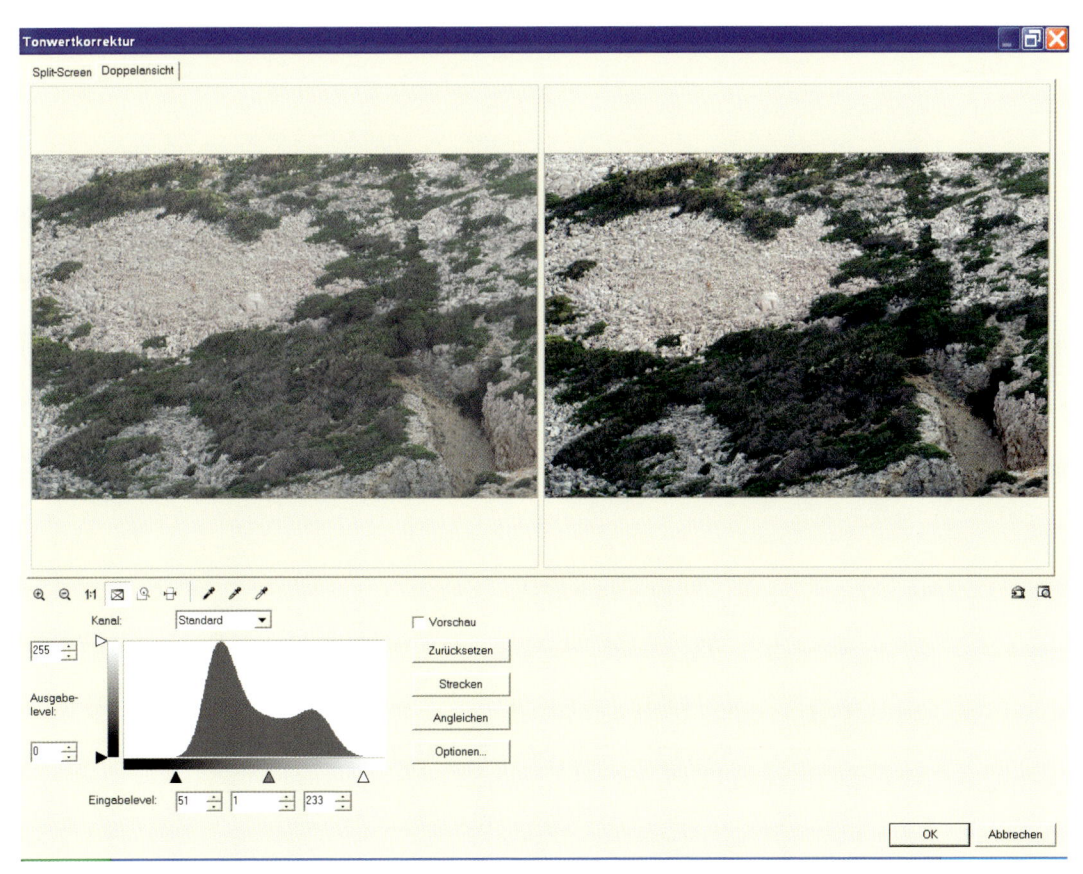

▲ *Bearbeitungsfenster Tonwertkorrektur.*

Effekt auszugleichen, wählt man das Bearbeitungsfenster *Farbton und Sättigung*.

Negative Werte für die Sättigung ergeben eine Minderung zu starker Farben. Sind weitere Farbkorrekturen notwendig, kann man diese mit dem Schieber für den Farbton vornehmen.

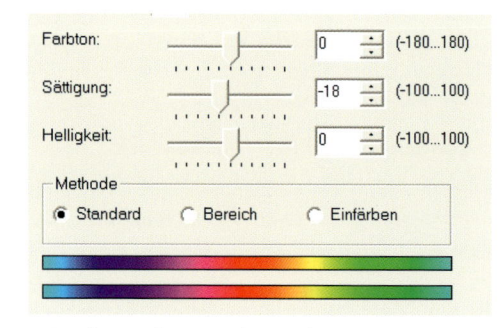

▲ *Bearbeitungsfenster Farbton und Sättigung.*

Professionelle Belichtung

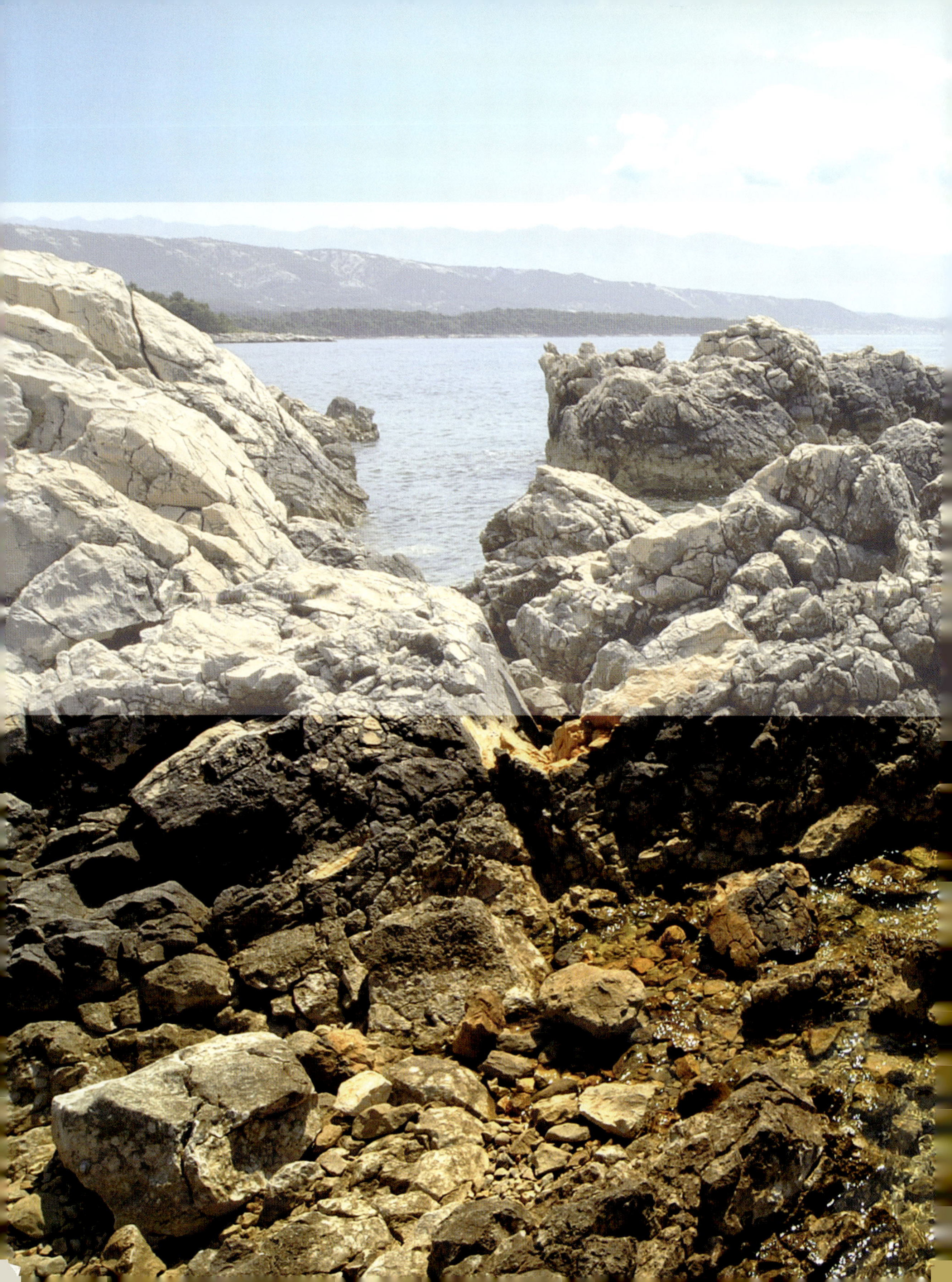

Benutzerdefinierte Einstellungen

In diesem Kapitel werden ausgewählte Benutzereinstellungen erläutert. Zu jeder Einstellung werden im Laufe der Jahre gesammelte persönliche Empfehlungen gegeben.

6

6.1 Tipps zu ausgewählten Individualfunktionen der α100

Die Struktur zur Bedienung der α100 lässt sich sehr einfach und intuitiv erfassen. Schon nach recht kurzer Zeit ist man mit den wichtigsten Funktionen vertraut. Zudem lässt sich die α100 an die Belange des Fotografen anpassen. Hierfür stehen unter anderem zwei Benutzermenüs zur Verfügung. Im Folgenden geht es um ein paar Empfehlungen, die die Bedienung noch weiter erleichtern können.

6.2 Benutzermenü (1)

Prior.einstlg.

Hier geht es um die Auslösepriorität, d. h., wann die α100 den Verschluss auslöst. Als Standard ist hier AF eingestellt. In diesem Fall löst die Kamera nur aus, wenn sie die Schärfe bestätigen kann. Diese Einstellung ist sinnvoll, wenn man gerade erst in die Fotografie eingestiegen ist oder einfach nur scharfe Fotos haben möchte. Die α100 garantiert so, dass ein vorzeitiges Auslösen vermieden wird. Beschäftigt man sich aber intensiver mit der Fotografie, möchte man selbst entscheiden, wann ausgelöst wird. In diesem Fall wählt man *Auslöser* als Option.

Einstellung	Wirkung
AF	Es wird nur bei Schärfebestätigung ausgelöst.
Auslöser	Sobald der Auslöser voll durchgedrückt wird, löst die Kamera aus.

Einstellrad

Da die α100 nur über ein Einstellrad verfügt und man wählen kann, ob die Blende oder die Belichtungszeit durch Drehen des Einstellrads verändert wird, sollte man überlegen, welche Funktion bevorzugt wird. Dies ist wichtig für Fotografen, die oft mit der Programmautomatik arbeiten. Auch für den manuellen Modus trifft dies zu. Aber da beide Werte, die Verschlusszeit und die Blende, eingestellt werden müssen, ist das hier weniger entscheidend.

Einstellung	Wirkung
Verschls.zeit	Mit dem Einstellrad wird die Verschlusszeit eingestellt.
Blende	Mit dem Einstellrad wird die Blende eingestellt.

AF-Hilfslicht

Die α100 besitzt zur Unterstützung des Autofokus die Möglichkeit, den internen Blitz zu nutzen. Stroboskopartig wird mit diesem Blitz das Objekt beleuchtet. Hat man einen externen Blitz auf dem Blitzschuh der α100, wird das rote Linien erzeugende Hilfslicht eingeschaltet. Die Projektion dieser Linien wirkt nicht ganz so unangenehm wie das Stroboskopgewitter des internen Blitzes.

Ist diese Unterstützung nicht gewünscht, kann sie abgeschaltet werden

Einstellung	Wirkung
Ein	Das Hilfslicht wird über den internen Blitz bereitgestellt. Ist ein externer Blitz vorhanden, wird das Hilfslicht dieses Blitzes genutzt.
Aus	Das Hilfslicht wird nicht genutzt.

6.3 Benutzermenü (2)

Auslösesperre

Die α100 besitzt eine Auslösesperre, falls kein Objektiv angesetzt wurde. Damit wird verhindert, dass der Sensor bei zufälligem Auslösen während des Objektivwechsels mit der Umgebung in Verbindung kommt.

Dabei könnten sich Staubpartikel auf dem Sensor festsetzen. In einigen Fällen kann es aber notwendig werden, diese Sperre aufzuheben, z. B. wenn Adapter zum Einsatz kommen, die die Datenübermittlung nicht unterstützen.

Hat man die Sperre deaktiviert, können nun auch Teleskope oder Objektive in Umkehrstellung genutzt werden.

Einstellung	Wirkung
Ein: K. Obj.	Ist kein Objektiv an der α100 angeschlossen, wird das Auslösen verhindert.
Aus: K. Obj.	Sobald der Auslöser voll durchgedrückt wird, löst die Kamera aus.

AF-Feld-Setup

Die Beleuchtung des jeweils scharf gestellten Messfelds ist standardmäßig auf 0,3 Sekunden gesetzt. Da dies doch recht kurz ist, wird hier empfohlen, die Einstellung auf 0,6 Sekunden zu erhöhen.

Die Anzeige kann auch abgeschaltet werden. In diesem Fall werden weiterhin beim Drücken der Spotautofokustaste oder bei Wahl des Messfelds über den Navigationsring die entsprechenden Messfelder beleuchtet.

Einstellung	Wirkung
0,6 s Anzeige	Das Messfeld erscheint 0,6 Sekunden in der Farbe Rot.
0,3 s Anzeige	Das Messfeld erscheint 0,3 Sekunden in der Farbe Rot.
Anzeige aus	Das scharf stellende Messfeld wird nur dann beleuchtet, wenn die AF-Spot-Taste bzw. der Navigationsring betätigt wird.

6.4 Einstellungsmenü (1)

LCD-Helligk.

Je nach Umgebungshelligkeit kann es notwendig werden, die Helligkeit des LCD-Displays anzupassen. Im Normalfall kann man trotz des brillanten Displays die Helligkeit auf Maximum (*Hoch*) einstellen, um auch bei starkem Sonnenschein das Display gut ablesen zu können. Nur im Dunkeln ist es notwendig, die Helligkeit zu reduzieren, da es sonst zu Blendungen kommen kann.

Übertrag.modus

Sollte man die Möglichkeit nutzen, die Datenübertragung per USB-Kabel direkt von der α100 zum Computer bzw. Drucker durchzuführen, müssen zwei Optionen beachtet werden.

Die Standardeinstellung *Mass Storage* ist für das Kopieren der Bilddateien die richtige Einstellung. Die α100 verhält sich wie ein Wechseldatenträger und wird vom Computer als solches erkannt.

Möchte man hingegen mit der α100 direkt auf einem PictBridge-kompatiblen Drucker ausdrucken, muss die Einstellung *PTP* genutzt werden.

> **PictBridge**
> Bei PictBridge handelt es sich um einen Standard, der es erlaubt, direkt von der Kamera auf einen Drucker zu drucken. Der Standard existiert seit 2003 und ist herstellerunabhängig. Der Umweg über den Computer und die Bildbearbeitung bzw. -verwaltung ist hier nicht notwendig. Unter *http://www.cipa.jp/pictbridge/* kann eine Liste mit kompatiblen Druckermodellen eingesehen werden.

Zu beachten ist allerdings, dass RAW-Dateien nicht ausgedruckt werden können.

Einstellung	Wirkung
Mass Storage	Modus zum Kopieren der Bilddateien auf den Computer per USB-Kabel. Auch wichtig bei der Durchführung eines Updates.
PTP	Einstellung zum direkten Drucken an einen PictBridge-kompatiblen Drucker.

Tonsignale

Recht unprofessionell ist die Standardeinstellung im Menüpunkt *Tonsignale*. Nicht nur, dass es in vielen Situationen, wie z. B. in der Wildtierfotografie, störend wirkt, es ist auch in einigen Situationen für die meisten Fotografen peinlich, wenn die Kamera zu piepen anfängt. Da die Schärfe zudem im Sucher über die Fokusanzeige bestätigt wird, kann man diese Funktion ohne Weiteres abschalten.

Einstellung	Wirkung
Ein	Signaltöne sind eingeschaltet.
Aus	Signaltöne sind abgeschaltet.

6.5 Einstellungsmenü (2)

CCD Reinigen

Erkennt man auf den Aufnahmen, dass sich Staub auf dem Sensor befindet, ist es nicht immer gleich notwendig, eine komplette Sensorreinigung durchzuführen. Zum einen führt die α100 bei jedem Abschalten der Kamera ein Schütteln des Sensors durch, um Schmutzpartikel zu entfernen. Benutzt man nun die Funktion im Einstellungsmenü (2), wird der Sensor mit einer höheren Frequenz bewegt, was nochmals die Chance erhöht, dass der Schmutz beseitigt werden konnte. Hilft auch das nichts, muss eine komplette Sensorreinigung durchgeführt werden, wie im letzten Kapitel des Buches beschrieben wird.

6.6 Aufnahmemenü (1)

Sofortwiedergabe

Die Kamera ist so voreingestellt, dass nach der Aufnahme für 2 Sekunden das Bild auf dem Display erscheint. Um sich einen ersten Eindruck von der Aufnahme zu verschaffen, ist dies meist zu kurz. Es wird empfohlen, hier die maximal möglichen 10 Sekunden einzustellen. Unterbrochen werden kann die Anzeige jederzeit durch Antippen des Auslösers.

Trotz der Einstellung auf automatisches Drehen bei Hochformataufnahmen wird bei der Sofortwiedergabe das Bild nicht gedreht, was auch sinnvoll ist, da man die Kamera ja bereits im Hochformat hält und so die Aufnahme besser überprüfen kann.

Einstellung	Wirkung
10 Sekunden	Das Bild wird 10 Sekunden dargestellt.
5 Sekunden	Das Bild wird 5 Sekunden dargestellt.
2 Sekunden	Das Bild wird 2 Sekunden dargestellt.
Aus	Es erfolgt keine Sofortbildwiedergabe.

Während der Sofortwiedergabe kann durch Drücken der Papierkorbtaste das Bild gleich wieder gelöscht werden.

Rauschvermind.

Um das Rauschen bei längeren Belichtungszeiten als einer Sekunde zu vermindern, nimmt die α100 zusätzlich ein Dunkelbild gleicher Belichtungszeit auf. Softwaretechnisch wird dieses Bild dann vom tatsächlichen Bild abgezogen. Diese Einstellung ist sehr effektiv und sollte beibehalten werden.

Darauf achten sollte man in diesem Zusammenhang, dass im Menü *Bildfolge* nicht die Serienbild- bzw. Serienreihenaufnahmefunktion ausgewählt wurde, da hier die Rauschminderung inaktiv ist.

Einstellung	Wirkung
Ein	Die Rauschminderung ist ab einer Sekunde Belichtungszeit aktiv.
Aus	Rauschminderung inaktiv.

Eye-Start-AF

Hinter dem Begriff *Eye-Start-AF* verbirgt sich die kamerainterne Kontrolle, ob man durch den Sucher sieht oder nicht. Stellt die Kamera fest, dass der Fotograf die Kamera in Aufnahmeposition bringt, schaltet sie die Display-Beleuchtung ab und versucht scharf zu stellen, falls nicht der manuelle Fokussiermodus gewählt wurde.

Einstellung	Wirkung
Ein	Es erfolgt die automatische Scharfstellung, sobald man durch den Sucher schaut.
Aus	Es erfolgt keine Scharfstellung, das Display wird aber trotzdem abgeschaltet.

Blitzkontrolle

Grundsätzlich kann die Standardoption *ADI-Messung* beibehalten werden. Erhält man aber unter- oder überbelichtete Bilder durch Nutzung von älteren Fremdobjektiven, sollte auf *Vorblitz-TTL* umgeschaltet werden. Bei älteren Minolta- bzw. Konica Minolta-Objektiven und dem Zwillings- bzw. Ringblitz wird automatisch auf *Vorblitz-TTL* umgeschaltet.

Sollten Bouncer oder Streuscheiben eingesetzt werden, schaltet man ebenfalls auf *Vorblitz-TTL*. Das Gleiche gilt für belichtungszeitverlängernde Filter und Nahlinsen.

Einstellung	Wirkung
ADI-Messung	Die Entfernung zum Motiv wird in die Blitzlichtberechnung einbezogen. Ein sehr ausgewogenes Belichtungsergebnis kann erwartet werden.
Vorblitz-TTL	Die Berechnung der Blitzlichtmenge erfolgt ohne Einbeziehung der Entfernung zum Motiv. Zum Beispiel kann es bei stark reflektierenden Flächen zu Fehlbelichtungen kommen.

Mehr zum Thema ADI gibt es auf Seite 238.

> **ISO-Wert stets überprüfen**
> Vor jeder Kamerabenutzung empfiehlt sich die Überprüfung des eingestellten ISO-Werts. Hat man bei der letzten Fototour eventuell einen sehr hohen ISO-Wert wie ISO 800 oder 1600 eingestellt, weil die Lichtbedingungen keine niedrigen Werte zuließen, würde man sich nun eventuell ärgern. Denn falls mehr Licht zur Verfügung steht, reichen kleine ISO-Werte aus, was das Bildrauschen verringert.

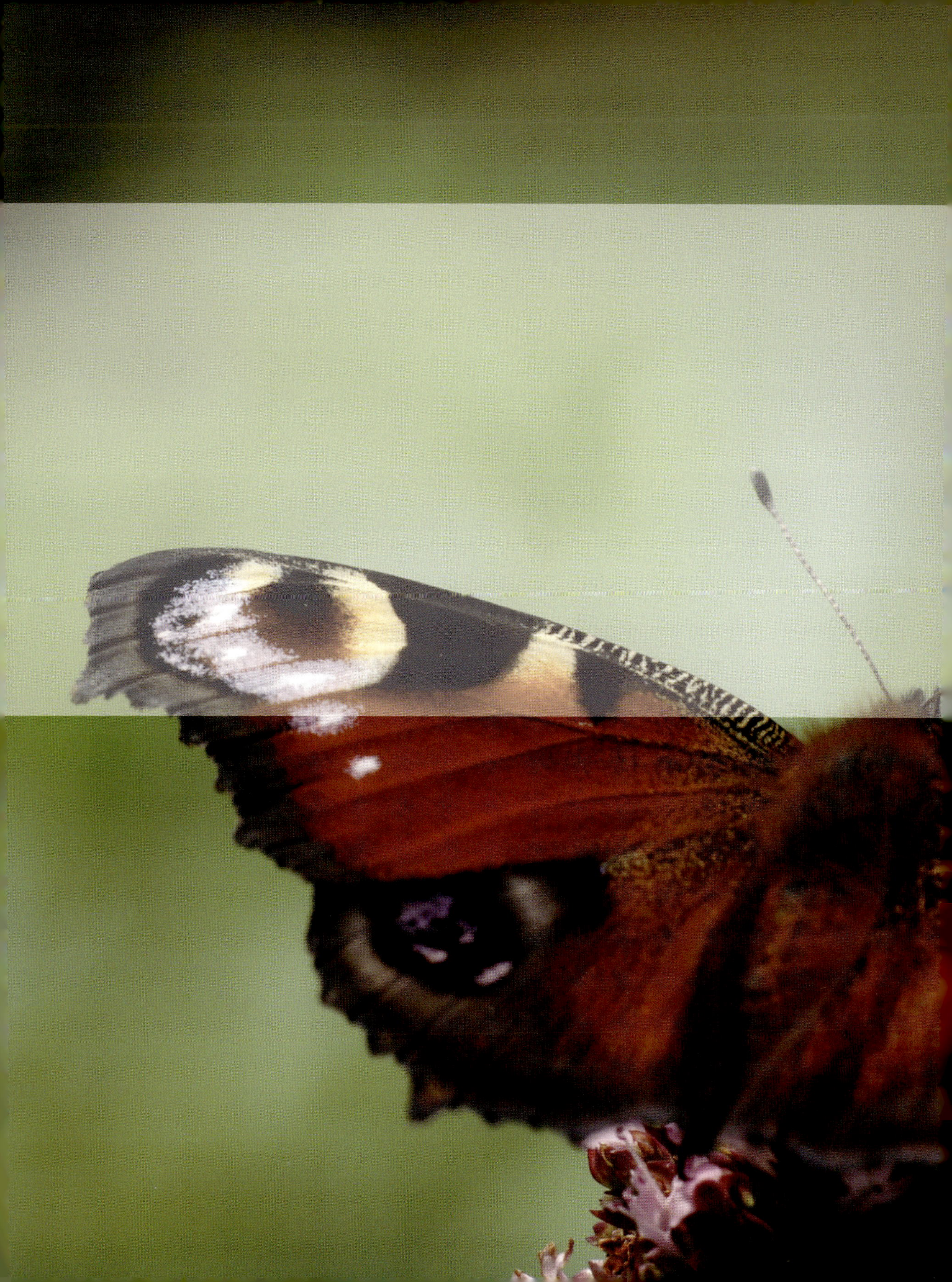

Kamerasoftware im Einsatz

Sony liefert mit der α100 den Image Data Converter SR sowie den Picture Motion Browser aus. Damit stehen dem Fotografen schon viele Möglichkeiten der RAW-Konvertierung und der Bildbearbeitung zur Verfügung.

7

7.1 Mitgelieferte Software

Sony liefert mit der α100 zwei Softwarepakete zur Archivierung und Bearbeitung der Fotos mit.

- zum einen den Picture Motion Browser, eine Anwendung zur leichten Bildübertragung auf den Computer mit Bildverwaltung in Kalenderform,
- und zum anderen den Image Data Converter SR, einen RAW-Konverter zur Bearbeitung der ARW-Rohdaten der α100.

▲ Installationsfenster nach dem Einlegen der mitgelieferten CD.

Mit dieser Grundausstattung an Software hat man für den täglichen Gebrauch eine gute Basis für die Verwaltung und Bearbeitung der mit der α100 aufgenommen Bilddateien.

7.2 Picture Motion Browser

Das Hauptanwendungsgebiet des Picture Motion Browser liegt im Import der Bilddateien von der α100 bzw. per Speicherkarte zum Computer und in der Verwaltung und Archivierung.

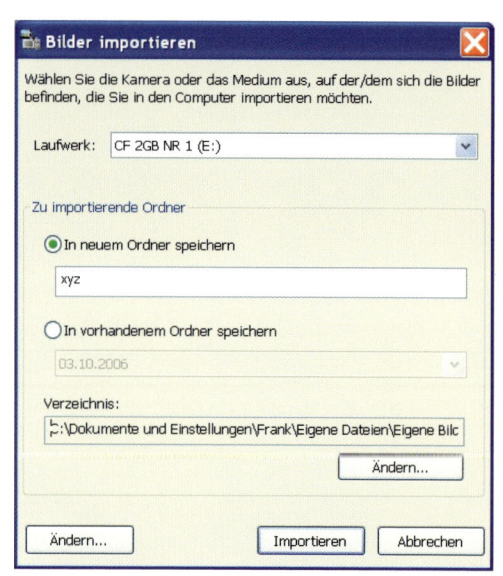

▲ Startbildschirm, er erscheint, sobald die Kamera mit dem Computer per USB-Schnittstelle verbunden wird bzw. im Menü Datei/Bilder importieren gewählt wurde.

Eine paar einfache Bildbearbeitungsschritte, eine E-Mail-Funktion und die Möglichkeit, eine Diashow durchzuführen, wurden ebenfalls integriert.

Organisation ist alles

Bei der durch das digitale Zeitalter auftretenden Bilderschwemme ist es notwendig, seine Aufnahme gut zu archivieren, um nicht den Überblick zu verlieren. Jeder Fotograf hat hier natürlich seine eigene Arbeitsweise, abhängig auch davon, ob es sich um ein Hobby oder um professionellen Anspruch handelt. Für den Hobby- sowie für anspruchsvollere Fotografen bietet der Picture Motion Browser übersichtliche Funktionen zur sinnvollen Verwaltung der Bilder.

Der Picture Motion Browser legt auf Wunsch einen Index bereits vorhandener Bilder der Speichermedien des Computers an. Ebenso ist eine Registrierung zu überwachender Ordner über den Menüpunkt *Einstellungen/Beobachtungsordner* möglich. Die gewählten Ordner werden dann auf neue Bilddateien hin überwacht. Werden neue Dateien gefunden, sortiert der Picture Motion Browser sie entsprechend in die Kalenderansicht ein.

Archivierung

Hat man keine Änderungen in den Einstellungen vorgenommen, werden die Bilddateien in einen untergeordneten Ordner des Windows-Systemordners *Eige-*

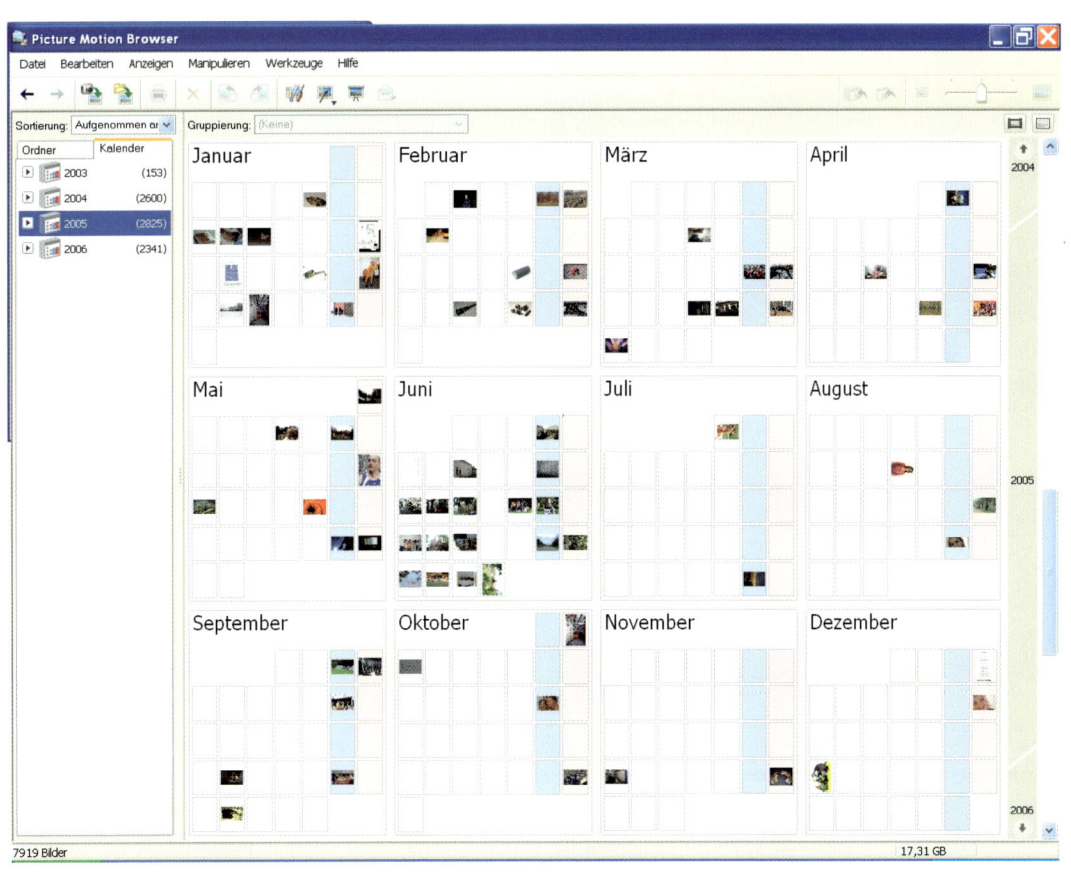

▲ *Dialogfenster zur Wahl von Beobachtungsordnern.*

▲ *In der Kalenderansicht des Picture Motion Browser findet man die Bilder nach Kalendertag angeordnet. Klickt man auf den entsprechenden Tag, werden die Bilder nach Uhrzeit sortiert angezeigt.*

ne Bilder kopiert. Der neue Ordner erhält als Namen den aktuellen Tag und wird entsprechend in der Kalenderansicht geführt.

Standardmäßig ist in den Importeinstellungen das Kästchen für das Löschen nach erfolgter Übertragung der Bilder auf den Computer deaktiviert. Somit bleiben alle Bilddateien auf der Speicherkarte erhalten. Möchte man dies verhindern, um den Speicherplatz für neue Aufnahmen freizugeben, sollte dieses Kästchen angeklickt werden.

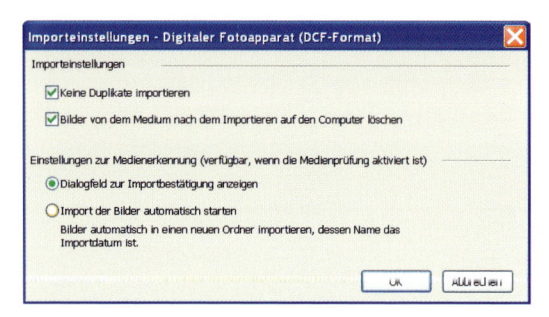

▲ Eine Einstellungsmöglichkeit, die das manuelle Löschen der bereits auf den Computer übertragenen Bilder erspart, findet sich in diesem Dialogfenster.

Leider bietet das Programm keine Möglichkeit, die Dateinamen umzubenennen. Hier muss man sich also mit Namen wie *DSC05378.jpg* begnügen bzw. ein externes Programm benutzen. Für die Einbindung eines solchen Programms steht der Menüpunkt *Manipulieren/Mit externem Programm öffnen/Externes Programm auswählen* diese Option zur Verfügung. Hier wurde auch schon automatisch der Image Data Converter SR zur Bearbeitung der RAW-Dateien eingetragen.

Bilder sortieren

Der Picture Motion Browser bietet die Möglichkeit, sich neben der Anzeige der Bilder im Kalendermodus zusätzlich eine Struktur im Ordnermodus anzeigen zu lassen. Da die Bilder im Kalendermodus ohnehin nach Datum und Uhrzeit zu finden sind, ist es sinnvoll, beim Import der Bilddateien einen thematischen Ordnernamen zu vergeben. Hiernach kann dann später über die Funktion *Anzeigen/Ordner sortieren/Ordnername* gesucht werden.

EXIF-Daten vorteilhaft nutzen

Das **Ex**changeable **I**mage **F**ile Format (EXIF) ist ein Standard zum Abspeichern von zusätzlichen Informationen direkt in der Bilddatei. Vor der eigentlichen Bilddatei im Dateikopf werden Informationen, sogenannte Metadaten, zu Kamera, Objektiv, Belichtungszeit, ISO-Wert etc. eingetragen. Unterstützt werden dabei die Bildformate JPEG und TIF.

Die α100 legt diese Daten automatisch an und benutzt die neuste EXIF-Version 2.21.

Die Einträge, die die α100 dabei anlegt, können mit allen gängigen Bildbearbeitungsprogrammen ausgelesen werden. Allerdings sollte man darauf achten, dass nach dem Speichervorgang die EXIF-Daten erhalten bleiben. Dies handhaben die einzelnen Programme leider verschieden.

Wo es früher noch notwendig war, umfangreiche Aufzeichnungen zu seinen analogen Filmen anzufertigen, machen es die EXIF-Einträge dem Fotografen sehr einfach, immer wieder alle notwendigen Daten zur einzelnen Aufnahme parat zu haben. Es ist so viel leichter, Rückschlüsse auf z. B. missglückte Fotos zu ziehen und Erfahrungen aufgrund der Kamera- und Objektiveinstellung zu sammeln.

EXIF-Daten auswerten

Ein wesentlicher Vorteil der Digitalfotografie ist, dass in den Bilddateien zugehörige Aufnahmedaten mitgespeichert werden. So sind Informationen zu Belichtungszeit und Blende, zum verwendeten Objektiv, Angaben zur Belichtung etc. festgehalten worden und können über *Datei/Bildinformationen* abgerufen werden.

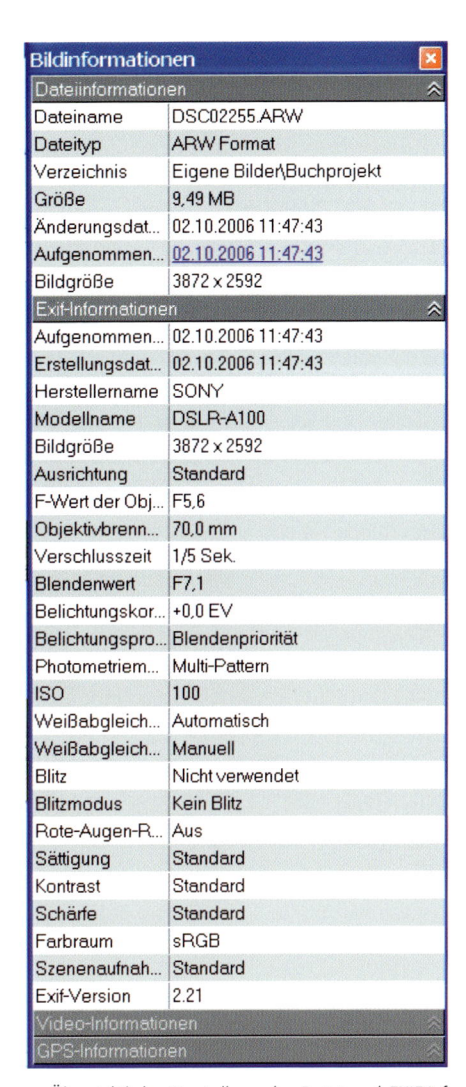

▲ Übersichtliche Darstellung der Datei und EXIF-Informationen einer Bilddatei im Picture Motion Browser.

Ein weiterer vor allem im professionellen Bereich eingesetzter Standard zur Speicherung von zusätzlichen Bildinformationen ist der IPTC-(**I**nternational **P**ress **T**elecommunications **C**ouncil-)Standard. Hier können nachträglich durch den Fotografen Informationen wie Bildbeschreibung, Urheber, Schlagwörter etc. hinterlassen werden. Dieser Standard wird nicht vom Picture Motion Browser unterstützt. Auch hier muss man bei Bedarf auf ein zusätzliches Programm wie z. B. Pixafe (eine Demoversion kann unter *http://www.pixafe.com/* heruntergeladen werden) oder Photoshop CS2 zurückgreifen.

> **EXIF**
>
> EXIF ist die Abkürzung für **Ex**changeable **I**mage **F**ile Format. Im Dateikopf der JPEG- bzw. TIF-Datei werden hier die entsprechenden Daten mitgespeichert. Eine separate Datei ist hier also nicht notwendig. Viele Bildbearbeitungsprogramme benutzen ebenfalls diese Informationen, um automatische Veränderungen auf dieser Grundlage durchführen zu können, z. B. zur Beseitigung von Randabschattungen.

EXIF-Daten ändern

Eine Änderung der EXIF-Daten ist in den meisten Fällen nicht sinnvoll und wird daher von vielen Programmen nicht unterstützt. Sollte doch einmal die Notwendigkeit bestehen, einige Daten zu ändern, kann man sich dazu z. B. das kostenlose Programm EXIF Viewer unter *http://www.amarra.de* herunterladen. Das Programm bietet darüber hinaus auch den Export der Daten an die Tabellenkalkulation Excel zur Archivierung und Auswertung an.

Der Picture Motion Browser bietet hinsichtlich der EXIF-Daten nur die Möglichkeit zur Anzeige an. Das Suchen und das Ändern von Informationen sind nicht möglich.

Mit Geo-Coding den Überblick behalten

Immer beliebter wird im Hobby- und Profibereich die Zusammenführung von Bilddateien und dem Standort der Aufnahme. Man kann sich so zu jedem Foto mithilfe von Google Maps nach der Fototour den exakten Standort, an dem das Foto aufgenommen wurde, anzeigen lassen und seine Tour zurückverfolgen.

▲ GPS-Modul CS1 zur satellitengestützten Ortung von Aufnahmedaten.

Sony bietet hierfür das Modul GPS-CS1 an. Es genügt, das Gerät einzuschalten, sobald die Tour beginnt oder das erste Foto im Kasten ist. Nach dem Einschalten beginnt die Satellitensuche, und sobald ausreichend Satelliten zur Standortbestimmung gefunden wurden, erscheint die Bereitschaftsanzeige. Das 60 Gramm schwere Modul nimmt nun in regelmäßigen Abständen (alle 15 Sekunden) die Standortkoordinaten und den Zeitpunkt auf.

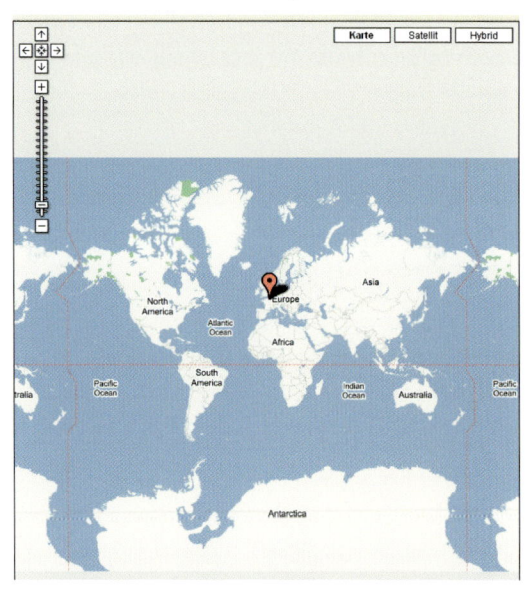

▲ Mit Google Maps kann zu jedem Bild der Standort der Aufnahme auf einer Karte dargestellt werden.

Mit dem internen Speicher von 31 MByte ist für ca. 14 Stunden Aufnahmekapazität gesorgt.

Nach Hause zurückgekehrt, überträgt man nun die Bilddateien und die Datendatei des Moduls auf den Rechner. Die mitgelieferte Software GPS Image Tracker vervollständigt nun die EXIF-Daten der jeweiligen Bilder mit den Koordinaten des Aufnahmezeitpunkts.

Im Picture Motion Browser kann man nun in den Kartenmodus wechseln und sich in Google Maps übersichtlich den Aufnahmestandort anzeigen lassen.

> **Modul GPS-CS1**
> Das Modul GPS-CS1 ist unabhängig vom jeweiligen Kameratyp einsetzbar. Wechselt man also in Zukunft die Kamera, steht weiterhin der Funktionsumfang zur Verfügung.

Zwei weitere interessante Programme, die das Geo-Coding beherrschen, sind Panorado Flyer und Panorado Viewer. Beide können unter *http://www.panorado.com* heruntergeladen werden. Der Panorado Flyer wurde speziell für das Geo-Coding entwickelt. Er bietet drei Möglichkeiten zur Erfassung der Aufnahmekoordinaten:

- Per Hand über ein Dialogfenster.
- Per installiertem Google Earth-Client. Hier kann der Standort weltweit auf einer Karte gesucht und dann in den Panorado Flyer übernommen werden.
- Direkt von der Kamera, wobei die wenigsten Kameras im Moment diese Funktion unterstützen. Die α100 bietet im Zusammenhang mit dem GPS-CS1-Modul diese Funktionalität.

Der Panorado Viewer bietet noch einen erweiterten Funktionsumfang und unterstützt sehr umfangreiche Bilder ebenso wie Panoramaaufnahmen. EXIF- und

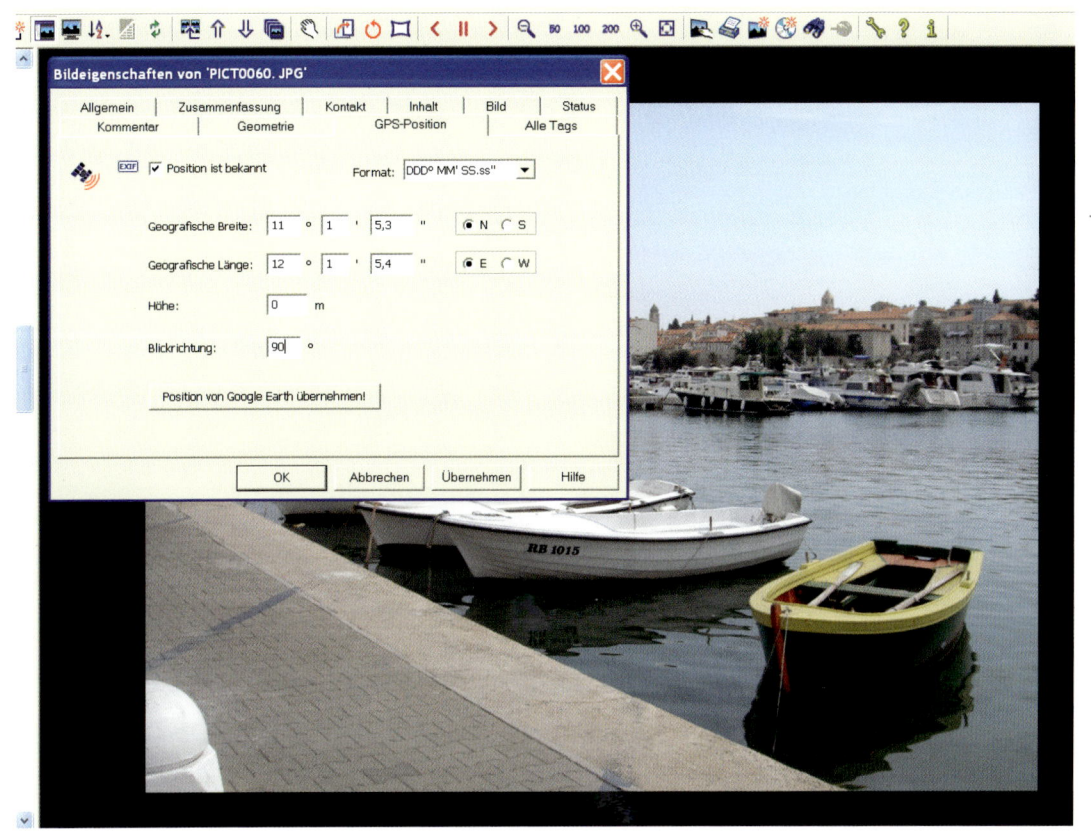

▲ Die Koordinaten, die durch die Software GPS Image Tracker in die EXIF-Daten eingetragen wurden, lassen sich über dieses Dialogfenster einsehen. Eine Eingabe von Hand ist ebenfalls möglich.

IPTC-Daten können bearbeitet werden, und Fotos können u. a. auch nach dem Aufnahmestandpunkt gefunden werden.

7.3 Image Data Converter SR

Mit dem Image Data Converter SR ist es ein Kinderspiel, die aufgenommenen RAW-Dateien der α100 „zu entwickeln", d. h. entsprechend den Wünschen des Fotografen zu bearbeiten und zum Schluss in ein allgemein übliches Dateiformat wie JPEG oder TIF umzuwandeln.

1 Bilddatei auswählen

Als Erstes wählt man die entsprechende Bilddatei im Rohdatenformat der α100 (*.arw) aus und lädt sie in den Image Data Converter SR. Gleichzeitig können maximal fünf RAW-Dateien geöffnet werden.

2 Zwei Bildbearbeitungsparameter einstellen

Nun wählt man im Menü *Paletten* die Option *Masterpaletten*. Es öffnet sich ein Fenster mit den Bildparametern, wie Weißabgleich, Schärfe etc.

Image Data Converter SR
Der Image Data Converter SR wurde speziell für die Sony-Kamera Cybershot R1 entwickelt. Daher stehen nicht alle Funktionen zur Verfügung, die in der α100 einstellbar sind, beispielsweise die meisten Bildstile.

▲ *Image Data Converter SR, links mit der Masterpalette.*

Die vorgenommenen Änderungen können für die Bearbeitung weiterer Bilder gespeichert werden. Hierzu wählt man aus der Masterpalette die Option *Bildverarbeitungseinstellungen* und speichert diese.

Über *Anwenden* können die Einstellungen zurückgeholt und für andere Aufnahmen wiederverwendet werden.

▲ *Dialogfenster zur Speicherung der Einstellungen zur Verwendung in weiteren Fotos.*

3 Datei umwandeln und speichern

Entspricht das Foto den Vorstellungen des Fotografen, kann nun im Menü *Datei/Speichern* die Umwandlung in das TIF- bzw. JPEG-Format vorgenommen werden.

Bildschutztool

Unter *http://www.bildschutz.de/* kann man ein kostenloses Tool zum Einfügen von sichtbaren und unsichtbaren Wasserzeichen herunterladen. Als Wasserzeichen kann beliebiger Text oder auch eine Grafik einfügt werden. Als Grafikformate können JPG, BMP, GIF, PNG, TIF, WMF und EMF zum Einsatz kommen. Untereinander können diese Formate auch konvertiert werden.

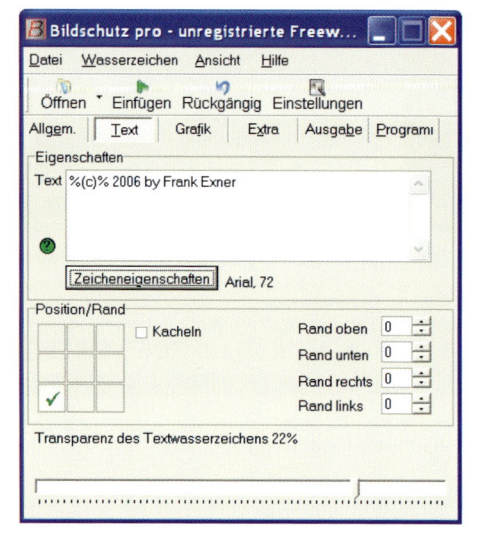

▲ *Tool zum Schutz seiner Bilder. Unter www.Bildschutz.de kann dieses kleine Tool kostenlos heruntergeladen werden*

Die Transparenz der eingefügten Texte bzw. Grafiken kann stufenlos eingestellt werden.

7.4 Katalogisierung von Fotos mit Picasa

Google hat sich mit dem Auffinden von Begriffen im Internet einen Namen gemacht. Nun weitet Google seine Technologien auch auf andere Bereiche von Computeranwendungen aus.

Das speziell für Fotografen entwickelte Programm Picasa erweist sich als schnelles und recht einfaches Programm zum Finden längst vergessener Bilder, aber auch zum Archivieren und Bearbeiten von neuen Bildern.

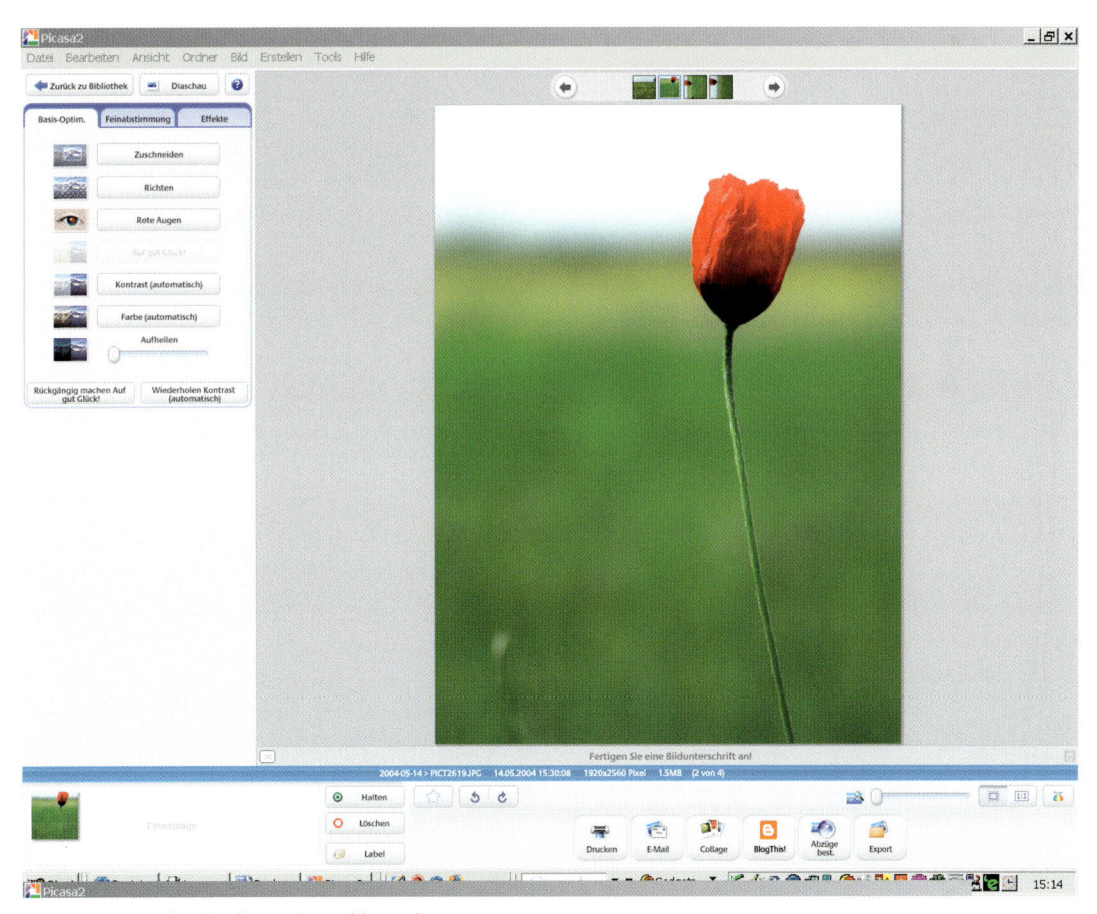

▲ Per Stapelverwaltung kann der Text bzw. die Grafik in mehrere Dateien übertragen werden.

▲ Picasa ist ein sehr schnelles Tool zur Bildverwaltung.

Außerdem bietet das Programm eine auf die Grundfunktionen optimierte Bildbearbeitung. Picasa macht es einfach, Bilder auszudrucken, per E-Mail zu verschicken und z. B. Geschenk-CDs herzustellen.

Außerdem bietet das Programm die Möglichkeit, einen Fotoblog bereitzustellen. Hierbei handelt es sich um ein Fototagebuch, das im Internet veröffentlicht werden kann.

Wenn man dies nutzen möchte, muss man sich vorab bei dem Dienst Blogger.com im Internet anmelden.

Beim ersten Öffnen des Programms sucht Picasa nach den auf den Speichermedien vorhandenen Bildern. Eventuell am Computer vorhandene externe Speichermedien, wie Festplatten, sollten vorab eingeschaltet werden, um auch hier die Suche mit einzubeziehen.

Picasa ordnet nun alle Bilder in nach Datum organisierten Alben. Im Anschluss an die Suche kann man dann die Bilder per Drag & Drop (Ziehen und Fallenlassen mit der Maus) in den einzelnen Alben sortieren.

Eine interessante Funktion wird über Labels bereitgestellt. Ohne dass Bilder kopiert werden müssen, kann man sie einem oder mehreren virtuellen Alben zuordnen.

So kann man z. B. ein Fotobuch vom letzten Urlaub und einen Kalender parallel erstellen, ohne dass die Bilder mehrfach auf der Festplatte vorhanden sein müssen.

Bildunterschriften nach dem IPTC-Standard (wie sie z. B. auch von Journalisten genutzt werden) sind ebenfalls möglich. Diese werden im Bildformat mit gespeichert.

Gibt man Bilddateien weiter, bleiben diese Informationen erhalten und können auch von anderen als Information genutzt werden. Die IPTC-Unterstützung beschränkt sich mit Picasa auf den Titel. Stichwörter oder Kategorien werden nicht gespeichert.

7.5 Firmwareupdate leicht gemacht

Sony bietet zurzeit ein Update auf die aktuelle Firmwareversion 1.02 an.

Folgende Änderungen sind dabei eingeflossen:

- In seltenen Fällen kann es vorkommen, dass RAW-Dateien von der mitgelieferten Bildsteuerungssoftware Picture Motion Browser nicht geöffnet werden können.
- Die Bildgradation bei Belichtungszeiten von 1 Sekunde oder länger wurde angepasst.
- Beim Drucken über einen Epson-Drucker mit Print Image Matching kam es zu Problemen bezüglich der Druckqualität, die behoben wurden.

Die Hinweise von Sony zum Update sind unbedingt einzuhalten, um die Funktion der α100 nach dem Update sicherzustellen.

Wird ein Firmwareupdate von Sony angeboten, sollte man es auch durchführen. Bekannt gewordene Fehler werden dadurch behoben oder auch zusätzliche Funktionen eingefügt.

Wie erfahre ich, welche Firmware auf meiner Kamera installiert wurde?

Um die Firmwareversion zu bestimmen, müssen folgende Schritte durchgeführt werden:

1

Zunächst schaltet man die Kamera ein

2

Danach drückt man die Menütaste.

3

Wenn man nun die Anzeigetaste drückt, erscheint eine Display-Meldung mit der installierten Firmwareversion

Das Update sicher durchführen

Besteht jetzt die Notwendigkeit, das Update durchzuführen, geht man nach folgenden Punkten vor:

1

Als Erstes legt man sich einen voll aufgeladenen Akku für die α100 (NP-FM55H) oder das passende Netzteil AV-VQ900AM, das als Option erhältlich ist, bereit. Ebenfalls wird eine Speicherkarte mit mindestens 16 MByte Speicherkapazität benötigt.

2

Auf Sonys Supportseite im Internet (http://www.sonydigital-link.com) können nun die benötigten Dateien heruntergeladen werden. Weitere Hinweise auf diesen Seiten zum Update sind unbedingt zu beachten.

3

Die Dateien liegen im gepackten Format vor. Das heißt, sie müssen nun entpackt werden, um verarbeitet werden zu können. Dazu startet man die heruntergeladene Datei durch Anklicken.

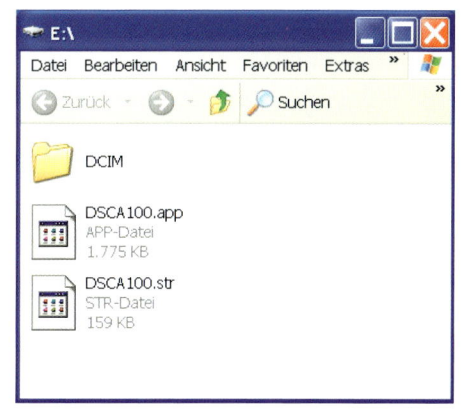

▲ Nach dem Entpacken sind beide Dateien auf eine Speicherkarte ins Hauptverzeichnis zu übertragen.

4

Nach dem Entpacken der Datei enthält das gewählte Verzeichnis zwei neue Dateien, die nun in das Hauptverzeichnis der Speicherkarte übertragen werden.

5

Will man die Dateien per USB-Kabel auf die Speicherkarte übertragen, ist noch zu prüfen, ob der richtige Datenübertragungsmodus eingestellt wurde. Dazu prüft man im Einstellungsmenü (1) ob Mass Storage eingestellt ist.

▲ Eine wichtige Einstellung ist der Übertragungsmodus, falls die Übertragung der Dateien per USB-Kabel durchgeführt werden soll. Hier muss Mass Storage eingestellt werden.

6

Hat man die Übertragung nicht per USB-Kabel durchgeführt, muss nun noch die Speicherkarte in die α100 eingesetzt werden.

7

Der eigentliche Updatevorgang ist recht einfach. Man schaltet dazu die Kamera ein und drückt den Wiedergabeschalter.

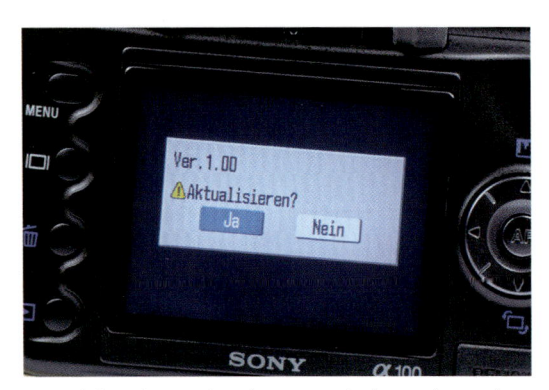

▲ *Nachdem die Wiedergabetaste gedrückt wurde, erscheint die dargestellte Display-Meldung. Zum Aktualisieren der Firmware drückt man auf Ja.*

8

Nach dem Bestätigen mit Ja, dass man zum Aktualisieren bereit ist, beginnt die Übertragung der Daten zur Kamera. Zum Abschluss zeigt die Kamera im Normalfall die erfolgreiche Aktualisierung an.

9

Zu guter Letzt kann man wieder überprüfen, welche Firmware auf der Kamera vorhanden ist. Hierzu geht man wie im vorhergehenden Abschnitt beschrieben vor.

▲ *Wenn man nichts falsch gemacht hat, erscheint nach der Aktualisierung eine entsprechende Display-Meldung, wie in diesem Beispiel.*

Die beiden Dateien können nun problemlos wieder von der Speicherkarte gelöscht werden.

Firmwareupdate leicht gemacht

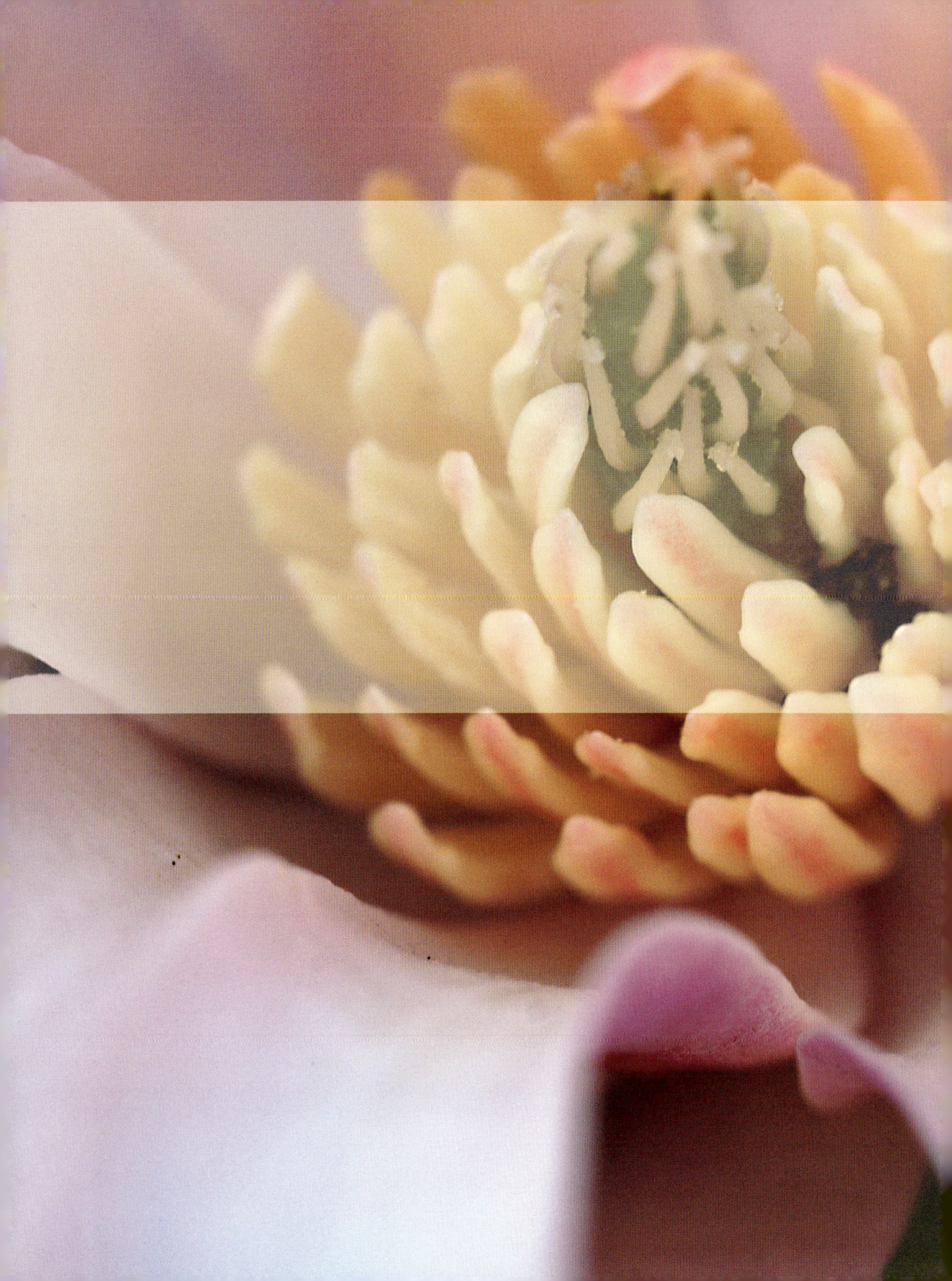

8 Speichertechnologien

Zum Speichern der Bilder bedient sich die α100 der CompactFlash- oder Memory Stick Duo-Karten bzw. der Microdrives. Die Masse der am Markt befindlichen Speichermedien macht es für den Fotografen immer schwieriger herauszufinden, welcher denn nun der optimale Speicher für die Kamera ist. Das folgende Kapitel gibt einen Überblick mit Tipps zum optimalen Speichermanagement.

8.1 Was bringen High-End-Extreme IV CompactFlash-Karten wirklich

Die Sony α100 verfügt über eine gute Serienbildgeschwindigkeit. Beim Kauf einer CF-Karte ist es wichtig, dass die Geschwindigkeit der Kamera nicht durch eine Karte mit niedriger Schreibgeschwindigkeit ausgebremst wird. Man sollte darauf achten, dass die Karte eine mindestens 50-fache Geschwindigkeit hat, dann können die Ressourcen der Kamera gut genutzt werden, und die Karten nerven nicht durch „Verschnaufpausen".

Zurzeit gibt es auf dem Markt CF-Karten, die eine Schreib-/Lesegeschwindigkeit von ca. 18 bis 20 MByte/s haben, diese Karten werden mit 120x-Geschwindigkeit gekennzeichnet. Die noch recht teuren SanDisk IV schaffen z. B. nach Angaben von SanDisk rund 40 MByte/s.

> **Definition der Geschwindigkeit**
> Was bedeutet eine Geschwindigkeit von z. B. 120x? Der x-Faktor geht auf die Geschwindigkeit von CD-ROM-Laufwerken zurück und kann auch in eine andere gängige Maßeinheit für die Leistung umgerechnet werden, nämlich in die Schreibgeschwindigkeit in MByte (Megabyte) pro Sekunde. Um die tatsächliche Anzahl an MByte pro Sekunde zu ermitteln, müssen Sie den Wert von x als Basis kennen und mit dem für das betreffende Produkt angegebenen Multiplikator multiplizieren, zum Beispiel: Wert von x = 150 KByte pro Sekunde (150 KByte/s), das bedeutet: Schreibgeschwindigkeit einer 50x-Karte = 50 x 150 KByte/s = 7.500 KByte/s = 7,5 MByte/s.

Die Anschaffung solcher Karten ist auf gar kein Fall ein Fehler. Besonders bei Reportage- oder Sportfotografie sind Sie mit diesen Karten bestens bedient. Die schnellen Karten namhafter Hersteller wie z. B. von SanDisk sind meist wesentlich teurer als die anderer Hersteller. Bis vor ungefähr einem Jahr waren die „Extreme"- und „Ultra"-Speicherkarten von SanDisk ohne Konkurrenz.

Doch in den letzten Monaten kamen CF-Karten auf den Markt, die diesen Karten ebenbürtig, aber vor allem bei hohen Kapazitäten deutlich preiswerter sind. Zum Beispiel hat die neue Serie der Firma Transcend eine Geschwindigkeit von 120x (18 MByte/s) und kostet rund ein Drittel weniger als die Karte Ultra II mit der gleichen Kapazität des Herstellers SanDisk (natürlich sind die Preise in ständiger Bewegung).

Die Anschaffung teurer Speicherkarten kann aber trotzdem durchaus sinnvoll sein, wenn z. B. die Hersteller bis zu fünf Jahre Garantie auf ihre Produkte geben. Bei namhaften Herstellern unterliegen die Karten in der Produktion harten Prüfungen in verschiedenen Einsatzszenarien. Bei den Tests werden Klimazonen von der Antarktis bis zur Wüste simuliert, die Speicher sollen außerdem eine hohe Luftfeuchtigkeit sowie einen Fall auf harten Boden ohne Schaden überstehen.

Teurere CF-Karten sind in aller Regel robust und lassen den Fotografen selten im Stich. Sollte die Karte doch kaputtgehen, ist der Umtausch bei den Markenartikeln meistens selbstverständlich. Kingston gibt ihren Ultimate CF-Karten lebenslange Garantie und kostenlosen technischen Support rund um die Uhr. Bei Noname-Karten sparen Sie zwar beim Kauf einige Euro, aber das kann Sparen am falschen Ende bedeuten.

Ganz und gar nicht zu empfehlen sind die Karten, die „günstigst" im Internet aus dem Ausland bestellt werden können. Abgesehen davon, dass noch die Zollgebühren zu bezahlen sind, gibt es im Garantiefall so gut wie keine durchsetzbaren Ansprüche an den Händler.

8.2 Billiger Stromfresser: Microdrives im Vergleich zu Solid State

Microdrives waren vor drei bis vier Jahren wegen eines vergleichbar niedrigen Preises bei Digitalfotografen sehr populär, werden heutzutage aber immer seltener als Speicher für Digitalkameras gekauft.

Sie bieten zwar bis zu 8 MByte Speicherkapazität, so viel wie die neusten Solid State CF-Cards, sind aber deutlich langsamer und anfälliger gegen Stöße und Magnetfelder. Die Magnetfelder von z. B. einem Lautsprecher können ein Microdrive beschädigen und zum Verlust der Daten führen.

▲ CompactFlash-Karte.

> **Industrielle CF-Karten**
> Wer großen Wert auf besonders robuste CF-Karten legt, die unter extremen Bedingungen nicht versagen, kann auf die industriellen CF-Karten der Firma Transcend zurückgreifen. Diese Karten sind auf Temperaturen von −40 bis +85 °C ausgelegt (die Karten aus dem Consumer-Bereich sind für 0 bis +70 °C konzipiert). Zwar sind sie zum Einsatz in Industriegeräten gedacht, trotzdem funktionieren diese Karten tadellos in den Digitalkameras. Allerdings kosten die Industriekarten mehr als normale Karten.

Solid State CompactFlash: Strom sparen mit der neusten Generation

Die neue Generation der CF-Karten ist mit einer Stromsparfunktion ausgestattet. Wenn die Kamera lange Zeit nicht auf die Karte zugreift, erkennt das die CF und schaltet automatisch auf Stand-by-Modus um. So bleibt der Akku bei eingelegter Karte in der Kamera länger voll.

▲ Immer weniger populär: Microdrives.

> **Microdrive**
> Microdrive ist eine miniaturisierte Festplatte im Format einer CompactFlash-Karte (entspricht CF Typ II), die ursprünglich von IBM entwickelt wurde. Die erste Generation von Microdrives hatte eine Kapazität von 340 bzw. 512 MByte. Die Folgegeneration hatte eine Kapazität von 512 MByte und 1 GByte. Nach dem Verkauf der Festplatten-

sparte von IBM an Hitachi fertigt Hitachi nun das „Original Microdrive" mit 1 GByte, 2 GByte, 4 GByte und 6 GByte. Hitachi produziert auch ein Microdrive mit 8 GByte Speicherkapazität. Dieser hat eine Datenrate von 8 bis 12 MByte/s.

Sonys Memory Stick Duo/Memory Stick Pro Duo

Besitzt man andere Sony-Geräte wie MP3-Player, Handys oder Camcorder etc., besteht die Möglichkeit, die dort genutzten Speicherkarten auch in der α100 zu nutzen.

▲ Kartenadapter für Memory Stick Duo-Speicherkarten.

Über den mitgelieferten Adapter ist die Nutzung der Sony-eigenen Speicherkarte „Memory Stick" möglich. Hierbei ist zu beachten, dass nur Memory Stick Duo und Memory Stick Pro Duo eingesetzt werden können. Normale Memory Stick-Karten passen aufgrund der Größe nicht.

Kaufempfehlung CF-Karten

Im Prinzip können alle Markenkarten in der Sony α100 eingesetzt werden. Letztendlich geht es darum, dass die Speichergeschwindigkeit den Anforderungen des Fotografen gerecht und die Leistung der Kamera in vollem Umfang genutzt wird.

Im Folgenden sehen Sie eine subjektive Liste mit den CF-Karten, die bei vielen Fotografen besonders beliebt sind:

Obere Preisklasse
- SanDisk CompactFlash Extreme IV 8 GB
- SanDisk CompactFlash Extreme IV 4 GB
- SanDisk CompactFlash Extreme IV 2 GB
- SanDisk CompactFlash Extreme III 4GB
- SanDisk CompactFlash Extreme III 2GB
- SanDisk CompactFlash Extreme III 1GB
- Lexar Media CompactFlash Pro 133x 4GB
- Lexar Media CompactFlash Pro 133x 2GB
- Lexar Media CompactFlash Pro 90x 8GB
- Lexar Media CompactFlash Pro 80x 4GB
- Lexar Media CompactFlash Pro 80x 2GB
- Lexar Media CompactFlash Pro 80x 1GB

Mittlere Preisklasse
- SanDisk CompactFlash Ultra II 8GB
- SanDisk CompactFlash Ultra II 4GB
- SanDisk CompactFlash Ultra II 2GB
- SanDisk CompactFlash Ultra II 1GB
- Transcend CompactFlash 80x 8GB
- Transcend CompactFlash 80x 4GB
- Transcend CompactFlash 80x 2GB
- Transcend CompactFlash 120x 8GB
- Transcend CompactFlash 120x 4GB
- Transcend CompactFlash 120x 2GB
- Toshiba CompactFlash 2GB
- extreMemory CompactFlash 2GB
- Fujifilm CompactFlash 2GB High Performa
- Lexar Media CompactFlash 2GB
- SanDisk CompactFlash 4GB
- SanDisk CompactFlash 2GB
- SanDisk CompactFlash 1GB
- Kingston CompactFlash Ultimate 4GB
- Kingston CompactFlash Ultimate 2GB
- Kingston CompactFlash Ultimate 1GB
- Kingston CompactFlash Elite Pro 4GB

- Kingston CompactFlash Elite Pro 2GB
- Kingston CompactFlash Elite Pro 1GB

Bei geringen Bilddetails nehmen Aufnahmen weniger Platz auf der CF-Karte ein.

Optimale Kartenstrategien: 4-, 2- und 1-GByte-Karten

Auf dem Markt gibt es zurzeit die CF-Karten bis zu einer Größe von 16 GByte. Doch welche Speicherkapazität ist tatsächlich zu empfehlen? Gilt die einfache Faustregel: je größer, desto besser? Zu diesem Thema gibt es verschiedene Meinungen. Auf jeden Fall lohnt es sich für die Sony α100 kaum, eine Speicherkarte mit weniger als 1 GByte Speicherplatz zu kaufen.

Bei der Sony α100 mit 10 Megapixeln bewegt sich die Dateigröße je nach gewähltem Dateiformat zwischen 1 und 16 MByte. Wenn Bilder im hochauflösenden JPEG mit bestmöglicher Qualität gespeichert werden, kann die Datei über 4 MByte groß werden. Bei RAW-Dateien liegt die durchschnittliche Größe

▲ Besonders bei Sportaufnahmen sind schnellere Karten mit großem Speicher gefragt.

bei ca. 16 MByte. Bei solchen Datenmengen ist z. B. eine 256-MByte-Karte im Nu voll und muss ausgetauscht werden. Bei 1 GByte haben Sie in der Regel Reserve für ca. 60 bis 70 RAW-Dateien oder für ca. 200 bis 260 hochauflösende JPEGs.

Für einen Spaziergang am schönen Nachmittag reicht eine 1-GByte-Karte, aber welche Speicherreserven braucht man für eine mehrtägige Fototour oder einen Urlaub? Es gibt mehrere Möglichkeiten für das Speichern größerer Bildermengen.

Variante 1

Mehrere CF-Karten mit je 2 GByte. Diese Karten sind im Preis pro GByte häufig noch günstiger als 4-GByte-Karten (CF-Karten von A-DATA sind aber z. B. bereits jetzt in der 4-GByte-Variante am günstigsten).

Das hat folgenden Vorteil: Sollte eine Karte z. B. ausfallen oder verloren gehen, sind nicht gleich alle Bilder auf einmal verloren. Mit drei bis vier solcher Karten können Sie beim Speichern im JPEG-Format gut

auskommen. Häufiges Wechseln der Karten führt auf der anderen Seite zu einer stärkeren mechanischen Belastung der Kontakte.

Variante 2

Wenn man professionell im Bereich Sport- oder Eventfotografie arbeitet, sind Karten mit höherem Speicherplatz die bessere Wahl. Wenn mehrere Bilder in Serie aufgenommen werden und man die spannenden Momente nicht verpassen möchte, legt man sich 2- bis 4-GByte-Karten zu. So kann man viel fotografieren, ohne die Karten ständig zwischendurch wechseln zu müssen.

In solchen Fällen zählt natürlich auch die Schreibgeschwindigkeit besonders stark – mit schnelleren Karten kann man die maximale Serienbildgeschwindigkeit der Kamera voll ausnutzen.

Variante 3

Wenn man nicht viele CF-Karten hat, aber regelmäßig einen Laptop oder einen Imagetank dabei hat, benötigt man nur so viel Speicher, wie man an einem Tag bzw. bei einer Fotosession vollschreiben kann. Danach überspielt man die Daten und kann wieder loslegen. Vor allem im Urlaub bewährt sich der Imagetank.

8.3 Mobile Speichergeräte zum Sichern Ihrer Karten – wichtige Kriterien der Imagetanks

Mobile Festplattenspeicher (PSD – **P**ortable **S**torage **D**evices) sind in den letzten Jahren stark in Mode gekommen. Waren sie anfangs noch ziemlich teuer und nur für Berufsfotografen erschwinglich, so sind sie mittlerweile stark im Preis gesunken und bieten wegen ihrer geringen Ausmaße und ihrer Leichtigkeit eine gute Alternative zum Laptop.

Außerdem sind die PSD multifunktionell geworden, können neben dem Speichern von Fotos auch Videos abspielen und haben einen integrierten MP3-Player.

▲ Kleine Alleskönner – mobile Massenspeicher (Quelle: www.jobo.com).

Mobile Massenspeicher arbeiten gewöhnlich mit 2,5-Zoll-Festplatten, die sich auch im Inneren eines Laptops befinden. Es gibt über 50 verschiedene Modelle auf dem Markt, die Festplatten unterschiedlicher Kapazitäten nutzen, meistens nicht weniger als 20 GByte. Topgeräte haben bis zu 100 GByte Speicher, sind dann allerdings noch ziemlich teuer.

Die Geräte sind meistens mit mehreren Kartenslots ausgestattet. In der Regel ist mindestens ein Slot für CF-Karten vorhanden, meistens ist eine Vielzahl von Kartenslots für alle gängigen Karten wie CF, Microdrive, Memory Stick, SecureDigital, xD-Picture Card oder MultimediaCard vorhanden. Einige Geräte besitzen keinen Kartenslot, sondern einen USB-Anschluss, an den beliebige Kartenlesegeräte angeschlossen werden können.

Die Daten vom Massenspeicher zum Computer werden über USB- oder FireWire-Anschluss übertragen.

Die meisten Geräte besitzen einen USB-2.0-Anschluss, mit dem die Übertragungsgeschwindigkeit von nominal 60 MByte/s erreicht werden kann.

In der Praxis sind aber nur Geschwindigkeiten von 4 bis 8 MByte/s üblich, deswegen kann es ziemlich lange dauern, bis eine volle Festplatte von 30 GByte auf den Computer überspielt ist. Vor allem auf günstigen Geräten kann aber auch das Auslesen einer 1-GByte-Karte bis zu zehn Minuten dauern.

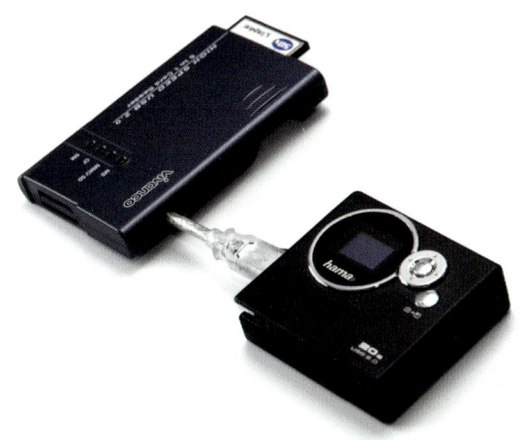

▲ Mobiler Speicher mit einem USB-Steckplatz, an den jedes Kartenlesegerät angeschlossen werden kann.

Die neue Generation mobiler Festplatten kann die Übertragungsgeschwindigkeit von ca. 20 MByte/s erreichen. Bei der Auswahl des passenden Geräts sollte man darauf achten, dass nicht ein Gerät mit dem alten USB-1.1-Anschluss gekauft wird.

Solche Geräte werden oft zu einem sehr günstigen Preis gerade in Internetshops angeboten. Diese Massenspeicher sind durch den veralteten USB-Standard so langsam, dass sie den Datenmengen neuer Digitalkameras einfach nicht gewachsen sind. Insbesondere die Datenübertragung von der Festpatte auf den Computer kann somit zur Geduldsprobe werden.

8.4 Wichtige Tipps zur Auswahl eines Massenspeichers

Wenn Sie vor der Entscheidung stehen, welches Gerät Sie zum mobilen Speichern Ihrer Fotos benötigen, können Sie die Wahl ziemlich leicht treffen, wenn Sie die nachfolgenden Tipps lesen.

▲ *Gute Wahl: GIGA Vu Pro evolution (Quelle: www.jobo.com).*

Da Sie das Gerät zum Speichern der Daten für unterwegs benötigen, ist ein sehr wichtiges Auswahlkriterium die Akkulaufzeit. Die meisten Geräte verfügen über eine Akkukapazität, die zum Überspielen von ca. 4 bis 8 GByte Daten ausreichen würde. Teure, hochwertige Modelle verfügen über eine Leistung, die bis zu 20 GByte schafft.

Wenn Sie ein Gerät haben, dessen Akkuleistung im Mittelfeld liegt, sind Sie meistens gut bedient. Achten Sie auch auf die typischen Aufladezyklen der Akkus. Günstige Geräte mit Lithium-Ionen-Akku bieten oft nur ca. 500 Ladezyklen, und man kann die Akkus gar nicht oder nur vom Hersteller wechseln lassen.

Die Akkulaufzeit ist auch davon abhängig, ob Sie ein Gerät mit Farbdisplay zum Anzeigen der Fotos oder nur mit einem LCD-Infodisplay benutzen. Farbdisplays haben einen hohen Stromverbrauch und reduzieren die Laufzeit der Akkus drastisch. Die Geräte der neuen Generation bieten auch eine Verify-Funktion, überprüfen also die geschriebenen Daten. Diese Funktion ist sehr wichtig und sollte bei der Auswahl des passenden Geräts mit berücksichtigt werden.

Große Unterschiede gibt es auch in der Akkustabilität, also wie viele Aufladezyklen vom Hersteller garantiert werden. Die Palette reicht hier von schlechten 250 bis zu ausgezeichneten rund 1.000 Zyklen.

Wenn man nicht nur einen Speicherkartentyp verwendet, sollte ein Multislot in dem Gerät nicht fehlen, oder Sie entscheiden sich für ein Gerät ohne Kartenslot und benutzen zum Überspielen der Daten von der Karte ein externes Kartenlesegerät. Dann müssen Sie natürlich wieder ein Gerät zusätzlich einstecken.

Ein weiteres Kriterium ist USB-OTG (**USB-On-The-Go**). Durch USB-OTG können entsprechend ausgerüstete Geräte direkt miteinander kommunizieren. Dadurch kann auf einen Computer, der die Host-Funktion übernimmt, verzichtet werden. Bei Geräten mit USB-OTG übernimmt eines der beiden Endgeräte eine eingeschränkte Host-Funktionalität, die Geräte können deshalb miteinander kommunizieren.

Wenn man Wert auf Multifunktionalität legt, benötigt man einen Massenspeicher mit MP3- und Videofunktion. Dazu gehört natürlich auch ein gutes Display, damit man seine Fotos und Videos in guter Qualität genießen kann. Übrigens, viele MP3-Player mit integrierten Festplatten können auch als Datenspeicher genutzt werden. Zwar haben sie fast nie einen Kartenslot, aber Kartenlesegeräte können angeschlossen werden. Die MP3-Player als Datenspeicher haben einen Vorteil: Da sie 1,8-Zoll-Festplatten benutzen, sind sie sehr klein und leicht. Ein Paradebeispiel dazu ist Apples iPod Video mit bis zu 60 GByte Festplattenspeicher und einem sehr guten Display. Ein Kartenlesegerät bietet Apple optional dazu an.

Wichtige Tipps zur Auswahl eines Massenspeichers

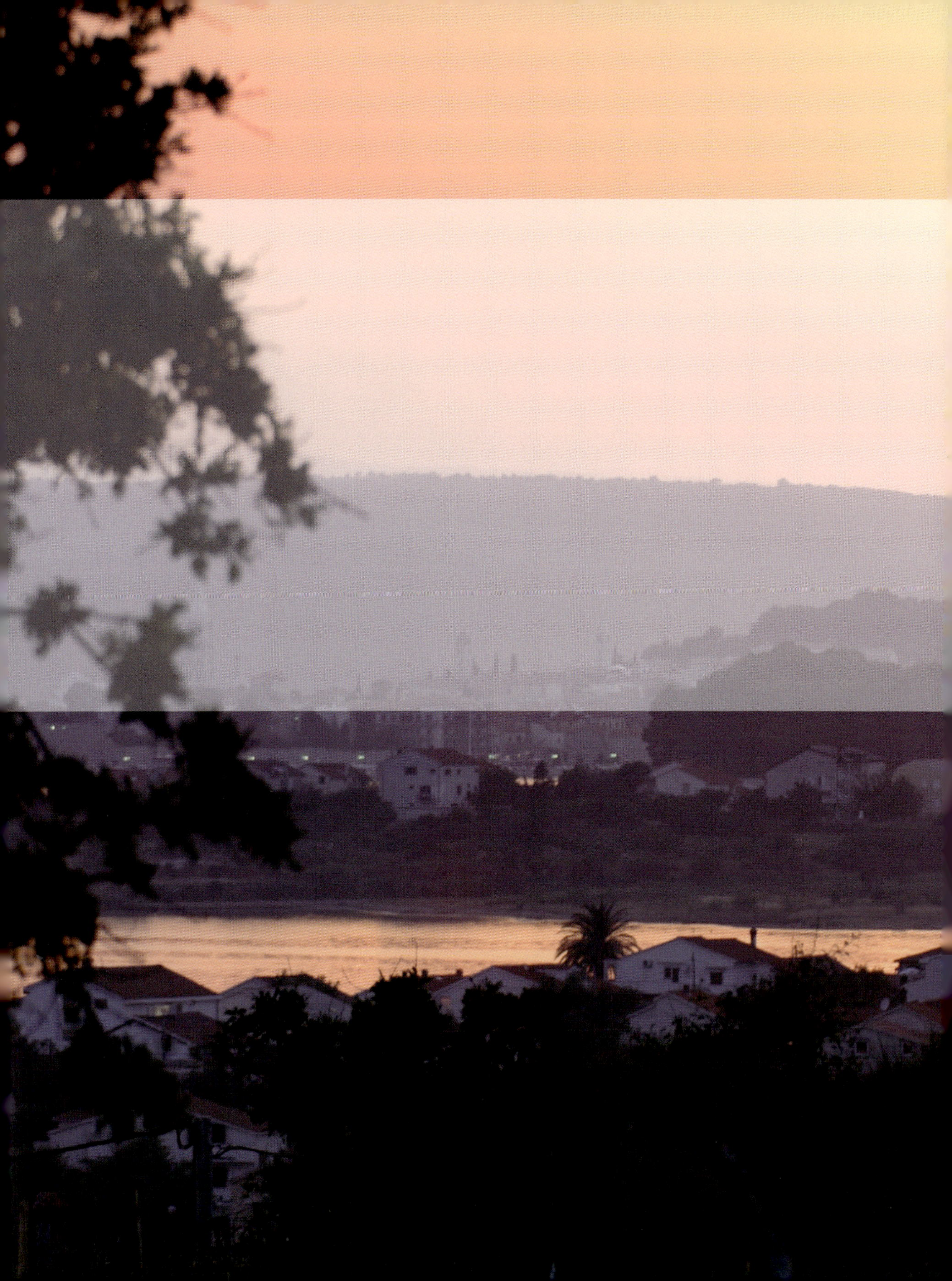

9

Bildformate

Die α100 ist praktischerweise in der Lage, JPEG- und RAW-Dateien parallel aufzunehmen, aber das kostet in kritischen Situationen Zeit und Speicherplatz. Welche Vorteile haben die jeweiligen Formate, wann kann auf RAW verzichtet werden? Außerdem werden die zusätzlichen Bilddaten, die wichtig für die spätere Archivierung sind, erläutert.

9.1 Beste Ergebnisse mit dem RAW-Format in der Praxis

Das RAW-Format ist kurz gesagt das Rohformat der Bildinformationen, die uns der CCD-Sensor über den Analog-Digital-Wandler zur Verfügung stellt. Das heißt auch, dass hier noch keine Bearbeitung durch die Kamera stattgefunden hat. Alle Einstellungen wie Schärfegrad, Farbsättigung etc. beeinflussen nicht das RAW-Format. Sie gelten nur für das JPEG-Format, bei dem die α100 alle Einstellungen zur Konvertierung von RAW ins JPEG-Format berücksichtigt.

Gegenüber dem JPEG-Format ergibt das folgende Vorteile:

- Keine JPEG-Komprimierung und damit keine Verluste.
- JPEG arbeitet mit 8 Bit Farbtiefe, bei RAW stehen 12 Bit zur Verfügung.
- Sämtliche Korrekturmöglichkeiten wie Weißabgleich, Schärfen, Tonwertumfangsänderung etc. können später am Computer erfolgen.

Natürlich gibt es auch Nachteile:

- Alle Aufnahmen müssen zwangsläufig mit einem RAW-Konverter bearbeitet und umgewandelt werden, was einen relativ hohen zeitlichen Aufwand bedeutet.
- Die Dateigröße der RAW-Dateien ist weit umfangreicher als das gepackte JPEG-Format.

Eine RAW-Datei der α100 ist in der besten Auflösung etwa 12 MByte groß, während im JPEG-Format nur etwa 3 MByte benötigt werden.

Möchte man das Optimale aus den Dateien herausholen, ist der Umweg über einen externen RAW-Konverter möglich. Will man aber schon bei der Aufnahme ein möglichst fertiges Bild erhalten, sollte man das JPEG-Format wählen. Der interne RAW-Konverter der α100 arbeitet auf hohem Niveau, deshalb ist die Bildqualität auch ohne den Umweg über einen externen RAW-Konverter sehr gut.

Auch für den, der beides möchte, stellt die α100 eine entsprechende Option zur Verfügung. Im Aufnahmemenü (1) kann man die parallele Speicherung von RAW- und JPEG-Datei wählen. Leider wird damit der Speicherbedarf weiter erhöht.

Dies ist vor allem auch dann sinnvoll, wenn man zunächst schnell fertige Bilder zur Verfügung haben und eventuell später noch einige Aufnahmen nachbearbeiten möchte, um ein Maximum an Bildqualität zu erhalten.

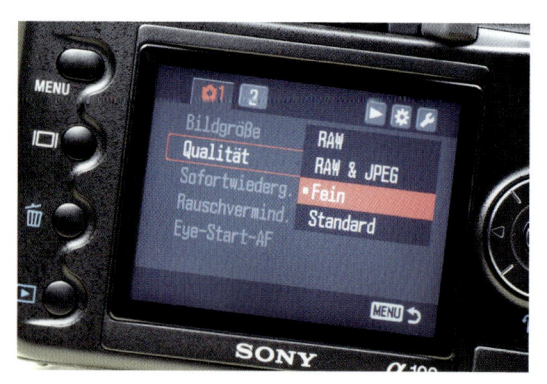

▲ Die Qualitätsstufen Fein und Standard bedeuten die Speicherung der Bilddateien im JPEG-Format.

Warum sind 12 Bit Farbtiefe im RAW-Format besser als die 8 Bit des JPEG-Formats?

Durch die Reduzierung der Farbtiefe von 12 auf 8 Bit gehen Informationen verloren. Möchte man die Datei nachträglich bearbeiten, ist es aber wichtig, möglichst viele Informationen zur Verfügung zu haben, da durch Rundungsfehler bei jeder Bildoperation Informationsfehler bzw. -verluste entstehen, die sich aufaddieren. Das heißt, die Datei sollte zunächst mit den maximal verfügbaren Informationen bearbeitet werden und wird erst im nächsten Schritt auf die 8 Bit des JPEG-Formats heruntergerechnet (bzw. abgerundet).

Dateiformate sinnvoll wählen

Die Rohdatenformate von Digitalkameras sind speziell auf jedes Modell abgestimmt und unterliegen keinem einheitlichen Standard. Gängige Programme können diese meist nicht öffnen.

Der Image Data Converter SR bietet daher die Möglichkeit, die bearbeiteten Bilder im TIF- (8 und 16 Bit) bzw. JPEG-Format zu speichern.

> **RAW-Konverter-Übersicht**
>
> Unter http://www.raw-converter.com/ erhält man aktuelle Informationen zum Entwicklungsstand von RAW-Konvertern. Über eine spezielle Softwaresuche kann man sich für die α100 taugliche RAW-Konverter auflisten lassen.

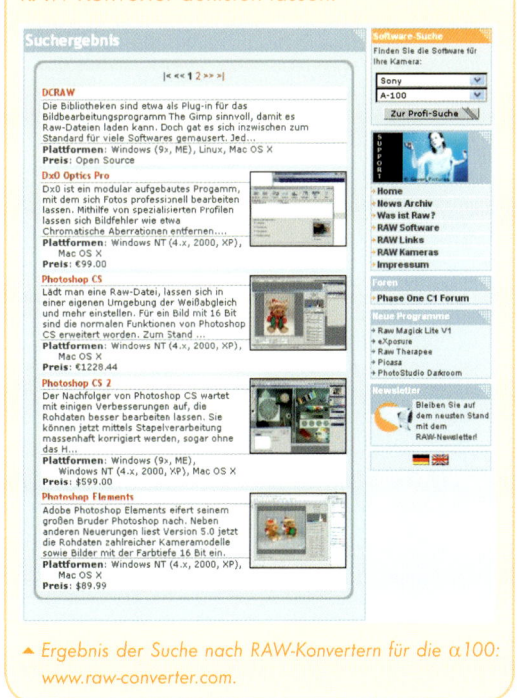

▴ *Ergebnis der Suche nach RAW-Konvertern für die α100: www.raw-converter.com.*

Der Vorteil von TIF-Dateien liegt darin, dass die Speicherung verlustfrei erfolgt. Andererseits entstehen so recht große Bilddateien. Eine 16-Bit-Datei der α100 in voller Auflösung benötigt immerhin einen Speicherplatz von etwa 60 MByte, was dem Sechsfachen der RAW-Datei entspricht.

Das JPEG-Format hingegen ist, was den Speicherverbrauch angeht, eher genügsam. Eine Umwandlung in das JPEG-Format bei niedrigster Komprimierungsstufe (1) ergibt eine Datei von etwa 5 MByte. Benutzt man hingegen die nächsthöhere Komprimierungsstufe (2), erhält man schon eine recht starke Komprimierung und eine Dateigröße von etwa 1 MByte. Hierin sieht man deutlich die Unterschiede zur α100. Das gleiche Bild im Modus *Fein* mit der α100 gespeichert, hat eine Größe von etwa 3 MByte.

Die Bilder der α100, gespeichert mit dem Image Data Converter SR in der niedrigsten Komprimierungsstufe, entsprechen also einer an der α100 nicht vorhandenen Qualitätsstufe *Extrafein*.

9.2 Das JPEG-Format einsetzen

In den Qualitätsstufen *Fein* und *Standard* speichert die α100 die Bilddateien im JPEG-Format ab. Das JPEG-Format (auch kurz JPG) ist wohl das am weitesten verbreitete Grafikformat überhaupt. Es wurde von der Joint Picture Expert Group entwickelt und stellt ein Verfahren zur verlustbehafteten bzw. fast verlustfreien Speicherung von Bilddateien dar.

Die Speicherung von Serienbildaufnahmen im JPEG-Format ist bei der α100, im Gegensatz zum RAW-Format, nur durch die Speicherkarte begrenzt.

Den Nachteil des JPEG-Formats sollte man aber nicht vergessen. Mit jedem Speichervorgang gehen weitere Bildinformationen verloren, da die Komprimierung von Neuem beginnt. Der Nachfolger, das JPEG-2000-Format, konnte sich bisher noch nicht durchsetzen.

▲ In der Wildtierfotografie lernt man schnell die Vorteile des schnellen JPEG-Formats kennen.

Das JPEG-Format ist auch das richtige Format neben GIF, wenn es darum geht, Bilder für das Internet zu speichern. Hierfür sollte allerdings die Bildgröße entsprechend verkleinert und eine recht starke Komprimierungsstufe eingestellt werden, um zu lange Downloadzeiten zu verhindern.

9.3 DNG-Format

Im Moment ist es so, dass jeder Kamerahersteller ein eigenes Rohdatenformat, meist dazu noch modellabhängig, besitzt. Die Softwareprogramme, die das Rohformat unterstützen, müssen nun für jedes dieser Formate angepasst werden, um die Daten lesen und entsprechend verarbeiten zu können.

Adobe versucht daher, ein einheitliches Rohdatenformat im Markt einzuführen. Dazu bietet Adobe einen Konverter an, mit dem sich die Rohdaten von einer Vielzahl auf dem Markt erhältlicher Kameras in das DNG-Format umwandeln lassen.

Der Konverter unterstützt ebenfalls das Rohdatenformat der α100.

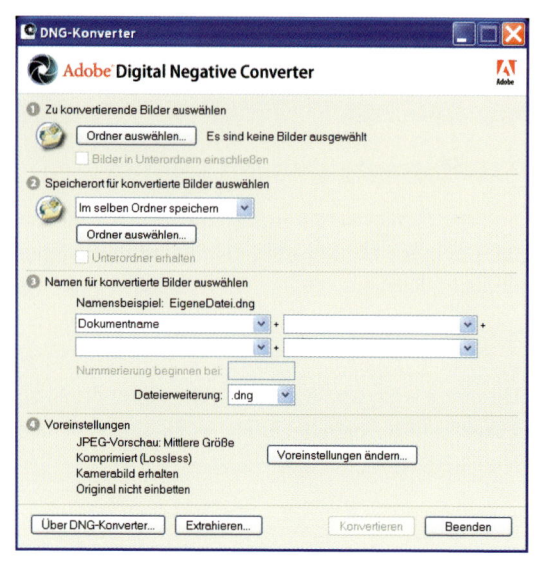

▲ Adobes DNG-Konverter zur Konvertierung von RAW-Dateien der α100 ins DNG-Format. Eine weitere Version ist direkt als Plug-in für Photoshop geeignet.

> **OpenRAW-Initiative**
> Im Internet unter http://www.openraw.org/ kann man eine Initiative zum Rohdatenformat finden, die sich dem Ziel eines offenen Standards für das Rohdatenformat verschrieben hat.

Bislang haben sich nur wenige Hersteller, wie Leica für das Digital-Modul-R, dazu entschlossen, dieses Format zu benutzen.

9.4 PNG-Format

Der Hauptvorteil des PNG-Formats besteht darin, dass Dateien verlustfrei komprimiert werden können. Gegenüber dem TIF-Format kann so Festplattenplatz eingespart werden. An die Kompressionsstärke des JPEG-Formats reicht es hingegen nicht heran. Zwar sind eingebettete Metainformationen möglich, EXIF- und IPTC-Daten werden aber nicht unterstützt, was das Format für die Bildverarbeitung weniger interessant macht.

Bilder als E-Mail versenden

Möchte man seine Bilder per E-Mail versenden, steht man vor dem Problem der großen Bilddateien. Besonders das Senden der Dateien kann so zu einem zeitaufwendigen Unterfangen werden, da die meisten Internetverbindungen einen recht langsamen Upload gegenüber einem wesentlich schnelleren Download erlauben.

Mit dem mitgelieferten Picture Motion Browser kann man problemlos die Bilddateien zum Versand vorbereiten. Hierfür wählt man *Manipulieren/Bilder per eMail senden* im Menü aus. Die vorgeschlagene Einstellung zur Komprimierung ist für die meisten Fälle ausreichend.

▲ *Picture Motion Browser erlaubt das Reduzieren der Bilddateigröße zum Versenden per E-Mail.*

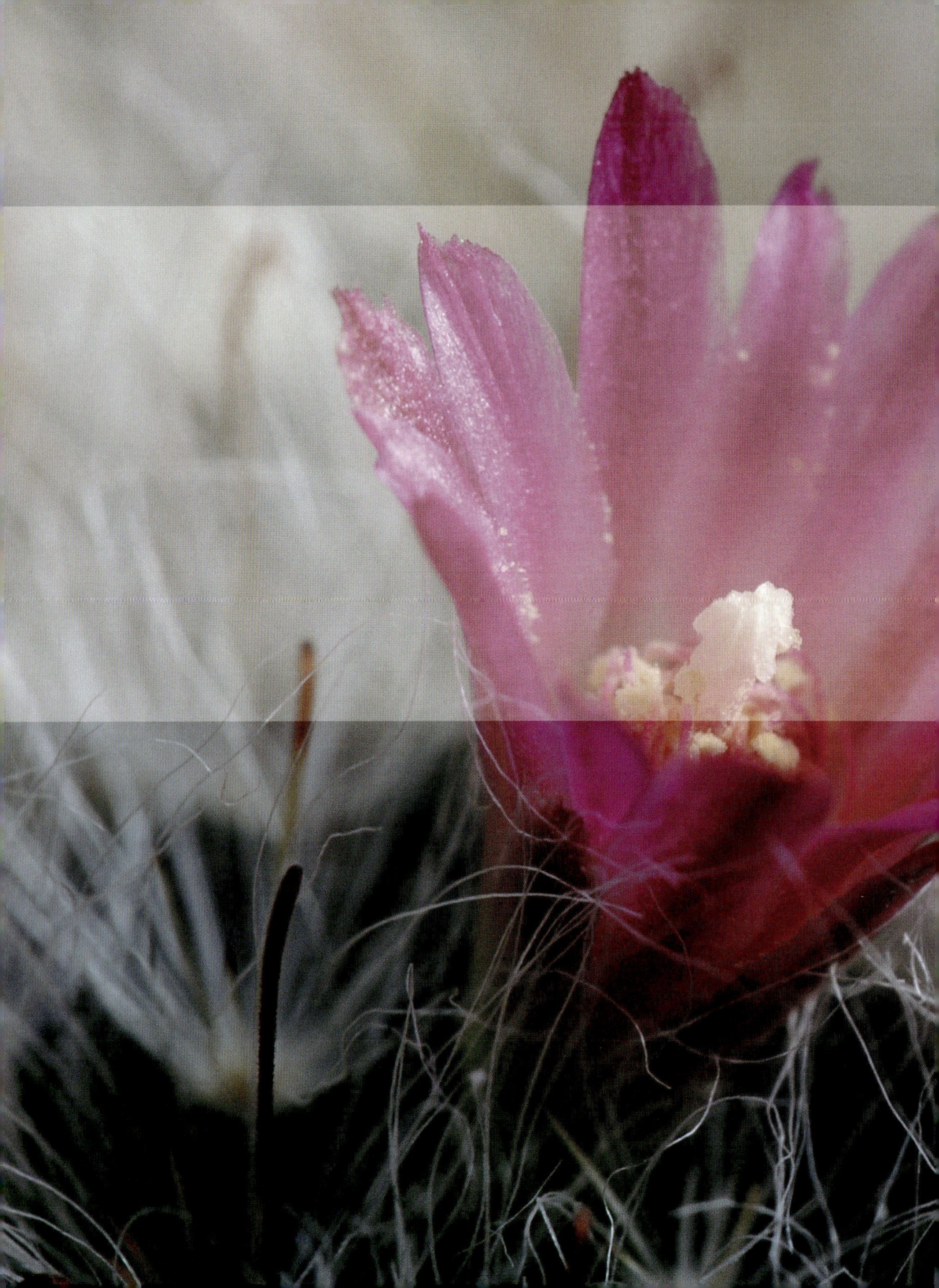

10

Menschliches Sehen: Farbräume und Farbprofile

Bei analogen Kameras muss man sich um die Farbdarstellung weniger Gedanken machen. Anders ist es in der Digitalfotografie. Die unterschiedlichen Farbräume der α100 werden erläutert, und es wird gezeigt, wann welcher Farbraum sinnvoll ist.

10.1 Farbraumeinstellungen

Der CCD-Sensor der α100 besitzt eine sehr zuverlässige Farbwiedergabe. An unser menschliches Auge hingegen reicht er auch in Bezug auf die Farbwiedergabe lange nicht heran.

Letztendlich ist es die Software, die die einzelnen Farbtöne interpretieren muss. Dahinter verbirgt sich eine komplexe Aufgabe, und es ist wichtig, die richtigen Einstellungen festzulegen, um Farbabweichungen auszuschließen. Die Farbraumeinstellung ist in diesem Zusammenhang wichtig.

Diverse Farbräume und Farbmodelle wurden bereits entwickelt und als Standard herausgebracht. Für die digitale Fotografie kommen hingegen nur einige davon zum Einsatz.

> **Die Farbräume**
> Unter Arbeiten mit Farbräumen versteht man die Möglichkeit, Farben in einem bestimmten Rahmen zu erkennen bzw. auszugeben. Selbst unserem Auge steht nur ein bestimmter Farbraum zu Verfügung. Ebenso ist es mit Eingabegeräten wie der α100 bzw. Ausgabegeräten wie z. B. Druckern oder Bildschirmen.

Je nach Einsatzzweck unterscheiden sich die Farbräume. Dabei durchläuft ein Foto von der Kamera über den Bildschirm bis zum Drucker meist mehrere Farbräume.

Sind diese nicht aufeinander abgestimmt, sieht z. B das Bildschirmbild wesentlich anders aus als das ausgedruckte Ergebnis.

10.2 Farbtiefe

Das für uns relevante Farbmodell besitzt 8 Bit (1 Byte). Mit diesen 8 Bit pro Farbwert kann der Wert einer Farbe beschrieben werden. Entsprechend wird auch der Farbmodus genannt: 8-Bit-Farbmodus oder auch Farbtiefe.

Eine übliche Farbtiefe ist die 16-Bit-Farbtiefe. Andere Farbtiefen sind ebenfalls möglich. Diese werden jedoch seltener von den gängigen Bildverarbeitungsprogrammen unterstützt.

Die α100 rechnet intern mit 12 Bit. Beim Abspeichern im JPEG-Format wird auf 8 Bit heruntergerechnet.

Mit 8 Bit pro Farbkanal kann man 2^8 = 256 Graustufen darstellen, bei 16 Bit wären es schon 65.536 Werte (theoretisch, da ein Bit für ein Vorzeichen genutzt wird und somit nur 15 Bit zur Verfügung stehen, dies ergibt immerhin noch 32.768 Graubstufungen).

Intern verarbeitet die α100 2^{12} = 4.069 Graustufen. Auch hier erkennt man wieder, dass im RAW-Format mehr Möglichkeiten liegen.

Entsprechend der Beschreibung der Bayer-Matrix besteht nun jede Grundfarbe, also Rot, Grün und Blau, aus 256 Helligkeitsstufen, was einer Gesamtfarbtiefe von 24 Bit entspricht. Hiermit sind beachtliche 16.780.000 Farbtöne darstellbar, im Fotoalltag absolut ausreichend. Intern wären es bei der α100 insgesamt 68.700.000.000 Farbtöne.

10.3 sRGB und Adobe RGB: Wo ist der Unterschied?

Die α100 bietet den sRGB- und den Adobe RGB-Farbraum an (siehe das Menü *Farb-/DEC-Modus*). Standardmäßig ist sRGB eingestellt.

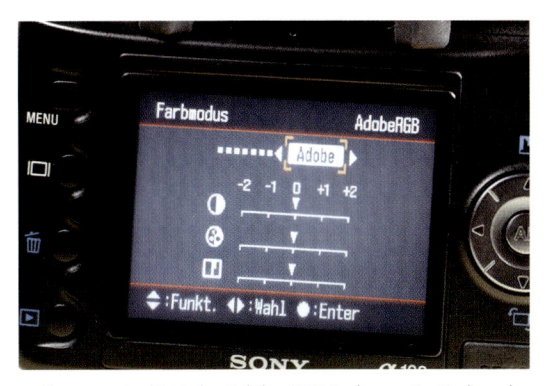

▲ Etwas versteckt ist der Adobe RGB-Farbraum im Farbmodusmenü zu finden.

Aber welchen dieser Farbräume sollte man sinnvollerweise einsetzen?

Hierzu schauen wir uns zunächst das RGB-Farbsystem an. RGB steht für die drei Grundfarben **R**ot, **G**rün und **B**lau. Die Farbtiefe beträgt 8 Bit pro Grundfarbe, womit dann insgesamt 16,8 Mio. Farben dargestellt werden können.

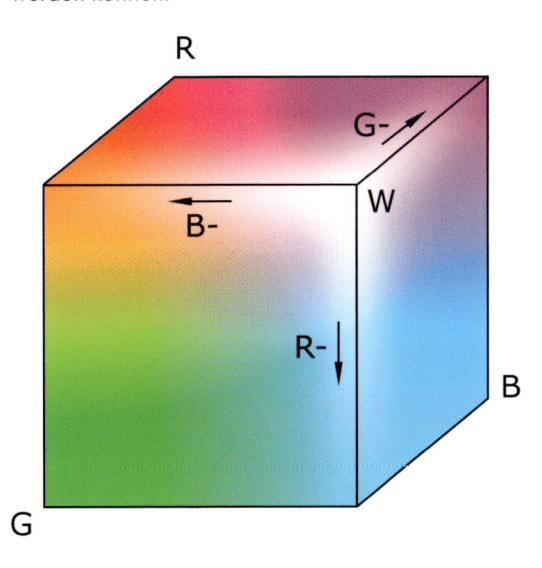

Die Farbe des Pixels wird dabei mit je einem Wert der drei Grundfarben beschrieben. Zum Beispiel hat Schwarz den Wert (0,0,0) und Weiß (255,255,255).

Grün ist mit (0,255,0) und Gelb mit (0,0,255) definiert. Alle Mischfarben des Systems entstehen durch unterschiedliche Anteile der einzelnen Grundfarben.

Die RGB-Werte stellen nun aber keine absoluten Farbwerte dar, also z. B wie ein bestimmtes Rot letztendlich auf dem Drucker ausgegeben werden soll. Hierfür gibt es bestimmte Farbraumdefinitionen.

Der zentrale Farbraum, der alle für das menschliche Sehen wahrnehmbaren Farbnuancen enthält, ist der CIE-Lab-Farbraum (meist Lab-Modus genannt). Von diesem Farbraum gehen alle anderen Farbräume, sogenannte Arbeitsfarbräume, aus, so auch sRGB und Adobe RGB.

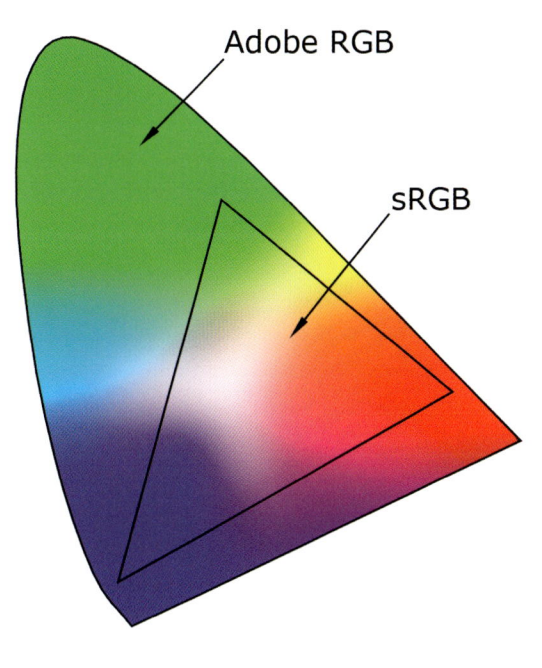

Der Vergleich der RGB-Werte zeigt erste Unterschiede. Das absolute Rot ist in beiden Fällen der RGB-Wert (255,0,0). Im Vergleich zum CIE-Lab-Farbraum ist das Rot von Adobe RGB wesentlich kräftiger als das von sRGB. Das Rot von sRGB mit

sRGB und Adobe RGB: Wo ist der Unterschied?

(255,0,0) entspricht in Adobe RGB dem Wert von (219,0,0). Umgekehrt ist eine Darstellung des Adobe RGB-Werts (255,0,0) in sRGB nicht möglich. Bei der Konvertierung würden erste Verluste auftreten.

Der Farbraum sRGB wurde speziell für die Wiedergabe auf üblichen Monitoren entwickelt. Einige Farbdrucker unterstützen ebenfalls den sRGB-Farbraum. Die meisten „besseren" Drucker unterstützen aber ein Farbspektrum, das über das des sRGB-Farbraums hinausgeht. Diese Drucker würden nicht optimal mit sRGB genutzt werden. Hingegen ist der Adobe RGB-Farbraum etwas größer als der sRGB-Farbraum und deckt den größten Teil der druckbaren Farben ab. Er ist quasi auch der Standardfarbraum der Druckindustrie. Die üblichen Offsetdruckverfahren werden gut mit dem Adobe RGB-Farbraum abgedeckt.

Den Unterschied im Farbumfang sieht man am besten in einem dreidimensionalen Diagramm. Adobe RGB wurde dabei als durchsichtiges Gittermodell und sRGB als farbiger Körper dargestellt. Wie man sieht, ist sRGB komplett in Adobe RGB enthalten. Im rotblauen Bereich sind beide Farbräume fast identisch, während im blaugrünen Bereich ein deutlicher Unterschied zu sehen ist.

Wenn man das zuvor Beschriebene betrachtet, müsste man ausschließlich Adobe RGB den Vorrang vor sRGB geben. Der Farbraum ist deutlich größer, und ein Konvertieren von Adobe RGB nach sRGB hat den Nachteil, dass Farben, die nicht in sRGB existieren, die nächstmögliche Farbe zugeordnet wird und dadurch Farbdetails verloren gehen können. Andererseits muss man bedenken, dass ein größerer Farbraum auch Nachteile haben kann. Sollte ein Farbraum nur zum Teil genutzt werden, verschenkt man Qualität, denn ein größerer Farbraum bedeutet auch zwangläufig gröbere Farbabstufungen. Die Informationsmenge ist im RGB-System immer die Gleiche (16,8 Mio. Farbabstufungen). Ein Optimum erreicht man, wenn man mit dem Ausgangsfarbraum dem Ausgabefarbraum am nächsten kommt, also z. B dem Farbraum des Monitors oder des Druckers.

Warum also nicht gleich von Anfang an den Ausgabefarbraum benutzen?

Die Ausgabefarbräume dieser Geräte fallen sehr unterschiedlich aus. Benutzt man z. B eine andere Tinten- oder Papiersorte, ergibt sich meist ein anderer Farbraum. Daher ergibt es keinen Sinn, das Bild nur im Ausgabefarbraum eines Geräts zu bearbeiten, wenn man es später eventuell auf anderen Geräten ausgeben lassen will. Deshalb ist es sinnvoller, in einem problemlos anwendbaren Arbeitsfarbraum die Bilder zu bearbeiten und erst zum Schluss in das Ausgabeformat umzuwandeln.

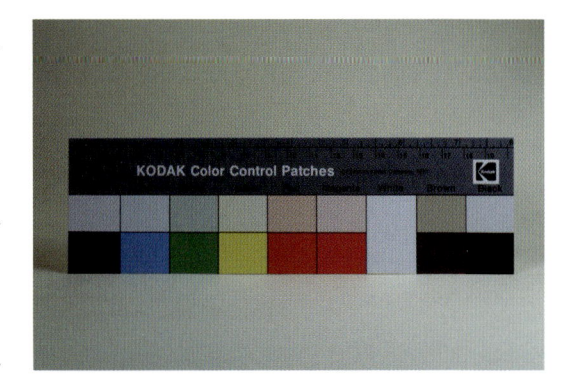

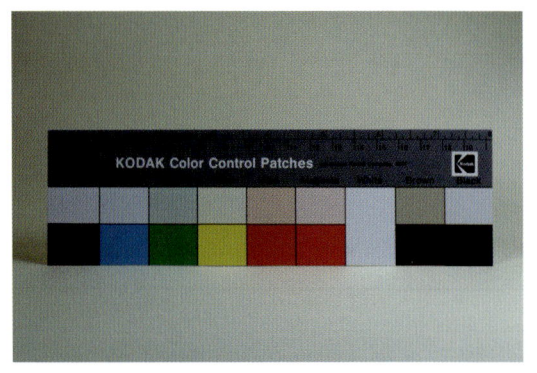

▲ Oben wurde Adobe RGB und unten sRGB als Farbraum gewählt. Unterschiede treten im Normalfall nur bei stark gesättigten Farben auf.

Sichtbar werden Unterschiede zwischen sRGB und Adobe RGB nur dann, wenn es sich um Motive mit großflächigen Bereichen und intensiven Farben aus dem Adobe RGB-Farbraum handelt, die in sRGB nicht vorhanden sind.

Das Fazit

Für Standardfotos kann also uneingeschränkt der sRGB-Farbraum verwendet werden. Monitore, Heimdrucker und Laborprinter können diesen Farbraum sehr gut darstellen bzw. wiedergeben.

Im professionellen Bereich dominiert der Adobe RGB-Farbraum. Hier ist ein durchgängiges Farbmanagement notwendig.

10.4 Der CMYK-Farbraum

CMYK ist beim Drucken der maßgebende Farbraum. Die Farbwerte werden hierbei aus den vier Primärfarben **C**yan (grünliches Blau), **M**agenta (Violett, das in Richtung Rot tendiert), Gelb (**Y**ellow, mittleres Gelb) und Schwarz (engl. Blac**k** oder **K**ey = **K**ey-Color, Schlüsselfarbe) zusammengesetzt.

Theoretisch würde die Mischung aus Cyan, Magenta und Gelb Schwarz ergeben. Praktisch entsteht aber nur ein dunkles Braun. Wer einmal versucht hat, mit einem Tintenstrahldrucker bei leerer schwarzer Tintenpatrone zu drucken, wird den Unterschied zu tiefem Schwarz deutlich gesehen haben. Aus diesem Grund wird als vierte Farbe Schwarz eingesetzt. Schwarz ist ebenfalls für den Kontrast bzw. zum Abdunkeln der Farben zuständig. Ansonsten ist Schwarz an der Farbgebung nicht beteiligt.

Der Farbraum selbst kommt meist erst am Schluss der Bearbeitungskette zum Einsatz. Da CMYK in der Regel kleiner als der RGB-Farbraum ist, kann es notwendig werden, nach der Umwandlung eine leichte Farbkorrektur (Erhöhung der Farbsättigung) und ein Schärfen durchzuführen.

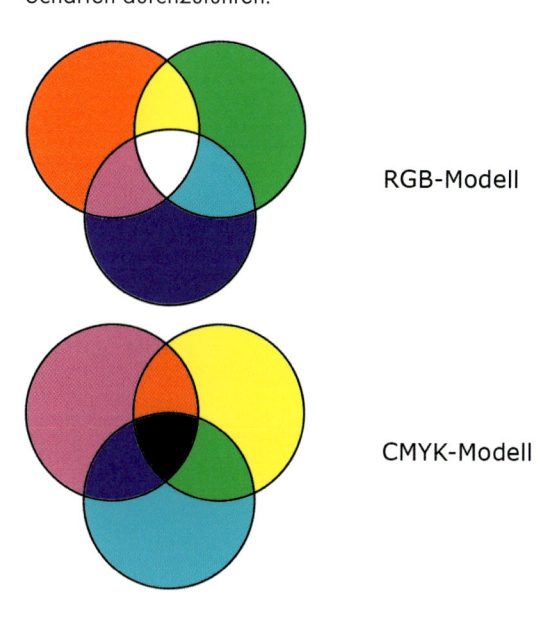

RGB-Modell

CMYK-Modell

10.5 Farbmanagement und Profile

Um durchgängig die richtigen Farben und Helligkeiten auf dem Bildschirm und später auf dem Drucker zu erhalten, benötigt man ein Farbmanagementsystem.

International Color Consortium (ICC)
Bemühungen, ein einheitliches Farbmanagementsystem zu schaffen, ergaben 1993 die Gründung dieses Konsortiums durch mehrere Firmen der Bildbearbeitungs- und Grafikbranche. Die entwickelten Farbprofile (ICC-Profile) gelten als genormter Datensatz für alle beteiligten Geräte, wie Kamera, Monitor und Drucker.
Auf der Internetseite http://www.color.org/ können detaillierte Informationen abgerufen werden.

Die einzelnen Möglichkeiten zur Farbwiedergabe werden dabei den Geräten so weit es geht angeglichen. Farben, die durch ein Gerät nicht dargestellt werden können, werden möglichst nahe liegend wiedergegeben.

Sogenannte ICC-Profile schlagen nun die Brücke zwischen den unterschiedlichen Systemen. Das ICC-Profil beschreibt den Farbraum eines Geräts. Das bedeutet, es stellt die Möglichkeiten, Farben zu erkennen bzw. auszugeben, dar. Außerdem beschreibt es, wie bestimmte eingegebene Farbtöne ausgegeben werden sollen. Dieses Profil liefert entweder der Hersteller des Geräts, oder man erstellt sich ein eigenes, individuelles Profil.

Die α100 erlaubt im Adobe RGB-Farbraummodus keine Einbettung von ICC-Profilen in die Bilddatei. Da sie aber den gängigen Farbraum des Formats DCF 2.0 unterstützt, ist das Farbmanagement mit kompatiblen Geräten möglich. Der mitgelieferte Picture Motion Browser unterstützt dieses Format. Im Adobe RGB-Farbraum aufgenommene Bilder werden entsprechend im Dateinamen gekennzeichnet und beginnen mit _DSC. Die Farbrauminformationen werden hier in den EXIF-Daten gespeichert.

▲ Bildschirmdarstellung.

▲ Ausdruck.

▲ Originalfoto. Nachfolgend die Beispiele für einen unkalibrierten Bildschirm und Drucker. So kann sich im Extremfall ein fehlendes Farbmanagement auswirken.

Individuelle ICC-Farbprofile anfertigen lassen

Für eine Reihe von höherwertigen Druckern werden im Internet individuelle Farbprofile angeboten. Hierzu muss für den vorhandenen Drucker eine Kalibrierungsvorlage heruntergeladen werden. Diese wird entsprechend der Anleitung ausgedruckt und per Post an den Anbieter geschickt.

Das fertige Profil wird dann auf der Homepage des Anbieters zum Herunterladen bereitgestellt und muss nur noch installiert werden. Ganz kostenlos ist dieser Service natürlich nicht. Aber ab 25 Euro erhält man ein auf seinen Drucker zugeschnittenes ICC-Profil.

Monitor kalibrieren

Mittlerweile ist auch die Monitorkalibrierung erschwinglich geworden. Zum Beispiel gibt es Geräte wie den Colorimeter Spyder2express von ColorVision (http://www.colorvision.ch/de), mit denen es recht einfach und günstig ist, den Monitor richtig einzustellen. Dahinter verbirgt sich ein Messgerät, das die Farbwerte des Bildschirms ausmisst. Per Software können dann eventuelle Farbstiche oder Helligkeitsunterschiede ausgeglichen werden.

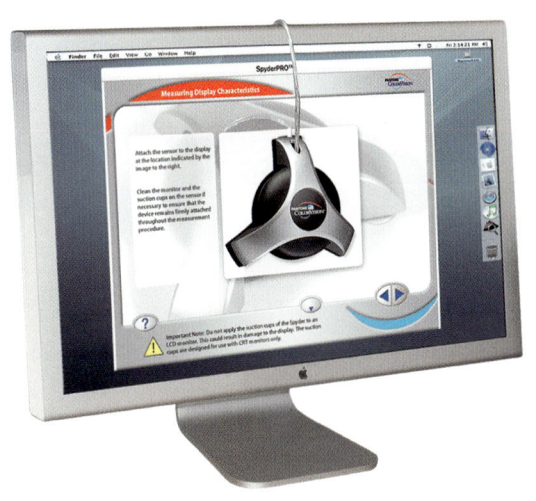

Mittels der aus dem gleichen Hause stammenden Druckerkalibrierungssoftware PrintFIX Plus lässt sich nach erfolgter Bildschirmkalibrierung der Drucker exakt einstellen.

Hierfür wird ein Probeausdruck angefertigt und dieser danach eingescannt. Entsprechende Farbfehler werden durch ein zu erstellendes Profil korrigiert.

▲ Quelle: www.colorvision.com.

▲ Mit dem Spyder2 von ColorVision wird das Kalibrieren eines Bildschirms zum Kinderspiel. Quelle: www.colorvision.com.

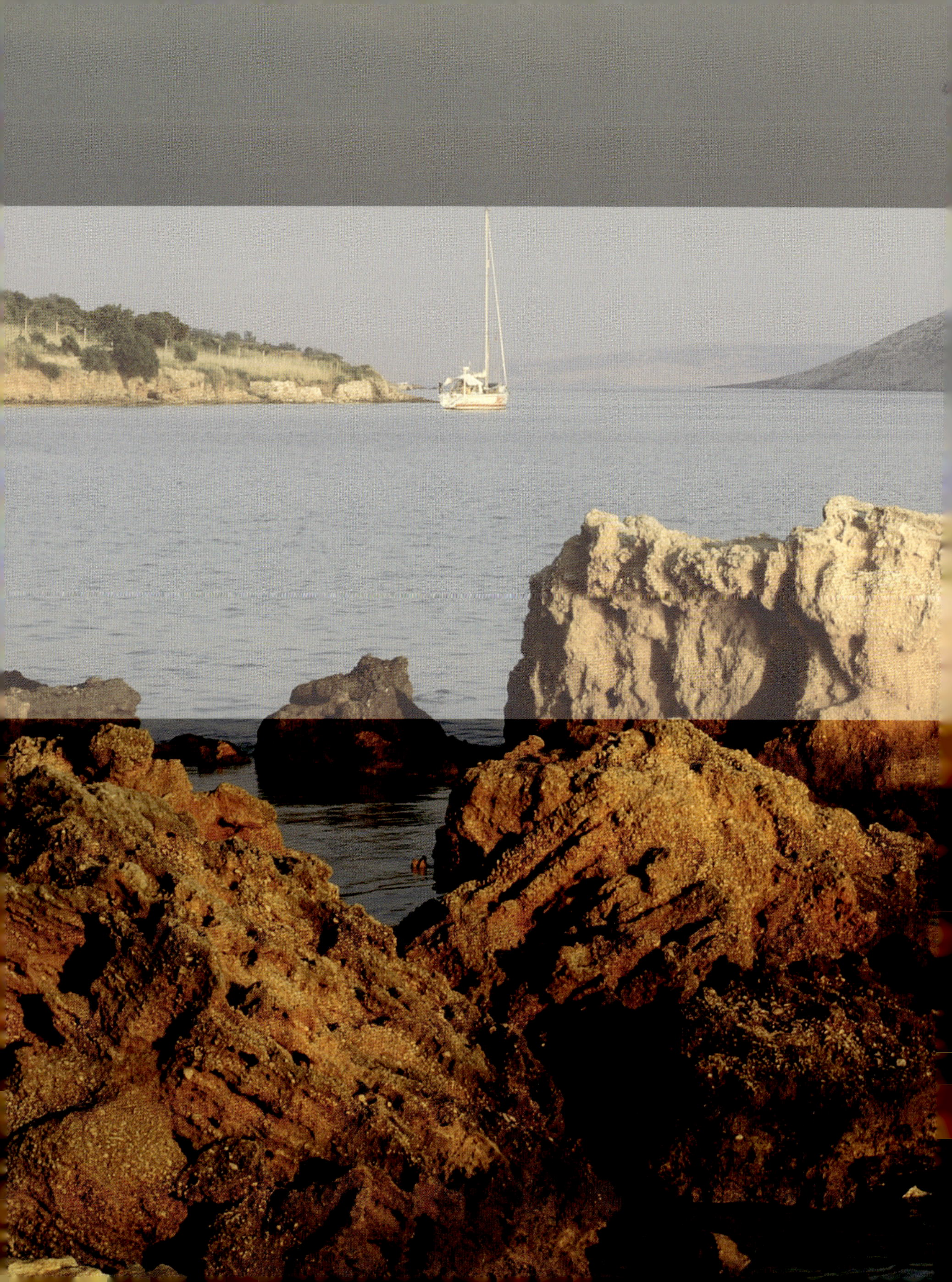

11

Perfektes Blitzen

Steht nur unzureichend Licht zur Verfügung, kommt man meist nicht um eine zusätzliche Lichtquelle herum. Im nachfolgenden Kapitel geht es um das Know-how der Blitzlichtfotografie. Die vielen Möglichkeiten der α100, wie z. B. die ADI-Technik und das drahtlose Blitzen, werden im folgenden Kapitel behandelt.

11.1 Grundlagen der Blitzfotografie

Unsere heutigen Blitzgeräte ermöglichen es, mit relativ wenig Energie beachtliche Blitzleistungen zu liefern. Sie strahlen neutrales Weiß mit einer Farbtemperatur von ca. 5.500 bis 6.500 Kelvin aus, was in etwa unserem Sonnenlicht entspricht. Der wohl wichtigste Begriff in der Blitztechnik ist die Leitzahl.

Mit der Leitzahl wird die Lichtleistung des Blitzgeräts angegeben. Man kann hieraus Rückschlüsse auf die mögliche Leuchtweite ziehen. Die Formel zur Berechnung lautet:

Leuchtweite = Leitzahl / eingestellte Blende

Besitzt das Blitzgerät einen Zoomreflektor, mit dem das Blitzlicht gebündelt werden kann, bezieht sich die Angabe der Hersteller meist auf den kleinsten Ausleuchtwinkel. Zum Beispiel besitzt das Sony-Blitzgerät HVL-F56AM bei dem kleinsten Ausleuchtwinkel (bei 85 mm) eine Blitzreichweite von 56 Metern. Bei größeren Ausleuchtwinkeln verringern sich die Leitzahl und damit die Blitzreichweite entsprechend. Außerdem bezieht sich die Angabe auf eine ISO-Empfindlichkeit von ISO 100/21°. Höhere ISO-Werte erhöhen die Leitzahl, niedrige verringern die Leitzahl. Sollte das Motiv stark von der „mittleren Helligkeit" (18 % Grauwert, siehe Graukarte) abweichen, gelten ebenfalls andere Leitzahlen.

Da die Blitzhelligkeit mit dem Quadrat des Blitzabstands abnimmt, benötigt man für die doppelte Leitzahl die vierfache Lichtmenge.

ISO 100	ISO 200	ISO 400	ISO 800	ISO 1600
1x	1,4x	2x	2,8x	4x

▲ *Faktoren zur Leitzahlenbestimmung.*

Wie aus der Tabelle zu entnehmen ist, ergibt eine Veränderung der ISO-Einstellung an der Kamera von ISO 100 auf ISO 200 eine Leitzahlenveränderung um den Faktor 1,4. Besitzt das Blitzgerät bei ISO 100 eine Leitzahl von 36 (HVL-F36AM), ergibt sich bei ISO 200 eine Leitzahl von 50 (36 x 1,4). Theoretisch könnte man so z. B. bei ISO 1600 und dem großen Sony-Blitz sehr große Reichweiten erzielen. In der Praxis herrscht meist ein gewisser Dunst, und es gibt andere Einflüsse, die sich auf die Reichweite auswirken. Regen und Schnee mindern sie erheblich.

Das Blitzlicht ist recht „hart" und neigt zu Schlagschatten bzw. hohen Kontrasten. Einige Programmblitzgeräte, zu denen auch der HVL-F36AM und der HVL-F56AM von Sony gehören, erlauben aus diesem Grund das indirekte Blitzen.

Hierbei wird der Blitzreflektor gegen die Decke gerichtet. Der HVL-F56AM bietet noch die Möglichkeit, den Blitzreflektor seitlich zu drehen, sodass auch die Wand zum indirekten Blitzen genutzt werden kann. Hier gilt: Einfallswinkel ist gleich Ausfallswinkel. Am besten geeignet sind weiße oder graue Decken bzw. Wände, da farbiger Untergrund zu Farbstichen führen kann.

Eine weitere Möglichkeit ist die Nutzung sogenannter Bouncer, die auf den Blitzreflektor geschoben bzw. daran befestigt werden. Bouncer zerstreuen das Blitzlicht, wodurch es „weicher" wirkt.

Die dritte Möglichkeit ist die Nutzung von einem oder mehreren „entfesselten" Blitzen. Hiermit lassen sich komplexe Beleuchtungen aufbauen.

Die **G**esamt**l**eit**z**ahl (GLz) bei gemeinsamer frontaler Beleuchtung ergibt sich wie folgt:

$$GLz = \sqrt{Lz_1^2 + Lz_2^2 + ...}$$

Synchronisation unterstützt. Hier sind dann Belichtungszeiten von 1/4000 Sekunde möglich.

11.2 Die Unterschiede der Blitzgeräte

Sony bietet im Moment zwei Programmblitzgeräte an. Aber auch Fremdhersteller wie Sigma und Metz haben einige interessante Blitzgeräte für die α100 im Angebot.

Sony-Programmblitz HVL-F56AM

Das leistungsstärkste und mit den meisten Funktionen ausgestattete Blitzgerät von Sony für die α100 ist das Programmblitzgerät HVL-F56AM.

▲ Sogenannte Bouncer eignen sich zum indirekten Blitzen.

Welche Parameter ändern sich beim Einsatz eines Blitzes?

Im Blendenprioritätsmodus kann uneingeschränkt die gewünschte Blende eingestellt werden. Die α100 stellt hierfür Synchronzeiten im Bereich von 1/160 Sekunde (ohne Super SteadyShot) bzw. 1/125 Sekunde bis 1/60 Sekunde ein. Eine korrekte Belichtung ist so gewährleistet.

Im Verschlusszeitenprioritätsmodus hingegen gibt es Einschränkungen. Man kann hier Belichtungszeiten zwischen 30 Sekunden und 1/160 Sekunde (bei abgeschaltetem Super SteadyShot) bzw. 1/125 Sekunde einstellen. Diese Begrenzung entfällt bei Einsatz eines externen Programmblitzes, das die High-Speed-

▲ α100 mit dem großen Programmblitz HVL-F56AM.

Die Leitzahl bei ISO 100 beträgt 56. Der Ausleuchtwinkel wird abhängig von der Objektivbrennweite im Bereich von 24 bis 85 mm automatisch gesteuert. Im

Blitzkopf ist außerdem eine zuklappbare Streulichtscheibe integriert, mit der bis 17 mm ausgeleuchtet werden kann.

> **Ausleuchtwinkel beachten**
> Zu beachten ist bei Einsatz des Blitzes an der α100, dass der Zoomreflektor den Ausleuchtwinkel auf die reale Brennweite des Objektivs einstellt. Das heißt, 24 mm Brennweite an der α100 ergeben im Vergleich mit dem Kleinbildformat eine Bildwirkung von 36 mm. Der Blitz stellt nun aber den Zoomreflektor auf 24 mm ein. Um eine maximale Reichweite herzustellen, müsste der Blitz per Hand auf 36 mm (35 mm) eingestellt werden.

Manuell kann man 17 (mit Streuscheibe), 24, 28, 35, 50, 70 und 85 mm Brennweite einstellen.

Die Leitzahlen für die jeweiligen Brennweiten betragen (in Metern bei ISO 100):

Brennweite	17	24	28	35	50	70	85
Meter		18	30	32	38	44	50	54

Für den High-Speed-Synchronisationsmodus gelten folgende Leitzahlen (in Metern bei ISO 100):

Für 1/1000 Sekunde							
Brennweite	17	24	28	35	50	70	85
Meter	3,5	6	6,7	7,5	9	9,5	11
Für 1/4000 Sekunde							
Meter	1,7	3	3,5	3,7	4,5	4,7	5,6

Die Blitzleistung kann manuell in sechs Stufen (1/1, 1/2, 1/4, 1/8, 1/16, 1/32) eingestellt werden.

Eine Spezialfunktion ist das Stroboskopblitzen, mit der auch kreative Fotografen auf ihre Kosten kommen. Beim Stroboskopblitzen werden mehrere Blitze hintereinander gezündet, womit sehr schön Bewegungsabläufe festgehalten werden können. Eine relativ lange Belichtungszeit ist wichtig, um möglichst viele Bewegungsstufen aufzeichnen zu können. Die Blitzfrequenz kann im Bereich von 1 bis 100 Hz eingestellt werden. Es können pro Aufnahme 2 bis 40 Blitze abgegeben werden. Wem dies nicht reicht, verlängert die Belichtungszeit und lässt die Blitze bis zur Kodensatorentladung arbeiten. Definierte Ergebnisse sind so aber schwer zu erreichen.

Für indirektes Blitzen ist der Blitzkopf in weiten Bereichen verstellbar:

- Vertikal: 0 – 90 Grad nach oben, 0 – 10 Grad nach unten
- Horizontal: 0 – 90 Grad im Uhrzeigersinn, 0 – 180 Grad gegen den Uhrzeigersinn

Im **H**igh-**S**peed-**S**ynchronisationsmodus (HSS) kann der Blitz Belichtungszeiten bis 1/12000 Sekunde, an der α100 die maximal möglichen 1/4000 Sekunde synchronisieren.

Als Energiequelle können Batterien (R6, AA) und Akkus zum Einsatz kommen. Die kürzeste Blitzfolgezeit wird dabei mit Akkus erreicht. Über ein optional lieferbares externes Batteriefach kann die Blitzanzahl ungefähr verdoppelt werden, womit auch größere Veranstaltungen mit Blitzeinsatz gut gemeistert werden können.

Sehr praktisch ist das „Einstelllicht" des Blitzes. Hierzu dient eine schnelle Blitzfolge zur Überprüfung von Schattenwurf und Lichtführung.

Im Dunkeln wird der Autofokus durch das AF-Hilfslicht des Blitzes unterstützt.

Zusätzlich stehen fünf Custom-Funktionen zur Verfügung.

Sony-Programmblitz HVL-F36AM

Das zweite von Sony lieferbare Programmblitzgerät ist der HVL-F36AM.

Der Funktionsumfang ist hier etwas geringer, und die maximale Leitzahl liegt im Gegensatz zum HVL-F56AM bei 36 (bei 85 mm und ISO 100). Trotzdem beherrscht der HVL-F36AM die drahtlose Blitzfernsteuerung und die Langzeitsynchronisation, was ihn durchaus sehr interessant macht.

Im Gegensatz zum HVL-F56AM kann der Blitzreflektor nur um 90 Grad nach oben geschwenkt werden. Im Normalfall reicht dies aber zum indirekten Blitzen aus.

Im Bereich von 24 bis 85 mm Objektivbrennweite passt sich der Leuchtwinkel automatisch an. Ein manuelles Verstellen ist möglich. Die mitgelieferte Weitwinkelstreulichtblende vergrößert die Ausleuchtung im Weitwinkelbereich.

Beachtet werden muss hierbei, dass die Leitzahl dann etwas sinkt. Ein Ausleuchten mit 17 mm Brennweite ist somit gewährleistet. Das eingebaute AF-Hilfslicht unterstützt den Autofokus der α100 im Dunkeln.

Makroringblitz R-1200

Gerade im Nah- und Makrobereich ist der Abstand zum Motiv so gering, dass mit den großen Blitzen unter Umständen Abschattungen durch das Objektiv auftreten können. Hier hilft der Ringblitz, der direkt am Objektiv befestigt wird. Vier Blitzröhren sind zum Quadrat angeordnet und können einzeln eingeschaltet werden.

Das Steuergerät wird auf den Blitzschuh der α100 aufgesteckt und arbeitet entweder im TTL-Vorblitz-Modus oder kann in sieben Stufen manuell eingestellt werden. Die Leistung kann so auf 1/1, 1/2, 1/4, 1/8, 1/16, 1/32 und 1/64 der maximalen Blitzleistung eingestellt werden.

Eine weitere Abstufung erhält man, wenn man in den Custom-Einstellungen 1/2 EV einstellt. Jetzt hat man die Möglichkeit, die Abstufung auf 1/1, 1/1,4, 1/2, 1/2,8, 1/4, 1/5,6 und 1/8 auszuwählen.

Bei ISO 100 beträgt die Leitzahl 12. Man erreicht mit dem Ringblitz eine sehr weiche Ausleuchtung bei einem Ausleuchtwinkel von 80 Grad horizontal und 80 vertikal.

Die benutzte Steuereinheit kann ebenfalls für den nachfolgend beschriebenen Zwillingsblitz eingesetzt werden.

Der Zwillingsblitz HVL-MT24AM

▲ *Hier abgebildet der baugleiche Minolta-Blitz T-2400.*

Folgende Ausleuchtwinkel ergeben sich:

	1 Blitz-leuchte	Weitwinkel-adapter	Diffussor
Vertikal	45°	60°	90°
Horizontal	60°	78°	90°

Zur Beurteilung der Lichtsituation ist eine Art Einstelllicht vorhanden. Dabei wird für zwei Sekunden eine hochfrequente Blitzserie gezündet. Effektiver ist hier die Beurteilung über den Monitor der α100 mit Testaufnahmen.

Während der Ringblitz weiches und schattenloses Licht produziert, kann man mit dem Zwillingsblitz kreativ zu Werke gehen. Die Anordnung der beiden Blitzköpfe ist variabel, und über Teleskoparme kann der Abstand zum Objektiv bis auf maximal 18 cm vergrößert werden.

Leistungswahl	Eine Blitzleuchte	Zwei Blitzleuchten	Weitwinkeladapter	Diffusoren
1/1	17	24	11	7
1/4	12	17	8	5
1/4	8,5	12	5,6	3,5
1/8	6	8,5	4	2,5
1/16	4,2	6	2,8	1,8
1/32	3	4,2	2	1,3

Den Leuchtwinkel kann man über die mitgelieferten Weitwinkelstreuscheiben und die Diffusoren anpassen.

Die Tabelle gibt Aufschluss über die Leitzahl der Zwillingsblitzeinheit in Abhängigkeit davon, ob die Weitwinkeladapter, die Diffusoren oder ob ein oder zwei Blitzleuchten eingeschaltet sind.

Mecablitz 54 MZ-4 von Metz

Die Firma Metz bietet für die α100 als interessante Alternative zu den hauseigenen Blitzgeräten von Sony den Mecablitz 54 MZ-4 an. Um den Blitz an unterschiedlichen Kamerasystemen nutzbar zu machen, hat Metz ein Adaptersystem entwickelt.

Der Blitz selbst kann also mit einem entsprechenden Adapter auch mit einem anderen Kamerasystem genutzt werden. Die α100 benötigt den Adapter SCA3302M6.

Der Blitz unterstützt ebenfalls die ADI-Messung und beherrscht die High-Speed-Synchronisation. Der Funktionsumfang entspricht in etwa dem des Sony-Programmblitzes HVL-F56AM, wobei der Metz-Blitz noch einen kleinen zusätzlichen Blitz besitzt, mit dem frontal aufgehellt werden kann.

Sigma EF 500 DG Super

Wie der Metz-Blitz stellt auch der Sigma EF-500 DG Super eine günstige Alternative dar. Er besitzt die notwendigsten Funktionen wie High-Speed-Synchronisation, Einstelllicht, Blitzen auf den zweiten Vorhang, kabelloses Blitzen etc. und unterstützt die ADI-Messung der α100.

11.3 Blitzmodi

Die α100 unterstützt zwei Blitzsteuerungsmodi, die im Nachfolgenden genauer beleuchtet werden.

TTL-Vorblitzmessung

TTL (**T**hrough **t**he **L**ens) bedeutet, dass die Belichtungsmessung durch das Objektiv erfolgt. Der Vorteil der TTL-Blitzmessung ist, dass ohne Weiteres Zwischenringe, Filter u. a. ohne Belichtungskorrekturen eingesetzt werden können, da sie direkten Einfluss auf die Messung haben.

Die Kamera sendet über das Blitzgerät einen Messblitz. Dieser wird am Objekt reflektiert und gelangt über das Objektiv zurück zum Sensor in der Kamera. Hier werden die Daten ausgewertet, ein Hauptblitz berechnet und gezündet.

Bei analogen Kameras kann man auf den Vorblitz verzichten, da die Messung auf der Filmoberfläche stattfindet. Trifft hier genügend Licht auf, wird der Blitz gestoppt. Diese Methode ist aufgrund des zu stark reflektierenden Sensors nicht möglich.

Vorteile der TTL-Blitzmessung sind u. a. die geringe Streulichtempfindlichkeit und dass alle Belichtungsmessmodi (Mehrfeldwaben-, mittenbetonte Integral- und Spotmessung) verwendet werden können.

Der Abstand zwischen Vor- und Hauptblitz ist sehr gering. In zeitkritischen Situationen kann es vorkommen, dass die Zeitdifferenz als störend empfunden wird. Hier hilft nur der Einsatz eines Blitzgeräts mit eigenem Sensor zur Belichtungsmessung, wie z. B. des Metz 54. Es entfällt dann der Vorteil der 40-Waben-Feldmessung durch den kcamerainternen Sensor.

ADI-Steuerung

Die ADI-(**A**dvanced **D**istance **I**ntegration-)Steuerung bezieht in den Messvorgang die Entfernung des Motivs mit ein. Mit normaler TTL-Vorblitz-Messung war es möglich, dass sich die Elektronik z. B. bei Objekten mit besonderen Reflexionseigenschaften täuschen ließ. Damit war keine perfekte Belichtung garantiert. Da der Computer nun aber über den Entfernungs-Encoder der D-Objektive den Motivabstand kennt, kann die Blitzleistung optimal angepasst werden.

Sollten an der α100 Objektive ohne Encoder (ohne „D") angeschlossen werden, wird in den meisten Fällen automatisch in den „Nur"-TTL-Vorblitzmodus umgeschaltet. Bei Einsatz von Fremdobjektiven ohne „D" wird ohnehin dazu geraten, auf TTL-Vorblitzmessung von Hand umzuschalten, da die Wahrscheinlichkeit für Fehlbelichtungen hoch ist.

In einigen Fällen kann ein Chip-Update durch den Hersteller notwendig werden. Die ADI-Steuerung ist ebenfalls nur mit geeigneten Blitzgeräten möglich. Die Sony-Blitzgeräte HVL-F36AM und HVL-F56AM sowie die Metz-Geräte (siehe Seite 235ff) und das Sigma-Blitzgerät ST 500 Super unterstützen die ADI-Steuerung.

Undokumentiert ist die mögliche Nutzung der ADI-Steuerung auch bei „Nicht-D-Objektiven", wenn es sich um ältere Minolta- bzw. Konica Minolta-Objektive handelt.

Da die α100 einen internen Entfernungsencoder besitzt, kann hierüber Rückschluss auf die Entfernungseinstellung genommen werden. Hierzu ist eine interne Datenbank notwendig, die alle erforderlichen Objektiveigenschaften gespeichert hat.

Dazu kalibriert die α100 nach dem Einschalten der Kamera das aufgesetzte Objektiv. Zu beachten ist, dass bei Objektiven mit Fokusbegrenzer (Focus-Limiter) dieser ausgeschaltet sein muss, da die Kamera sonst von falschen Werten ausgeht.

Weil die AF-Spindel auch im manuellen Fokusmodus nicht komplett auskuppelt, ist die ADI-Steuerung sogar im diesem Modus möglich.

In folgenden Situationen sollte im Aufnahmemenü (2) *Blitzkontrolle* von ADI-Steuerung auf TTL-Vorblitz umgeschaltet werden:

- Beim indirekten und drahtlosen Blitzen sowie bei Verwendung von Blitzdiffusoren und Makro-Blitzgeräten.
- Wenn z. B. Graufilter zum Einsatz kommen.
- Bei Einsatz von Auszugsverlängerungen.
- Bei dem Gebrauch von Fremdobjektiven ohne „D" (ohne ADI-Unterstützung).

> **Vorblitz und Vorblitz-TTL**
> Man darf die Option *Vorblitz* gegen rote Augen nicht mit *Vorblitz-TTL* verwechseln. Bei *Vorblitz* gegen rote Augen wird vor dem eigentlichen Blitz eine Reihe von Blitzen gezündet, um die Pupille im Auge zu schließen und so den Rote Augen-Effekt zu reduzieren.

Bildschärfe durch Blitzeinsatz

Werden bei unzureichenden Lichtverhältnissen längere Belichtungszeiten notwendig, besteht die Gefahr von Bewegungs- oder Verwacklungsunschärfe.

Der Super SteadyShot kann hier bis zu einem gewissen Grad hilfreich wirken. Danach kommt man bei Freihandaufnahmen aber nicht mehr um den Blitz herum. Nun sollte der interne bzw. ein externer Programmblitz verwendet werden.

▲ *Für bewegte Motive bei relativ wenig Licht ist der Blitzeinsatz notwendig, um genügend Schärfe zu erhalten.*

Aufhellblitz

Es kommt vor, dass man z. B. Personen im Gegenlicht oder Motive in ähnlich schwieriger Lichtsituation mit hohen Kontrasten fotografieren möchte.

Die Mehrfeldzonenmessung würde in diesen Fällen einen Mittelwert errechnen, womit Bildpartien unter- bzw. überbelichtet würden. Auch die beiden anderen Messmethoden, die mittenbetonte Integralmessung und die Spotmessung, würden keine harmonischen Ergebnisse hervorbringen.

Hier hilft der Aufhellblitz. Hierzu ist an der α100 zusätzlich die AEL-Taste zu drücken, und der kamerainterne Blitz wird hochgeklappt.

Ebenso funktioniert das Aufhellblitzen mit einem der Programmblitze. Hiermit kann auch in einer Entfernung gut aufgehellt werden, die über der liegt, die mit dem internen Blitz erreichbar ist.

▲ Gegenlichtsituation, aufgenommen ohne Blitzlicht. Das Gesicht erscheint zu dunkel.

▲ Die gleiche Situation, nun aber mit Blitzlicht und gedrückter AEL-Taste. Ohne das Drücken der AEL-Taste wäre der Hintergrund zu dunkel geworden.

Was bewirkt das Drücken der AEL-Taste genau?

Die Elektronik der α100 ist bemüht, die Gesamtsituation perfekt aufeinander abzustimmen und den Gegenlichteffekt bestmöglich beizubehalten. Die α100 untersucht das Umfeld und berechnet eine Belichtung, die ein bis zu zwei Stufen unterbelichtet ausfallen kann. Dies ist notwendig, um eine Überbelichtung des Hauptmotivs und des Hintergrunds zu vermeiden.

Da in heller Umgebung die Blende weiter geschlossen werden muss, ist die Blitzreichweite zum Aufhellen geringer als in dunkler Umgebung.

Mit den Blitzgeräten Sony HVL-F36AM (3600 HS (D)) und Sony HVL-F56AM (5600 HS (D)) sind mit Kurzzeitsynchronisation Synchronzeiten bis 1/4000 Sekunde möglich, wodurch in fast jeder Situation auch mit weit geöffneter Blende aufgehellt werden kann.

Dies ist besonders wichtig, wenn Motive vor dem Hintergrund freigestellt werden sollen bzw. die Schärfentiefe bei Porträts minimiert werden soll.

Schatten aufhellen

Harte Schlagschatten wirken meist nicht besonders gut und lenken vom eigentlichen Motiv ab. Der Blitzlichteinsatz hilft nun, diese Schlagschatten zu reduzieren. Diese Schlagschatten treten z. B im Sommer bei besonders hoch stehender Sonne auf.

Spitzlichter in Porträts

Blitzlicht erzeugt auch sehr schön anzusehende Spitzlichter in den Augen. Porträts wirken dadurch lebendiger.

▲ Vorteil von Blitzlicht: Spitzlichter in den Augen.

Interner oder externer Blitz?

Der in der α100 eingebaute Blitz ist für einen „Immer-dabei-Blitz" in vielen Situationen hilfreich. Mit seiner Blitzleitzahl von 12 bei ISO 100 reicht er nur bis zu einer begrenzten Entfernung aus. Für Aufhellungen im Bereich von etwa drei bis vier Metern reicht seine Leuchtweite aber durchaus.

> **Die Vorteile externer Blitzgeräte**
> - Externe Blitzgeräte verfügen über eine größere Blitzleistung, erkennbar an der höheren Blitzleitzahl. Damit können weiter entfernte Objekte aufgehellt werden.
> - Die Möglichkeit, den Reflektor in mehrere Richtungen zu schwenken, erlaubt es, indirekt zu blitzen und damit Schlagschatten zu vermeiden.
> - Im Nahbereich treten keine Abschattungen durch das Objektiv auf, was bei dem internen Blitz durchaus der Fall sein kann.
> - Da der externe Blitz weiter von der optischen Achse entfernt ist, tritt der Rote Augen-Effekt weniger oder gar nicht auf.

Möchte man weiter entfernte Objekte aufnehmen, benötigt man stärkere Blitzgeräte. Zudem erlaubt der interne Blitz kein indirektes Blitzen durch Schwenken des Blitzreflektors. Dadurch kommt es oft zu unschönen Schlagschatten oder auch zum Rote Augen-Effekt.

Ein externes Blitzgerät bietet neben der Möglichkeit, den Reflektor schwenken zu können, und einer besseren Reichweite noch andere Vorteile. So ist z. B das entfesselte Blitzen möglich.

Synchronisierung auf den zweiten Vorhang

Synchronisation auf den zweiten Vorhang bedeutet, dass der Blitz erst am Ende der Belichtungszeit gezündet wird. Im Gegensatz zur normalen Synchronisation, bei der der Blitz gleich am Anfang, sobald der Verschluss komplett geöffnet ist, zündet, ergeben sich so natürlichere Abbildungen bei sich im Dunkeln bewegenden Objekten.

▼ Zwei externe Blitze beleuchten nun die Szene und sorgen für eine schlagschattenfreie Aufnahme.

▲ Aufgenommen mithilfe des internen Blitzes der α100. Das frontale Blitzen erzeugt harte Schlagschatten.

Das scharfe Motiv erscheint nun am Ende und nicht am Anfang der „Bewegungsspuren". Objekte, die sich scheinbar rückwärts bewegen, bewegen sich mit der Synchronisation auf den zweiten Vorhang vorwärts. Um die Funktion zu aktivieren, schaltet man im Aufnahmemenü bei der Blitzfunktion auf *Synch 2. Vorh.* Im Kameradisplay erscheint nun REAR.

▲ *Im Menü Blitzmodus kann über die Option REAR die Synchronisierung auf den zweiten Vorhang gewählt werden.*

Problematisch bei längeren Belichtungszeiten ist, dass man z. B. bei sich bewegenden Personen schwer abschätzen kann, wo sie sich bei Auslösung des Blitzes befinden.

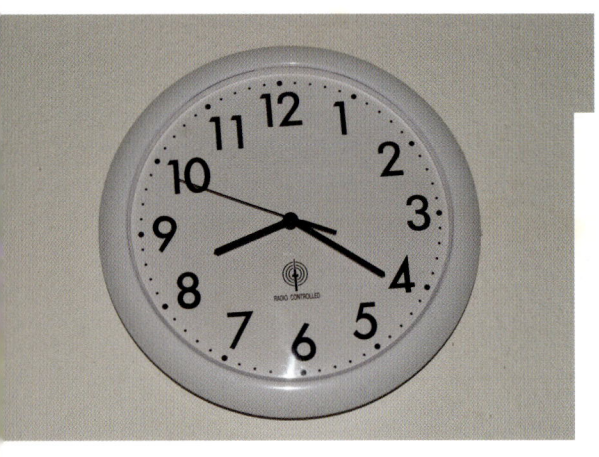

Auch wenn man eine bestimmte Mimik oder Gestik festhalten möchte, sollte man an die Zeitverzögerung denken (siehe Abbildungen auf der gegenüberliegenden Seite).

Um überhaupt die benötige lange Belichtungszeit zu erhalten, drückt man entweder die AEL-Taste oder schaltet in den Verschlusszeitenprioritäts- oder manuellen Modus. Im Verschlusszeitenprioritätsmodus kann die Belichtungszeit gewählt werden. Die Blende wird automatisch passend dazu gewählt. Im manuellen Modus müssen beide Werte, Belichtungszeit und Blende, selbst eingestellt werden.

Die beiden externen Blitze arbeiten ebenfalls wie der interne Blitz mit dieser Funktion zusammen. Blitzfernsteuerung ist hierbei nicht möglich, ebenso wenig das Vorblitzen gegen rote Augen.

Was bringt ADI wirklich?

So drastisch wie in diesem Beispiel wirkt sich die ADI-Vorblitzmessung nicht immer aus. Im linken Bild wurde ohne ADI geblitzt. Die Kamera ließ sich hier von dem sehr hellen Motiv irritieren und belichtete zu knapp. Rechts hingegen mit ADI ergibt sich eine optimale Belichtung.

▼ *Mit ADI-Messung.*

▲ *Ohne ADI-Messung.*

Perfektes Blitzen

▲ Option: Aufhellblitz. Sofort nach dem Auslösen zündet der Blitz. Die Bewegungsschleier liegen auf der falschen Seite.

▼ Option: Blitzen auf den zweiten Vorhang. Wesentlich natürlicher wirken die Bewegungsschleier in dieser Aufnahme. Der Blitz zündet erst kurz vor dem Schließen des Verschlusses.

Hat man nun z. B. zwei Objekte in unterschiedlicher Entfernung vor der Kamera, wird die α100 versuchen, das für die Schärfe ausgewählte Objekt richtig zu belichten. Die Kamera kennt die Entfernung und blitzt entsprechend. Das zweite Objekt wird entweder überbelichtet (wenn es sich vor dem scharfen Objekt befindet) oder unterbelichtet (wenn es sich hinter dem scharfen Objekt befindet). Im Vorblitz-TTL-Modus würden mit hoher Wahrscheinlichkeit beide Objekte falsch belichtet werden.

Belichtungskorrektur mit Blitzlicht

Beispiele mit zugehöriger Display-Anzeige für −1 EV, 0 EV und +1 EV:

Sind im Bild sehr helle oder dunkle Motive vorhanden, kann eine Blitzbelichtungskorrektur notwendig werden. Das gilt ebenso für sehr dichte Motive vor dem Blitzgerät (sieh Abbildungen auf der gegenüberliegenden Seite).

▲ Im Menü Blitzkorrektur kann die Belichtungskorrektur für das interne bzw. externe Blitzgerät eingestellt werden.

Die α100 erlaubt die Einstellung der Belichtungskorrektur im Bereich von −2 EV bis +2 EV. Die Einstellungsmöglichkeit hierzu findet man am Funktionsrad. Hier wählt man das Blitzsymbol und drückt die Funktionstaste (Fn).

Mit der Navigationstaste nach unten wird nun die Belichtungskorrektur ausgewählt. Den gewünschten Wert stellt man mit den Navigationstasten rechts oder links ein. Gespeichert wird der Wert durch Drücken der Funktionstaste (Fn).

Mit einer Minuskorrektur wird die Blitzleistung erhöht, mit der Pluskorrektur entsprechend verringert.

Durch die Blitzbelichtungskorrektur wird nur die Belichtung des Vordergrunds beeinflusst. Soll die Belichtung des Hintergrunds ebenfalls verändert werden, stellt man an der α100 die Belichtungskorrektur für Dauerlicht ein.

Blitzen im Studio

Die α100 besitzt am Gehäuse leider keinen Anschluss für eine Studioblitzanlage. Eine Möglichkeit, die α100 trotzdem im Zusammenhang mit einer Studioblitzanlage zu nutzen, ist das Aufstecken des PCT-100-Adapters auf den Blitzschuh der α100.

Einstelllicht des HVL-56AM nutzen

Der große Sony-Blitz stellt dem Fotografen eine Möglichkeit zur Verfügung, vorab zu prüfen, wie die Lichtsituation beim Blitzen ausfallen wird. Hierzu simuliert der Blitz eine Art Einstelllicht über einen stroboskopartigen Blitz.

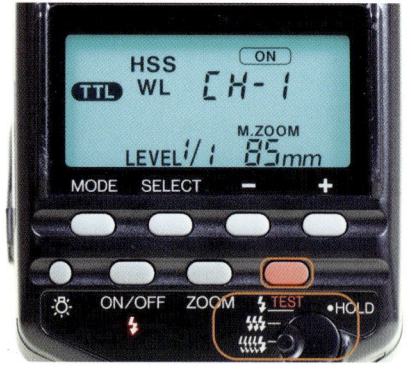

▲ Mit der Testtaste kann am HVL-56AM-Blitz ein Einstelllicht simuliert werden.

◂ Belichtet ohne Blitzbelichtungskorrektur.

Belichtet mit –1 EV Blitzbelichtungskorrektur. Die Aufnahme wird dadurch etwas unterbelichtet. ▸

Belichtet mit +1 EV Blitzbelichtungskorrektur. Hier ergibt sich eine leicht überbelichtete Aufnahme. ▸

Blitzmodi

Hierbei stehen drei Optionen zur Auswahl:

- Einzelblitz.
- Langsame Blitzfrequenz mit 2 x 3 Blitzen und einer Blitzleitzahl von 5,6 bei 24 mm Brennweite.
- Schnelle Blitzfrequenz mit 4 x 40 Blitzen und einer Blitzleitzahl von 1,4 bei 24 mm Brennweite, besonders im Nah- und Makrobereich zu empfehlen.

Durch Betätigen der Testtaste wird die Funktion ausgelöst.

Custom-Funktion des HVL-56AM

Der Sony-Programmblitz HVL-56AM besitzt die Möglichkeit, fünf benutzerdefinierte Einstellungen vorzunehmen.

▲ Das Symbol CUSTOM erscheint, sobald die Funktionen 3 bis 5 der benutzerdefinierten Einstellungen geändert wurden.

Custom-Funktionen im Überblick:

- Kanalwahl für drahtloses Blitzen, hierfür stehen vier Kanäle zur Verfügung.
- Bereichsanzeige in „m" für Meter oder „ft" für Fuß.
- Dauer bis zum automatischen Abschalten. 4, 15, 60 Minuten oder dauerhaft stehen zur Wahl.
- Automatisches Abschalten im drahtlosen Betrieb. Hierfür hat man 60 Minuten oder dauerhaft zur Auswahl.

- Belichtungsfunktion im manuellen Modus und Stroboskopbetrieb. Normalerweise ist die Wahl nur im manuellen Modus der α100 möglich. Hier hat man die Möglichkeit, auch andere Modi zu nutzen, was aber weniger sinnvoll erscheint. Die besten Ergebnisse erzielt man im manuellen Modus.

Durch ein drei Sekunden langes Drücken der SELECT-Taste gelangt man in den Programmiermodus. Mit den Tasten + und – werden die Optionen gewählt. Zurück gelangt man mithilfe der Mode-Taste.

Rote Augen verhindern

Es kann vorkommen, dass bei Blitzlichtaufnahmen von Personen der „Rote-Augen-Effekt" auftritt. Dabei erscheinen die Pupillen mehr oder weniger rot.

Dieser Effekt entsteht, wenn Blitzlicht und Objektiv nahezu in einer Achse liegen, wie beim eingebauten Blitzlicht der α100. Der Blitz trifft dabei direkt durch die im Dunkeln weit geöffneten Pupillen auf unsere Netzhaut. Diese reflektiert den Blitz in der Farbe Rot, was sich unangenehm auf den Abbildungen widerspiegelt.

Was kann man nun gegen diesen Effekt unternehmen?

▲ Vorblitz bedeutet in diesem Menü eine Serie von Blitzen, die vor der eigentlichen Aufnahme abgegeben werden, um den Rote-Augen-Effekt zu reduzieren.

Am besten umgeht man das Problem, indem man den Blitz möglichst weit entfernt von der optischen Achse positioniert. Hierfür kommen die beiden Sony-Blitzgeräte HVL-F36AM und HVL-F56AM infrage. Sie beherrschen das drahtlose Blitzen und können somit frei angeordnet werden. Mit einer Studioblitzanlage treten ebenfalls keine Probleme auf.

Wie behilft man sich mit dem eingebauten Blitzgerät der α100?

Zunächst sollte die zu fotografierende Person nicht direkt in die Kamera (und damit in den Blitz) schauen. Um die Pupillen zu schließen, ist es ratsam, dass die Person in eine Lichtquelle schaut. Unsere Pupille wird ähnlich gesteuert, wie es in der Fotografie geschieht. Sie verengt sich bei heller und öffnet bei dunkler Umgebung.

Zusätzlich bietet die α100 eine Funktion, um den Rote-Augen-Effekt zu reduzieren. Dazu wählt man im Aufnahmemenü (2) die Blitzfunktion *Vorblitz* aus. Vor dem eigentlichen Hauptblitz werden mehrere kurze Vorblitze gezündet, um die Pupillen möglichst weit zu schließen. Das Problem bei spontanen Schnappschüssen ist in diesem Fall, dass die Personen vorher „gewarnt" werden und entsprechend die Mimik und Gestik verändern. Blitzt dann der Hauptblitz, hat sich die Atmosphäre verändert, und das Ergebnis entspricht nicht unbedingt den Wünschen.

Auch bei Tieren tritt der Effekt auf. Sie besitzen meist aber eine andersfarbige Netzhaut. Bei Katzen z. B. ergibt sich ein stark hell leuchtender Effekt, da die Netzhaut sehr stark reflektiert.

Stroboskopblitzen

Die α100 kann im Zusammenhang mit dem Sony-Programmblitz HVL-F56AM (5600 HS (D)) Stroboskopblitze versenden.

▲ *Die Einstellungen für Stroboskopaufnahmen sind rein manuell vorzunehmen. Hierzu ist auch der manuelle Modus an der α100 Voraussetzung.*

Beim Stroboskopblitzen werden mehrere Blitze hintereinander gezündet, womit sehr schön Bewegungsabläufe festgehalten werden können. Eine relativ lange Belichtungszeit ist wichtig, um möglichst viele Bewegungsstufen aufzeichnen zu können.

Die Blitzfrequenz kann im Bereich von 1 bis 100 Hz eingestellt werden. Es können pro Aufnahme 2 bis 40 Blitze abgegeben werden. Wem dies nicht reicht, der verlängert die Belichtungszeit und lässt die Blitze bis zur Kodensatorentladung arbeiten. Definierte Ergebnisse sind so aber schwer zu erreichen.

Zum Stroboskopblitzen ist ein Stativ unumgänglich. Zunächst berechnet man sich die erforderliche Verschlusszeit nach der Formel:

Min. Verschlusszeit (Sekunden) = Blitzzahl / Frequenz

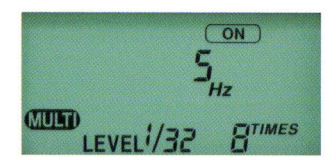

▲ Die Einstellungen zum Stroboskopblitzen erreicht man über den Menüpunkt MULTI.

Zum Beispiel ergeben 10 Blitze mit einer Frequenz von 20 Hz eine Verschlusszeit von 1/2 Sekunde. Diese muss mindestens im M-Modus eingegeben werden, um alle Blitze mit in die Aufnahme einzubeziehen.

Der M-Modus ist auch die Voraussetzung zur Einstellung der Stroboskopoption am Programmblitz. In den anderen Modi schaltet der Blitz zurück auf TTL-Blitzen.

Über die SELECT-Taste lassen sich nun die Frequenz und die Anzahl der Blitze (TIMES) sowie die Leistung im Bereich 1/8 bis 1/32 einstellen. Die Blitzreichweite kann am Programmblitz direkt abgelesen werden.

Da die Programmsteuerung abgeschaltet ist, ist dies auch der richtige Abstand für die Aufnahme. Über die Custom-Funktion 5 kann der Blitz so programmiert werden, dass in allen Betriebsarten Stroboskopblitzen möglich ist.

Drahtlos blitzen

Drahtlos blitzen (auch entfesselt blitzen) bedeutet, dass der externe Programmblitz nicht an der Kamera (über den Blitzschuh), sondern getrennt von ihr und dabei ohne Verkabelung arbeitet.

Gesteuert wird der externe Blitz dabei über den eingebauten Blitz der α100. Dieser sendet entsprechende Signale für Start und Lichtmenge an den oder auch die externen Blitze.

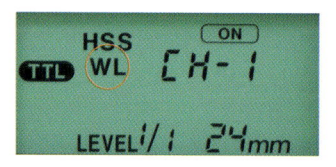

▲ WL steht für ferngesteuertes Blitzen. CH-1 definiert den benutzten Kanal. Es stehen mehrere Kanäle zur Verfügung. So ist es möglich, in einem Raum mit mehreren Fotografen jedem Fotografen einen eigenen Kanal zuzuordnen. Eine gegenseitige Beeinflussung ist dann ausgeschlossen.

Alternativ kann ein Fernsteuerungsgerät auf den Blitzschuh geschoben werden. Dies ist in den Situationen notwendig, in denen kein Blitzlicht direkt von der Kamera kommen darf. Eine dritte Möglichkeit ist die Verwendung eines Programmblitzes auf dem Blitzschuh der α100 als Steuergerät.

Zum drahtlosen Blitzen sind die beiden Sony-Programmblitze HVL-F36AM (3600 HS (D)) sowie HVL-F56AM (5600 HS (D)) geeignet. Ebenfalls geeignet sind:

- Metz Mecablitz 44 MZ-2
- Metz Mecablitz 45 CL-4 digital (mit Kabel SCA 3045)
- Metz Mecablitz 54 MZ-3
- Metz Mecablitz 54 MZ-4
- Metz Mecablitz 54 MZ-4i
- Metz Mecablitz 70 MZ-4
- Metz Mecablitz 70 MZ-5
- Metz Mecablitz 76 MZ-5 digital
- Sigma EF-500 DG Super

Der Konica Minolta-Blitz 2500 D (wird nicht mehr hergestellt) ist für die drahtlose Blitzfernsteuerung nicht geeignet. Am besten funktioniert das drahtlose Blitzen in dunkler Umgebung und wenn der Empfänger für die Steuersignale zur signalgebenden Kamera zeigt. Das vertikale Verdrehen des Blitzreflektors ist hierbei bei den Sony-Blitzen nur mit dem HVL-F56AM möglich. Bei den Sony-Blitzen stehen zwei bzw. vier Übertragungskanäle für die Steuersignale zur Verfügung. Auf Veranstaltungen mit mehreren Fotografen kann so eine gegenseitige Beeinflussung vermieden werden, da jeder seinen eigenen Kanal für die Steuerung der externen Blitzgeräte wählen kann.

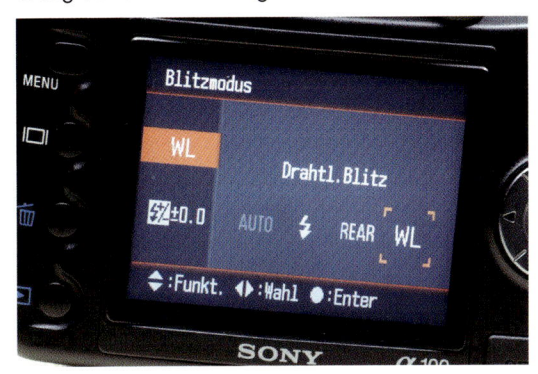

Zunächst beginnt man, die Kamera und den Blitz aufeinander abzustimmen. Dazu schiebt man den externen Blitz auf den Blitzschuh der α100 und stellt im Blitzmenü die Blitzfunktion auf WL um. Der externe Blitz registriert dies und ändert entsprechend seine Einstellung.

Auf dem Display erscheint WL für drahtlos (**W**ire**L**ess). Der Blitz kann nun abgenommen und positioniert werden. Klappt man dann das interne Blitzgerät der α100 hoch, ist man startklar zum kabellosen Blitzen.

Prüfen kann man die „Verbindung" beider Geräte durch Drücken der AEL-Taste. Beim Drücken der Tas-

▲ Blitzmodusmenü zur Wahl des Modus für drahtloses Blitzen. Hierfür ist WL einzustellen.

▼ Im WL-Modus steuert das interne Blitzgerät der α100 das externe Blitzgerät. Eine Verkabelung ist dabei nicht notwendig.

Blitzmodi

te sendet das eingebaute Blitzgerät ein Steuersignal, worauf das externe Blitzgerät mit einem Blitz antwortet. Ist dies nicht der Fall, ist zu prüfen, ob Kamera und Blitz den maximalen Objektabstand überschritten haben (max. 5 m) und ob der Signalempfänger zur Kamera zeigt.

In der Grundeinstellung wird das eingebaute Blitzlicht nur zur Steuerung des externen Blitzgeräts benutzt und leistet somit lediglich einen unmaßgeblichen Beitrag zum Blitzen (Ausnahme: im Nahbereich). Möchte man eine natürlichere Darstellung gewährleisten, bietet sich die Verhältnissteuerung an. Das interne Blitzlicht übernimmt dann 1/3 der notwendigen Gesamtblitzleistung und das externe die restlichen 2/3.

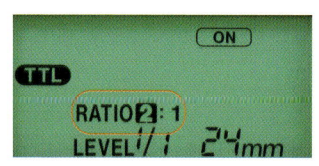

▲ Verhältnissteuerung zwischen internem und externem Blitzlicht. Die Verhältnisse 1:2 bzw. 2:1 sind dabei möglich.

Im Nahbereich hingegen kann der Steuerblitz auf der Aufnahme sichtbar werden. Hier hilft meist schon das Abdunkeln mit einem weißen Blatt Papier, oder aber man nutzt den Close-up-Diffusor CD-1000.

Hochgeschwindigkeits-Synchronisation (HSS)

Im normalen Blitzbetrieb unterstützt die α100 Blitzsynchronisationszeiten bis maximal 1/125 Sekunde und ohne Super SteadyShot (Bildstabilisator) 1/160 Sekunde Diese Belichtungszeitgrenzen schränken den kreativen Fotografen ein. Sind kürzere Belichtungszeiten bzw. eine weiter geöffnete Blende notwendig, bietet die α100 die **H**igh-**S**peed-**S**ynchronisation (HSS) an. Mit HSS sind alle verfügbaren Belichtungszeiten der α100 möglich.

Zum Beispiel ist es mit HSS möglich, sich sehr schnell bewegende Objekte mit einer sehr kurzen Belichtungszeit und einer offenen Blende selbst bei Tageslicht aufzunehmen. Mit der normalen Synchronisation müsste man hier die Blende sehr weit schließen und hätte dann eine vielleicht nicht gewünschte große Ausdehnung der Schärfentiefe.

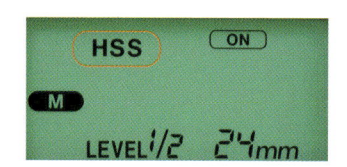

▲ HSS kennzeichnet den Hochgeschwindigkeits-Synchronisations-Modus am Blitzgerät.

Der eingebaute Blitz der α100 kann nicht im HSS-Modus betrieben werden. Hier ist bei 1/125 Sekunde bzw. 1/160 das Ende erreicht. Sicher hängt das mit der geringen Leistungsfähigkeit und dem enorm ansteigenden Leistungsbedarf im HSS-Modus zusammen.

Gut geeignet sind hingegen die beiden Sony-Programmblitze HVL-F36AM und HVL-F56AM. Auch hier muss aber mit einer erheblichen Abnahme der Blitzreichweite gerechnet werden.

Womit hängt das zusammen? Die normale Blitzsynchronisation zündet den Blitz, sobald der Schlitzverschluss der Kamera vollkommen geöffnet ist. Der Schlitzverschluss der α100 kann so die beschriebenen Belichtungszeiten von entweder 1/125 Sekunde mit Bildstabilisator oder 1/160 Sekunde ohne Bildstabilisator normal synchronisieren.

Bei Zeiten darunter gibt es keinen Zeitpunkt mehr, an dem der Schlitzverschluss komplett geöffnet ist. Es läuft nun nur noch ein Spalt über den Sensor, dessen Größe von der Belichtungszeit abhängt. Der Blitz muss nun von Anfang an, sobald der Schlitz über den Sensor läuft, bis zum Ende der Ablaufzeit „blitzen".

Das erreicht er nur mit oszillierendem Blitzlicht, das einem relativ langen Dauerlicht entspricht und viel Energie kostet.

Erscheint im Kamera-Display ein *H*, ist HSS aktiviert. Den HSS-Modus kann man im Verschlusszeitenprioritätsmodus durch Wahl einer beliebigen Belichtungszeit unter 1/125 Sekunde (1/160 Sekunde) „erzwingen". Die Blende wird entsprechend berechnet und eingestellt. Im M-Modus ist dies ebenfalls möglich. Hier muss natürlich zusätzlich noch die Blende selbst eingestellt werden.

Im Blendenprioritätsmodus wird die Blende vorgewählt. Sollte die passende Belichtungszeit kürzer als 1/125 Sekunde (1/160 Sekunde) sein, wird auf HSS umgeschaltet. Im Automatikmodus (P) hängt die Wahl des HSS-Betriebs von der automatisch gewählten Zeit-Blende-Kombination ab. Auch hier gelten die gleichen Zeiten.

HSS ist ebenfalls bei drahtloser Blitzfernsteuerung möglich. Generell gilt, dass der Blitzreflektor nicht geschwenkt werden darf. Schwenkt man den Blitzreflektor in eine beliebige Richtung, wird auf normale Synchronisation umgeschaltet.

▼ *Die Aufnahme entstand mit High-Speed-Synchronisation (HSS-Modus) bei 1/2000 Sekunde Belichtungszeit. Ohne HSS-Modus wäre eine Freistellung vor dem Hintergrund nicht möglich gewesen.*

Blitzmodi

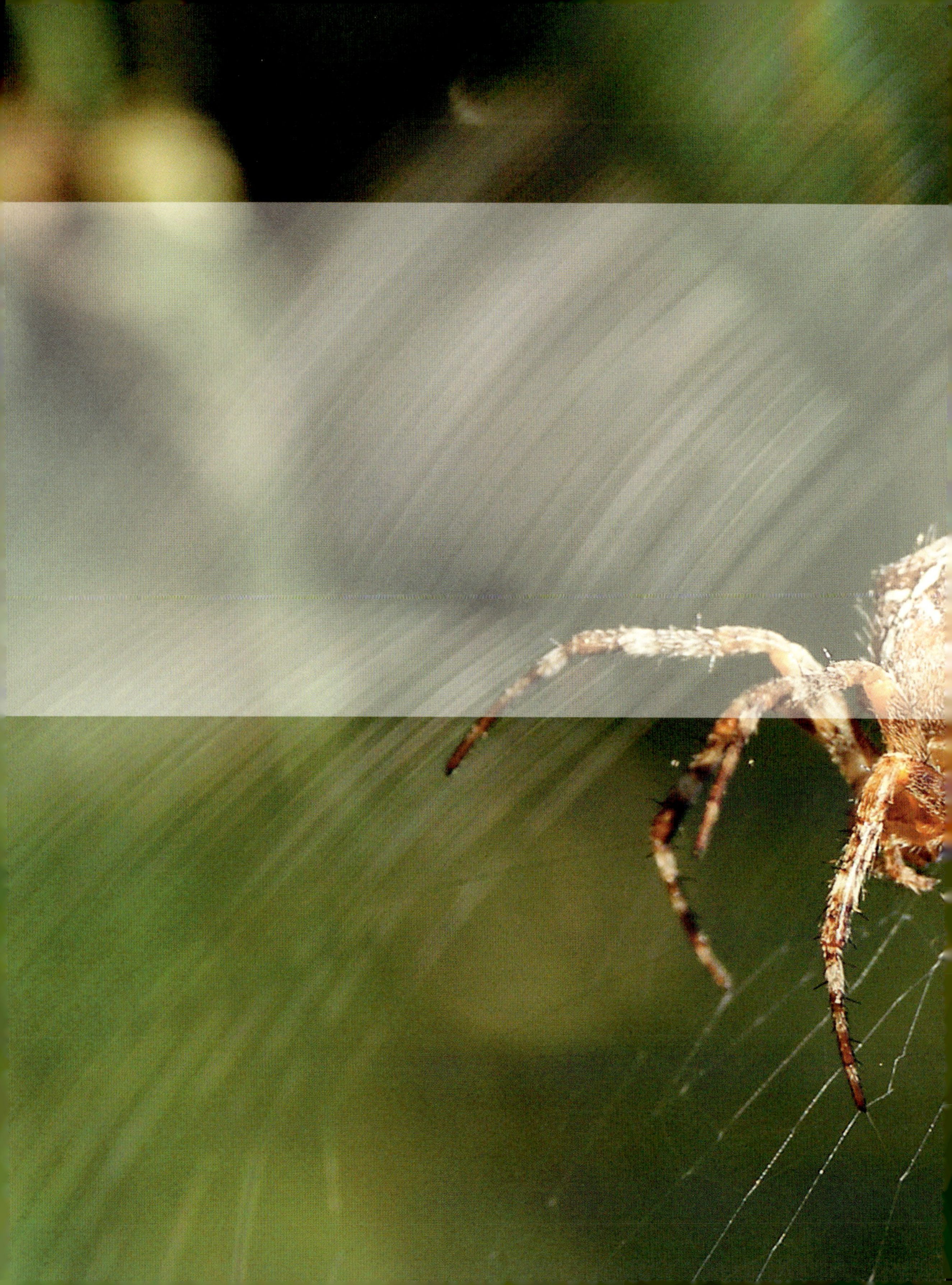

12

Typische und spezielle Einsatzfälle

Die α100 immer griffbereit dabeizuhaben kann sich lohnen. Im Folgenden werden einige besondere Einsatzfälle betrachtet, und es wird auf typische Fotogebiete wie die Reisefotografie eingegangen. Tipps zur optimalen Vorbereitung und Objektivauswahl sowie zum Kameraschutz kommen ebenfalls nicht zu kurz.

12.1 Hallen- und Konzertaufnahmen optimieren

Ein sehr interessantes und zugleich herausforderndes Einsatzgebiet für die digitale SLR-Fotografie sind Konzertaufnahmen. Sie sind nicht nur für den Fotografen, sondern auch für die Technik oft eine echte Herausforderung. Gefragt ist alles: Schnelligkeit, Lichtstärke, gutes Rauschverhalten, die Fähigkeit, komplizierte Lichtverhältnisse meisterhaft zu beherrschen, und, und, und.

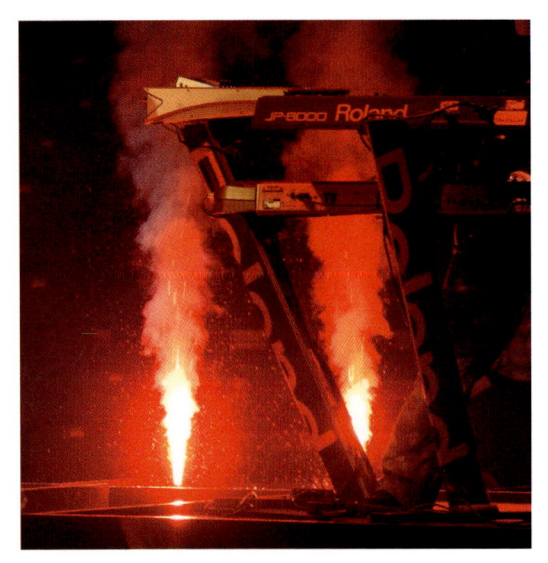

▲ *Konzertaufnahmen sind eine Herausforderung für den Fotografen und für die Technik, Foto: Kaplun/Eurosongnews.*

Weißabgleich richtig wählen

Bei den Konzert- und Hallenaufnahmen ist es meistens sehr schwierig, die Lichtverhältnisse richtig einzuschätzen. Ständig und schnell wechselnde Lichttemperaturen und -farben lassen dem Fotografen nicht viel Spielraum für die Auswahl des Weißabgleichs. Farbstiche, ob erwünscht oder nicht, sind vorprogrammiert. In solchen Situationen ist es sinnvoll, die Qual der Wahl für die richtige Automatik der Kamera zu überlassen. Dass unter diesen Umständen im RAW-Format fotografiert wird, versteht sich fast von selbst. Übersättigte Farben, Farbkorrekturen und Beseitigung der Farbstiche können später mithilfe der mitgelieferten Kamerasoftware oder der Bildbearbeitungssoftware anderer Hersteller durchgeführt werden.

▲ *Die beste Wahl für Konzertaufnahmen: AWB.*

ISO-Werte – Balance zwischen Schärfe und Rauschen

Die richtige Wahl der ISO-Werte ist ein Balanceakt zwischen der Qualität des Bildes und des Rauschverhaltens. Um die Fotos aus (meistens) größerer Entfernung ohne Verwacklung zu schießen, sollten die ISO-Werte möglichst hoch liegen. Dabei tritt nicht selten als Nebeneffekt ein Rauschen auf.

Obwohl sich bei der α100 das Rauschen auch bei dem extremen Wert von ISO 1600 noch in Grenzen hält, ist es doch sinnvoll, die Einstellungen der Lichtempfindlichkeit nicht höher als ISO 800 einzustellen. Wenn später nur Ausschnitte der Bilder verwendet werden, kommen die Störungen verstärkt zum Vorschein.

Aus der Praxis ergibt sich, dass sogar ISO 400 eine bessere Wahl sein kann. In Kombination mit einem lichtstarken Objektiv sowie Drei- oder Einbeinstativ sind gute Aufnahmen mit niedrigen ISO-Werten durchaus möglich.

RAW-Format gegen Überstrahlung durch Spotlichter

Die bei den Konzerten eingesetzten Spotlichter verursachen unangenehme Nebeneffekte und können leicht zum Überstrahlen des Bildes führen. Wenn bei solchen Aufnahmen das JPEG-Format zum Speichern benutzt würde, gäbe es nicht viel Spielraum zum nachträglichen Korrigieren der Aufnahmen am Computer.

Das RAW-Format ist also immer zu bevorzugen. Alle Überstrahlungen auf dem Bild können im RAW-Konverter wenn nicht vollständig entfernt, so doch zumindest effektiv gemindert werden.

▲ Foto: Kaplun/Eurosongnews.

▲ Beim Einsatz von RAW als Speicherformat können Überstrahlungen und Rauschen nachträglich minimiert werden, Foto: Kaplun/ Eurosongnews.

Einsatz lichtstarker Objektive

Die Objektive spielen beim Einsatz in Hallen- und Konzertaufnahmen eine entscheidende Rolle. Aufgrund größerer Entfernungen sind die Zoomobjektive mit den Brennweiten 70 bis 200 mm am besten geeignet. Die Lichtstärke des Objektivs ist letztlich wohl nur eine Frage des Geldes. Im Idealfall sollten

▲ Beliebt bei den Profis: 70-200 mm, 1:2,8 – die Objektive der Sony-G-Baureihe.

die Objektive mit durchgehend 2,8 benutzt werden, aber auch die Objektive mit einer Lichtstärke bis 4,0 bringen gute Ergebnisse, sind aber schon um einige Euro preiswerter.

Einsatz von Objektiven mit Bildstabilisator

Objektive mit Bildstabilisator geben einen zusätzlichen Spielraum für gute Aufnahmen aus der Hand bei schlechten Lichtverhältnissen. So können niedrigere ISO-Werte für eine bessere Bildqualität verwendet werden.

Glücklicherweise verfügt die α100 über den gehäuseinternen Super SteadyShot-Bildstabilisator. Somit steht diese Funktion bei allen angeschlossen Objektiven bereit. Der Super SteadyShot sollte auch im Bereich der Konzertfotografie eingeschaltet sein.

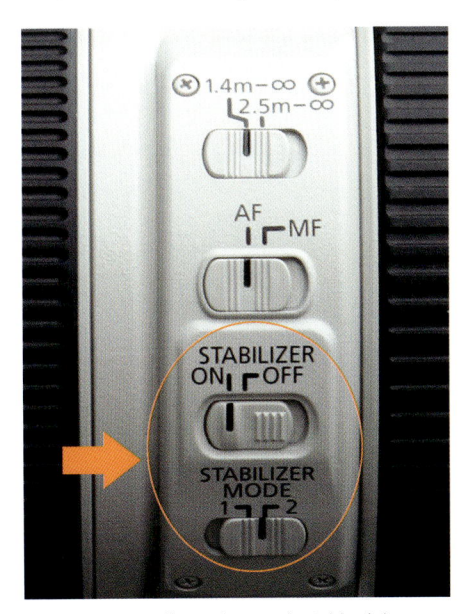

▲ Andere Hersteller verbauen die Bildstabilisatoren im Objektiv. Der Nachteil dabei ist, dass jedes Objektiv einen eigenen Bildstabilisator besitzen muss. Der Bildstabilisator der α100 arbeitet hingegen mit fast allen passenden Objektiven für das A-Bajonett zusammen.

Besonders in sehr dynamischen Szenen spielt der Bildstabilisator eine große Rolle.

Optimales Messverfahren wählen

Bei den Konzertaufnahmen kann das Licht nicht präzise gemessen werden. Spotmessung sowie mittenbetonte Messung sind in diesem Fall ungeeignet, weil es schnell zu Unter-/Überbelichtungen einzelner Bildteile kommen kann.

Mit dem Mehrfeldmessverfahren wird die Lichtsituation in der Regel besser eingeschätzt. Auch aus Zeitgründen ist das Springen zwischen den verschiedenen Messverfahren nicht ratsam.

Die Fotos, die im Mehrfeldmessverfahren aufgenommen wurden, wirken durch die Verwendung der 40 Messfelder der Kamera ausgewogener als die nur mit einem Messfeld aufgenommenen.

▲ Messmethode: Spotmessung

▼ Messmethode: Mehrfeldmessung, Fotos: Kaplun/Eurosongnews.

Den Aufhellblitz einsetzen

Auch wenn die Beleuchtung im Konzertsaal ausreicht, ist der Einsatz des Aufhellblitzes kein Fehler. Der Aufhellblitz soll die dem Fotografen zugewandten Schattenbereiche aufhellen, auch die Hautfarbe von Personen im Vordergrund wirken durch den Aufhellblitz besser.

Nicht zuletzt bei Gegenlicht hilft der Aufhellblitz, die sich im Vordergrund befindenden Gesichter korrekt zu beleuchten. Für das Aufhellen in kurzer bis mittlerer Distanz reicht in vielen Fällen der eingebaute Blitz in der Kamera. Sollte das Licht des eingebauten Blitzgeräts einmal nicht ausreichen, können externe Blitzgeräte von Sony oder anderen Herstellern verwendet werden.

▲ Mit dem Aufhellblitz richtig Akzente setzen.

Nachträgliche Korrekturen für optimale Tonwerte und überzeugende Farben

Leider ist es nicht immer möglich, die Lichtsituation optimal einzuschätzen, deshalb gibt es bei Hallen- und Konzertaufnahmen mehr als bei anderen Bildmotiven Fotos, die eine nachträgliche Korrektur benötigen. Wenn man das RAW-Format zum Aufzeichnen der Fotos verwendet, kann man diese Korrekturen direkt im mitgelieferten RAW-Konverter durchführen oder auch im RAW-Konverter anderer Hersteller. Mehr dazu wird auf Seite 199 beschrieben.

Wenn aus Platzgründen das JPEG-Format gewählt wurde, können die Tonwerte in einem Grafikprogramm „aufpoliert" werden, z. B. in PhotoImpact oder in Adobe Photoshop. In Photoshop verschiebt man die Regler so, dass sich der schwarze Regler am linken Ende des angezeigten Histogramms befindet und der weiße am rechten. Mit dem mittleren Regler kann man die Kontrastwerte des Bildes aufbessern.

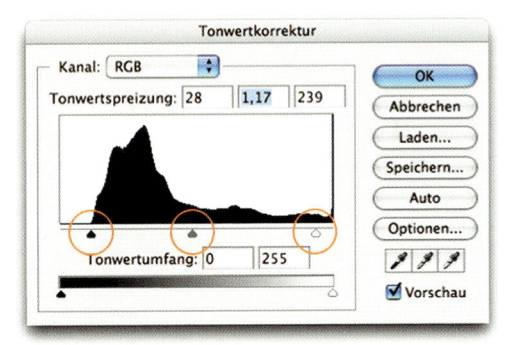

▲ Tonwertkorrektur in Adobe Photoshop.

Außerdem kommt es durch farbige Beleuchtung während der Konzertaufnahmen zu übersättigten Farben im Bild. Dieser nicht selten unangenehm auffallende Nebeneffekt kann bei RAW-Aufnahmen im Konverter und bei JPEG-Dateien mit Adobe Photoshop korrigiert werden. Man verwendet dazu das Werkzeug *Farbton/Sättigung* und bewegt den Regler *Sättigung* nach links, bis man die gewünschte Sättigung im Bild erreicht hat. Außerdem kann auf Wunsch eine leichte Korrektur des Farbtons durchgeführt werden.

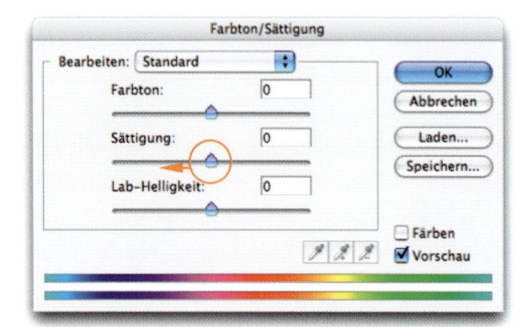

▲ Farbton/Sättigung für optimale Farben.

12.2 Astrofotografie

Die α100 ist durchaus für Astroaufnahmen geeignet. Für relativ wenig Geld erhält man viel Leistung und eine sehr gute Bildqualität bei geringem Rauschen. Wer sich als Einsteiger die schönen Hubble-Bilder der NASA anschaut, wird allerdings bei eigenen Experimenten in der Astrofotografie deutlich zurückstecken müssen.

Zum einen ist der instrumentelle Aufwand oft jenseits aller Finanzplanungen, zum anderen gehört auch viel Erfahrung dazu, gute Rohdaten zu gewinnen und diese zu einem ansprechenden Bild zu verarbeiten.

▼ Die Strudelgalaxie Messier 51 mit ihrem Begleiter NGC5195 im Sternbild Jagdhunde.

Wer einem alten Hasen bei der Astrofotografie über die Schulter schauen darf, wird schnell verstehen, welche enorme Erfahrung wichtig ist, um in der richtigen Nacht das richtige Objekt mit der richtigen Optik und der richtigen Kamera aufzunehmen und die komplette Ausrüstung am Laufen zu halten. Dennoch sind schon mit einer α100, dem Kitobjektiv und einem stabilen Stativ ansprechende Ergebnisse bei Strichspuraufnahmen oder Sternfeldaufnahmen zu erzielen.

> **Buchtipp zur Astrofotografie**
> Eine umfangreiche Einführung in die Astrofotografie und wichtige Bildbearbeitungsprogramme (Freeware) gibt es im „Praxisbuch der Astronomie mit dem PC" aus dem DATA BECKER-Verlag, ISBN 3-8158-2555-5.

Bei der Astrofotografie gilt Folgendes als eisernes Gesetz: „Ein offener Verschluss zieht Flugzeuge und Satelliten magisch an." Auch wenn es bisher bei Himmelsbeobachtungen noch nicht aufgefallen ist, auf den ersten Astroaufnahmen wird man mit hoher Wahrscheinlichkeit Satelliten- und Flugzeugspuren finden. Nur wenn man unbedingt ein Flugzeug vor dem Mond fotografieren will, wird sicherlich die ganze Zeit kein einziges Flugzeug im Bildfeld auftauchen.

Ein Wort zu den Optiken

Qualitativ hochwertige Aufnahmen erfordern, wie in der Tageslichtfotografie, einen erfahrenen Fotografen, aber auch eine entsprechend hochwertige Ausstattung.

Mit der α100 verfügt man schon über eine gut für die Astrofotografie geeignete Kamera, auch wenn der eingebaute Infrarotsperrfilter leider die in der Astrofotografie wichtige H-alpha-Spektrallinie des zweifach ionisierten Wasserstoffs stark dämpft.

Gerade in der Astrofotografie spielt die verwendete Optik eine besonders wichtige Rolle bei der erzielbaren Bildqualität. Abbildungsfehler wie die chromatische und die sphärische Aberration treten bei Astroaufnahmen gnadenlos zutage.

Nimmt man astronomische Motive mit üblichen Fotoobjektiven auf, tritt der Farblängsfehler sehr deutlich in Erscheinung. Dieser Farblängsfehler entsteht dadurch, dass Linsen Licht verschiedener Wellenlängen unterschiedlich stark brechen. Bei einer einzelnen Linse als Objektiv würde jede Farbe des eintreffenden Lichts an einer anderen Stelle des Strahlengangs fokussiert, scharfe Bilder wären nahezu unmöglich.

Aus diesem Grund werden für die Fotografie mehrlinsige Optiken verwendet, um den Farblängsfehler zu kompensieren. Aus Kostengründen sind die meisten Fotoobjektive jedoch als Achromaten ausgeführt, d. h., bei diesen Optiken wird nur ein Teil des sichtbaren Spektrums korrigiert. Bei Astroaufnahmen macht sich dies durch einen unerwünschten Farbsaum um helle Sterne herum, aber auch z. B. am Mondrand bemerkbar. Diese Farbsäume sind in der nachfolgenden Bildbearbeitung nur bedingt entfernbar, sodass die Bildqualität stark beeinträchtigt ist.

> **Farblängsfehler am Tag prüfen**
> Der Farblängsfehler einer Optik kann auch bei Tageslicht ganz einfach überprüft werden. Hierzu nimmt man ein weit entferntes Objekt mit starken Kanten auf. Bei Objektiven mit augenfälligem Farblängsfehler tritt an diesen Kanten ein deutlicher Farbsaum auf.

Für Astroaufnahmen sei daher die Verwendung hochwertiger apochromatischer Optiken, die diesen Farblängsfehler nicht aufweisen, empfohlen. Aber Achtung: Nicht jedes Objektiv, auf dem das Label „Apo" prangt, ist in Wahrheit auch eine apochromatische Optik.

▲ Bei klarem Himmel sind spektakuläre Sonnenuntergänge und Mondaufgänge ein Motiv, das auch mit normalen Teleobjektiven erreichbar ist. Diese Aufnahme eines Mondaufgangs entstand mit 600 mm Brennweite. Die Kamera kann dabei nicht die ganze Dynamik der Szene in einer Aufnahme abbilden, daher wurde hier der Mond bewusst leicht überbelichtet, da so horizontnah noch keine Details auf der Mondoberfläche auszumachen sind.

Da apochromatische Optiken leider meist sehr teuer sind, können ersatzweise auch hochwertige Optiken mit Spezialgläsern (ED = **E**xtra low **D**ispersion) eingesetzt werden, wenn man die verbleibenden Farbfehler akzeptiert.

Strichspur- und einfache Sternfeldaufnahmen

Für Astroaufnahmen braucht man nicht unbedingt eine teure Spezialausstattung. Schon mit der Sony α100 und dem Kitobjektiv lassen sich sehr ansprechende Astroaufnahmen gewinnen. Als Zubehör werden dazu lediglich ein stabiles Stativ und am besten noch ein Kabelfernauslöser (RM-L1AM oder RM-S1AM) benötigt. Strichspuraufnahmen zeigen die Bewegung der Sterne am nächtlichen Firmament, indem diese auf einer lang belichteten Aufnahme deutliche Spuren hinterlassen.

Gern werden Strichspuraufnahmen um den Himmelspol (Nordpol) aufgenommen, oft mit einem Vordergrundobjekt, z. B. einem Baum oder einer Kirche. Aber auch Himmelsbereiche fern des Himmelspols bieten schöne Motive für Strichspuraufnahmen. Für Strichspuraufnahmen wird die α100 mit einem weitwinkeligen Objektiv fest auf ein Stativ montiert. Die

Scharfstellung geschieht am besten an einer weit entfernten Straßenlaterne.

Auch der Mond oder sehr helle Sterne können zur Scharfstellung genutzt werden. Da in solch dunklen Aufnahmesituationen der Autofokus meist versagt, ist es notwendig, manuell zu fokussieren und die Fokuseinstellung mit Probeaufnahmen zu überprüfen.

Die ISO-Empfindlichkeit sollte maximal auf 400 eingestellt werden. Bei diesen Aufnahmen sind lange Belichtungszeiten gewünscht, und bei geringen Empfindlichkeiten tritt die Himmelshintergrundhelligkeit erst später in Erscheinung.

> **Komfortabel arbeiten mit dem programmierbaren Timer**
> Mit dem digitalen Sucher von Kaiser-Foto können komfortabel Aufnahmesequenzen auch mit Belichtungszeiten länger als 30 Sekunden programmiert werden. Alternativ gibt es günstige Timer von Fremdanbietern oder zum Selbstbau.

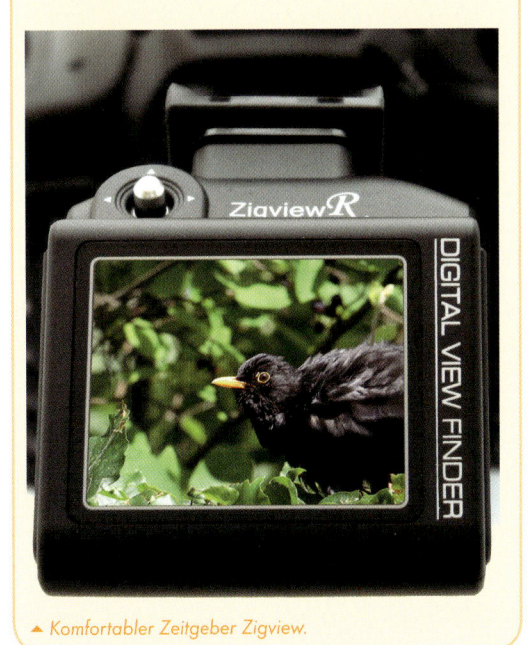

▲ *Komfortabler Zeitgeber Zigview.*

Die Spiegelvorauslösung kann durchaus aktiviert sein, das Autofokushilfslicht sollte aber deaktiviert bzw. der interne Blitz eingeklappt sein, da es bei Himmelsaufnahmen nichts bringt, aber umso mehr stört.

Ebenso bietet es sich an, die automatische Rückschau zu deaktivieren, sodass nicht nach jeder Aufnahme der Monitor aufleuchtet. Als Bildformat sollten die Bilder als Rohdatenbilder (RAW) gespeichert werden, um möglichst viele Bildinformationen zu erhalten.

Das Objektiv sollte um ein oder zwei Stufen abgeblendet werden, um eine möglichst hohe Abbildungsqualität zu erreichen.

Die Belichtungszeit wird dann im Bereich 30 Sekunden bis zu 5 Minuten gewählt, abhängig von der Himmelhintergrundhelligkeit. Hier hilft nur Ausprobieren und Beurteilen der Aufnahmen mithilfe des Histogramms.

Ist alles so weit eingestellt, werden über einen längeren Zeitraum (durchaus auch mal mehrere Stunden) Aufnahmen direkt hintereinander ausgelöst.

> **Sucherabdeckung verwenden**
> Um zu verhindern, dass Streulicht durch den Kamerasucher eindringt und das Bild aufhellt, sollte unbedingt die Sucherabdeckung verwendet werden. Diese befindet sich am Kameragurt und kann einfach anstelle der Gummiaugenmuschel über den Suchereinblick geschoben werden.

Bei digitalen Spiegelreflexkameras steigt das Bildrauschen mit der Belichtungszeit an, sodass Langzeitbelichtungen über mehrere Stunden wie bei Strichspuraufnahmen mit Analogfilm nicht sinnvoll sind. Stattdessen werden die Aufnahmen hinterher am PC entweder mit Spezialsoftware oder mit einem Bildbearbeitungsprogramm wie Adobe Photoshop übereinandergelegt.

Bei Strichspuraufnahmen müssen die Bilder addiert werden, sodass die Strichspuren, die sich auf jedem Bild ja an einer anderen Stelle zeigen, auch auf dem Summenbild vorhanden sind.

Es kann ebenfalls sehr reizvoll sein, mit der α100 größere Himmelsausschnitte mit kurzen Belichtungszeiten von 10 bis 30 Sekunden bei hoher Empfindlichkeit (ISO 800 oder 1600) und mit aktivierter interner Rauschreduzierung aufzunehmen.

Bei solchen Aufnahmen sind die hellen Sterne und auch schon die hellsten Deep-Sky-Objekte, wie z. B. der Orion-Nebel, zu erkennen, ohne dass Strichspuren entstehen.

Hierbei ist die mögliche Belichtungszeit davon abhängig, wie weit der anvisierte Himmelsbereich vom Himmelspol entfernt ist. Aufnahmen in der Polregion können bei kurzen Brennweiten durchaus bis zu 30 Sekunden belichtet werden, ohne dass störende Strichspuren sichtbar werden. Bei Aufnahmen in Richtung des Himmelsäquators können dagegen schon 10 Sekunden Belichtungszeit zu viel sein.

Hier bietet die α100 den großen Vorteil, dass man schnell eine Probebelichtung machen und diese bei höchster Vergrößerung am Display der Kamera sehr gut beurteilen kann.

So findet sich sehr schnell die am besten geeignete Belichtungszeit.

Sternfelder mit Langzeitbelichtung aufnehmen

Sollen große Bereiche des Himmels, z. B. ganze Sternbilder, abgebildet werden, ohne dass Strichspuren zu erkennen sind, wird auf jeden Fall eine astronomische Montierung benötigt. Für die Fotografie sind nur sogenannte parallaktische Montierungen mit zumindest einem Motorantrieb für die Stundenachse geeignet. Bei diesen Montierungen wird die Stundenachse auf den Himmelspol ausgerichtet, sodass durch Drehung um die Stundenachse die scheinbare Bewegung der Sterne, die ja durch die Erddrehung verursacht wird, ausgeglichen werden kann.

> **T-Adapter zum Anschluss der α100 an ein Teleskop**
> Um die α100 an ein Teleskop anzuschließen, wird ein sogenannter T-Adapter für die Sony-Kamera benötigt. Achtung: Die α100 verwendet das A-Bajonett von Minolta bzw. Konica Minolta.
>
> ▲ *Der T2-Adapter für das A-Bajonett.*

Für Sternfelder wird die Montierung auf den Himmelspol ausgerichtet, und die Kamera wird mit Objektiv direkt auf der Montierung befestigt.

Die ISO-Empfindlichkeit sollte für lang belichtete Sternfeldaufnahmen auf ISO 400 oder 800 eingestellt werden, und die interne Rauschreduzierung kann verwendet werden.

▲ *Der Komet C/2001 Q4 neben dem offenen Sternhaufen der Krippe (M33). Die Aufnahme entstand mit einem 300-mm-Teleobjektiv auf einer astronomischen Montierung auf die Sternbewegung nachgeführt.*

Um Verwacklungen zu vermeiden, sollte die Spiegelvorauslösung (2-Sekunden-Selbstauslöser) verwendet werden.

Für erste Versuche lässt man einfach die Montierung laufen und belichtet ca. 5 Minuten, wobei die maximal mögliche Belichtungszeit von der Brennweite des Objektivs, der Laufruhe der Montierung, der Genauigkeit der Pol-Justage und der Himmelshintergrundhelligkeit abhängig ist.

Auch hier bietet sich wieder die Kontrolle der Aufnahmen am Display der α100 an.

Fortgeschrittene Astrofotografen verwenden ein kleines Teleskop mit einem Fadenkreuzokular oder einem Autoguider, das parallel zur Kamera ausgerichtet ist, zur Kontrolle der Nachführung. Bei Bedarf wird dann über die Motorsteuerung der Montierung die Position eines Leitsterns korrigiert, sodass nahezu beliebig lange belichtet werden kann. Gegen zu lange Belichtungszeiten sprechen jedoch das steigende Bildrauschen des CCD-Sensors sowie die Himmelshintergrundhelligkeit.

Sternfeldaufnahmen werden wie schon die Strichspuraufnahmen am PC in der Nachbearbeitung übereinandergelegt. Da Sternfeldaufnahmen aber alle

▲ Anschluss einer α100 an ein Teleskop. Zur Verbindung werden ein T2-Adapter sowie T2"-Adapter benötigt.

das gleiche Bild zeigen sollten, bietet sich statt einer Bildaddition eine Mittelung der Bilddaten an, um das vorhandene Bildrauschen zu reduzieren.

Die Mittelung hat auch den Vorteil, dass Bildfehler, wie z. B. Satellitenspuren oder Flugzeuglichter, deutlich weniger auffallen als bei einer Bildaddition.

Anschluss der Sony α100 an ein Teleskop

Für die Astrofotografie geeignete Teleskope müssen über einen 2-Zoll-Anschluss oder zumindest über ein geeignetes T2-Gewinde verfügen. T2 bezeichnet dabei die im Fotobereich übliche Feingewindenorm M42 x 0,75.

Mithilfe eines sogenannten T2-Adapters aus dem Fotofachhandel wird aus dem Objektivbajonett der α100 ein T2-Feingewinde. In dieses Gewinde wird ein T2"-Adapter aus dem Astronomiefachhandel eingeschraubt. Der 2"-Teil des Adapters kann dann direkt mit dem Teleskop verbunden werden.

> **Ein 1¼"-Anschluss ist für die α100 ungeeignet**
> Günstige Einsteigerteleskope besitzen oft nur einen 1¼"-Okularanschluss. Auch wenn die α100 mechanisch an diese Anschlüsse adaptiert werden kann, tritt bei diesen eine nicht zu vernachlässigende Vignettierung auf, sodass Aufnahmen mit 1¼"-Anschlüssen nicht zu empfehlen sind. Das Gleiche gilt leider für Teleskope, die direkt einen T2-Anschluss eingebaut haben.

Je nach Teleskop kann es notwendig sein, Verlängerungshülsen einzusetzen, um den Fokus zu erreichen.

Eine erste Kontrolle ist bei der α100 sehr einfach durch den Sucher möglich. Leider werden dunkle Objekte im Sucher nicht sehr gut abgebildet, daher sollte zur Fokussierung ein ausreichend heller Stern verwendet und das Teleskop erst nach erfolgreicher Fokussierung auf das Zielobjekt ausgerichtet werden.

Bei der Fokussierung ist das Ziel, Sterne möglichst klein abzubilden, sodass mit dem Sucher der α100 zumindest ein grober Fokus sehr schnell gefunden werden kann. Für die Feinfokussierung sind dann aber Testaufnahmen oder die Verwendung spezieller Software notwendig.

> **Fokussiersoftware**
> Speziell für die Astrofotografie wurden Programme entwickelt, die bei einer exakten Fokussierung der α100 hilfreich sind. Hier sind insbesondere DSLRfocus und MaximDL zu nennen.
> Neben der Astrofotografie werden diese Programme auch gern in der Makrofotografie, bei der der Fokus ebenfalls oft schwierig einzustellen ist, eingesetzt. Steht kein Laptop zur Verfügung, können auch spezielle Hilfsmittel wie eine Scheiner- oder Hartmannmaske oder eine Messerschneide verwendet werden.

Speziell bei Spiegelteleskopen der Bauart nach Newton kann es passieren, dass mit der α100 kein Fokus erreicht wird, da der Fokusweg nach innen begrenzt ist. In diesem Fall ist ein Umbau des Teleskops (Versetzen des Hauptspiegels) oder der Einbau eines flacher bauenden Okularauszugs notwendig, um die α100 an diesem Teleskop einsetzen zu können.

Prinzipiell wäre in diesem Fall auch die Verwendung einer Barlowlinse möglich, da diese den Fokus nach außen verlegt. Allerdings verlängert eine Barlowlinse auch die Brennweite, und das Öffnungsverhältnis verschlechtert sich, sodass sehr lange Belichtungszeiten notwendig werden und die Nachführung wesentlich genauer ausfallen muss.

Mondaufnahmen

Ein immer wieder gern fotografiertes Objekt ist unser Erdmond. Schon mit Brennweiten ab 300 mm sind bei Aufnahmen viele Details auf dem Mond auszumachen. Um den Mond formatfüllend abzubilden, bieten sich bei der α100 Brennweiten von 900 mm bis 1200 mm an, bei noch längeren Brennweiten sind Ausschnittsaufnahmen oder Mosaikaufnahmen möglich.

Bei Mondaufnahmen sollte eine niedrige ISO-Empfindlichkeit (ISO 100 oder 200) eingestellt sein, um möglichst wenig Rauschen in den Bildern zu haben. Wenn als Belichtungsmessmethode die Spotmessung eingestellt ist, ist in dem Blendenprioritätsmodus sogar eine automatische Belichtungssteuerung mit der α100 an Teleskopen möglich. Meist ist allerdings eine kleine negative Belichtungskorrektur hin zu dunkleren Bildern vorteilhaft, um Überbelichtungen zu vermeiden.

Wegen der geringen Belichtungszeiten sind Mondaufnahmen sehr seeing-anfällig. Diese Störungen der Atmosphäre führen dazu, dass sich der Fokuspunkt ständig minimal verschiebt und sich oft sogar Verzerrungen im Bild ergeben. Wegen dieser Verzerrungen ist es meist nicht gut, Mondaufnahmen zu stacken, d. h. übereinanderzulegen. Besser ist es, aus einer Aufnahmeserie am PC-Monitor das beste Bild auszusortieren und dieses weiterzubearbeiten.

Neben einer Anpassung der Gradationskurven (Helligkeitsverlauf) ist bei Mondbildern vor allem eine Schärfung, am besten mit einer unscharfen Maske, sinnvoll. Hierbei ist aber unbedingt darauf zu achten, dass nicht überschärft wird, da sonst unnatürlich wirkende Artefakte durch die Schärfung entstehen können.

▲ Der Mond, wenige Minuten nach dem Aufgehen, fotografiert mit 600 mm Brennweite.

▲ Mond, aufgenommen mit 1200 mm Brennweite.

Astrofotografie

Sonnenaufnahmen

Aufnahmen der Sonne werden mit der gleichen Technik gemacht wie Mondaufnahmen. Allerdings ist dabei zu beachten, unbedingt geeignete Schutzfilter zu verwenden! Ein Blick in die Sonne ohne geeignete Filter kann unmittelbar zu bleibenden Schäden bis hin zur Erblindung führen. Wird die α100 an ein Teleskop angeschlossen und dieses ohne geeigneten Filter auf die Sonne gerichtet, tritt zunächst das Sonnenlicht ungefiltert durch den Sucher und gefährdet das Augenlicht des Fotografen. Spätestens nach dem Hochklappen des Spiegels trifft das Sonnenlicht auf den Verschluss, der fast genau im Fokus sitzt. Sofort würden die empfindlichen Verschlusslamellen durchbrennen, und das Sonnenlicht würde den Sensor schädigen. Riskieren Sie also weder Ihr

▲ Sonne, im Integrallicht aufgenommen, mit f = 1200 mm und Baader-Sonnenfilterfolie. Hier: der Venustransit vom 8. Juni 2004.

Augenlicht noch Ihre Kamera und achten Sie bei Sonnenaufnahmen unbedingt auf die Verwendung geeigneter Filter!

Sehr einfach gelingen Sonnenaufnahmen im Integrallicht (Weißlicht). Hierzu wird eine Sonnenfilterfolie aus dem Astrofachhandel vor die Teleskopoptik gespannt.

Mit etwas Übung (der Fokus ist nicht immer leicht zu finden) lassen sich sehr schön Sonnenflecken mit der umgebenden Penumbra und auch die Granulation der Sonnenoberfläche mithilfe einer α100 einfangen.

Aufwendiger und deutlich teurer sind H-alpha-Aufnahmen im Licht des zweifach ionisierten Wasser-

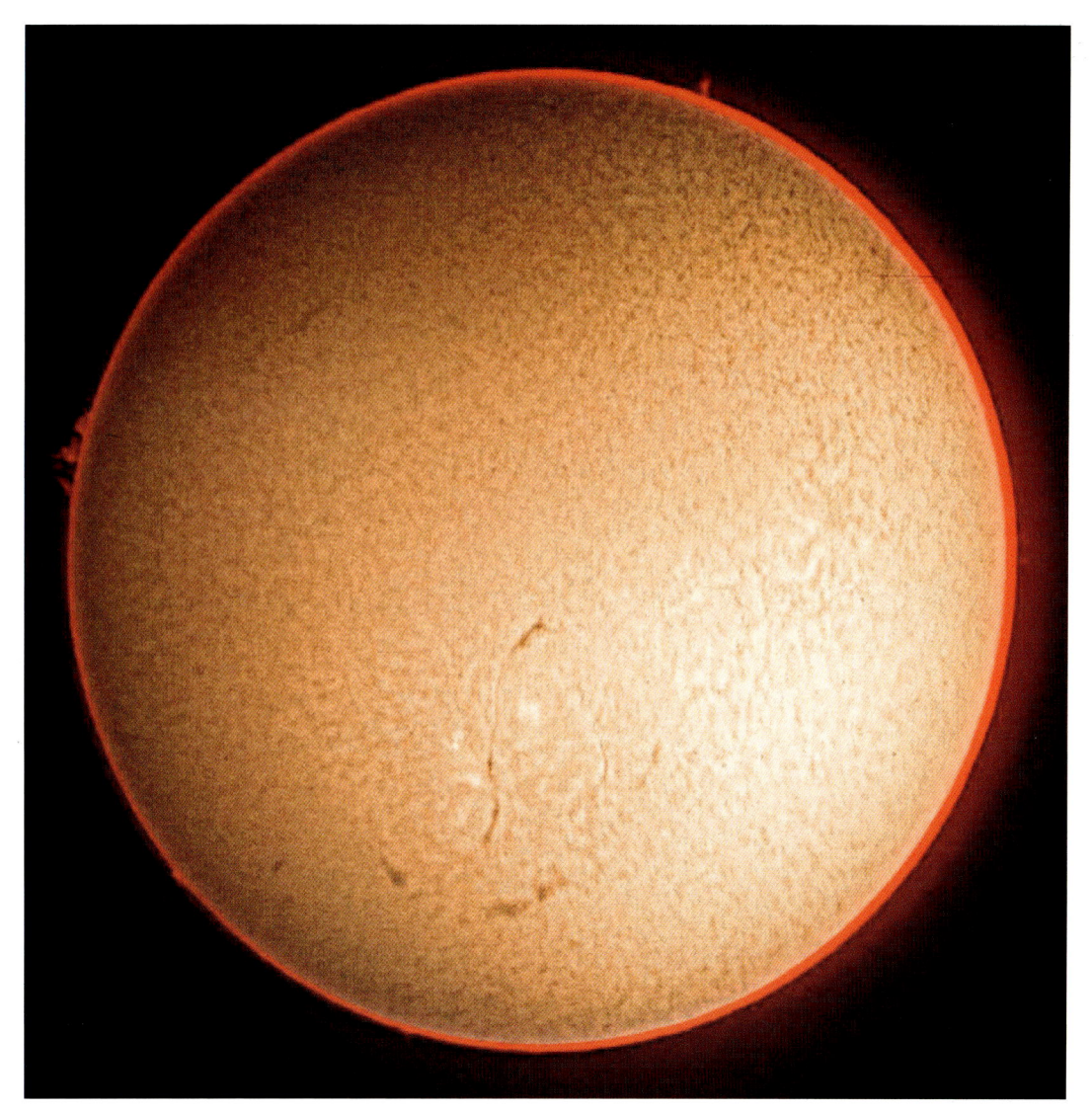

▲ Sonnenaufnahme mit Spezialfilter für das H-alpha-Licht.

Astrofotografie

stoffs. Diese sehr beeindruckenden Aufnahmen zeigen sowohl Massenauswürfe am Sonnenrand, die Protuberanzen wie auch zahlreiche Oberflächendetails. Allerdings sind Spezialteleskope oder -filter für H-alpha-Aufnahmen sehr teuer.

Deep-Sky-Aufnahmen

Die Aufnahme weit entfernter und lichtschwacher Nebel und Galaxien erfordert auch mit digitalen Spiegelreflexkameras wie der Sony α100 einen erheblichen Aufwand.

Bei lang belichteten Deep-Sky-Aufnahmen ist eine Nachführkontrolle, am komfortabelsten mit einem Autoguider, unbedingt notwendig, um die sonst durch Nachführfehler auf den Bildern entstehenden Strichspuren zu vermeiden.

Die α100 wird für Deep-Sky-Aufnahmen im manuellen Modus auf Belichtungszeiten von üblicherweise 5 bis 10 Minuten eingestellt. Als Dateiformat sollte bei Deep-Sky-Aufnahmen unbedingt das Rohdatenformat (RAW) verwendet werden, um keine Informationen zu verschenken.

Eine erhöhte Dynamik von 12 Bit bei Rohdatenbildern verglichen mit den lediglich 8 Bit bei JPEG-komprimierten Bildern ist bei Deep-Sky-Aufnahmen unbedingt notwendig.

▼ Das Galaxienpaar M81 und M82 im Großen Bären, Foto: Rochus Hess.

Typische und spezielle Einsatzfälle

Bei dieser extremen Langzeitbelichtung des Orionnebel-Komplexes M42 und M43 wurden bei dieser Aufnahme mit einer extremen Bildbearbeitung selbst schwächste Nebelbereiche sichtbar gemacht, allerdings mit teilweise deutlichem Bildrauschen. Da die Umgebungstemperatur zum Aufnahmezeitpunkt um den Gefrierpunkt lag, wurde auf die Dunkelbilder verzichtet, nicht zuletzt, da die Einzelaufnahmen mit 30 Minuten Belichtungszeit gewonnen wurden.

Die ISO-Empfindlichkeit sollte auf ISO 400 oder ISO 800 eingestellt sein, um eine ausreichende Empfindlichkeit bei geringem Rauschen zu erreichen.

Um Verwacklungen durch den Spiegelschlag zu vermeiden, sollte die Spiegelvorauslösung (2-Sekunden-Selbstauslöser) aktiviert sein. Die interne Rauschunterdrückung sollte jedoch deaktiviert sein, da diese für jede Aufnahme die doppelte Belichtungszeit benötigt und daher wertvolle Aufnahmezeit kostet.

Stattdessen können am Ende der Aufnahmen sogenannte Dunkelbilder (Dark Frames) mit abgedecktem Objektiv und möglichst weit geschlossener Blende in einem dunklen Raum aufgenommen werden.

Diese Dunkelbilder müssen bei gleicher ISO-Empfindlichkeit und mit gleicher Belichtungszeit wie die eigentlichen Aufnahmen (Light Frames) aufgenommen werden. Außerdem sollte die Temperatur des Sensors möglichst gut bei den Aufnahmen und Dunkelbildern übereinstimmen.

> **Auf Dunkelbildabzug verzichten**
> Die α100 weist selbst bei langen Belichtungszeiten und hohen ISO-Empfindlichkeiten nur ein extrem geringes Bildrauschen auf. Speziell bei niedrigen Außentemperaturen bringt ein Dunkelbildabzug oft mehr Rauschen ins Bild, als Dunkelstrom korrigiert wird. Lediglich bei hohen Außentemperaturen im Sommer ist es notwendig, Dunkelbilder abzuziehen. Um die auftretenden Hotpixel zu korrigieren, bietet spezielle Software (z. B. Iris oder MaximDL) die Korrektur mithilfe einer Hotpixelmap an.

Um Fehler im optischen System, z. B. Vignettierung und Staub auf der Optik oder dem CCD-Sensor, zu korrigieren, werden meist „Flatfields" verwendet. Diese werden in der gleichen Konfiguration aus Kamera und Teleskop (inkl. Ausrichtung der Kamera zum Teleskop) aufgenommen wie die eigentlichen Aufnahmen. Statt eines Deep-Sky-Objekts wird für Flatfields jedoch eine gleichmäßig ausgeleuchtete Fläche aufgenommen. Dies kann z. B. eine Leinwand oder eine Milchglasscheibe vor dem Teleskop sein oder bei sogenannten Skyflats der Dämmerungshimmel bei ausgeschalteter Teleskopnachführung.

Die Korrektur der Aufnahmen, insbesondere der Dunkelbildabzug, muss unbedingt in den Rohdaten erfolgen. Bei schon farbinterpolierten Bildern wie z. B. JPEGs ist eine Korrektur nicht mehr sinnvoll möglich!

Mit Spezialsoftware wie Iris oder MaximDL können die notwendigen Korrekturen (Dunkelbildabzug, Flatfield-Korrektur) auf den Rohdaten durchgeführt werden, und erst anschließend wird die Farbinterpolation vorgenommen.

12.3 Reisefotografie: mit der α100 unterwegs

Für schlichtes Urlaubsgeknipse ist die hohe Investition in die α100 sicherlich unangemessen. Urlauber mit Kompaktkameras brauchen sich daher auch weniger Gedanken um Reisevorbereitungen zu machen. In dieser Klasse fordert einen das fest montierte Objektiv, das leichte Gewicht und das relativ geringe Datenvolumen der Bilddaten weniger heraus.

Der α100-Fotograf steht jedoch mit höheren Ansprüchen auch größeren Herausforderungen gegenüber: Die Fototasche oder der Rucksack will sorgfältig gepackt werden, denn die vielfältigen Konfigurationsmöglichkeiten erfordern ein optimiertes Gewichts-, Energie-, Daten- und Volumenmanagement.

Viele Fragen sollten vor der Tour geklärt werden: Welche Objektive decken den geforderten Brennwei-

▲ Auf längeren Touren kann eine Fototasche praktischer als ein Rucksack sein. Das Equipment ist so im permanenten Zugriff, und spontane Aufnahmen werden en passant ermöglicht.

tenbedarf ab? Wie hoch wird das Datenaufkommen und davon abhängig der entsprechende Bedarf an Speicherkarten bzw. Datensicherungsstationen sein? Welcher Wetterschutz, welche Reinigungsutensilien, Filter, Akkuladegeräte, Adapter und sonstiges Zubehör sollten mitgenommen werden? Es werden in diesem Abschnitt Wege zur optimierten Reisevorbereitung aufgezeigt.

Fototasche oder Rucksack?

Falls Sie noch über keine ausreichend dimensionierte Transportmöglichkeit verfügen, dürfte der Kauf einer Fototasche oder eines Rucksacks anstehen. Hier steht dem Käufer ein sehr großes Angebot zur Verfügung, und die Entscheidung für ein spezielles Modell ist natürlich auch von Umfang und Gewicht des vorhandenen Equipments abhängig. Daher können an dieser

Stelle nur generelle Tipps gegeben werden. Prinzipbedingt unterscheiden sich Taschen von Rucksäcken durch das Transportsystem. Schultertaschen werden seitlich umgehängt, während Rucksäcke beidseitig geschultert werden. Letztere haben den Vorteil einer gleichmäßigen Gewichtsverteilung und lassen einem mehr Armfreiheit. Nachteile der Rucksäcke sind jedoch das aufwendigere Handling, um ans Equipment heranzukommen, und das höhere Verschmutzungspotenzial beim Abstellen auf den Boden.

Bei längeren Tagestouren oder gar Expeditionen dürfte sowieso bereits ein Rucksack mit Verpflegung und gegebenenfalls einem Zelt geschultert sein. Dann hat dort ein zusätzlicher Fotorucksack keinen Platz mehr. Der Autor hat sich daher für eine größere Fototasche für Reisen entschieden, die mit einem extra breiten Gurt für besseren Tragekomfort modifiziert wurde.

Wird sie auf dem Boden abgestellt, besteht nur Verschmutzungspotenzial für die schmale Unterseite, und ein Stativ kann auf der Tasche selbst abgelegt werden. Der Hauptvorteil ist die schnelle Verfügbarkeit des Equipments: Alles kann im Stehen erledigt werden, Kamera und Objektive sind permanent im Zugriff.

Vor- und Nachteile einer Fototasche

Gegenüber einem Fotorucksack verbucht die Fototasche folgende

Vorteile:
- Equipment ist im ständigen Zugriff. Objektivwechsel etc. können im Gehen vorgenommen werden.
- Ein Stativ kann gegebenenfalls festgezurrt auf der Fototasche abgelegt und braucht nicht aufwendig vom Rücken genommen zu werden.
- Platz optimierend, falls auf dem Rücken bereits Gepäck geschultert ist.
- Verschmutzt weniger beim Abstellen, da nur die Unterseite den Boden berührt (Rucksäcke liegen in der Regel flach).

Nachteile:
- Kann beim Gehen oder Laufen etwas behindern, da Gewichtsverteilung und Körperbalance nicht optimal sind.
- Bei hohem Füllgewicht kann sich der Gurt in die Schulter einschneiden. Gegebenenfalls sollte eine Modifikation vorgenommen werden.
- Bei viel Equipment ist die Verteilung und Aufteilung in der Tasche nicht optimal, und ein Fotorucksack bietet gegebenenfalls noch mehr Volumen.

Die Fototasche packen

Details zu Teilen des Equipments werden in den nachfolgenden Abschnitten eingehender besprochen. An dieser Stelle finden Sie zunächst ein Packbeispiel, das als Vorbereitung für eine vierwöchige Fotoreise nach Südamerika diente. Man kann es als generelle Orientierungshilfe für eigene Reiseplanungen nutzen.

- Fototasche Lowepro Stealth Reporter 500 AW mit modifiziertem, extrabreitem Gurt
- zwei Bodys (Sony α100 und Dynax 7D/5D), falls eine ausfällt, dient die zweite als Backup
- Fernauslöser
- Stativ Manfrotto 190ProB mit Dreiwegeneiger RC 141 (optimaler wäre ein Karbonstativ mit Ein- oder Zweiwegeneiger gewesen)
- Telekonverter 1,4x
- Telekonverter 2,0x
- Winkelsucher mit 2x-Vergrößerungsoption
- Objektiv 300 mm/4,0 (durch Telekonverter auf 420 bzw. 600 mm erweiterbar)
- Objektiv 180 mm/3,5 Makro (auch als leichtes Tele z. B. in Verbindung mit dem Telekonverter nutzbar)

- Objektiv 18-70 mm/3,5-5,6 DT (alternativ 16-80 mm/3,5-4,5)
- Akkus NP FM 55H (+ günstige Nachbauten)
- Akkuladegerät (inkl. Netzadapter)
- CF-Cardreader (für Q nötig)
- 3 LED-Taschenlampen (1 Headlampe für das Kamerahandling im Dunkeln)
- CF-Cards 3 x 4 GByte,
- Kompaktblitzgerät Sony HVL-F56AM + Bouncer zum Absoften des direkten Blitzlichts
- mobile Datenstation Archos AV 7000 (100 GByte) + Zigarettenanzünderadapter (auf der Reise kamen 70 GByte Bilddaten zusammen, daher hätte die 40-GByte-Variante nicht ausgereicht)
- zirkulärer B+W-Pol- und Graufilter (in Kombination lassen sich auch bei Tageslicht Langzeitaufnahmen beispielsweise von Wasserläufen bestens realisieren)
- Gegenlichtblenden (schützen auch vor Regentropfen auf der Frontlinse)
- Ledertuch zur Objektivreinigung, Geschirrhandtuch zum Abtrocknen bei Regen, Gefrierbeutel als Regenschutz bzw. zum Aussortieren verbrauchter Akkus, großer Müllbeutel als Unterlage für flaches Hinlegen/Knien
- Blasebalg zum Auspusten des Sensors gegen Staub, Entkörnung der Optiken
- kleiner 30-cm-Aufhellreflektor (leicht und handlich, optimal im Nah- bzw. Makrobereich zum Aufhellen)
- Ersatzbatterien für Blitzgerät

> **Höchstgewicht für Handgepäck beachten**
> Es empfiehlt sich, die Tasche bei Flugreisen aus Sicherheitsgründen als Handgepäck mit sich zu führen. Achten Sie auf die Gewichtshöchstangaben der einzelnen Fluggesellschaften und holen Sie am besten vor dem Flug diesbezüglich Erkundigungen ein.

Auswahl der Objektive

Besonders auf Reisen wird der Ruf nach einem „Immer-drauf"-Objektiv laut. Ein nicht zu schweres Objektiv, das einen möglichst großen Brennweitenbereich vom Weitwinkel- bis in den Telebereich abdeckt, wäre ideal.

Damit ersparte man sich die Schlepperei einer Vielzahl von Linsen, und der Objektivwechsel mit einhergehender Verschmutzungsgefahr des Bildsensors könnte entfallen.

Superzoom empfehlenswert?

Der Markt – neben dem Hersteller Sony auch insbesondere Tamron und Sigma – hat auf den Wunsch nach einem Objektiv für alle Anwendungsfälle reagiert und bietet mittlerweile eine ganze Anzahl von Superzooms mit Brennweitenbereichen von 18 bis 200 mm oder 28 bis 200 mm bzw. 28 bis 300 mm an.

Um es unumwunden zu sagen: Es wird ambitionierten Fotografen von diesen Megabrennweiten schlichtweg abgeraten. Sie haben ihre Existenzberechtigung in besten Lichtverhältnissen, in denen noch zweifach abgeblendet werden kann.

Besonders in den höheren Brennweitenbereichen liegt die Offenblende jedoch häufig bei f=6.3. Wird jetzt aus Gründen einer meist erforderlichen Qualitätssteigerung noch abgeblendet, wird daraus ein Blendenwert von f=8.0 und mehr.

Damit lassen sich Bewegtmotive – Schwenks einmal ausgenommen – in der Regel kaum noch scharf ablichten, das Motiv kann kaum noch freigestellt werden, und um Verwacklungsunschärfen zu vermeiden, ist eher ein Stativ erforderlich.

Den Brennweitenbereich abdecken

Um eine hohe Motivbandbreite abzudecken, empfiehlt sich ein Brennweitenbereich von mindestens 28 bis 200 mm. Das kann man z. B. mit zwei Objektiven im mittleren Preissegment wie etwa dem Tamron 28-75/2,8 und dem Sigma 70-200/2,8 mit einem Investitionsvolumen von rund 1.300 Euro bei guter Abbildungsleistung erreichen.

Es sind natürlich auch kostengünstigere Varianten denkbar; in der Regel müssen dann aber Abstriche bei der Fertigungsqualität, Lichtstärke und Abbildungsleistung gemacht werden. Um den Brennweitenbereich auf Weitwinkel und im Telebereich zu erweitern, wären jedoch 18 mm als Start- und 300 mm als Endbrennweite wünschenswert.

Die Endbrennweite wäre durch Einsatz eines 1,4x- oder 1,5x-Telekonverters bei geringem Eigengewicht erreichbar. Wenngleich er die Abbildungsleistung geringfügig reduziert, Lichtstärke kostet und zusätzlich aufgesetzt werden muss, so ist er dennoch für Reisen sehr empfehlenswert und kann gegebenenfalls Lücken im Brennweitenbereich schließen.

> **Lücken im Brennweitenbereich sind manchmal zu verschmerzen**
> Decken die Objektive nicht die komplette Brennweitenbandbreite ab, lassen sich Lücken durch Abstandsveränderungen zum Motiv oder durch Panoramatechnik (zwei oder mehrere Aufnahmen werden nachträglich softwareseitig zu einer einzigen aneinandergefügt) in einigen Fällen kompensieren.
> Ein Makroobjektiv ist z. B. auch als leichtes Tele in der Regel mit sehr guten Abbildungsleistungen zu gebrauchen und füllt hier eine vielleicht weniger offensichtliche Brennweitenlücke.
> Auch ein Telekonverter lässt sich prima nutzen, um Brennweitenbereiche zu ergänzen.

Der Weitwinkelbereich ließe sich entweder mit einem dritten Objektiv wie dem Sony 11-18 mm DT erschließen, oder man entscheidet sich z. B. für das Sigma 12-24mm, das, im Gegensatz zum 11-18 mm, später auch an einer Vollformatkamera eingesetzt werden könnte.

▲ Die Inhaltsdichte eines Motivs ändert auch die Dateigröße. Links nimmt die Aufnahme 4,2 MByte und rechts lediglich 2,1 MByte auf der CF-Card in Anspruch – dies, obwohl beide Bilder im selben JPEG-Fein-Format aufgenommen wurden.

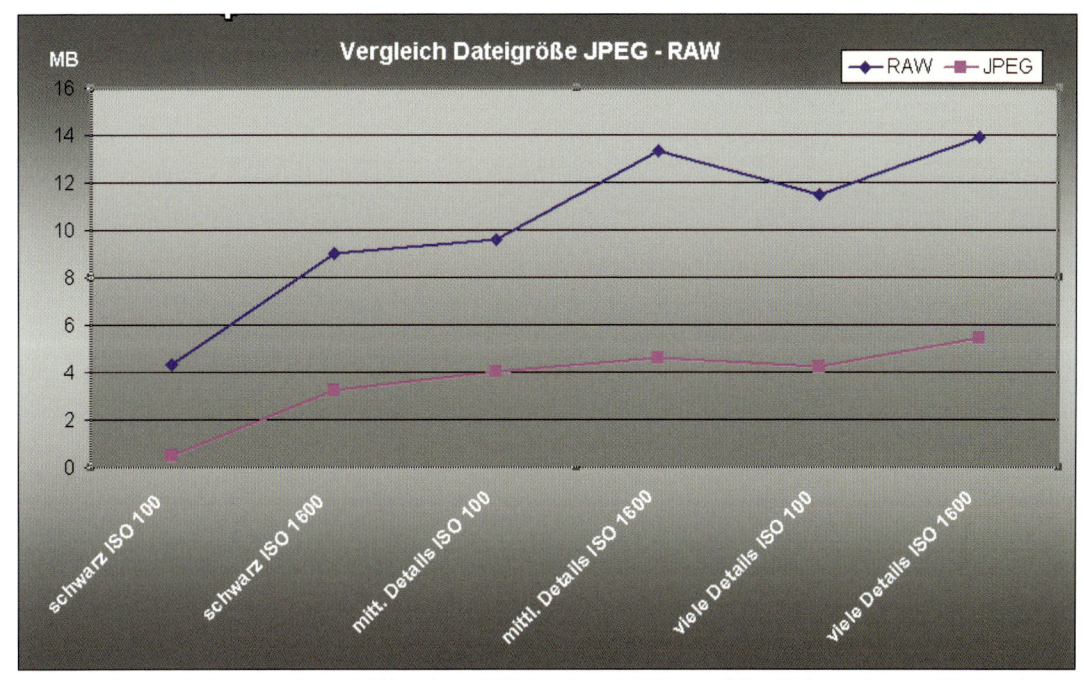

▲ Von 0,5 bis zu 14 MByte werden je Bilddatei beim JPEG-Fein- bzw. RAW-Format fällig. Nicht nur das gewählte Dateiformat, sondern auch Motivdetailliertheit und ISO-Wert nehmen dabei Einfluss auf die Dateigröße. Der Durchschnitt liegt beim JPEG-Fein-Format bei rund 2,5 MByte und für das RAW-Format bei etwa 10 MByte.

Der Makrobereich kann z. B. mit einem Leichtgewicht wie einem Zwischenring oder Retroadapter erschlossen werden, wenngleich waschechte Makrofotografen sicherlich nicht auf ein Makrospezialobjektiv verzichten wollen.

Diese Empfehlungen sind natürlich nur als grobe Orientierung für ein mittleres Investitionsvolumen gedacht. Wie auch immer die Entscheidung ausfällt, man sollte daran denken, dass auf Reisen jedes Gramm Extragewicht doppelt schwer wiegt.

Datenmanagement

Für jeden Reisetag sollte eine Mindestanzahl von Aufnahmen fest eingeplant werden. In fremder Umgebung tauchen oft so viele interessante Motive auf, dass man dabei eher zu viel als zu wenig einkalkulieren sollte. 200 Aufnahmen pro Tag und mehr können durchaus zusammenkommen. Doch wie viel Speicherplatz benötigen 200 Aufnahmen? Diese Frage hängt vom eingesetzten Bildformat, der Motivdetailliertheit und dem ISO-Wert-Parameter ab.

Um sich die höchste Bildqualität zu sichern, sollte man entweder JPEG-Fein oder das RAW-Format wählen. Die Bildgröße liegt beim JPEG-Fein-Format durchschnittlich bei rund 2,5 MByte, während das RAW-Format mit rund 10 MByte etwa das vierfache Volumen beansprucht.

Setzt man das RAW-Format ein, benötigen 200 Aufnahmen rund 2 GByte, und bei JPEG-Fein sind es 500 KByte. Ersteres Format fordert also eine 2-GByte-Speicherkarte, während man mit JPEG-Fein bei 200 Aufnahmen mit einer 528-KByte-Speicherkarte auskommen kann. Natürlich multipliziert sich der Wert je nach Reiselänge und eingeplanten Fototagen.

Datensicherung

Mit der Annahme von 200 Bildern pro Tag wären für eine dreiwöchige Reise unter Verwendung des RAW-Formats rund 42 GByte (JPEG 11 GByte) an Speicherplatz fällig.

> **Das passende Datenspeichergerät wählen**
> Mobile Massenspeichergeräte werden typischerweise mit Kapazitäten von 20 bis 100 GByte angeboten und verfügen oft – neben der reinen Datensicherungsfunktion – über multimediale Fähigkeiten:

Beim JPEG-Format ist gegebenenfalls noch zu überlegen, die Datenmenge auf den zunehmend günstiger werdenden CF-Cards unterzubringen. Für drei 4-GByte-Karten (12 GByte) werden dann rund 350 Euro fällig, bei 30 GByte steigt das Investitionsvolumen jedoch in Regionen um 900 Euro an, sodass eine mobile Datenstation eine kostengünstigere Variante darstellt.

Alternativ – und falls am Urlaubsort vorhanden – bietet eine Vielzahl an Fotofachgeschäften auch einen Brennservice an, bei dem die CF-Karten eingelesen und auf CD oder DVD gesichert werden.

- **Bilderanzeige am TFT-Monitor**: Trauen Sie Geräten, die RAW-Bildunterstützung bieten, nicht über den Weg, bevor Sie nicht die schriftliche Zusage zur Unterstützung des speziellen α100-RAW-Formats haben. Meist ist die Anzeigegeschwindigkeit dem internen α100-Monitor deutlich unterlegen, sodass Sie nicht unbedingt in einen Geschwindigkeitsrausch verfallen werden und der α100-Monitor vorzuziehen ist.

▲ Mancher mobile Datenspeicher verfügt über ein extra großes Display. Die RAW-Anzeigeunterstützung der Sony α100 ist jedoch nicht immer gewährleistet (Quelle: www.archos.com).

Typische und spezielle Einsatzfälle

- **Datenverifikation**: Manche Geräte verfügen weder über einen Bildanzeigemonitor noch über eine Verifikationsmöglichkeit. Es wäre schade um Ihre Arbeiten, wenn Sie erst zu Hause feststellten, dass gar keine Aufnahmen gesichert wurden. Verzichten Sie also lieber auf die Anschaffung eines solches Geräts.
- **Tonaufzeichnung**: Ein Tonmitschnitt kann eine hervorragende Ergänzung zu Ihrem Bildmaterial darstellen. Die Aufnahmen können beispielsweise im Rahmen einer multimedialen Diashow erheblich an Authentizität gewinnen, wenn man den Originalton beisteuert. Hilfreich sind dafür Datenstationen, die über ein eingebautes Mikrofon oder besser noch über einen externen Mikrofonanschluss verfügen. Letzterer verhindert die Aufzeichnung des Eigengeräuschs durch Festplattenbewegungen oder Lüfter.
- **CF-Cardreader**: Nicht alle Geräte verfügen über einen eingebauten Slot, um CompactFlash-Karten aufzunehmen. Für solche Apparate muss noch ein externer CF-Cardreader mitgenommen werden. USB-2.0-Unterstützung sollte auf jeden Fall für eine schnelle Datenübertragung vorhanden sein.
- **Sehr günstige Angebote**: Bei extrem günstigen Angeboten handelt es sich oft um Geräte ohne interne Festplatte, die dann noch zusätzlich erworben und eingebaut werden muss. Prüfen Sie dies vor dem Kauf.
- **Tipps und Angebote**: Einen Überblick über aktuelle Preise erhält man hier: http://www.preissuchmaschine.de/psm_frontend/main.asp?suche=kartenlesegerät+40GB.

Weiteres Equipment für die Reise

Neben Objektiven und Speicherkarten gehört ein Stativ zur Reisepflichtausstattung ambitionierter Fotografen.

Stativwahl

Ein ultraleichtes Alustativ ist besser als gar keins. Solche Kandidaten der 500-g-Gewichtsklasse lassen sich allerdings nicht immer auf Kopfhöhe ausziehen und sind nicht gerade windstabil. Vorteilhafter ist also ein Kompromiss aus Gewicht und Stabilität.

Dafür bietet der Markt den Kohlefaserwerkstoff Karbon an und bittet gleichzeitig in der Regel ordentlich zur Kasse. Für Marken-Karbonstative sind meist 230 Euro und mehr hinzublättern, ein Stativkopf noch nicht eingeschlossen. Eine Investition, die sich aber bezahlt machen kann, wenn regelmäßige Fotoreisen anstehen.

> **Aufs Gesamtgewicht der Stativkombi achten**
> Denken Sie daran, dass ein schwerer Stativkopf das eingesparte Gewicht beim Karbonstativ schnell wieder zunichte machen kann. Ziehen Sie einen simplen, aber effektiven Zwei- oder Einwegeneiger in Erwägung, um das Gesamtgewicht aus Stativ und Stativkopf zu optimieren.

Akkupower

Der mitgelieferte Akku NP-FM55H reicht in der Regel aus, um die α100 zwei Tage lang bei recht starkem Gebrauch mit Power zu versorgen. Danach muss er für rund 1,5 Stunden ans Netz.

Man sollte sich informieren, welche Stromnetzbuchse am Zielort unterstützt wird, und für das mitgelieferte Akkuladegerät BC-VM10 gegebenenfalls einen Steckadapter erwerben. Alternativ werden auch Akkuladegeräte, die sich über einen 12-Volt-Kfz-Zigarettenanzünder betreiben lassen, angeboten (z. B. unter Suchbegriff „Ladegerät BC-VM10" bei http://www.ebay.de zu finden).

Reist man in ein Gebiet, in dem kein Netzstrom verfügbar ist, hat man die Alternative zwischen der Anschaffung mehrerer Akkus oder einem Ladege-

▲ Links: Der komfortable, aber relativ schwere Dreiwegeneiger kann die Fototour zur Schlepperei werden lassen. Der rechts abgebildete Einwegeneiger belastet das Reisegepäck dagegen erheblich weniger.

▲ Links: Der Originalakku NP-FM55H mit 1.600 mAh ist relativ teuer in der Anschaffung. Nachbauten von Drittanbietern verfügen oft über eine höhere Kapazität und sind erheblich günstiger zu erwerben (rechts ein Nachbau von Ansmann mit allerdings nur 1.450 mAh).

rät, das mit Solarenergie arbeitet. Entscheidet man sich für erstere Alternative, sind Akkus von Fremdanbietern eine günstige Alternative zu den Originalakkus von Sony.

Oft verfügen diese über einen höheren mAh-Wert und sorgen damit für eine längere Stromversorgung Ihrer α100 gegenüber den 1.600 mAh der hauseigenen Akkus. Obwohl man natürlich keine Ausfall- bzw. Schadensgarantie geben kann, sind uns keine Problemfälle mit solchen Drittanbieterakkus zu Ohren gekommen.

Spezialanbieter bieten Solarlösungen für Reisen fernab der Zivilisation. Hier wird man unter dem Stichwort „ISun" bei http://www.ebay.de fündig.

> **Akkuladung in kühlen Regionen optimieren**
> Je kühler es ist, desto schneller geht der Akku „in die Knie". Falls die α100 in kühlen Gebieten einen leeren Akku moniert, kann man versuchen, den Akku zunächst z. B. mit den Handflächen oder in der Tasche zu wärmen. Meist schafft er dann noch einige Auslösungen mehr.
> Es empfiehlt sich generell vor einem Kameraeinsatz in der Kälte, die Akkus so lange wie möglich warm zu halten und erst im letzten Augenblick ins Batteriefach der α100 einzulegen.

Schutz des Equipments

Schnee, Regen, Nebel, Staub und Sand sind Dinge, die der Elektronik und Optik nicht unbedingt wohlgesonnen sind. Die α100 verfügt zwar über keine speziellen vor Staub und Spritzwasser schützenden Abdichtungen wie schwere Profimodelle, dennoch ist sie kein allzu empfindlicher Kamerad. Sie stört es in der Regel nicht, wenn mal ein paar Regentröpfchen ihren Body benetzen oder hohe Luftfeuchtigkeit z. B. zeitweise Kondenswasser im LCD-Display bildet.

Regencape

Vor extremen Witterungseinflüssen sollte sie jedoch geschützt werden. Dafür bietet im simpelsten Fall ein Gefrierbeutel, der über Kamera und Objektiv gelegt wird, ausreichend Schutz. Hierzu schneidet man eine Öffnung in den Beutel und fixiert ihn mithilfe eines Gummibands oder einer aufgesteckten Gegenlichtblende an der Objektivöffnung – so kann man ein paar Minuten bei Regen fotografieren. Auch hier bietet der Markt professionellere und im gehobenen Preisniveau angesiedelte Lösungen beispielsweise von Herstellern wie Ewa Marine (*www.ewamarine.de*) oder Aquatech (*http://www.isarfoto.de*, Suchbegriff „Aquatech").

▲ Bei diesem vom rötlichen Halbedelstein Jaspis eingefassten Wasserfall lag eine nicht unerhebliche Feuchtigkeit in der Luft, und auch gelegentliche partielle Wasserspritzer überstand die Kamera klaglos.

> **Staubschutz bei Objektivwechsel**
> Die Kamera sollte stets in Richtung Boden gehalten werden, wenn das Objektiv gewechselt wird. Damit reduziert man die Verschmutzungsgefahr z. B. durch Staub.

Reinigung von Sensor und Objektiv

Wenn man sich auf Reisen keine Feuchtreinigung zumuten will, sollte wenigstens ein Blasebalg mitgenommen werden. Damit lässt sich der Bildsensor von Zeit zu Zeit auspusten und gröberer Staub entfernen.

Von Feuchtigkeit und Staub müssen auch Front- und Rücklinse des Objektivs befreit werden. Falls man ein Fensterledertuch an einer Tankstelle oder im Baumarkt ergattern kann, sollte man zuschlagen und dieses im Reisegepäck deponieren. Damit lässt sich die Linse – nachdem sie von Staubkörnern durch Auspusten vorgesäubert wurde – bestens reinigen. Ein vorgewaschenes Geschirrhandtuch nimmt Feuchtigkeit auf und sollte bei Regenwetter griffbereit in der Tasche mitgeführt werden. Ergänzend sollte auch eine Gegenlichtblende genutzt werden, denn sie hält die gröbsten Regentropfen von der Frontlinse fern.

Tief eingelassene Rücklinsen mancher Objektive machen die ergänzende 10-Euro-Investition in einen sogenannten Lenspen sinnvoll (*http://www.preissuchmaschine.de/psm_frontend/main.asp?suche=lenspen*).

> **Verunreinigung testen**
> Hat man eine ruhige Minute, z. B. abends im Hotel oder Zelt, sollte man den Sensor einmal auf Verunreinigung überprüfen. Dafür wählt man eine möglichst hohe Blendenzahl und richten die α100 gegen eine homogene Fläche wie etwa die Zimmerdecke oder Zeltwand. Der Staub wird bei Blendenzahlen ab $f=14$ und höher besonders deutlich und sollte durch einen Blasebalg weggepustet werden. In schwerwiegenden Fällen kann auch eine Feuchtreinigung angebracht sein.

▲ Falls noch nicht im Reisegepäck vorhanden, sollte man beim nächsten Tankstellenstopp nach einem Fensterleder Ausschau halten. Damit lässt sich die Linse des Objektivs optimal reinigen.

▲ Mit einem Lenspen lassen sich auch die Randbereiche tief eingelassener Rücklinsen einiger L-Objektive bzw. Frontlinsen von Makroobjektiven zur Reinigung gut erreichen.

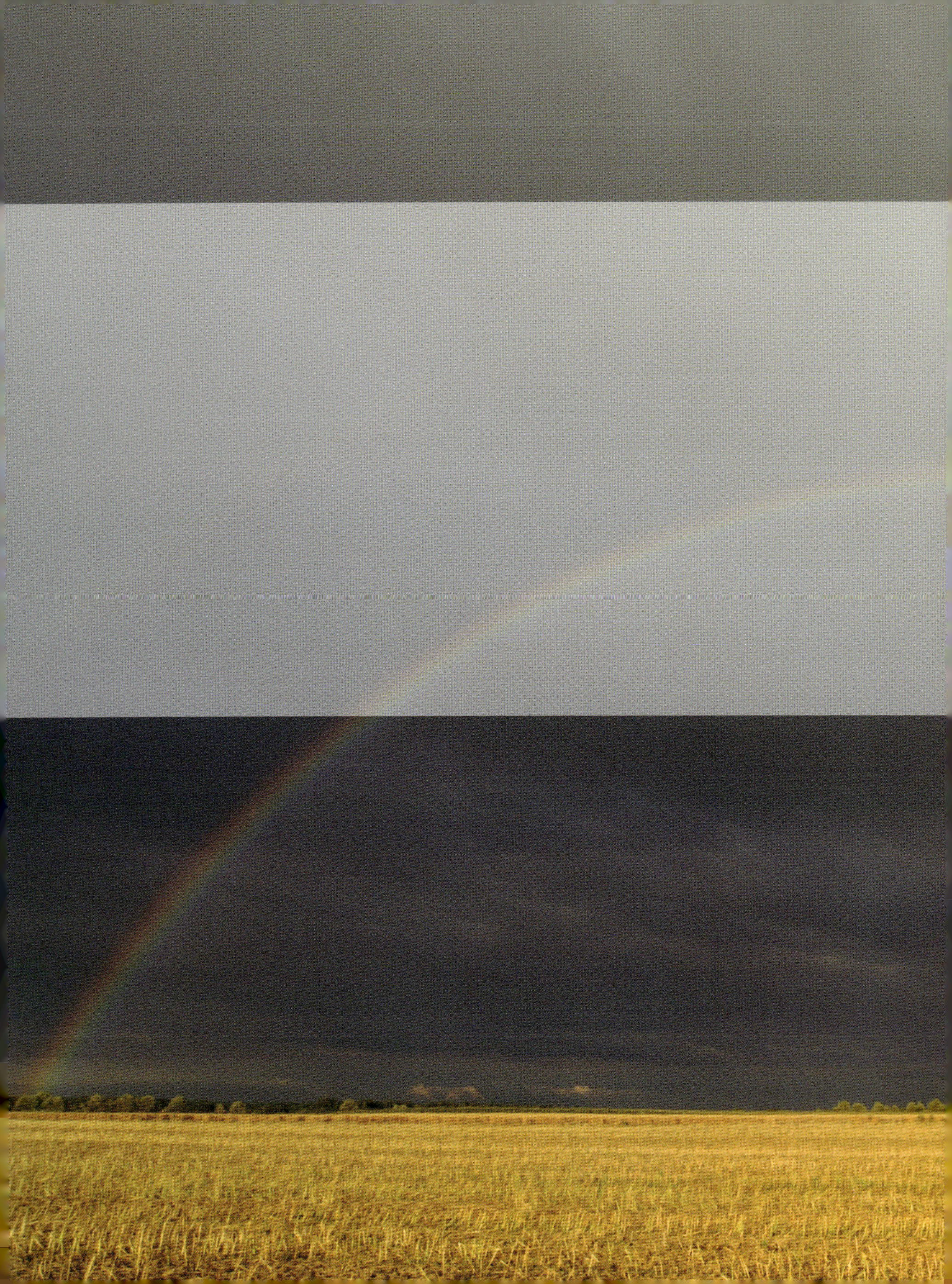

13

Kamerapflege und -schutz

Staubprobleme – wie Sensor und Innenleben der α100 fachmännisch gereinigt werden: Das Kapitel zur Sensorreinigung wird reichlich illustriert und geht auf alle professionellen Techniken zur Reinigung ein. Wie lassen sich Staubkörner und Verunreinigungen besser lokalisieren? (Blende möglichst weit schließen, weiße Fläche fotografieren und auf dem PC-Monitor als „Aufsuchkarte" für die Verschmutzungen nutzen.) Eingestreut werden Tipps, wie Verunreinigungen schon im Vorfeld minimiert werden können.

13.1 Den Sensor reinigen

Ein paar Staubflecken auf einem Bild mögen nicht dramatisch sein, schließlich lassen sie sich relativ simpel mit der Software wegstempeln. Ärgerlich wird es aber, wenn eine ganze Serie von Aufnahmen nachzubearbeiten ist oder eine Vielzahl von Flecken die Nacharbeiten aufwendiger machen. Staub ist allgegenwärtig, und so lässt er sich früher oder später auch auf dem Bildsensor der α100 nieder. Besonders wenn man mit hohen Blendenzahlen arbeitet, wird er umso auffälliger.

▼ *Sensorstaub lässt sich recht gut mit der Software wegstempeln. Bei Bilderserien oder hartnäckigen Verschmutzungen ist eine Sensorreinigung jedoch empfehlenswerter.*

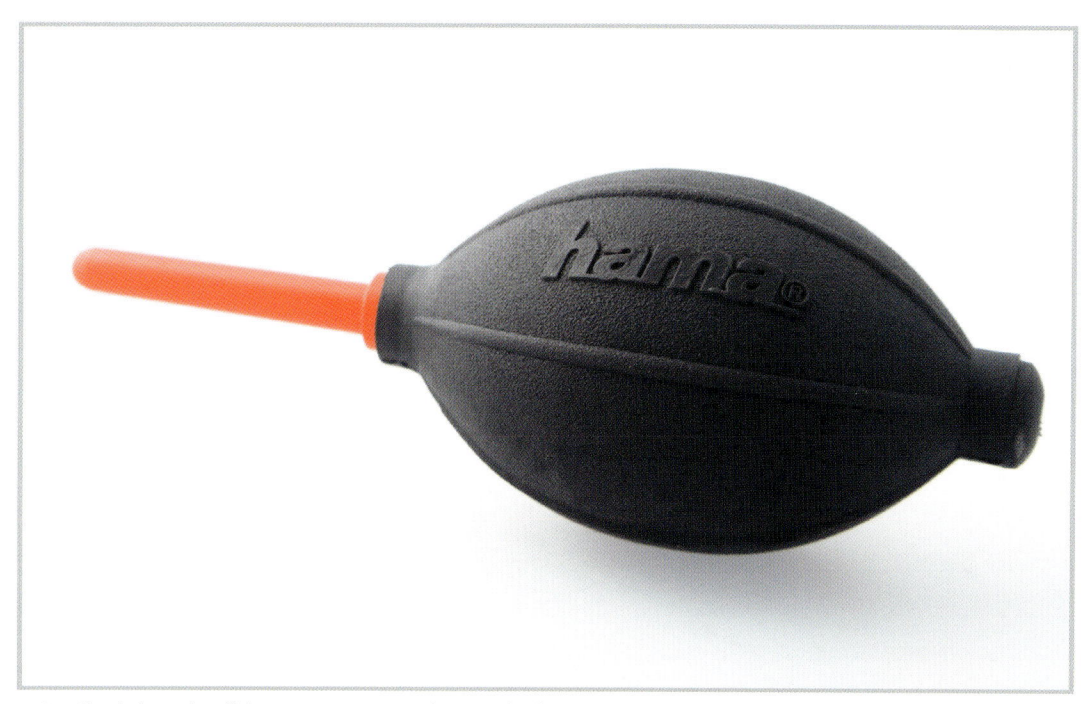

▲ Der Blasebalg ist das effektivste Reinigungsutensil gegen oberflächlichen Staub auf dem Sensor.

Die simpelste Reinigungsmethode besteht im Auspusten mit dem Blasebalg. Ist man beispielsweise ein paar Tage mit der α100 unterwegs, sollte er seinen festen Platz in der Fototasche haben.

Die Reinigung setzt einen gut geladenen Akku voraus, ansonsten verweigert die α100 die Sensorreinigung und blockiert die Funktion. Andernfalls könnten während der Reinigungsprozedur Verschluss und Schnellschwingspiegel zurückschnellen, und diese Bauteile würden dadurch gegebenenfalls beschädigt werden.

Schritt für Schritt: Sensorreinigung

1

Man löst ein etwaiges Objektiv von der α100 und hält die Kameraöffnung leicht nach unten geneigt.

2

Im Einstellungsmenü (3) wählt man den Menüpunkt CCD *reinigen* an der α100. Man findet ihn als vorletzten Eintrag. Mit der Auswahl des Menüpunkts wird der Spiegel zurückgeklappt, und der elektronische Schlitzverschluss öffnet sich.

3

Nun führt man das Ende des Blasebalgs in die Nähe des Sensors. Ein gewisser Sicherheitsabstand muss eingehalten werden, damit er den Sensor in keinem Fall berührt. Es sollte nun einige Male kräftig gepumpt werden.

4

Jetzt wird die Kamera über den On-/Off-Schalter ausgeschaltet und ein Objektiv auf das Bajonett gesetzt.

5

Am besten fertigt man noch eine Kontrollaufnahme mit hoher Blendenzahl im Blendenprioritätsmodus gegen den Himmel oder eine neutrale Fläche (siehe auch den nächsten Abschnitt) an. Sind noch immer Flecken zu erkennen, wiederholt man den Vorgang oder erwägt eine Feuchtreinigung.

Schritt für Schritt: den Sensorstaub identifizieren

Je nach Motiv wird Sensorstaub mehr oder wenig auffällig. Doch es gibt eine Methode, um auch noch das letzte Staubkörnchen sicher zu identifizieren:

1

Man wählt dazu den manuellen Modus am Moduswahlrad.

2

Dann stellt man die größtmögliche Blendenzahl über das Einstellrad ein und wählt eine Belichtungszeit von 10 Sekunden. Über das Funktionsrad sollte außerdem ein ISO-Wert unter 400 eingestellt werden, damit das ISO-Rauschen reduziert wird.

3

Nun stellt man an der Kamera den MF/AF-Schalter auf MF und dreht den Einstellring am Objektiv auf die Unendlichkeitsstellung (in der Regel ganz nach rechts drehen).

4

Jetzt nähert man sich einem Motiv auf 10 cm. Gut eignet sich dafür z. B. die eigene Handfläche. Die Aufnahme darf ruhig verwackeln, jedoch nicht komplett überstrahlen. Man wird jetzt die Staubpartikel sehr genau erkennen oder – falls der Sensor sauber ist – eben eine unberührte Fläche sehen.

◀ Nicht nur der Sensor selbst, sondern auch der gesamte Innenraum sollte zunächst mit einem Blasebalg ausgepustet werden. Falls die luftbasierte Säuberungsaktion erfolglos bleibt, empfiehlt sich gegebenenfalls eine Feuchtreinigung.

> **Feuchtreinigung selbst vornehmen?**
> Wir haben Feuchtreinigungen bereits mehrfach ohne negative Folgen für den Sensor durchgeführt, können jedoch natürlich keine Garantie für diese Aktion geben.
> Sollte man sich dies nicht zutrauen und um das Wohl des Sensor fürchten, kann man die α100 auch zu Sony senden bzw. eine Vertragswerkstatt oder einen Fotofachhändler mit dieser Aufgabe betrauen.
> Die Kosten einer solchen Reinigung liegen meist oberhalb von 50 Euro. Mit etwas Glück erwischt man aber auch den Sony-Service z. B. auf einer Fototagung und kann die Reinigung vor Ort durchführen lassen.

13.2 Feuchtreinigung

Die Anzahl an Tipps zur Feuchtreinigung sind schier unerschöpflich, wenn man die einschlägigen Internetforen abgrast.

Diverse Mischverhältnisse von Isopropylalkohol oder Isopropanol mit 57 %, 89 % oder 98 % etc. werden empfohlen. Diese Tipps kann man getrost vergessen, denn Isopropylalkohol neigt zur Schlierenbildung.

Besser ist eine spezielle Reinigungsflüssigkeit wie etwa Eclipse, die keine Schlieren bildet (beachten werden müssen jedoch die Warnhinweise auf der Verpackung, Eclipse enthält schädliches Methanol). Ergänzend sollten nicht haarende Reinigungsstäbchen verwendet werden.

Auch hier bietet der Markt leider teure, aber effektive Stäbchen wie etwa die Sensor-Swabs an. Alternativ können auch Q-Tipps Verwendung finden.

Das Procedere ist mit dem der Sensorreinigung praktisch identisch. Anstelle des Blasebalgs weiter oben in Schritt 3 streicht man das – mit ein oder zwei Tropfen der Reinigungsflüssigkeit dezent beträufelte – Reinigungsstäbchen sanft und ohne Druck über den Sensor. Bevor man jedoch die Feuchtreinigung durchführt, sollte dieser die Luftreinigung mit dem Blasebalg vorausgehen.

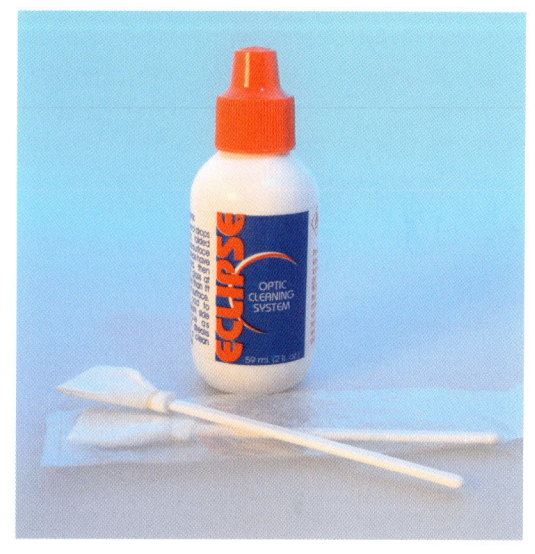

▲ *Die Reinigungsflüssigkeit Eclipse und Sensor-Swaps zum Ausstreichen sind eine bewährte Lösung, um den Bildsensor von Verunreinigungen zu säubern.*

Alternative Reinigungsmethoden

- **Absaugen via Staubsauger**: Mit einem normalen Haushaltsstaubsauger nicht zu empfehlen, da die Sogwirkung zu hoch sein kann und mechanische Zerstörungsgefahr besteht. Gegebenenfalls kann dies vorsichtig mit einem Minihandstaubsauger erfolgen.
- **Feuchtreinigung mit Isopropanol**: Wegen Schlierenbildung nicht zu empfehlen.
- **Discofilm (Reinigungsmethode der 80er-Jahre für Vinylschallplatten)**: Nicht empfehlenswert, da Rückstände verbleiben können bzw. Fettflecken nicht entfernt werden.

- **Sensor Clean (Fa. VisibleDust)**: Durchaus empfehlenswert, wenngleich leichte Schlierenbildung. Daher zusätzlich Smear Away aus gleichem Hause erforderlich.
- **SpeckGrabber**: Mit diesem Klebestift lassen sich gezielt einzelne Schmutzpartikel aufnehmen. Für filigrane Reinigungstüftler durchaus empfehlenswert, wenngleich nicht alle Partikel visuell identifizierbar und daher schwer aufzunehmen sind.
- **Sensor Brush**: Diese Reinigungspinsel werden statisch aufgeladen und über den Sensor gestrichen. Teuer in der Anschaffung, aber für lose Staubpartikel empfehlenswert. Fetthaltiger Schmutz lässt sich jedoch nicht entfernen.
- **Brillenputztücher**: Feuchte Tücher neigen in der Regel zu Schlierenbildung und sind daher nicht empfehlenswert. Ungewiss ist auch eine etwaige chemische Reaktion mit dem Deckglas des Sensors.

▲ Mit der klebrigen blauen Spitze des SpeckGrabber lassen sich einzelne Schmutzpartikel auf dem Sensor aufnehmen.

13.3 Schutz und Reinigung von Gehäuse und Objektiven

Ähnlich der Empfehlung für die Sensorfeuchtreinigung sollten auch Objektive bei Verschmutzung zunächst kräftig mit einem Blasebalg ausgepustet werden. Ansonsten könnten verbleibende Sandkörner auf dem teuren Glas ihre Kratzspuren hinterlassen.

Mikrofasertücher oder besser noch Fensterleder sind gegen stärkere Verschmutzungen gut geeignet. Die Linse kann bei Ledereinsatz vorher dezent mit Wasser angefeuchtet werden, um die Haftung zu erhöhen.

Gegen starken Schmutz an den schwer zugänglichen Außenrändern der Linse ist ein Lenspen gut geeignet. Er bietet sich auch zu Reinigungszwecken für manch tief liegende Front- oder Rücklinse an, die ansonsten schwer erreichbar sind.

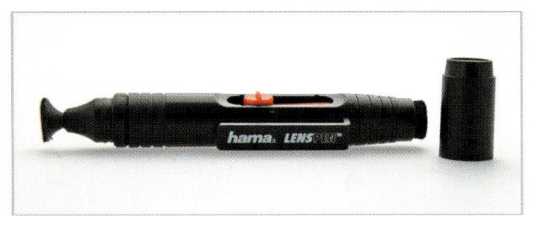

▲ Ein Lenspen eignet sich besonders für fest sitzenden Schmutz auf den Objektiven. Mit ihm erreicht man auch tiefer eingelassene Front- oder Rücklinsen.

UV-Filter als Schutz

Zum Schutz der Frontlinse werden gern Skylight- oder UV-Filter eingesetzt. Zusätzliches Glas legt allerdings den Verdacht nahe, dass weniger Licht bzw. weniger Bildqualität den Sensor erreicht.

Es wurde ein Test mit einem UV-Filter der mittleren Preislage und dem Sigma 1:3,5/180mm bei Blende 8 vorgenommen (Testchart nach ISO 12 233). Danach sind Bildschärfe und chromatische Aberrationen bei Einsatz des UV-Filters unverändert.

Der Kontrast ist allerdings etwas herabgesetzt. Will man also die höchste Bildqualität erzielen, ist der Filtereinsatz zum Schutz der Frontlinse zumindest bei hochwertig vergüteten Objektiven gegebenenfalls infrage zu stellen.

▲ Eine beliebte Methode zum Schutz der Frontlinse vor Kratzern ist ein aufgeschraubter UV-Filter.

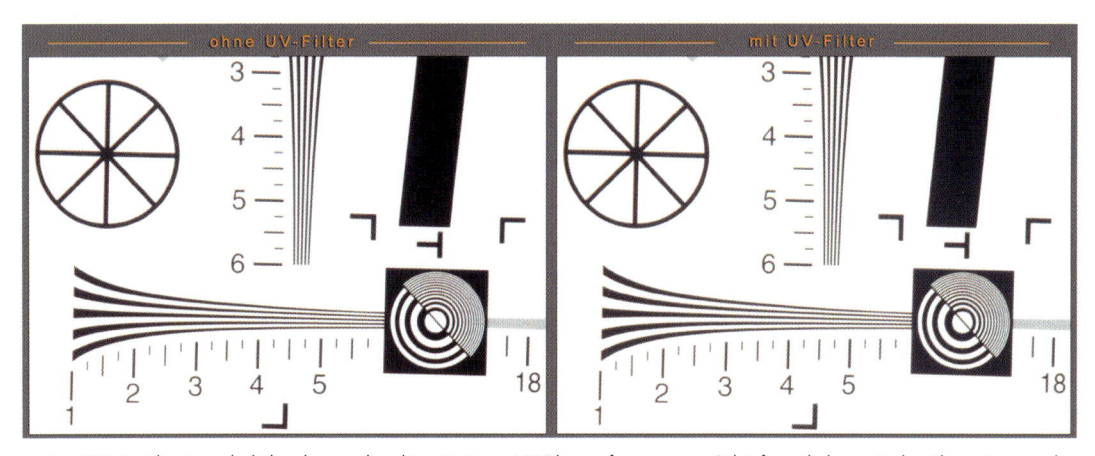

▲ Das ISO-Testchart wurde links ohne und rechts mit einem UV-Filter aufgenommen. Schärfe und chromatische Aberration werden nicht tangiert, der Kontrast ist jedoch durch den UV-Filtereinsatz etwas gedämpft.

Schutz und Reinigung von Gehäuse und Objektiven

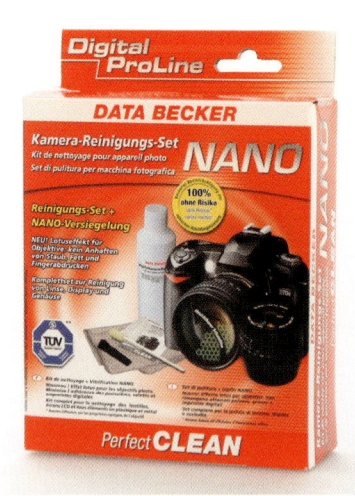

▲ DATA BECKER bietet ein komplettes Reinigungsset für Kamera und Objektiv an. Eine spezielle Nano-Versiegelung soll dabei hartnäckigen Frontlinsenverschmutzungen ohne Qualitätseinbußen entgegenwirken.

Display-Schutz

Einen Kratzer auf dem Display fängt man sich schneller ein, als einem lieb sein dürfte. Werden beispielsweise in aller Eile Objektiv und Body in dasselbe Fototaschenfach gelegt, besteht dafür eine hohe Wahrscheinlichkeit. Kratzer sind nicht nur des Designs wegen ärgerlich, sondern senken den Wiederverkaufswert spürbar ab.

Zur Vorsorge bietet der Fachhandel spezielle Display-Schutzfolien oder Monitorblenden an. Letztere können mittels Kunststoffklappe den gesamten Monitor abdecken und lassen sich wie ein Garagentor bei Gebrauch wieder öffnen.

Eine günstige Alternative können Adhäsionsfolien sein, die im Bürobedarfshandel oder in der Bastelecke des Baumarkts angeboten werden und lediglich auf die Display-Größe zuzuschneiden sind.

> **Kratzer nachträglich entfernen**
> Ist das Malheur einmal passiert und hat das Display Kratzer hinnehmen müssen, können Acrylpasten wie z. B. Xeropal für rund 10 Euro weiterhelfen. Die Paste wird mit einem trockenen Tuch über das Display gerieben und füllt die Kratzer auf.
> Unsere Testanwendung war jedoch etwas ernüchternd, und tiefere Kratzerspuren verblieben trotz mehrfacher Anwendung

▲ Kratzer auf dem Display sehen nicht nur unschön aus, sie senken zudem den Wiederverkaufswert.

Schutz und Reinigung von Gehäuse und Objektiven

A

Abbildungsmaßstab	66, 76
Abblenden	62
Actionprogramm	135
ADI	238, 242
ADI-Messung	191
Adobe Photoshop, Farbton/Sättigung	259
Adobe RGB	224
AEL-Taste	82, 123, 240
AF-A-Modus	46
AF-C-Modus	46
AF-Hilfslicht	43, 235
AF-Messfeld	51
AF-S-Modus	47
AF-Spot-Taste	189
Akkulebensdauer	32
Akkus	281
Akkus von Drittanbietern	33
AntiShake-System	21
APS-C-Sensor	17
Asphärische Korrektur	100
Astrofotografie	260
Aufhellblitz	239, 259
Ausgabefarbräume	226
Auslösepriorität	188
Auslösesperre	188
Autofokus	42
Automatischer Weißabgleich	149

B

Backfokus	56
Balgengeräte	72
Bayer-Matrix	20
Belichtungskorrektur, manuelle	181
Belichtungsreihen	125, 126
Benutzerdefinierte Einstellungen	31
Bewegte Objekte	84
Bewegungsunschärfe	55
Bildschärfe	54
Bildschutz	200
BIONZ, Image-Prozessor	20

Blende	88
Blende, förderliche	79
Blendenprioritätsmodus	85, 140
Blitzbelichtungskorrektur	244
Blitzgeräte	232
Blitzsynchronisationszeit	28
Blooming-Effekt	21
Bokeh	95
Bouncer	232
Bulb-Modus	143

C

CCD-Sensor	17
CCD/CMOS-Sensor im Vergleich	18
CIE-Lab-Farbraum	225
Close-up-Diffusor	250
CMYK	227
CompactFlash-Karten	208
Cropfaktor	19
Custom Settings	31

D

Dateinamen und Ordner	39
Deadpixel	166
Deep-Sky	272
Diffraktion	99
Dioptrien	70
Display	
Helligkeit	189
Kratzer	294
Schutz	294
DMF (Direct Manual Focus)	64
DNG-Format	220
Drahtlos blitzen	248
DRO	131
Druckerkalibrierungssoftware	229
Dunkelbildabzug	274
Dynamic Rang Increase (DRI)	126
Dynamik optimieren	118
Dynamikumfang	116
Dynax 5D	15

E

E-Mail	221
Einstellrad	188
Einstellschlitten	75
EXIF	196
EXIF Viewer	197
Eye-Start-AF	191
Eye-Start-Automatik	46

F

Farbintensität	177
Farbmanagement	227
Farbmodelle	224
Farbräume	224
Farbsaum	261
Farbtiefe	224
Farbverschiebung kontrollieren	112
Farbwiedergabe	134
FDRTools	127
Fernauslöser	93
Festplattenspeicher	212
Feuchtreinigung	291
FireWire	213
Firmwareupdate	202
Fokusbegrenzer	238
Fokusgeschwindigkeit	45
Fokussierung, manuelle	64
Fototasche	275
Frontfokus	56
Funktionsüberblick	14

G

Gegenlichtaufnahme	160
Gehäuse der A100	16
Geo-Coding	197
GPS-CS1	198
Gradationskurven	158
Grauring	111

H

Helicon Filter	168
High-Speed-Synchronisation	250
Hilfslicht	188
Hotpixel	165
HVL-F36AM	235
HVL-F56AM	235
Hyperfokale Distanz	98

I

ICC-Profile	228, 229
Image Data Converter SR	179, 199
Innenfokussierung	97
Integralmessung, mittenbetont	121
IPTC-Standard	202
ISO-Einstellungen	162
ISO-Rauschen	163

J

JPEG-Dateiformat	30
JPEG-Format	218, 219

K

Kabelfernauslösung	63
Kameraeinstellungen	78
Kamerasoftware	194
Kameraverwacklungswarnung	142
Kenko-Telekonverter	68
Kitobjektive	28
Kontrastumfang	122, 127
Konzertaufnahmen	254
Kratzer	294
Kreativprogramme	138

L

Landschaftsaufnahmen	132
Langzeitbelichtung	144, 146, 264
LCD-Helligkeit	189
Leitzahl	232
Leuchtweite	232
Lichtmessverfahren	257
Lichtschwache Objektive	90
Lithium-Ionen-Akku	31

M

Makrofotografie	64
Makroprogramm	137
Manual-Fokus-Modus	91
Manuelle Belichtungskorrektur	143
Mehrzonenmessung	119
Messverfahren	
Mehrfeldmessverfahren	257
Spotmessung	258
Microdrives	209
Mischlicht	160
Mobile Speichergeräte	212
Mondaufnahmen	267
Monitorkalibrierung	229
Motive	
gleichmäßige Strukturen	80
kontrastarme	80

N

Nachtporträtprogramm	134
Nachträgliche Korrekturen	259
Nahlinsen	69
Neat Image	167
Neutral-Graufilter	146

O

Objektive	
Bildstabilisator	257
parfokal	91

P

PCT-100	244
Phasenvergleichsverfahren	42
Picasa	201
PictBridge	189
Picture Motion Browser	92, 194
PNG-Format	220
Portable Storage Devices	212
Porträtprogramm	136
Programmblitze	43

R

Randabschattung	102
Rauschen vermindern	190
RAW-Dateiformat	31
RAW-Format	218
Regencape	283
Reinigung	284
Reisefotografie	274
Ringblitz	78
Rote-Augen-Effekt	246
Rucksack	275

S

Schärfentiefe, Probleme	67
Schärfentiefebereich	89
Schärfentieferechner	90
Schärfeprobleme	54
Schutz	292
Sensor	17
Sensorreinigung	190, 288
Sensorstaub	290
Serienbildgeschwindigkeit	208
Serienbildmodus	85
Sigma-Objektive	107
Signalton	45, 190
Sofortwiedergabe	190
Sonnenaufnahmen	270
Speicherkarten	208
Spiegelschlag	25
Spiegelvorauslösung	25, 93, 263
Spotmessung	121, 123
sRGB	224
Stativwahl	281
Streulichtblenden	61
Stroboskopblitzen	247
Sucher	25
Super SteadyShot	22, 93
abschalten	24
Vorteile	22
Superzooms	62, 277

Synchronisation auf den zweiten
   Vorhang 242
Szenenwahlprogramme 132

T

Tamron-Telezoom 108
Telekonverter 67, 100
Teleskop 266
Testverfahren für Objektive 111
Tonsignale 190
Tonwertkorrektur 182
TTL-Vorblitz 238

U

Umkehradapter 73
Umsteiger
   von der Dynax 5D 15
USB-OTG 214

V

Verschluss 25
Verwacklungsunschärfe 54
Vignettierung 102
Vorblitz-
TTL 191

W

Wasserzeichen 200
Weißabgleich 148, 254
Weißabgleich, Konzert- und
   Hallenaufnahmen 254
Winkelsucher 76
Wireless 249

Z

Zerstreuungskreise 98
Zwillingsblitz 235
Zwischenringe 71

Inkl. Test-Charts zum Abfotografieren!

Kreative Praxisanleitungen, fortgeschrittene Techniken, speziell zugeschnittene Profi-Workshops, Bildbearbeitungs-Tipps u.v.m.: Dieses Werk zur Sony α100 geht weit über die normalen Kamera-Handbücher hinaus.
ca. 320 S. • € 39,95
ISBN 3-8158-2623-3

Auf fast 300 farbig illustrierten Seiten werden ihnen die technischen und visuellen Möglichkeiten moderner Blitz- und Aufhellungstechniken ebenso professionell wie nachvollziehbar erläutert.
296 Seiten • € 39,95
ISBN 3-8158-2612-8

Dieses Praxishandbuch bietet Ihnen professionelle, speziell auf Ihre Nikon D200 zugeschnittene Workshops, kombiniert mit kreativen Praxisanleitungen zu Technik, Fokussierung, Bildbearbeitung u.v.m.
312 Seiten • € 39,95
ISBN 3-8158-2619-5

Dieses Profi-Handbuch geht weit über das Standardhandbuch hinaus. D ideale Ergänzung für alle die sämtliche Funktionen der Canon EOS 30D in d Praxis sicher im Griff haben möchten
352 Seiten • € 39,95
ISBN 3-8158-2620-9

Leseproben und Inhaltsverzeichnisse online: www.databecker.de

Mit der richtigen Technik zu brillanten Digitalfotos!

Alle Bücher 4-farbig & im hochwertigen Hardcover

Im Buch wird Ihnen z.B. anschaulich demonstriert, wie sich unterschiedliche Einstellungen auf das Bild auswirken.

Ganz einfach bessere Fotos machen!

Von der Technik moderner Digitalkameras über die gekonnte Bildgestaltung bis hin zur optimalen Bildnachbearbeitung: DATA BECKERs große digitale Fotoschule zeigt Ihnen mit zahlreichen, teilweise sogar ausgezeichneten Beispielen und verständlichen Praxis-Anleitungen, wie Sie ganz einfach selbst eindrucksvolle Digitalfotos realisieren, die Sie sonst nur von Bildbänden, Kalendern & Co. kennen!

448 Seiten • € 29,95 • ISBN 3-8158-2610-1

DATA BECKER

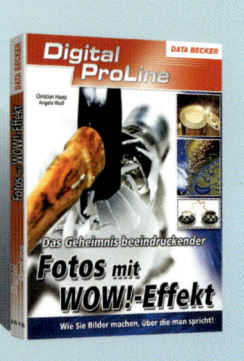

Von der ersten Einstellung bis zum fertigen Bild: Dieser Band vermittelt übersichtlich und detailliert die theoretischen Grundlagen und das praktische Know-how rund um das flexible Rohdatenformat RAW.
176 S. • € 24,95
ISBN 3-8158-2617-9

Dieses inspirierende Profibuch verhilft Ihnen mit erstklassigem Bildmaterial und leicht nachvollziehbaren Anleitungen ohne teure Ausrüstung zu Fotos mit spektakulären Effekten, um die man Sie beneiden wird.
143 Seiten • € 19,95
ISBN 3-8158-2618-7

Reizen Sie das ganze Potenzial Ihrer digitalen SLR-Kamera aus und beeindrucken Sie mit wirklich faszinierenden Nahaufnahmen! Dieser praxisorientierte, reich illustrierte Intensivkurs hilft Ihnen.
192 Seiten • € 24,95
ISBN 3-8158-2616-0

Dieses Profi-Handbuch geht weit über das Sta dardhandbuch hinaus. ideale Ergänzung für a die sämtliche Funktion der Canon EOS 30D ir Praxis sicher im Griff haben möchten
168 Seiten • € 19,95
ISBN 3-8158-2614-4

Leseproben und Inhaltsverzeichnisse online: www.databecker.de

Richtige **Motivauswahl,** kreative **Aufnahmen,** leichte **Optimierung!**

Alle Bücher 4-farbig & im hochwertigen Hardcover

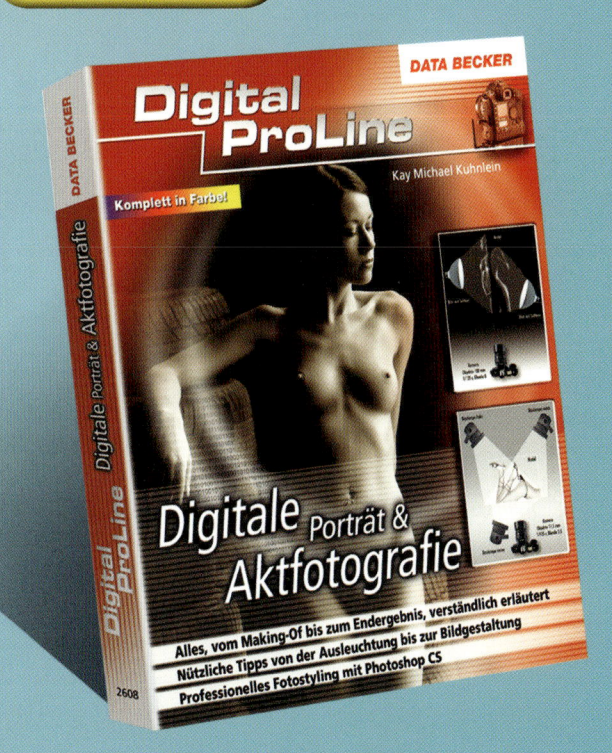

Aus guten Aufnahmen einfach perfekte Fotos machen!

Mit Photoshop und den detaillierten Anleitungen in diesem Praxishandbuch machen Sie aus Ihren Schnappschüssen mühelos brillante Meisterwerke. In kompakten Woprkshops lernen Sie, Bildfehler zu korrigieren, Fotos nachzuschärfen und Bilder gekonnt aufzuwerten.

Ca. 380 Seiten • € 39,95
ISBN 3-8158-2621-7

Akte in Studioqualität!

Dieses Buch deckt den Bereich der digitalen Porträt- und Aktfotografie komplett ab und vermittelt Ihnen anhand zahlreicher Beispiele alles, was Sie über Technik, Bildgestaltung, und Nachbearbeitung wissen müssen.

358 Seiten • € 39,95
ISBN 3-8158-2608-X

DATA BECKER

Mit der *Foto Praxis* zu professionellen Fotos

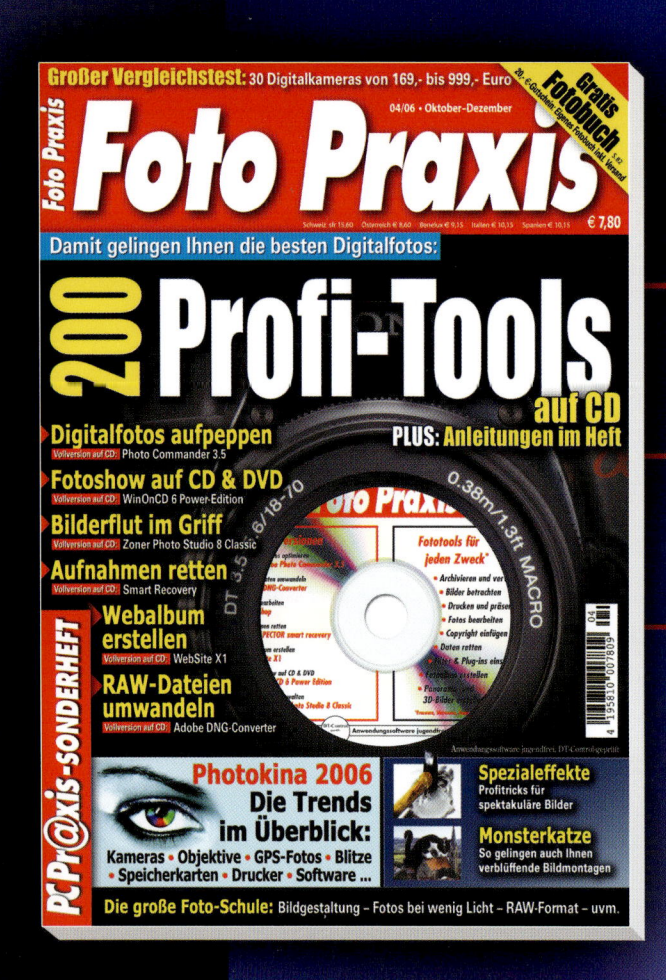

Aktuell
Alle drei Monate neu
bei Ihrem Zeitschriftenhändler

Kompetent
Foto-Profis zeigen ihre besten
Tipps & Tricks

Umfassend
Alles zur digitalen Fotografie
für ambitionierte und
semiprofessionelle
Fotografen

Jetzt für nur € 7,80 inklusive Heft-CD bei Ihrem Zeitschriftenhändler

Foto Praxis direkt online bestellen unter:
www.pcpraxis.de/shop